지리산의 저항운동

지리산의 저항운동

국립순천대 · 국립경상대
인문한국(HK) 지리산권문화연구단 엮음

도서출판 선인

국립순천대학교 지리산권문화연구원과 국립경상대학교 경남문화연구원은 2007년에 컨소시엄을 구성하고 '지리산권 문화 연구'라는 아젠다로 한국연구재단의 인문한국(HK) 지원 사업에 신청하여 선정되었습니다.

인문한국 지리산권문화연구단은 지리산과 인접하고 있는 10개 시군을 대상으로 문학, 역사, 철학, 생태 등 다양한 방면의 연구를 목표로 하였습니다. 이에 따라 연구단을 이상사회 연구팀, 지식인상 연구팀, 생태와 지리 연구팀, 문화콘텐츠 개발팀으로 구성하였습니다. 이상사회팀은 지리산권의 문학과 이상향·문화사와 이상사회론·사상과 이상사회의 세부과제를 설정하였고, 지식인상 연구팀은 지리산권의 지식인의 사상·문학·실천에 관한 연구를 진행하였습니다. 그리고 생태와 지리 연구팀은 지리산권의 자연생태·인문지리·동아시아 명산문화에 관해 연구하고, 문화콘텐츠 개발팀은 세 팀의 연구 성과를 DB로 구축하여 지리산권의 문화정보와 휴양정보망을 구축하였습니다.

본 연구단은 2007년부터 아젠다를 수행하기 위해 매년 4차례 이상의 학술대회를 개최하고, 학술세미나·초청강연·콜로키움 등 다양한 학술활동을 통해 '지리산인문학'이라는 새로운 학문영역을 개척하였습니다. 또한 중국·일본·베트남과 학술교류협정을 맺고 '동아시아산악문화연구회'를 창립하여 매년 국제학술대회를 개최하였습니다. 그 과정에서 자료총서 27권, 연구총서 9권, 번역총서 5권, 교양총서 8권, 마을총서 1권 등총 50여 권의 지리산인문학 서적을 발간한 바 있습니다.

이제 지난 8년간의 연구 성과를 집대성하고 새로운 연구방향을 개척하기 위해 지리산인문학대전으로서 기초자료 10권, 토대연구 10권, 심화연구 10권을 출판하기로 하였습니다. 기초자료는 기존에 발간한 자료총서 가운데 연구가치가 높은 것과 새롭게 보충되어야 할 분야를 엄선하여 구성하였고, 토대연구는 지리산권의 이상향·유학사상·불교문화·인물·신앙과 풍수·저항운동·문학·장소정체성·생태적 가치·세계유산적 가치 등 10개 분야로 나누고 관련 분야의 우수한 논문들을 수록하기로 하였습니다. 그리고 심화연구는 지리산인문학을 정립할 수 있는 연구와 지리산인문학사전 등을 담아내기로 하였습니다.

지금까지 연구단은 지리산인문학의 정립과 우리나라 명산문화의 세계화를 위해 혼신의 힘을 다해왔습니다. 하지만 심화 연구와 연구 성과의 확산에 있어서 아쉬운 점도 없지 않았습니다. 이번 지리산인문학대전의 발간을 통해 그 아쉬움을 만회하고자 합니다. 우리 연구원 선생님의 노고가 담긴 이 책을 통해 독자 여러분들이 지리산인문학에 젖어드는 계기가 되리라 기대합니다.

끝으로 이 책이 출간되기까지 수고해주신 본 연구단 일반연구원 선생님들, HK연구원 선생님들, 그리고 외부에서 참여해주신 필자선생님들께 깊이 감사드립니다. 또한 이 자리를 빌어 이러한 방대한 연구활동이 가능하도록 재정적 지원을 해주신 정민근 한국재단이사장님, 송영무 순천대 총장님과 권순기 경상대 총장님께도 고맙다는 말씀을 드립니다.

2015년 10월
국립순천대·국립경상대 인문한국(HK) 지리산권문화연구단
단장 강성호, 부단장 윤호진

국토의 대부분이 산지로 이루어진 우리나라에서 사방을 둘러보아 산이 보이지 않는 곳을 찾기는 어렵다. 우리 민족은 어려서부터 앞산과 뒷산을 오르며 수천 년을 이어왔다. 우리 곁에 있는 산은 우리 삶의 터전이었고, 그 산속에서 목숨을 부지하다가 흙으로 돌아갈 때는 명당을 찾아서 묻히기를 원했다. 때로는 침략자를 피해 머무는 안식처였고, 때로는 속세를 피해 머무는 종교적 공간이었다. 그 많은 산 중에서도 지리산은 수천 년 동안 우리 민족의 영산으로서 인식되어 왔다.

지리산은 우리 민족이 살아오면서 남긴 여러 가지 스펙트럼을 가지고 있다. 가령 지리산은 청학동으로 대표되는 이상향의 공간이기도 하지만, 빨치산으로 대표되는 저항의 공간이기도 하다. 산이 넓고 골이 깊어서 한 무리가 지리산을 근거지로 대항하면 아무리 많은 인원으로도 제어하기 힘들다. 남부군으로 불리는 지리산 빨치산이 수년 동안 저항하며 버텼던 현대사의 기억 속에서 우리는 그 사실을 잘 알고 있다. 그런데 지리산의 저항운동은 빨치산으로 끝나지 않는다. 역사를 거슬러 올라가면 한말의 병과 동학농민군이 지리산을 근거지로 활동했던 사실을 확인할 수 있다. 또한 가끔 영화의 소재가 되기도 하는 조선시대 지리산 도적들도 있다.

이 책은 지리산을 배경으로 저항운동을 펼쳤던 사건이나 인물에 대해 쓴 인문학자들의 글을 모아서 엮은 것이다. 문헌 기록에서 알 수 있는 조선시대의 도적들로부터 한국전쟁기의 빨치산에 이르기까지 국가 내지 외세에 저항했던 우리 조상들의 이야기다. 이 가운데는 매천과 고광순 등

인물 중심으로 쓴 글도 있고, 여순사건이나 빨치산의 활동 등 사건 중심
으로 풀어낸 글도 있다. 또한 철학자의 글도 있고, 역사학자의 글도 있다.

　이를 통해 지리산을 오르는 많은 현대인들에게 그저 또 다른 하나의
산으로 인식되고 마는 것이 아니라 그 속에 우리 역사의 현장이 녹아 있
음을 알게 되는 계기가 되기를 바란다. 빨치산이 걸어갔던 그 길을 이념
의 잣대로만 폄하하지 않는다면, 그 길에서 항일의병도 만나고 동학농민
군도 만나게 될 것이다. 그 역사의 현장에서 산의 인문학과 만나게 될 것
이고 자연스럽게 지리산의 다양한 스펙트럼을 이해하게 될 것이라 기대
한다.

2015년 10월
편집자

목차

지리산과 남부군, 그리고 그들의 죽음 _문동규

—

조선시대 지리산을 중심으로 한 저항운동

김준형

—

Ⅰ. 머리말

지리산은 예부터 頭流山이나 方丈山이라 불리고 三神山의 하나로 여겨
지고 있었다. 남한에서는 한라산을 제외하고는 가장 높은 산이며, 호남·
영남에 너르게 퍼져 있고 골이 깊고 기름져서 사람들이 숨어살 수 있는
곳이 많았다. 그래서 지리산은 신비로운 전설과 비기 등이 등장할 수 있
는 산으로서 여러 가지 저항세력의 거점으로도 이용될 수 있었고, 현대사
에서도 비극적인 빨치산 저항운동으로까지 이어졌다.

이 글에서 '저항세력'이라 할 때, 국가를 전복하려는 변란세력, 사회변
혁을 도모하는 세력 이외에 도적세력도 모두 포괄된다. 도적세력도 그 기
반에는 생존조건의 열악으로 인해 국가와 사회에 대해 저항한다는 측면
이 있기 때문이다.

지리산 이외의 산과 그 주변 고을들도 저항운동의 거점으로 이용되는 경우가 적지 않았다. 그러나 지리산처럼 자주 저항거점으로 이용된 경우는 드물다. 그런데도 조선시대 전 시기에 걸쳐 지리산을 중심으로 하여 전개된 저항운동을 체계적으로 정리한 글은 아직 없다. 다만 특정 사건을 다루면서 지리산이 단편적으로 언급되는 경우가 몇 건 있었을 뿐이다.[1)]

필자는 조선시대의 儒者, 佛家 및 일반 민간인들이 智異山神에 대해 어떻게 인식하고 이용하고 있었는가를 다룬 적이 있었다. 그 글에서 지리산의 자연적, 역사적 조건 및 지리산에 부가된 신비적 요소 때문에 저항운동이 일어날 수 있는 가능성이 높았을 것이라고 추론하였지만, 지면 관계상 이를 구체적으로 다루지 못했다.[2)]

이 글에서 필자는 조선시대에 지리산을 중심으로 일어났던 저항운동을 좀더 구체적으로 정리해 보려고 한다. 즉 지리산이 저항운동의 거점으로서 지니고 있는 자연적 조건이나 역사적 조건, 특히 秘記에서의 지리산의 등장에 대해 먼저 살펴보고, 다음에 조선시대에 지리산을 중심으로 일어났던 도적활동과 각종 변란 및 모반, 그리고 사회변혁운동에 대해 살펴보고자 한다.

---

1) 李離和,「19세기 민란의 組織性과 連繫性에 관한 연구 — 九月山세력과 智異山세력을 중심으로」,『嶺南史學』창간호, 1985; 尹大遠,「李弼濟亂의 研究」,『韓國史論』16, 서울대 국사학과, 1987; 송찬섭,「1862년 농민항쟁과 진주」,『진주농민운동의 역사적 조명』(진주농민항쟁기념사업회·경상대학교경남문화연구원), 역사비평사, 2003; 김준형,「진주 인근에서의 동학군 봉기」,『진주농민운동의 역사적 조명』(진주농민항쟁기념사업회·경상대학교경남문화연구원), 역사비평사, 2003; 백승종,『한국의 예언문화사』, 푸른역사, 2006.

2) 김준형,「조선시대 지리산에 대한 다양한 인식과 이용」,『남명학연구』29, 경상대학교 경남문화연구원, 2010.

II. 지리산 저항운동 전개의 배경

1. 자연적 조건과 관의 침탈

조선 후기의 유명한 지리학자인 李重煥(1690~1756)의 『擇里志』에는 지리산의 모습이 종합적이고 체계적으로 서술되고 있다.[3] 이를 간단히 요약해 보면, 다음과 같이 정리해 볼 수 있다. 첫째 지리산은 三神山의 하나인 方丈山으로서, 太乙神이 살며 여러 신선들이 모여드는 신비스러운 산이라 전해진다는 것, 둘째 지리산은 상당히 너르게 퍼져 있어 골이 깊고 사람이 발견하지 못한 곳이 있지만, 토지가 비옥하고 따뜻하여 과일이나 곡물이 잘 자라 산속의 승려나 민간인들이 살기에 부족함이 없다는 것, 셋째 지리산에는 명승지나 格庵 南師古(1509~1571)가 지적한 福地가 많이 있다는 것, 넷째 이런 조건들 때문에 지리산에는 도망온 자나 도적, 무당들이 많이 몰려든다는 것이다.

지리산은 영남과 호남의 여러 고을에 걸쳐 너르게 퍼져 있었다. 李陸(1438~1498)은 '智異山記'에서 산 주위로 1牧(晉州), 1府(南原), 2郡(咸陽·昆陽), 5縣(山陰·丹城·河東·求禮·光陽) 및 4개 任內(薩川·赤良·花開·岳陽)가 접해 있는 것으로 서술하였다.[4] 이중 곤양군·광양현·적량부곡은 지리산에서 좀 떨어져 있어 제외하더라도 나머지 고을만 해도 적지 않은 수라고 할 수 있다. 그만큼 지리산이 너르게 퍼져 있었고 여기저기에 깊은 골이 형성되어 있었다.

또 지리산은 주변이 매우 기름져서 여러 가지 작물들이 노력하지 않아도 풍성하게 자라났기 때문에, 이곳에 사는 사람들의 생계는 그다지 곤란

---

[3] 李重煥, 『擇里志』 卜居總論 山水.

[4] 李陸, 『靑坡集』 권2, 智異山記, "智異山 又名頭流 雄據嶺湖南二路之交 高廣不知其幾百里 環山有一牧一府二郡五縣四附 其東曰晉州 曰丹城 其南曰昆陽 曰河東 曰薩川 曰赤良 曰花開 曰岳陽 其西曰南原 曰求禮 曰光陽 其北曰咸陽 曰山陰."

하지 않았던 것 같다. 실제 지리산의 이런 곳은 조선시대의 여러 문헌들에 적지 않게 소개되고 있다.

지리산에서도 靑鶴洞은 고려 중기부터 세간에 널리 알려져 있었다. 李仁老(1152~1220)도 청학동을 동경하여 그곳을 찾았지만, 결국 찾지 못했다고 한다.[5] 李圭景(1788~?)은 청학동이 청나라의 『淵鑑類函』에 너르고 옥토가 갖추어진 곳으로 소개될 정도로 유명한 곳이라고 소개하고 있다.[6]

청학동 이외에 여러 儒者들의 언급 대상에 올라 있었던 곳은 지리산 상봉 근처에 펼쳐진 細石坪이다. 이육은 靈神寺 서쪽으로 20여 리 내려가면 너른 평원 같은 곳이 나타나는데, 이곳은 매우 기름지고 습해서 곡식을 심기에 알맞다고 하였다.[7] 이곳이 세석평전일 것이다. 宋秉璿(1836~1905)도 세석평전을 둘러보고 지역이 넓어서 수천 호가 살 수 있다고 하면서, 일찍이 수십 집이 있었는데 관에서 이를 허물고 이곳에서 나가게 했다고 한다. 이어서 그는 지리산에는 사람이 아직도 들어가 살지 않은 곳이 10곳 중 5, 6곳이나 된다고도 하였다.[8]

이규경은 또 다른 경식지로 甑峯 밑 등성마루에 있는 沮洳原을 들었다. 그는 이 곳은 평탄한 곳이 5, 6리에 걸쳐 있고 숲이 번성하고 샘물이 서로 얽히고 돌아흘러 농사짓기 좋은 곳이라 하였다.[9] 이규경은 이외에 당시 秘記類에서 거론되던 지리산의 '洞天福地 天慳地秘'의 곳으로 石井崑·水谷

---

5) 李仁老, 『破閑集』 권1, 智異山遊覽記錄.

6) 李圭景, 『五洲衍文長箋散稿』 天地篇 地理類 山 智異山辨證說, "淸聖朝淵鑑類函 載 朝鮮智異山中有靑鶴洞 其境虛曠 四隅皆良田沃壤 宜播植 惟靑鶴棲其中 故以爲名."

7) 李陸, 『靑坡集』 권2, 智異山記, "靈神寺 西下二十餘里 有虛曠之地 平衍肥膴 縱橫皆 可六七里 往往水濕宜種穀 有老栢參天 落葉沒脛 中處而四顧 無涯際 宛然一平野."

8) 宋秉璿, 『淵齋集』 권21, 頭流山記, "余欲觀細石坪 … 轉入內細石 山麓環如城堞 外 險內夷 有臺三層 廣可居屢千戶 嘗有數十人家 自官毁出云 … 夫此頭流爲山 廣據 嶺湖之間 千重萬疊 堆積天半 人迹不通者 十居五六."

9) 李圭景, 『五洲衍文長箋散稿』 天地篇 地理類 山 智異山辨證說, "自馬川而上者 以 甑峯爲第一 此爲第二 故亦稱中焉 歷甑峯抵沮洳原 原在山之脊 而夷曠可五六里 林 藪蕃茂 水泉縈廻 可耕而食云."

大勝·銅店村·南頭流洞 등을 소개하고 있다.[10] 이중 반야봉 밑의 銅店村
은 영원히 보신할 수 있는 곳으로서 40~50호가 거주할 수 있으며 세상에
서는 25개 성씨가 살아갈 수 있는 곳이라 전해진다고 하였다. 또 남사고
의 비기에 의하면, 화개동의 깊숙한 곳에 있는 石井崑은 도탄을 면할 수
있는 곳이라 하였다고 한다.[11]

『택리지』에서 특별히 언급되었던 지리산 북쪽의 嚴川里 부근도 여러
사람들의 주목을 받고 있었다. 이동항은 엄천·馬川 지역에 대해 다음과
같이 언급하고 있다.

> 아, 嚴川과 馬川은 예로부터 살기좋은 樂土로 알려진 곳이다. 60리에 걸쳐
> 있는 큰 골짜기의 논과 보리밭은 한 조각의 땅도 놀리는 일이 없고 뽕나무,
> 삼나무, 닥나무, 옻나무, 살대, 木器, 감나무, 밤나무 등의 이익은 도내에서
> 최고이다. 그래서 사람들이 빽빽이 모여 사는 마을이 이어져 있으며 주민
> 모두 즐겁게 생업에 종사하고 있다.[12]

李東沆(1736~1804)은 德山에 대해서도 지리산 골짜기 깊숙한 곳에 너르
게 형성되어 있는 낙토라고 감탄하였다.[13] 丁錫龜(1772~1833)는 지리산

---

10) 李圭景, 『五洲衍文長箋散稿』 天地篇 地理類 山 智異山辨證說, "石井崑·水谷大
    勝·銅店村·南頭流洞 竝玆山之洞天福地 天慳地祕處也."
11) 李圭景, 『五洲衍文長箋散稿』 天地篇 地理類 地理雜說 樂土可作菟裘辨證說, "嶺
    南·湖南接界智異山 有銅店村 百里內可以永保之地云 而未知的在嶺南 河東岳陽人
    沈寅龜嘗傳 近日雲峯居郭生再榮 始尋其處 距雲邑二十五里 智異山般若峯掛峽處
    有石壁高數丈 刻銅店二字 … 抵銅店處低平 坐於其中 則四山不見 頗廣闊可居四五
    十戶 而俗傳二十五姓全活之地云 … 格庵祕記 欲免斯塗炭 無如石井崑 亦不知在於
    何處 沈生寅龜又傳石井崑 地名 在於智異山中 入自花開洞 有水谷大勝之地 沿溪而
    上 初似無徑 但隨溪澗而入 則竟有一洞 卽水谷大勝也 巖上鐫僧俗名字 卽壬辰避兵
    人也 又從其洞近旁 有石井崑之洞 而尤深僻可容人畜也."
12) 李東沆, 『遲菴集』 권3, 雜著 方丈遊錄, "噫嚴川馬川 古稱樂土也 六十里巨谷 禾畦
    麥壟 無片土之閑 桑麻楮漆 竹箭木器 柿栗之利 甲於一道 故民居稠密 村落相連 皆
    樂其生."

주변의 중요한 곳을 20개 정도 소개한 후, 산속 사람들이 높은 곳에서는 화전을 일구고 경사가 완만한 낮은 곳에서는 논농사를 지으며, 농사지을 수 없는 곳은 목기 제작이나 누에치기를 일삼는다고 하였다.[14] 金鍾順 (1837~1886)도 산속 사람들이 사는 곳은 토굴과 다름없고 주로 채소와 과일만 먹고 살지만, 비록 어린이라도 가을에 온 산에 널려 있는 상수리 열매를 주워 식량으로 삼으며, 장년층은 나무를 베어 화전을 일구어 고구마를 심으니, 생계가 부족하지 않다고 하였다.[15]

이처럼 지리산에는 관의 힘이 미치지 못하는 은밀한 곳이 많았고, 또 이곳에는 다양한 작물이 풍성하게 자라고, 또 목기 제작이나 누에치기·양봉 등 여러 가지 생계대책이 마련되어 있었다. 따라서 이곳은 생계가 어려운 사람들이 숨어 살기에 적합하였고, 뿐만 아니라 도망친 자들이나 도적들의 온상이 되기도 하였다.

영조 때 무신란의 잔당이 지리산에 숨어들 가능성을 언급하면서, 禹夏亨은 지리산의 산세가 천 갈래로 갈라져 있어 그 사이에 도둑세력들이 많이 있다고 하였고, 趙顯命도 天王峯 주위를 둘러보면 6백여 리에 걸쳐 있어 웅장하고 깊숙한 것이 비길 데가 없으며 거기에 들어가 사는 주민들이 역시 많다고 보고하고 있다.[16] 무신란 때 영남지역의 거점이었다는

---

13) 李東沆, 『遲菴集』 권3, 雜著 方丈遊錄, "入德山 … 入山門 洞府開曠 周遭百里 村落星羅 竹林翳蔚 田原平曠 中貫大溪 卽頭流南洞 而號稱樂土也."

14) 丁錫龜, 『虛齋遺稿』 卷下 頭流山記, "其居 雲峰之山內 咸陽之嚴馬 山清之雙嶺生林 晉州之橫溪德山靑巖 河東之橫甫岳陽花開 求禮之吐旨馬山放光 南原之所義山洞源泉 而生理 則吐旨爲最 花開次之 嚴馬又次之 形勢 則花開爲最 德山次之 實相又次之 深邃 則南之稷田檀川墨溪鵷頭 北之深院白巖景庄(深院白巖今無人) 山人之賴而資生者 高亢則火耕 阜衍則水耨 不穀處 則木物甚事而已."

15) 金鍾順, 『直軒集』 권2, 頭流山中聞見記, "深山之人 所居無異土窟 所食純用荣果 滿山皆是橡木 秋間橡實盈谷 雖少兒 可拾其糧 壯者斫木 火田種藷 生理自足 此眞窮儒避世之地也."

16) 『承政院日記』 제898책, 英祖 15년 9월 23일, "夏亨日 … 智異山 自鷄龍連脈而三劫 山勢千葉地形 其中多有竊據之類 … 顯命日 與金剛大小懸殊 而臣果登臨其最高處 所謂天王峯周覽 則盤據六百餘里 雄邃無雙 亦多入據之民云矣."

이유로 혁파되었던 安陰에 營將 관아를 설치하는 문제를 의논하는 과정에서도, 영·호남에서 모여든 토적들이 영남과 호남의 영장의 토벌을 피해 지리산 동쪽과 서쪽 산록을 번갈아 오가며 둔거하고 있다는 주장이 제기되고 있다.[17)]

또 지리산은 그 신비하다는 명성과 함께 은밀한 곳이 많아 신라 때부터 은거하는 유명 인물들이 많았다. 景德王 22년 信忠의 지리산 斷俗寺 창건, 鄕歌를 잘 부르던 신라 승려 永才의 지리산 은둔, 지리산 雲上院에 은거하여 거문고를 연주한 玉寶高 관련 전설, 신라 말 최치원의 지리산 쌍계사 기거 전설 등이 그것이다. 고려 때도 지리산에 은거하는 인물들이 적지 않았다.[18)] 조선 중기에는 영남에서 退溪 李滉과 쌍벽을 이루던 南冥 曺植이 지리산 자락 덕산에 은거해 제자를 길러내기도 하였다. 그리하여 이규경은 조선 후기 비기류로 유포되어 있던 義相대사의 「靑丘祕訣」에도 頭流山에는 隱居者가 많이 있고, 빼어나고 기이한 선비들이 매 시기마다 많이 나오며, 談道難國演法猴地之士들이 여기에 모여드는 것이 역시 매우 성하다고 기록되어 있다고 하였다.[19)]

그런데 조선 중기 이후 지리산에는 관의 침탈이 증가하고 있었다. 1558년 지리산을 유람하던 조식은 관가의 부역 수탈이 가중되고 있는 것을 목도하고 다음과 같이 언급하고 있다.

　　雙溪寺와 神興寺 두 절은 모두 두류산의 한복판에 있다. … 사람의 손길이 잘
　　닿지 않을 것 같은데도, 이곳 절까지 관가의 부역이 폐지되지 않고 있다. 그

---

17) 『承政院日記』 제816책, 英祖 12년 1월 15일, "廷濟日 … 但其爲邑 在太山之下 嘯聚
　　之徒 易於屯據 若欲避慶尙營將 則踰智異山西麓 若欲避胡南營將 則踰智異山東麓 而
　　安陰最爲要處 不可無官長 故戈申革邑時 臣意以爲 晉州營將 置之安陰 則似好云矣."

18) 김준형(2010), 378~379쪽.

19) 李圭景, 『五洲衍文長箋散稿』 권47, 天地篇 地理類 山 智異山辨證說, "新羅義相大師
　　靑丘祕訣 頭流之山 隱居者多歸之 卓犖奇偉之士 世世多産 談道難國演法猴地之士
　　亦萃于玆甚盛."

래서 양식을 싸들고 무리를 지어 오고가는 자들이 그 고통을 이기지 못해 모두 흩어져 떠나갔다. … 산에 사는 중의 형편이 이러하니 산촌의 우매한 백성들의 사정은 알 만하다.[20]

18세기 말에도 지리산에 살던 사람들이 수십 년 전부터 관에 바치는 벌꿀과 각종 공물의 액수가 매년 증가하여, 그중 과반수가 목숨을 부지하기 위해 다른 곳으로 도망쳤다고 한다. 또 지리산을 찾는 무당들도 전과 같지 않아 10여 년 전부터 관아에 바칠 것과 자신들이 써야 할 것 외에 산에서 나는 오미자·잣·바가지·녹용 등 전에 없던 공물을 매년 바쳐야 하였다. 그 때문에 堂主들이 편히 살 수 없었고 당집 역시 무너지고 지저분해져 갔다고 한다.[21]

이와 같은 관의 침탈로 인해 사찰의 승려나 무당, 그리고 지리산에 의지해 사는 일반 민중들의 불만이 고조되지 않을 수 없었다. 게다가 지리산은 골이 깊어 숨을 수 있고, 또 풍요롭다는 지리적인 이점도 있었으며 이따금 도적세력의 거점도 되고 있었다. 따라서 어떤 조건이나 계기가 마련된다면, 이들이 연대하여 조정에 저항하는 세력으로 변할 수 있는 가능성이 어느 지역보다도 높았다.

2. 지리산 관련 秘記의 등장

신라 때부터 국가에서 지리산을 五岳 중의 하나인 南岳으로 지정하여 중요시해왔던 관행은 고려를 거쳐 조선왕조에도 이어진다. 국가에서는 전라도 남원에 '智異山神祠'를 세워서 공식적으로는 여기에서만 지리산 신령에게 제사지내게 하였다.

그런데 국가적 제사의 대상이 되었던 '지리산신'과는 달리, 민간에서는

---

20) 曹植, 『南冥集』권2, 錄 遊頭流錄 4월 22일조.
21) 김준형(2010), 402~403쪽.

'聖母'라는 명칭이 많이 사용되었다. 그런데 지리산신이 '大大天王天淨神菩薩'·'大天王'[22] 등으로도 불리거나 성모가 釋迦의 어머니 摩耶부인이라는 전설이 전해지는 것[23]으로 보아, 후대에는 불교적 영향도 많이 받은 것 같다. 또 여러 문헌에 지리산은 "太乙神이 살고 여러 신선이 모여들고 무릇 용들이 사는 곳"이라고 기록되어 있어,[24] 도교의 영향도 받고 있었다. 이처럼 후대로 내려오면서 각종 종교의 신앙이 복합되면서 지리산신의 명칭도 다양하게 나타나고 더욱더 신비화되게 된다.

어쨌든 민간에서는 지리산의 산신이 어느 산의 신령보다도 더 영험하다고 믿고 있었다. 그래서 지리산이 역대 왕조의 건국 설화와 관련되어서 신비화되기도 하고, 이를 역대의 통치자나 관료들이 활용하기도 하였다.

고려왕실은 여러 산의 신을 건국과 후삼국 통일을 정당화하는 데 이용하였는데, 지리산도 예외가 아니었다. 王建의 조상인 寶育이 출가하여 지리산에 들어가 도를 닦았다거나, 지리산 천왕인 聖母의 명에 의해 道詵國師가 왕건의 할아버지 作帝建에게 명당 자리를 정해주었다는 전설, 仙巖·雲巖·龍巖 등 三巖寺를 창건하면 전쟁이 끝나고 三韓이 재통일된다는 지리산 성모천왕의 권유로 도선국사가 용암사를 창건했다는 전설 등이 그것이다. 또 『帝王韻紀』에는 성모가 태조의 어머니 威肅王后라는 설이 전해지기도 하였다. 조선왕조 개창과 관련해서도 지리산이 이용되었다. 태조 이성계가 潛邸에 있을 때, 꿈에 어떤 사람이 문밖에 이르러 이상한 글을 바치면서 "이것을 智異山 바위 속에서 얻었다"고 말했는데, 그 글에 "木子가 돼지를 타고 내려와서 다시 三韓의 강토를 바로잡을 것"이라

---

22) 『慶尙道地理志』晉州牧官, "守令行祭所二. 城隍之神 在邑城內 智異山大大天王天淨神菩薩 在州西 相去一百十七里 一百四十九步.";『世宗實錄地理志』慶尙道 晉州牧 智異山, "在州西(一名頭流山 大天王祠在焉)".

23) 金宗直, 『佔畢齋集』文集 권2 遊頭流錄 참조.

24) 『世宗實錄地理志』全羅道 名山 智異山, "諺傳 太乙居其上 群仙之所會 衆龍之所居也." 이외에『龍城誌』등에도 같은 내용이 실려 있다.

는 등의 말이 있었다는 것이 그 예이다.[25]

일반 민간에서도 어느 산의 신령보다도 신비화된 지리산의 산신 성모천왕은 중요한 신앙대상으로서, 지리산 근처 사람들은 질병에 걸리면 으레 찾아와 기도하였고 무당들도 많이 몰려들었다. 민간에서 가장 중시하였던 신당은 지리산의 가장 높은 곳인 천왕봉에 있는 聖母祠였다. 천왕봉 성모사는 지리산을 끼고 있는 여러 고을의 주민이 공유하고 있었다. 그러나 지리산의 신당으로 성모사만 있는 것은 아니었다. 지리산을 끼고 있던 각 고을에는 지리산으로 오르는 여러 중요 지점에 신당이 세워졌다. 함양을 예로 들어보면, 지리산은 전국적으로 이름났고 영험이 있어서 삼남지역 무당이 봄과 가을마다 몰려들어 龍游潭 → 白武堂 → 帝釋堂 → 上堂(성모사) 순으로 옮겨가며 기도하는데, 쌀·돈 등 많은 물건들을 가져오기 때문에, 堂主는 이것으로 官에 일정량 납부하고도 여유가 있을 정도였다고 한다. 봉우리 주변에는 벌집같이 즐비하게 板閣을 세워 기복인들이 머물 수 있게 하였다. 영호남 기복인들의 이런 열성과 빈번한 지리산 왕래로 지리산 봉우리가 저잣거리처럼 되기도 하였다.[26]

이런 신신신앙의 빈성은 불교 사찰에도 영향을 주었다. 산내 여러 사찰도 신당을 세워 지리산 신에게 제사를 지냈다고 한다. 주위 사찰 승려들은 성모천왕을 마야부인으로 표현하고 있었고, 더 나아가 일부 상징물에 대해서도 불교와 적극적으로 연결시켜서 지리산에서의 불교의 위상을 높이려 하기도 했다. 또 지리산천왕이 초료새나 매로 변해 義神庵에 있던 義神祖師를 上無住로 인도해 주었다는 전설이나, 靈神寺 북쪽에 있는 迦葉像의 오른 팔에 있는 그을린 흉터가 조금 더 타면 彌勒세상이 된다는 전설이 그 예이다. 또 신라 승려 義相의 것이라 전해지던 「靑丘記」에 "두류산은 1만의 文殊菩薩이 머무는 세계이다. 산 아래 지역은 해마다 풍년이

25) 김준형(2010), 376~377쪽.
26) 위의 글, 382~385쪽.

들고 백성들은 공손하다."라는 내용이 있다. 이것은 불교와 지리산을 밀접하게 연결시켜 마치 지리산을 불국토처럼 여기려는 불자들의 희망이 秘記類에 담기게 된 것이 아닌가 추측된다.[27)

이처럼 지리산이 신비화되면서 지리산과 관련된 비기가 조선 초기부터 이미 확산되고 있었다. 우선 주목되는 것은 '智異聖母'라는 비기이다. 세조 5년(1459) 왕이 8도 관찰사에게 諭示하여 古朝鮮秘詞・大辯說・朝代記・周南逸士記・表訓三聖密記 등 민가에 보관된 여러 古記 및 秘記類 등을 거두어들이도록 하였다.[28)] 이중에는 '지리성모'도 포함되어 있었다. 그러나 '智異聖母'를 비롯한 많은 비기류들이 왕이 의도한 것처럼 한꺼번에 모두 수거될 수는 없었던 것 같다. 예종 때에는 이런 비기류를 바친 자에게는 상을 주고 감추는 자에 대해서는 참형에 처한다는 지시도 내렸지만 효과가 별로 없었던 것 같다.[29)] 왜냐하면 성종 때에도 '지리성모'를 비롯한 일부 서책들을 거두어들이라는 명령이 다시 내려지고 있기 때문이다.[30)]

현재 '지리성모'라는 서책이 전해지지 않고 있기 때문에, 그것이 어떤 성격을 띤 것인지 구체적으로 알 수는 없다. 다만 李圭景이 『五洲衍文長箋散稿』에서 태조 이성계의 등극과 관련된 지리산 異書를 언급하면서 지리산과 관련된 도사나 승려들의 저술이 여러 종 있었을 것이고 '지리성모'도 그 하나일 것으로 추측하고 있는 것[31)]에 어느 정도 동감이 간다. 그리

---

27) 위의 글, 388~393쪽.

28) 『世祖實錄』 권7, 3년 5월 戊子, "諭八道觀察使曰 古朝鮮秘詞 大辯說 朝代記 周南逸士記 誌公記 表訓三聖密記 安含老 元董仲三聖記 道證記 智異聖母 河沙良訓 文泰山・王居仁・薛業等三人記錄 修撰企所一百餘卷 動天錄 磨蝨錄 通天錄 壺中錄 地華錄 道詵漢都讖記等文書 不宜藏於私處 如有藏者 許令進上 以自願書冊回賜 其廣諭公私及寺社."

29) 『睿宗實錄』 권7, 원년 9월 戊戌조 참조.

30) 『成宗實錄』 권1, 즉위년 12월 戊午조 참조.

31) 李圭景, 『五洲衍文長箋散稿』 권47, 智異山辨證說, "我太祖在潛龍時 有僧踵門獻書

고 역대 왕들이 계속 그것을 거두어들이려고 애썼던 모습에서 이 책이 조선왕조에 대한 불경스러운 것이나 저항적인 측면을 담고 있었을 것이라고 짐작해 볼 수도 있다.

한편 지리산은 일찍부터 道家들이 도를 대대로 전수하던 소굴이며 신선들이 모여살고 있던 곳으로 전해지고 있었다. 澤堂 李植(1584-1647)에 의해 전해졌다는 찬자 미상의『海東傳道錄』에는 이에 대해 소상하게 기록하고 있는데, 이를 요약하면 다음과 같다. 신라 때 崔承祐·金可紀 및 승려 慈惠가 당에 유학가서 廣法寺에서 仙人 鍾離장군으로부터 도교의 술법을 배웠다. 최승우는 귀국 후 이를 崔致遠·李淸에게 전수하였고, 이청은 지리산에 들어가 수련한 이후 이 비결을 明法에게 전하였다. 이후 명법은 이를 上洛君 權淸에게 전수하였고, 권청은 미친 척하며 승려가 되어 지리산으로 들어가 득도하였으며 최치원과 함께 지리산에 은거하고 있었다고 한다.[32]

최치원이 조선시대까지도 살아서 청학동에 은거하고 있었다는 전설은 조선 중기의 金馹孫(1464-1498)의 '頭流紀行錄'이나 宋光淵(1638-1695)의 '頭流錄'에도 기록되어 있다.[33]『해동전도록』에도 車天輅(1556-1615)의 羽人

云 得於智異山巖石之中 有木子乘猪下(太祖乙亥歲誕降) 復正三韓境之句 使人迎之 則已去 尋之不得見 詳野史 此外黃冠緇髡之著述 互相傳授者 自三韓之世 以至今日 更不知有幾許種 則但收已見者 智異聖母(書名)."

[32] 『海東傳道錄』, "唐開元中 新羅人崔承祐金可記僧慈惠三人 游學入唐 可記先中進士 官華州參軍 轉長完尉 承祐又中進士 爲大理評事 俱嘗與游終南 有天師申元之 在廣法寺 慈惠適寓於是 深相結知 二公因以紹介 每相過從甚驩 一日冬深 … (鍾離)將軍 曰 何客耶 元之曰 此皆新羅人也 將軍命之坐 進茶款洽 元之曰 佛敎流行 已滿三韓 獨我淸淨之敎 尙未之傳羅邦之人 無福而然 在吾敎亦欠事 … 將軍曰 吾三人 大已大悉矣 但新羅國 道敎無緣 更過八百年 當有還返之旨 宣揚於彼 其後道敎益盛 佛敎漸微 地仙二百 或拔宅 或昇氣 以弘大敎 … 及返國 惠公入五臺山 承祐拜宏屬 陞太尉 以口訣授文昌侯及李淸 淸入頭流山 修煉得道 承祐九十三卒 五種書 悉皆付淸 淸昇去 其弟子僧明法得之 質疑於惠公 盡得其要 惠公百四十五年 入寂於太白山 法公亦三十二解去 以法授上洛君權淸 淸佯狂詭爲僧 修煉得道 隱於頭流山 孤雲學士 俱在於此山 隱現無方." 李圭景의『五洲衍文長箋散稿』天地篇 地理類 山 智異山辨證說에도 비슷한 내용이 있다.

之說을 들면서 두류산이 '神仙의 窟宅'이라 서술하고 있다.[34]

이와 함께 지리산에는 난리를 피해 숨어살 수 있는 곳이나 福地들이 적지 않게 거론되고 있었다. 『松窩雜說』에는 다음과 같은 글이 있다.

전라감사의 啓本에, "光陽縣監의 牒呈에, 예전부터 鐵塚이라 부르는 곳이 있어 헤쳐 보았더니, 쇠붙이는 없고 다만 誌石이 있는데, 글자가 새겨져 있다는 것이었다. 그 내용은 '동쪽으로 15리쯤 되는 거리에 黃金塚이 있는데, 이것을 발견하면 그 이익을 이루 다 말할 수 없다. 다만 자식이 아비를 업신여기고, 종이 주인을 업신여기고, 아랫사람이 윗사람을 업신여기고, 중도 삿갓을 쓴다. 중이 俗人의 일을 하고 속인이 중의 일을 하며, 儒生은 붓과 벼루를 버리고, 베짜는 계집은 베틀과 북을 버리고, 농부는 쟁기와 보습을 버린다. 임진년에 나라가 셋으로 갈라졌다가 계사년에는 도로 안정되고, 午年·未年에는 태평하여진다. 頭流山에 들어가서 피난하는 것이 제일이고, 湖西가 조금 편안하고, 驪江은 혈육이 낭자할 지역이다. 漢陽으로 還都하면 周 나라같이 8백 년을 지날 것이고, 중국 군사가 臨津江을 건넌다면 주 나라보다 2백 년은 더할 수 있다.' 하였습니다." 하였다.[35]

즉 임진년에 나라가 셋으로 갈라졌다가 합쳐지는 난리가 있을텐데, 지리산에 들어가 피난하는 것이 가장 안전하다는 것이다. 조선 후기에 유행하던 『鄭鑑錄』의 「鑑訣」에도 전국의 10개 保身之地 중에 '頭流 華盖(花開?)'와 '雲峰쪽의 頭流山'이 들어지며, 특히 후자에 대해서는 영구히 거주할 수 있는 곳으로서 어진 재상과 뛰어난 장군이 이어 배출된다고 하고 있

---

33) 金馹孫의 『濯纓集』 권5 頭流紀行錄 및 宋光淵의 『泛虛亭集』 頭流錄 참조.

34) 『海東傳道錄』, "車天輅所記 又有羽人之說 則頭流固神仙窟宅歟."

35) 李墍, 『松窩雜說』, "全羅監司啓本 光陽縣監牒呈 自前以來鐵塚稱名處有之 開見則無鐵物 但有誌石刻字云 東距十五里許有黃金塚 得之則其利萬倍 但子陵父 奴陵主 下陵上 僧亦笠 僧行俗事俗行僧事 儒生棄筆硯 織女棄機杼 農夫棄耒耟 壬辰國三分 癸巳還定 午未太平 入頭流山避亂第一 湖西少安 驪江血肉之地 還都漢陽當周八百 唐兵渡臨津 則加周二百云."

다.36) 그러나 같은 책 「三韓山林秘記」에서는 지리산이 일만의 文殊菩薩이 머무는 곳이고 그 밑에는 해마다 풍년들고 백성들도 편안하지만, 大賊들이 일어나서 사단이 일어날 수도 있다는 점도 거론되고 있다.37)

이외에도 이규경은 지리산의 隱者들이 미래의 일을 알아내는 기술이 있어 坼字의 讖說로서 그것을 예언하기도 한다고 하였다.38) 당시 미래를 예언하는 비기 및 참설들이 지리산과 관련해서도 만들어지고 있었음을 암시하는 것이다. 이와 같이 지리산과 관련된 비기, 참설들이 많이 나타나면서, 이런 것들은 실제 여러 가지 모반이나 고변 사건에서도 자주 나타나고 또 활용되고 있었다.

선조 22년(1589)년 鄭汝立 모반 사건으로 여러 관련자들을 취조하는 중에도 이런 사례는 나타나고 있다. 정여립은 당시 민간에 '木子가 망하고 奠邑이 일어난다'는 讖言이 있는 것을 이용해, 妖僧 義衍과 모의하여 이를 玉版에 새긴 다음 지리산 석굴 안에 간직하였다가, 의연에게 승도인 道潛 · 雪淸 등과 산을 유람한다고 핑계하고 지리산에 이르러서 그 옥판을 찾아내어 자신의 모반을 정당화시키려 하였다고 한다. 또 당시 天安의 私奴 吉三峰이란 자가 관군을 따돌리며 전국적으로 유명한 도적이 되어 있음을 이용해, 池涵斗 등으로 하여금 海西 지방에 "길삼봉 · 三山 형제가 神兵을 거느리고 지리산으로 들어가기도 하고 계룡산으로 들어가기도 한다"는 말을 퍼뜨리게 하였다고 한다.39)

---

36) 『鄭鑑錄』「鑑訣」, "沁曰 保身之地 有十處 一曰豊基醴泉(一云頭流華盖) 二曰安東華谷 三曰開寧龍宮 四曰伽倻 五曰丹春(一云公州定山) 六曰公州定山深麻谷 七曰鎭木 八曰奉化 九曰雲峰頭流山 乃永居之地 賢相良將 繼繼而出(一云醴泉) 十曰太白(一云豊基大小白 永居之地 將相繼出)."

37) 『鄭鑑錄』「三韓山林秘記」, "西南爲骨羅峴 爲龍巖山 爲俗離山 正南爲頭流山 一萬文殊住世 其下 年豊民愿 然當有大賊 竊發爲梗."

38) 李圭景, 『五洲衍文長箋散稿』天地篇 地理類 山 智異山辨證說, "正廟朝 命申鴻周 · 白東脩 搜捕智異賊徒時 白公於石壁上 有坼字一紙粘焉 其紙坼字曰 八一自有尾 小一几口虎 禾千十木 口王丁口 目几禾多 其下又書二句詩曰 … 大抵頭流隱居者 有前知術 預作坼字讖說以示 寔是怪且異也 故付辨證之末."

『稗林』의 「己丑記事」에 의하면, 정여립이 길삼봉의 神兵을 신비화시키기 위해 그 군사들을 멀리서 보면 그 수가 얼마나 되는지 알 수 없고 가까이에서 보면 다만 人馬의 종적만 있을 뿐이라고 하였다. 게다가 지리산에는 길삼봉이라는 神人이 있고 자신은 그의 명령을 받아 수행하고 있음을 과시하기까지 하였다고 한다.[40]

선조 35년(1602)에도 綾城 교생 鄭秀民·鄭逸民 등이 어떤 행인이 길가에 흘려버린 흉서에 대해 고변하였다. 그 흉서에는 '都京治國帥 順天府 金德仁과 金德器 등이 破京軍 上兵·中兵·下兵 만 명으로 동시에 서울을 격파한다. 丁月丁日에 바람이 거세게 불고 물이 얼어붙을 것이다. 11월 15일에 雲峰 지리산 神興洞에 모여 처음 點考하고, 전주 馬耳山에서 다시 점고하여 하루 낮 하루 밤 만에 서울에 도착하여 국가를 격파한다.' 라고 기록되어 있었다는 것이다.[41] 실제 모반이 있었는지는 알 수 없지만, 어쨌든 이 모반의 경우에도 지리산 운봉 방면의 신흥동이 등장하고 있다.

인조 6년(1628)에도 남원인 宋匡裕가 언문으로 許懿·尹雲衢·元斗樞 등의 모반을 上變하였는데, 여기에도 지리산이 등장한다. 상변 내용을 요약하면, 허의가 天女를 만나 眞人 낳았고 이들을 중심으로 여러 세력들이 규합하여 光州와 和順, 潭陽, 南原, 古阜, 扶安, 礪山, 全州 등지에서 변을 일으킨다는 것이었다. 허의는 이와는 별도로 그 아들과 함께 중이 거느리는 승군 4,5천 명을 거느리고 頭流山을 거쳐 晉州를 점거하여 근거지로 삼으며, 윤운구·원두추 등은 京中과 경기를 주관하여 일시에 반역하되, 만

---

39) 『宣祖修正實錄』 권23, 22년 10월 乙亥.

40) 『稗林』「己丑記事」, "(汝立)又曰 吉三峰三山兄弟 領神兵 或入鷄龍山 或入智異山 遠而望之 則人馬不知其幾 近而見之 則只有人縱馬跡而已 湖南海西 皆以爲神人 海西尤惑焉 於守令前言語間 下吏輩公然倡說 或以爲吉三峰爲王 或以爲鄭八龍爲王 守令不能禁止 汝立爲朴延齡邊崇福等 言及曰 智異山下有神人 每事吾嘗禀命云 延齡等問其姓名 曰吉三峰也."

41) 『宣祖實錄』 권156, 35년 11월 丁卯.

약 일이 성사되지 않으면 下三道를 지키면서 日本에 구원병을 청한다는 내용도 있다는 것이다.[42] 조정에서는 이 사건을 송광유가 원한관계에 있는 인사들을 무고하여 일으킨 것으로 보면서도, 모두가 허황된 말은 아니라고 보고 이에 대한 철저한 조사를 지시하였다. 그러나 이 일은 하나의 작은 소동으로 끝난 것 같다.

이처럼 지리산은 여러 가지 모반이나 무고 사건에서 자주 등장하고 있었다. 이는 앞에서 언급했던 것처럼 지리산이 어느 산보다도 영험이 있는 신비한 산으로서 이와 관련된 비기들이 등장하고 있었고, 神仙·神人들이 많이 은거하고 있고 사찰들도 많이 들어서 있어서 이들에 의지하여 저항운동을 전개할 수 있는 이점이 있다는 인식이 일반인에게 퍼져 있었음을 반영하는 것이다. 실제로 뒤에 언급하듯이 지리산의 신인·신선에 가탁하거나 지리산과 관련된 비기를 이용하여 저항운동이 전개되거나 모의되고 있었다.

III. 지리산 주변의 저항운동의 실례

1. 도적세력의 지리산 이용

앞에서도 언급했듯이 지리산은 넓고 골이 깊으며 내부에 생계를 걱정하지 않고 숨어살 수 있는 곳이 적지 않으므로, 도망자나 도적들이 자리잡을 수 있는 가능성이 높았다. 실제로 조선왕조 전 시기에 걸쳐 지리산을 배경으로 한 도적들의 활동이 어느 산보다도 활발하였다.

우선 들 수 있는 것이 예종 때 張永己를 중심으로 한 전라도 도적세력들의 활동이다. 『睿宗實錄』에는 다음과 같은 기사가 실려 있다.

---

42) 『仁祖實錄』권19, 6년 12월 甲辰.

처음에 務安 사람 張永己라는 자가 無賴한 도당 1백여 인을 불러 모아, 경상도와 전라도에서 도둑질을 하니, 그의 儀物이 宰相과 비등하였다. … 일찍이 草屋 20여 간을 智異山에 지어, 낮에는 집에 모이게 하고 밤이면 모든 도적을 여러 곳으로 나누어 보내어, 불을 지르고 재물을 겁탈하였다. … 守令이 관군을 거느리고 여러 차례 그들과 싸웠으나 번번이 불리하였으므로 여행하는 사람들이 길에서 끊어졌다.

장영기는 壯健하기가 보통 사람보다 뛰어났으며, 또 꾀가 많았다. 행동이 재빨라 어디서 와서 어디로 가는지를 알 수가 없었으며, 大軍이 뒤를 쫓아도 또한 잡지 못하였다. 이로 말미암아 장영기는 더욱 날뛰어 감히 누가 어찌할 수가 없었다. 절도사 許琮이 한 도의 兵馬를 專制하면서도 겁을 먹고 능히 제압하지 못하고, 장영기를 범과 같이 두려워하여 도둑으로 하여금 세력을 키워 京軍을 괴롭히기에 이르게 한 것이다.[43]

그들은 원래 寶城·咸平 일대에서 활동하다가 관군에 몰려 지리산으로 근거지를 옮기고, 경상도 晉州의 花開·薩川 등지로 돌아다니며 활동하였다고 한다. 그러나 전라도의 求禮 현감이 관군을 동원해 화개현의 菩提庵 골짜기에서 싸우다가 패배하여 퇴각한 사실이 보고된 이후 조정에서는 이를 심각하게 논의하고 전라도와 경상도에 각각 主將 이하 관리들을 파견하여 이들의 토벌을 지휘하도록 하였다.[44]

전라도절도사 許琮의 移文과 晉州의 牧使와 判官의 보고를 받은 경상우도절도사 李克均은 진주와 泗川·昆陽·河東 등 고을의 군사를 뽑아 거느리고 花開 동구에 들어가 진을 쳤다. 이후 그는 그곳에서 60여 리나 떨어져 있고 산길이 험악한 곳에 위치한 沙里庵의 옛 터전에 도둑들이 둔치고 있음을 탐지하고 그들을 여러 차례 공격하였지만, 도둑 토벌에 실패하였다. 이와 관련하여 『예종실록』의 해당 기사에는 다음과 같이 묘사되고 있다.

---

43) 『睿宗實錄』 권8, 원년 10월 癸酉.
44) 위의 주) 참조.

이 전투에서 李克均이 보병을 거느리고 도둑이 둔치고 있는 봉우리를 포위하자, 도둑이 그 아내로 하여금 羯鼓를 치게 하고, 모든 도둑으로 하여금 봉우리의 아래로 나누어 지키게 하며, 관군 두 사람을 활로 쏘아 맞히고, 드디어 이극균을 逼攻하므로, 이극균이 위로 공격하는 것이 불리하여 마침내 몇리 떨어진 곳에 물러와서 둔을 쳤다. 군졸 하나가 돌이 구르는 소리를 듣고 도둑들의 짓이라고 말하자, 모두 놀래어 도주하였다. … 한밤중에 도둑들이 진으로 突進하여 산에 불을 놓아 자취를 없애고 도망하니, 관군이 두려워서 감히 움직이지 못하였다.45)

그러나 이와 같은 관군의 토벌이 계속되자, 형세가 궁하게 된 도적들은 구례 방면으로 피하게 되고 이어서 처자들을 버리고 여러 고을로 도망하여 흩어졌다. 전라도절도사 허종은 본도의 여러 고을과 他道에 연락하여 그들을 체포해 줄 것을 요청하고, 또 그 무리들이 물을 건너서 海島로 도망하여 숨을까 염려하여 水軍節度使와 萬戶로 하여금 公船과 私船을 모아 바다에 띄워 대비하게 하였다.46) 그러다가 성종 원년(1470) 2월경에 허종은 長興지역에서 장흥부사 金舜臣과 더불어 군사를 거느리고 가서 장영기 등을 사로잡음으로써 이 도적사건은 일단락 짓게 된다.47)

그런데 도적들의 대부분은 원래 우매한 백성으로서, 혹은 飢寒으로 인하여, 혹은 役을 피하기 위하여 서로 모여 이루어진 집단이었고, 그다지 큰 세력은 아니었다. 그들이 자리잡고 있던 화개현 보리암 터에 초막 19간을 짓고 신령에게 제사지내는 祭臺까지 설치한 것을 보면 일종의 변란을 의도한 세력으로까지 커지지 않았나 하는 의구심도 들지만, 정권을 뒤엎으려는 커다란 변란세력은 아니었던 것 같다. 그들을 토벌하기 어려웠던 것은 그들이 깊고 험준한 지리산에 웅거하면서 지세를 이용하고 이리

45) 『睿宗實錄』권8, 원년 11월 辛巳.
46) 『睿宗實錄』권8, 원년 11월 庚寅.
47) 『成宗實錄』권3 원년 2월 庚戌.

저리 옮겨 다니고 있었기 때문이었을 것이다.

어쨌든 조정에서까지 나서서 이 사건을 마무리하는 데는 예종 원년 (1469) 10월에서 성종 원년(1470) 2월까지 무려 5개월이나 소요되었다고 한다. 이후에 지리산을 유람했던 金宗直도 싸움이 벌어졌던 신흥사 골짜기를 돌아보며 당시의 사건을 회고하고 있는데, 장영기 세력이 좀도둑에 불과했음에도 지혜롭고 용맹한 절도사 이극균이 막아내지 못한 것은 그 근거지가 이같이 험준한 곳을 등지고 있었기 때문이었을 것이라고 추측하고 있다.[48]

다음으로 들 수 있는 것은 임진왜란 중에 지리산을 중심으로 준동했던 도적세력의 활동이다. 이 소요가 일어났던 시기는 왜군이 부산·김해 등 동남쪽 남해안으로 물러가 있는 상태에서 명과 일본 간에 강화교섭이 이루어지던 갑오년(선조 27, 1594)이었다. 이 소요에 대해『宣祖修正實錄』에는 다음과 같이 간략하게 기록되어 있다.

> 湖南·嶺南·畿甸의 土賊을 소탕하였다. 병란이 일어난 이후로 토적들이 險地를 점거하고 도발하여 智異山으로부터 南原 回文山, 長城 蘆嶺 등 수십 개 郡의 산골이 모두 적의 소굴이 되었는데, 賊魁인 金希·姜大水·高波 등이 나누어 점거하고 서로 내응하였으므로 官軍이 토벌에 나섰으나 이기지 못하였다. 그런데 이때에 와서 여러 고을의 병력이 사방에서 모여 수색 토벌하니 적들이 점차 해산하였으며, 관군이 끝까지 추격하여 誅殺하자 이에 평정되었다.[49]

즉 호남의 김희·강대수·고파 등이 지리산 주변의 여러 고을을 나누어 점거하고 서로 내응하였으므로 官軍이 토벌에 나섰으나 한동안 진압

---

48) 金宗直,『佔畢齋集』文集 권2 遊頭流錄, "新興寺洞也 李節度克均 與湖南賊張永己戰 于此 永己狗鼠也 以負險故 李公之智勇 而不能禁遏其奔迸 卒爲長興守之功 可嘆已."
49)『宣祖修正實錄』권28, 27년 12월 甲辰.

하지 못하였다는 것이다. 이와 관련된 상황은 趙慶男(1570-1641)의 『亂中
雜錄』에 좀더 자세하게 소개되고 있다. 이에 의하면, 선조 27년 6월경 金
希 등이 여러 번 거창·안음·함양 지방에서 도적질하므로 본도 우병사
金應瑞가 원수의 명령을 받아 수색하여 잡으려 하였지만, 관군이 오히려
패해 퇴각하였고, 이후 權慄이 또 상주목사 鄭起龍을 督捕大將으로 삼아
서 김희를 토벌하게 하였다는 것이다.[50]

같은 책의 다른 부분에 의하면, 김희·강대수 등이 고파와 합세하여 무
리 150여 명을 이끌고 母山 서쪽 磨峴村 등에서 토적질한다는 소문을 듣
고, 운봉현감 南侃이 독포장 정기룡과 연대하여 군사 3백여 명을 이끌고
栗谷에 있는 적을 밤을 틈타 공격하려다가 이 정보가 새어나가 오히려 관
군이 크게 당하였다고 한다.[51] 정기룡이 이끄는 관군이 토적들을 제대로
토벌하지 못했던 사실은 당시 인근에 살던 鄭慶雲(1556~?)의 일기인 『孤
臺日錄』에도 잘 나타난다.[52] 그러다가 이들은 다음해 정월에는 모두 사로
잡히거나 패사한다.[53] 이 무렵 영남 사람인 林傑年도 또한 도당을 모아
지리산 반야봉에 주둔하고 출몰하며 도적질을 하였다고 한다. 이로 인해

---

50) 『亂中雜錄』 3, 甲午 6月 3일, "金希等累賊于居昌安陰咸陽之地 本道右兵使金應瑞
承元帥令搜捕 軍潰而退 權慄 又以尙州牧使鄭起龍 爲督捕大將 討金希."

51) 『亂中雜錄』 3, 甲午 12月 초5일, "金希姜大水等 與高波合勢 率徒黨一百五十餘名
自番嵓(…) 突至母山西下道磨峴村(…)作賊 牛馬財貨 盡數搜掠 年少婦女 擄繫驅前
而去 … 南侃聞之 奔還本縣 密通于督捕將鄭起龍 起龍方在咸陽 卽領軍三百餘名
馳到井東峙(…) 與南侃相議 密令偵探 則賊黨方屯栗谷(…) 置酒高會 連日飮宴 隣
近官及本縣一境之人 以至南侃所帶軍數百 半是金希之鷹犬也 言之無信 指之不直
唯許張一家 以求妻爲急 跟尋走報 鄭起龍南侃 冒夜進圍 賊徒知之 盆張歌舞 無意
出戰 平明一時高喊 亂射突圍 官軍潰退 賊衆緩緩出去 向安陰之路."

52) 鄭慶雲, 『孤臺日錄』 권2, 甲午 12월 20일, "向牧令公 領軍襲土賊金希等南原地桃店
軍少不能盡劉 只殺八人 而我軍爲賊所傷者 五六人 可痛可痛.";甲午 12월 22일, "尙
牧襲土賊于安陰地 以軍少粮盡 未獲而還."

53) 鄭慶雲, 『孤臺日錄』 권2, 乙未 正月 12일, "尙州牧使 擒賊魁金希于丹城.";『亂中雜
錄』 3, 乙未 正月 11일, "內賊金希姜大水 敗死于嶺南 高波敗死于長城 山郡道路
人物始通."

지리산 주변의 사찰들이 많은 피해를 입었다고 한다.[54)]

현종 12년(1671)에는 전 좌수를 두목으로 한 錦山 도적이 長水縣을 침범해 軍器를 탈취하고 지리산에 들어가 웅거하면서 주위 고을을 약탈하려고 하기도 하였다.[55)] 무신란이 일어났던 영조 4년(1728) 3월에도 조정에서 영남과 호남의 반란세력들이 연대할 것에 대비한 문제를 논의하는 중에, 전년 겨울부터 준동하던 邊山의 적도들이 지리산으로 들어올 것을 염려하고 있었다. 그러면서 지리산이 가장 거대하고 山田에서 곡식은 항상 많이 나며, 계곡이 깊어 인적이 미치지 않은 곳이 많기 때문에 옛날부터 도적이 자리잡는 곳이 많고 도망자들을 불러들여 근래 4,5년간 큰 도적들이 웅거하고 있었다는 설도 제기된다.[56)]

이 무렵 지리산 남쪽의 河東도 지리산 근처에 있어서 평소에 적의 소굴이 되고 있기 때문에 도적을 잘 다스릴 수 있는 수령을 뽑아 보내야 한다는 논의도 있었다.[57)] 하동 내에서도 화개면은 지리산을 끼고 영남과 호남을 잇는 중요한 지점이고 지세가 험악하므로 奸民과 도적이 많이 들끓어 19세기 후반에는 이를 막기 위해 주민이 자위조직인 民砲를 조직할 정도였다.[58)]

---

54) 『亂中雜錄』 3, 甲午 6월 3일, "時嶺南人林傑年 亦聚徒屯于智異山般若峯 出沒作賊.";甲午 12월 초5일, "林傑年 盡屠地異諸刹 僧俗被害 不知其數 屯于香爐峰 爲雲峰軍夜襲敗走."

55) 『承政院日記』 제279책, 肅宗 6년 10월 2일조, 『肅宗實錄』 권17, 12년 11월 己酉조 참조.

56) 『承政院日記』 제658책, 英祖 4년 3월 27일, "光佐日 … 大抵智異山最巨 山田出穀常多 谿洞深邃 多人跡所不到處 自古多爲盜賊所據 招納亡命 爲百姓患 近四五年有大賊盤據之說 而初不信之 前冬有邊山賊騷動之說 小臣於其時詳達矣 上日 指備郎往探之事耶 光佐日 然矣 邊山賊 必入智異山矣 今此賊報若是 此類則草竊之類 初不足慮 而若是麟佐輩 所締結共起者 則朝家 又將有一番勦討之勞矣."

57) 『承政院日記』 제681책, 英祖 5년 3월 22일.

58) 黃玹, 『梧下記聞』 第2筆 7월 6일, "河東處湖嶺界 縮江海之利 爲南方一都會 故多姦民獧盜 智異山起界 首環一邑 而花開一洞 巖壑遞險 十年以來 火賊窟其中 湖逐則嶺 嶺逐則湖 各營捕卒 因以擾之 民不堪命 乃倡奉鄕社 團束保伍 備火砲軍 號日民砲 自是火賊捕卒 皆敢不入."

2. 변란 · 사회변혁세력의 지리산 이용

단순한 도적세력이 아니라 왕조를 뒤엎으려는 정치적 변란을 의도한 세력이나 사회변혁을 도모하는 세력들이 지리산을 이용하려 했던 사례도 적지 않게 나타난다.

영조대 무신란이 일어난 직후 예정대로 근기 · 호서와 경상우도에서는 반란세력들의 거병이 있었지만, 호남에서는 태인현감 朴弼顯이 관군을 이끌고 전주로 갔다가 여의치 않자 도주한 이외에 여러 세력들이 중도에 거병을 포기하였다.59) 경상우도에서도 여러 고을에서 義軍이 조직되어 반군에 저항하게 되고 관군이 동원되면서 반란세력들은 위축될 수밖에 없었다. 이에 安陰을 거점으로 인근 고을을 장악했던 반란세력들은 안음으로 다시 돌아와 호남 세력과 합세하거나 여의치 않으면 지리산으로 숨어들려고 하였던 것 같다.60) 호남지역에서는 승려세력도 일부 무신란에 참여하였는데, 이중 大有라는 자는 사정이 여의치 않자 지리산의 굴속에 숨어들었다고 한다.61)

정조 9년(1785)에도 지리산을 거점으로 한 文洋海 등의 역모사건이 터진다. 이 사건은 문양해 등이 『鄭鑑錄』의 비기를 이용하고 여러 仙人에 가탁하여 뭇 사람들을 선동하였고, 심지어 그 해 3월경에 하삼도에서 변란을 일으키려 했다는 혐의를 받은 사건이었다. 조직의 거점은 서울에서 멀리 떨어진 하동에 두고 있었지만, 여기에는 洪福榮, 李瑔 등 서울의 일부 명문 가문 인사와 서울의 梁衡, 함경도의 朱炯采, 朱炯老, 강원도의 李奎運 등 전국 도처의 신흥 평민세력 등이 가담하고 있었다.62)

---

59) 李鍾範, 「여러 지역의 항쟁과 '무신란'」, 『한국사』 36, 국사편찬위원회, 1997, 199~204쪽.

60) 『承政院日記』 제659책, 英祖 4년 4월 3일, "文命曰 賊已回軍安陰者 似聞湖賊敗報 欲藏身於智異山也 固不足慮 而雖未聞敗報 欲爲合勢而來 必至虛蕩 又何足深憂也."

61) 『英祖實錄』 권17, 4년 4월 丁酉.

62) 백승종(2006), 151~228쪽.

정조 9년 3월 임금이 여러 도의 監司와 兵使들에게 비밀리에 유시하였는데, 거기에는 이 사건이 다음과 같이 묘사되고 있다.

> 죄인 文洋海가 공초한 것 중에, 전후하여 진술한 香嶽·一陽子·澄潭 등 異人이나 仙人들은 모두 거짓으로 지어내어, 잠정적으로 그가 假托하고 거짓말로 과장한 데 불과하며, 허위 명목으로 작성하여 한편으로 인심을 현혹하려는 계책으로 삼고, 한편으로는 도당을 불러모을 수단으로 삼은 것이라고 하였다 한다. … 神仙의 말은 본래 황당 무계한데, 이율·양형 등이 결탁한 자들은 신선이 아니면 귀신이었다. 천갈래 만갈래로 한 무리의 신선의 족보를 꾸며서, 듣는 사람으로 하여금 쉽게 현혹되게 하고, 듣는 사람들로 하여금 앞을 다투어 따라오게 하였다. …
> 작년 이후부터 허다한 요사스러운 말들을 먼저 만들어 내어 호서지방에 전파하였고, 이리저리 옮겨 다니다가 영남, 호남지방에 들어가서 군사를 일으킬 시기를 손꼽아 기다렸던 것이다. 집을 떠나가는 자들은 봇짐을 메고, 살고 있는 자들은 말린 양식을 준비하느라고 10채가 있던 마을에서 7,8집은 모두 텅 비게 되었다.[63]

이 사건의 핵심 인물들은 앞에서 언급했듯이 지리산에 異人·仙人들이 많이 살고 있다는 전설과 당시 유행하던 『鄭鑑錄』류의 참설을 이용하고 있었다. 즉 지리산 상봉, 민간 마을에서 거리가 4,50리가 되는 곳에 仙園이 있는데, 이곳에는 여러 이인·선인들이 매우 많으며 孤雲 崔致遠도 아직까지 생존해 있다는 이야기를 하고 있다. 문양해도 이인의 제자로서 역시 神異한 인물이라고 전하며, 골짜기 내에 草庵을 지어 살면서 이인의 말을 전달하는 역할을 하고 있다고도 하였다.[64]

그리고 핵심 참여자 李瑮이 金履容(고변자)에게 한 말 중에는,

---

63) 『正祖實錄』 권19, 9년 3월 壬申.
64) 『承政院日記』 제1577책, 正祖 9년 2월 29일. ; 『正祖實錄』 권19, 9년 3월 丁巳.

異人이란 자는 과연 智異山 속에 있는데, 그의 道術이 神通廣大하고 千里 바깥의 일을 능히 알 수 있다. 異人의 말에, '지금 朝鮮의 氣數가 바야흐로 다하여 금년에는 조금 풍년이 들지만 내년에는 도적이 크게 일어나 도로가 불통하며, 재명년에는 세상이 뒤집어지는 일이 벌어질 것이다.' 라고 한다. 작년에도 소요스러운 말들이 낭자하여 大小民人 중에 지리산 밑으로 다투어 피해온 자가 매우 많다.[65]

라 하여, 이인들의 도술이 상당하고 이들은 천리 밖의 일이나 미래의 일을 내다볼 줄 안다고 과장하며, 이들의 말을 빌어 조만간 세상이 뒤집어진다는 참설을 확산시키려 하는 모습이 엿보인다.

이들이 본거지로 삼았던 곳은 하동 先場村[66]이며 이곳에는 105간의 굉장한 저택이 들어서 있었다. 그리고 서울에서 동조세력이 보내준 자금이 상당하여 돈을 여유있게 사용하고 있었다고 한다.[67] 조정에서는 사안의 심각성 때문에 선전관 李潤春을 파견하여 경상감사와 의논하고 여러 수령, 晉州營將 등을 동원하여 지리산의 선원이나 역적 도당들의 형적을 조사하도록 하였다. 그 결과 선원 등의 존재는 허구에 지나지 않는다는 보고를 접하게 된다.[68]

1862년 진주농민항쟁 때에도 지리산 자락의 덕산은 주요한 항쟁의 거점이었다. 항쟁의 주도자들이 水谷都會 이후 그곳이나 진주 읍치와 가까운 곳에서 봉기하지 않고 읍치에서 서쪽으로 멀리 떨어진 덕산에서 봉기를 먼저 시작한 것이나, 그 직전에 덕산과 가까운 수청가에서 초군들을 모아 집회를 열어 분위기를 돋운 것[69]은, 지리산의 지형적 조건과 여기에

---

65) 『承政院日記』제1577책, 正祖 9년 2월 29일.

66) 현 하동읍 花心里 仙掌 마을일 것으로 추측되며, 이곳은 당시에는 섬진강 주변의 여러 고을 내에서 가장 번성하던 斗峙場의 북쪽 인근에 위치했다.

67) 『承政院日記』제1577책, 正祖 9년 2월 29일.

68) 『正祖實錄』권19, 9년 3월 壬申.

69) 송찬섭(2003), 39~45쪽.

사는 초군들의 성향을 이용한 것이라 볼 수 있다.

1870년 李弼濟가 晉州變亂을 기도할 때에도 덕산을 주요 거점으로 이용하려 하였다. 그러나 이필제는 진주에서만 난을 기도한 것은 아니었다. 그는 진주변란을 전후해 무려 4회에 걸쳐서 연속적으로 난을 시도하였다. 그 첫 번째는 鎭川作變으로서 己巳年(1869) 4월 金炳立이 捕廳에 밀고함으로써 실패하였으며, 두 번째가 그 이듬해의 진주변란이었다. 세 번째는 辛未年(1871) 3월 10일의 寧海亂이며, 마지막이 그해 8월 2일 李弼濟·鄭岐鉉 등이 鳥嶺에서 난을 일으키려다 거사 직전 실패한 鳥嶺亂이다.[70]

진천작변의 실패 후 이필제는 다시 居昌·陜川 등지에서 朱成七 또는 朱性必로 성명을 바꾸고 楊永烈·成夏瞻·鄭晩植 등과 함께 1869년 12월 南海擧事를 준비하였다가, 자금부족과 同謀人의 비협조로 중도에서 포기하였다. 다음해 다시 진주 부근의 德山에서 同謀人과 樵軍을 모아 2월 28일 晉州邑城을 공격할 계획이었으나, 24일 진주 유학 趙鏞周 형제 등이 晉州鎭營에 이 사실을 투서함으로써 중도에 실패하였다. 이 계획은 이필제가 『鄭鑑錄』에 나오는 庚午年의 운수를 빌어 세운 것으로서, '금년의 운은 白馬龍兎로서 吏殺長吏라 하고, 그러므로 2월 28일 덕산에서 驅衆聚黨하여 곧장 진주로 들어가 城池를 공략하고 軍器를 탈취한다'는 것이었다.[71]

이필제는 자신이 진주에서 주도하는 변란을 정당화시키기 위해 주변 사람들에게 다음과 같이 언급하고 있었다.

지금의 시세는 洋擾가 빈발하고 北의 오랑캐가 아침·저녁으로 渡江할 우려가 있고, 倭寇가 틈을 엿보는 흔적이 있고 海島의 여러 곳에는 역시 도적이 많으니 국세가 위태롭다. 나의 거사는 곧 나라를 위한 일이다. 나 역시 책을 보았으니 春秋之意를 모르는가. 지금 만약 한 곳에서 兵을 움직이면, 사방이

70) 尹大遠(1987), 144쪽.
71) 위의 글, 152쪽 및 160-161쪽.

봉기하여 곳곳에 戰氣가 일어 전국이 三分四裂되어 北憂를 막기 어렵고, 여러 鄭氏가 출현하는 것도 역시 저지하기 어려우니, 우리 義兵으로 入海하여 안정을 도모하면, 가히 집과 나라가 모두 구제되는 것이니 군은 死中求生의 이치를 모르는가.[72]

祕記에 天命이 奎仙하니 義旗가 先倡하여 晉陽이 먼저 動한다고 하므로 곧바로 德山으로 가서 樵黨을 모아 일으켜 營府로 들어가 官長을 擔舁하고 邑村을 遍行하면 軍丁이 스스로 모여들 것이고, 軍械와 倉穀 역시 그 수중에 있다.[73]

즉 이필제는 19세기 후반 당시 동아시아에 서양세력의 침략이 전개되고 북쪽 오랑캐나 일본의 침략 의도 등이 엿보이는 상황을 전제로, 변란이 일어나면 나라가 3, 4개로 분열되고 鄭씨 세력이 출현할 수도 있으니 자신들이 미리 세력을 형성하여 의병으로서 나라를 구제해야 한다고 주장하였다. 그리고 그런 일을 도모하기 위해서는 비기에 언급되는 진양(진주) 덕산에서 먼저 樵軍을 모아 일어나 진주 병영과 목 관아를 점령하면 쉽게 주위 세력을 규합할 수 있다는 것이다.

여기에는 당시의 사회변화 및 국제정세의 변화에 대한 민간의 위기의식 및 당시 유행하고 있던『정감록』등 비기의 참설들이 이용되고 있음을 볼 수 있다. 이외에 이필제는 "세속에서 일컬어지기를 영남 인재 중 반이 진주에 있다고 한다. 하물며 이곳은 지리산 아래로서 본래 피난인이 많아

---

72) 『慶尙監營啓錄』 제3책, 同治8년 右兵使任商準謄報 居昌幼學楊永烈初推, "成七日
… 當今時勢 洋擾頻數 北騷朝暮有渡江之慮 倭寇有伺察之釁 海島諸處 亦多盜賊
國勢岌業 吾之擧事 卽爲國事也 吾亦看書 不知春秋之義乎 今若動兵於一隅 則四方
蜂起 處處戰氣 八域疆界 三分四裂 北憂難防 群鄭幷出 亦難抵當 以吾義兵 入海圖
安 則可謂家國兼濟 君不知死中求生之理乎."

73) 『慶尙監營啓錄』 제3책, 同治8년 右兵使任商準謄報 居昌幼學楊永烈更推, "成七日
秘記云 天命奎仙 義旗先倡 晉陽先動也 所以直往德山 嘯起樵黨 驅入營府 擔舁官
長 遍行邑村 軍丁自可收聚 軍械倉穀 亦在其中."

반드시 힘과 협술을 빌만 한 자와 문필에 능한 자가 있을 것이다.'74) 라고 하여, 덕산을 비롯한 지리산 자락이 변란을 일으킬 수 있는 잠재역량을 갖춘 곳으로 파악하고 있었다.

이 덕산은 1894년 동학농민전쟁이 일어나기 직전 동학이 경남 서부지역에 퍼져 나가는 근거지로서의 역할도 하였다. 경남 서부지역에서는 白樂道(道弘, 1856-1894)가 1893년 이전부터 덕산의 계곡 깊은 곳에 있는 大次禮 마을(현재 내대리)을 근거지로 인근 마을, 그리고 인근 고을로 동학조직을 확산시켜 나가고 있었다. 『栢谷誌』에 의하면, 그의 핵심 제자이자 측근으로 孫雄狗가 있었고 손웅구의 밑에 高萬俊・林正龍・林末龍 등이 핵심적 활동을 하고 있었으며, 그 무리가 수천이나 되었다고 한다.75) 즉 백낙도 휘하의 동학 조직은 진주 덕산을 중심으로 인근 여러 고을에 심어지고 있었던 것이다.

그런데 1894년 봄 호남에서 동학군이 본격적으로 들고 일어났을 때, 이것이 영남지방에도 파급될 것을 우려하여 진주지역에서도 동학도에 대한 토포활동이 벌어졌다. 4월 13일 晉州鎭 營將 朴熙房은 대차례 등지에 동학도 5백여 명이 모여 있는 것을 알고 3백여 명의 군사를 동원해 기습하였다. 이 토벌에는 산에 불지르는 火攻의 수법이 동원되었고, 결국 백낙도는 그의 핵심 측근인 白溶洙와 함께 관군에게 잡혀 효수되었다.76)

이후 9월에 들어와 경남 서부지역에서는 하동과 진주를 중심으로 동학군이 본격적으로 봉기하고 이 여파가 다른 고을로도 미쳤다. 그런데 10월 중순 고승당산에서 벌어진 일본군과의 격전에서 동학군이 크게 타격을 입으면서, 동학군의 일부 잔여세력들이 덕산 방면으로 퇴각하였다. 일본

---

74) 『慶尙監營啓錄』 제3책, 同治8년 右兵使任商準膽報 晉州閑良鄭弘哲七推, "性必曰 … 俗云嶺南人才 半在晉州 況此智異山下 素多避亂人 必有借力挾術善文筆者矣."

75) 『栢谷誌』 권3, 兵荒 當宁甲午조.

76) 김준형(2003), 72~75쪽.

군은 이를 추적하다가 포기하였다.[77] 지리산에는 여러 갈래의 깊은 골이 형성되어 있어서 한 소대의 병력으로는 동학군들의 행방을 추적하기 어려웠던 것이다.

3. 주변 고을에서의 변란 및 괘서 사건

지리산을 끼고 있던 여러 고을에서 이처럼 지리산을 거점으로 한 도적 사건이나 변란, 변혁운동 등이 자주 일어나면서 이 지역 주민들이 그 영향을 받을 수밖에 없었다. 즉 다른 지역에 비해 저항운동 전반에 대한 인식과 열정이 높아질 가능성이 있었다. 더 나아가 이 고을에서는 지리산과 직접 관련되지 않는 변란 및 괘서 사건도 적지 않게 발생한다.

우선 들 수 있는 것이 연산군 4년 求禮에서 裵目仁 일당이 일으킨 사건이다. 『燕山君日記』에는 이 사건에 대해 왕이 다음과 같이 언급하고 있는 기사가 있다.

> 뜻밖에 구례현 백성 裵目仁이 禍心을 내포하고 거짓으로 비결을 만들어 우매한 백성들을 속이고 현혹시켜, 不軌를 꾀하였고, 成漢孫·文彬 등이 그 심복이 되어 음으로 도당을 결성하였고, 목인의 아비 係宗이 逆謀를 완수할 생각으로 南海의 불순한 무리들을 유인해 모아서, 부자가 난리를 선동하니 그 黨與가 얽히고 서린데다가 두 고을의 백성이 따라서 부화한 자도 무려 70여 명이었다.[78]

구례에서 배목인이 거짓으로 비결을 만들어 不軌를 꾀하고 그의 아비 계종은 남해에서 불순한 무리를 모아 난리를 선동하였다는 것이다. 원래 裵係宗 부자는 金海에서 출생하여 馬賊의 窩主로 남해에 定屬되었었는데,

---

77) 위의 글, 90~91쪽.
78) 『燕山君日記』 권31, 4년 11월 甲午.

地理를 아는 계종의 아들 目仁이 不軌의 마음을 품고 구례에 도착하여 맨 먼저 반역을 꾀하였으며, 이어 계종은 남해에서 逆謀를 제창하였던 것으로 전한다. 이 사건이 사전에 발각되었고, 반역에 연루된 자들은 처형되거나 유배되었다. 관련된 이 두 고을도 모두 징벌의 대상이 되어 구례는 혁파되고 남해는 고을 등급이 강등되었다.[79] 이 사건으로 구례현은 楡谷部曲으로 강등되어 남원에 속하게 된다.[80]

그런데 이 사건과 관련하여 사건의 내용과 그들이 이용했던 비결의 내용이 구체적으로 언급되지 않아 지리산을 직접 활용하였는지는 자세히 알 수 없다. 단순히 구례와 남해의 주민들을 동원하려던 반란 모의 사건에 그쳤던 것이 아닌가 추측해 볼 수도 있다.

영조 9년(1733)에는 남원에서 3,4월에 걸쳐 3차례의 괘서사건이 벌어진다. 괘서 내용은 1728년 무신란 때 역적들이 퍼뜨린 소문이나 선동적인 구호와 상당 부분 일치하고, 왕실을 비방하는 내용도 들어 있다. 이것은 조사과정에서 남원의 신흥세력인 金元八 등이 작성한 것으로 밝혀졌다. 여기에는 조선왕조의 멸망을 예언한 『南師古秘訣』의 내용이 인용되고 있다. 따라서 단순히 원한관계에 있는 인물을 공격하기 위한 것이라기보다는, 김원팔·崔鳳熙 등이 비밀세력을 형성하여 하나의 역모를 도모하던 사건일 가능성도 제기되고 있다.[81]

순조 원년(1801) 6월에는 하동 및 인근 고을에서 괘서사건이 벌어진다. 6월 13일 河東府 관아에서 거리가 5리쯤 되는 곳에 있는 斗峙場에서 掛書사건이 있었고, 이어 의령·창원 등지에서도 掛書의 變이 있었던 것이 경상감사 金履永의 密啓로 조정에 보고된 것이다. 이것은 6월 16일 하동부사 許澂의 급보에 의해 감영에 알려지고 조사가 진행되면서, 이와 관련된

---

79) 『燕山君日記』 권31, 4년 10월 庚午.

80) 『新增東國輿地勝覽』 권37, 南原都護府 屬縣 楡谷部曲조 참조.

81) 백승종, 『정감록 역모사건의 진실게임』, 푸른역사, 2006, 21~133쪽.

연루자는 여러 지역으로 확산되었다.[82]

그 괘서는 한 자 남짓한 흰 명주를 종이끈으로 꿰뚫어서 대나무 장대에 매단 형태였는데, 명주 가운데에 '文武의 才藝가 있어도 권세가 없어 失業한 자는 나의 鼓吹에 응하고 나의 倡義에 따르라. 정승이 될 만한 자는 정승을 시킬 것이고 장수가 될 만한 자는 장수를 시킬 것이며, 가난한 자는 풍족하게 해주고 두려워하는 자는 숨겨 준다.'라고 쓰여 있었다고 한다. 그 나머지는 眞書와 諺文을 서로 뒤섞어 난잡하게 쓰다가 지워 버렸다고 한다.[83]

그런데 괘서에 대한 보고는 하동 이외에 의령과 창원에서도 올라왔다. 이에 대한 조사과정에서 이를 주도한 범인들이 밝혀졌다. 이를 주도한 자는 의령 칠곡면 막근동에 사는 田志孝였다. 그는 진주에 사는 매형 李鎭和를 시켜 두치장에 이 괘서를 걸게 하였고, 또 자신이 사는 마을 근처 裵東律의 집문 밖의 麻田에도 걸어두었다가 이진화에게 걷어오게 하고 면 執綱으로 하여금 관에 신고하게 하였다. 그리고 매형 裵縉慶으로 하여금 흉서를 쓰게 하여 배진경의 동생 裵綸慶을 보내어 창원에도 게시하게 하였다. 이런 변고에 대한 신고를 통해 관으로부터 포상을 받을 것을 노렸다는 것이다.[84]

이 괘서가 맨 먼저 걸렸던 두치장은 섬진강 하류 동쪽 언덕에 있는 장시로서, 영남과 호남의 사람들이 크게 모이는 대도회지였다. 丁錫龜(1772~1833)에 의하면, 19세기 초에는 매번 장날이 되면 섬에서 온 수백 척의 배가 해산물을 싣고 섬진강을 거슬러 올라오고, 강에서 내려온 배 10여 척은 육지에서 난 물산을 포장하여 강을 따라 내려와 긴 언덕에 줄지어 여기에 정박하였다고 한다.[85]

---

82) 『純祖實錄』 권3, 원년 8월 己酉.

83) 『純祖實錄』 권3, 원년 10월 癸酉.

84) 『純祖實錄』 권3, 원년 12월 丙辰; 『純祖實錄』 권3, 원년 12월 壬申.

읍치가 남쪽으로 옮겨진 이후 읍치 부근의 주민들의 요구에 따라 두치
장 이외에 읍내장이 설치되고 장시 날짜가 조정되어 운영되다가, 1830년
대 중반에 두치장은 사라지고 읍내장만 운영되게 되었다.[86) 어쨌든 두치
장이 존속하고 있을 때에는 이와 같이 번화한 곳이었기 때문에, 일부 변
란세력이 이곳의 장날을 이용해 많은 사람들을 선동하고자 하는 사례가
적지 않았다. 앞에서 언급된 문양해 사건의 본거지도 두치장과 가까운 선
장촌이었고, 고종 6년 인근 고을인 광양에서 민란이 일어날 때도 두치장
에서 옮겨진 하동 읍내장이 이용되었다.

광양민란은 고종 6년 3월 23일 밤에 발생한 난으로 민회행·이제문·
전찬문 등 殘班破落者로 보이는 자들이 일으킨 난이다. 이들은 3월 18일
하동장시에서 모였다가 그 일당이 70여 명으로 늘어나자 牛孫島로 직향
하여 그곳에서 光陽起亂의 順成을 기원하는 祭를 올리고 다시 그곳을 떠
나 草南浦에 머물렀다가 23일 밤 광양현을 습격하였다. 그러나 25일 밤
현감 尹榮信이 이끄는 倡卒軍의 반격으로 성지가 수복되었다고 한다.[87)

헌종 10년(1844) 산청에서도 괘서사건이 일어난다. 산청의 金裕璿, 진주
의 金璣 등이 산청 관아 부근에 괘서를 걸어 당시 유행하던 비기류의 풍
설을 확산시키려 했던 사건이다.[88) 양인은 남해의 아전 鄭珌錫 부부에게
난리 속에서도 온전히 지낼 수 있는 곳을 선정해 준다고 속여 수백 량을

85) 丁錫龜, 『虛齋遺稿』 頭流山記, "南江蟾津 圍繞東南 漁船樵舸 比比相繼 蟾津東畔
即所謂豆峙市 而爲嶺湖之一大都會 每當市日 則島船數百艘 載海錯而溯之 江船十餘
隻 粘陸産而沿之 列泊長岸 雲帆飄飄 月櫓戢戢 富商巨賈 馹人儈子 列肆開廛 競競
擾擾 日幾隅市散 或帶潮擧帆 或乘風解纜 或斷或續 爭唱款 乃此則山河之江景也."

86) 『慶尙道邑誌』 「河東府邑誌」 場市 豆置場, "在府西五里 每月二日七日開市 而癸巳
(1773)從民願 二日場移設府內 七日場存舊地 而丁亥(1827)又從民願 分爲三場 初旬
場入邑底矣 今爲革罷."

87) 尹大遠(1987), 157쪽.

88) 『憲宗實錄』 권11, 10년(1844) 6월 辛亥조에는 괘서 죄인을 梟首警衆한다는 간단
한 기사만 나온다.

받은 후, 산청 草谷面의 작은 집을 구입해 준 이외에 다른 대책을 세워주지 않았다. 정필석이 돈의 반환을 요구하자, 이에 양인은 괘서를 통해 곧 난리가 날 것이라는 설을 퍼뜨려 정필석의 돈의 반환요구를 지연시키려 했던 것이다.

이 사건은 『山陰記事』에 자세히 소개되어 있는데, 산청에 건 榜書의 첫머리에는 西洋國王인 萬達聖이 조선 왕에게 편지를 보내는 것으로 되어 있었다고 한다.[89] 김유선과 김기는 주위에 西洋國의 사람들이 丙子년의 복수를 하고자 朝鮮의 길을 빌어 이용한다는 설, 西洋國 將卒들이 南海邊을 돌아 건너와 진을 칠 것이라는 설을 퍼뜨리고 있었다.[90] 또 '西方의 白氣가 현재까지 소멸되지 않고 점차 동북쪽으로 옮겨가고 있으니 時事를 가히 알 수 있다. 명년 3월에는 다시 변란이 발생하는데 先川에서 먼저 일어난다.'는 주장도 하고 있었다.[91]

그리고 그들은 이런 사태에 대처할 수 있는 신이한 능력을 가졌음을 과시하고자 하였다. 김기는 그가 하동에 갔을 때 초능력을 습득하였는데, 귀신으로 하여·금 스스로 오게 하고 둔갑술로 몸을 숨길 수 있으며 하늘로 오르고 땅으로 내려오는 술법을 터득하였다고 과장하였다. 또 지금 薰天動地할 상황인데, 자신들이 산을 옮기고 물길을 바꾸며 바람을 일으키고 비를 부르며 육지로 배가 갈 수 있도록 할 수 있다고도 주장하였다.[92]

---

89) 『山陰記事』 兵營査案 山清幼學金璣(再再招), "榜書頭辭 則西洋國王萬達聖 頓首百拜朝鮮國王下是自遣 人名則朱電飛趙神明卞飛龍洪洋文 而作名之義 則萬事通達之謂聖人 是爲國王萬達聖也."

90) 『山陰記事』 兵營査案 罪人幼學金裕璿(四招), "何故以西洋國將卒 回渡南海邊留陣等說爲辭 … 西洋國人 欲報丙子之讐 借路朝鮮云 故如斯聞知 而爲其從速傳播 同往掛之於山清縣是自在果."

91) 『山陰記事』 兵營査案, "至於西方白氣 至今不消 漸移于艮方 時事可知 明年三月 丁寧變出 而先發於先川之句 此何等不軌也 且其河東 使鬼自至 遁甲藏身 升天入地等語 何莫非誣惑 而今此薰天動地 移山易水 呼風喚雨 陸地行船之意 隱然吻合於榜書."

92) 위의 주) 참조.

이처럼 조선시대의 전 시기에 걸쳐 구례·남원·하동·산청 등 지리산 주변에 있는 고을에서는 여러 가지 변란이나 벽서 사건이 적지 않게 나타나고 있었다. 이것은 지리산이 여러 저항운동의 거점 역할을 하는 상황에서 그 영향을 받은 측면이 적지 않았기 때문이라고 생각된다.

IV. 맺음말

이상의 논지를 요약해 보면 다음과 같다.

지리산은 영남과 호남의 여러 고을에 걸쳐 너르게 퍼져 있었고, 여기저기에 깊은 골이 형성되어 있었으며, 관의 힘이 미치지 못하는 은밀한 곳이 많았다. 또 지리산은 주변이 매우 기름져서 여러 가지 작물들이 풍성하게 자라났고, 여러 가지 생계대책이 마련되어 있었기 때문에, 이곳 사람들의 생계는 그다지 곤란하지 않았던 것 같다. 따라서 이곳은 도망친 자들이나 도적들의 온상이 되기도 하였다. 또 지리산은 그 신비하다는 명성과 함께 은밀한 곳이 많아 신라 때부터 은거하는 유명 인물들이 많았다.

그런데 조선 중기 이후 지리산에는 관의 침탈이 증가하고 있었다. 18세기 말에도 지리산에 살던 민간인이나 사찰 승려, 무당들은 관에 바치는 각종 공물의 액수가 매년 증가하거나 전에 없던 공물들을 바쳐야 하였다. 이와 같은 관의 침탈로 인해 사찰의 승려나 무당, 그리고 지리산에 의지해 사는 민간인들의 불만이 고조되지 않을 수 없었다. 따라서 어떤 조건이나 계기가 마련된다면, 이들이 연대하여 조정에 저항하는 세력으로 변할 수 있는 가능성이 어느 곳보다도 높았다.

신라 때부터 국가에서 南岳으로 지정되어 중시되어 왔던 지리산의 산신은 어느 산의 신령보다도 더 영험하다고 여겨지고 있었다. 그래서 지리산이 역대 왕조의 건국 설화와 관련되어서 신비화되기도 하고, 이를 역대의 통치자나 관료들이 활용하기도 하였다.

일반 민간에서 중요한 신앙대상이었던 지리산의 산신 '성모'가 후대로 오면서 불교나 도교적인 면도 가미되어 더욱더 신비화되고 있었다. 민간인들은 질병에 걸리면 으레 찾아와 기도하였고 무당들도 많이 몰려들었다. 이런 산신신앙의 번성은 불교에도 영향을 주어, 신당을 세워 지리산 신에게 제사를 지내는 사찰도 적지 않았다. 불교와 지리산을 밀접하게 연결시켜 마치 지리산을 불국토처럼 여기려는 모습도 보였다.

이처럼 지리산이 신비화되면서 지리산과 관련된 비기가 조선 초기부터 확산되고 있었다. '지리성모'라는 비기가 퍼져 있었고, 지리산이 도가들이 도를 대대로 전수하던 소굴이며 신선들이 모여살고 있던 곳으로 전하는 『해동전도록』도 등장한다. 이와 함께 지리산에는 난리를 피해 숨어살 수 있는 곳이나 복지들이 적지 않게 거론되고 있었다. 이에 따라 지리산과 관련된 비기 및 참설들도 만들어지고 있었다. 이런 비기 · 참설들은 실제 여러 가지 모반이나 고변 사건에서도 자주 나타나고 또 활용되고 있었다.

지리산은 넓고 골이 깊으며 내부에 숨어살 수 있는 곳이 적지 않아서 도적들이 자리잡을 수 있는 가능성이 높았다. 실제로 조선왕조 전 시기에 걸쳐 지리산을 배경으로 한 도적들의 활농이 어느 산보다도 활발하였다. 예종 때 張永己 등의 도적세력들의 활동이나, 임진왜란 중에 지리산을 중심으로 준동했던 도적세력의 활동 등이 그 예이다. 현종 12년의 錦山 도적이나 영조 3년의 邊山 적도들이 지리산을 이용하려던 정황도 있었다.

정치적 변란을 의도한 세력이나 사회변혁을 도모하는 세력들이 지리산을 이용하려 했던 사례도 적지 않게 나타난다. 영조대 무신란이 일어난 직후 안음을 거점으로 인근 고을을 장악했던 반란세력이나 호남의 일부 세력이 지리산으로 숨어들려고 하였던 것도 그 예이다. 정조 9년 文洋海 등의 역모사건도 지리산을 거점으로 하고 있었다. 지리산 자락의 덕산은 1862년 진주농민항쟁 때에 주요한 항쟁의 거점 역할을 하였고, 1870년 李 弼濟가 진주변란을 기도할 때에도 주요 거점으로 주목되었으며, 1894년 동학농민전쟁이 일어나기 직전 동학이 경남 서부지역에 퍼져 나가는 근거지로서의 역할도 하였다.

지리산을 거점으로 한 도적사건이나 변란·변혁운동 등은 주변 고을 주민들에게 영향을 주어, 다른 지역에 비해 저항운동 전반에 대한 인식과 열정이 고조될 가능성이 컸다. 더 나아가 이 고을에서는 지리산과 직접 관련되지 않는 변란 및 괘서 사건도 적지 않게 발생한다.

이처럼 지리산이나 주변 고을들은 여러 가지 도적사건이나 변란, 변혁운동의 중요한 거점 역할을 하였고, 지리산과 연결된 사건들이 많이 나타난다. 각 사건들은 시기마다 사회변화나 정치정세의 변화와 맞물려 다양하게 전개되고 있었고 그 성격도 달랐다. 그러나 이 글은 이런 부분들이 체계적으로 분석·정리하지 못하고 시기적으로 나열되는 형태에 머무르고 말았다. 이후에 좀 더 새로운 자료가 확보되면, 이런 사건들의 성격을 체계적으로 분석·정리하는 작업도 진행해 보려 한다.

이 글은 『남명학연구』 제31집(경상대학교 남명학연구소, 2011)에 수록된 「조선시대 지리산을 중심으로 한 저항운동」을 그대로 실은 것이다.

—

지리산권 동남부지역 동학농민혁명의 전개와 특징

김양식

—

I. 다시 주목해야 할 영호대도소

동학농민혁명은 시기와 정도의 차이가 있을지언정 전국적으로 전개되었는데, 지리산권 동남부지역 역시 예외가 아니었다. 지리산권 동남부지역, 즉 전남의 순천·광양과 경남의 하동·진주·산청은 섬진강을 경계로 이웃하고 있지만, 서로 비슷하면서도 다른 양상으로 동학농민혁명이 전개되었다.

그러한 차이는 기본적으로 전라도와 경상도라는 공간과 경계에 따른 것이다. 전주화약 이후 전주성을 빠져나온 동학농민군 지도자들은 전라도 각 군현을 순행하고 투쟁본부인 大都所를 설치하였는데, 순행지역과 대도소 설치지역이 전라도에 국한되었다.

실제 1894년 6월 순천에 설치된 동학농민군의 대도소는 嶺湖大都所였다. 영호대도소는 순천과 광양을 지역기반으로 그 외연을 주변지역으로 확대하고자 하였으나, 섬진강을 넘어 경상도지역으로 진출하는 데는 여러 어려움이 뒤따랐다. 경상도지역은 전라도에서 일어난 동학농민혁명의 직접적인 영향을 받지 않았다.

특히 영호대도소는 동학농민군 주체, 활동지역, 활동시기 등이 분명하고 상대적으로 자료도 많이 남아 있기 때문에 동학농민군의 투쟁조직체인 도소의 실체를 규명하는데 좋은 사례이다. 더욱이 영호대도소는 지리산 남부권을 장악하였던 지역 특성 외에 섬진강을 건너 하동·진주에 이르는 경남 서부지역으로 끊임없이 진출하고자 하였고, 최종 공격대상도 부산에 있는 일본세력이었던 만큼 동학농민혁명의 전체상을 파악하는 데 중요하다.

그러나 영호대도소의 실체 규명을 비롯하여 지리산권 동남부권 동학농민혁명의 실상에 관한 연구는 매우 부진한 실정이다. 영호대도소에 관한 지금까지의 연구는 극소수이며,[1] 경남 서남부지역 동학농민혁명에 관한 학술연구 역시 극히 부족한 실정이다.[2]

이 글에서는 기존의 연구성과를 바탕으로 영호대도소를 중심으로 지리산권 동남부지역에서 전개된 동학농민혁명 실체에 접근하고자 한다.[3] 더나아가 지리산권 동남부지역이라는 공간개념을 적용하여 보다 거시적인 시공간 위에서 순천과 광양을 기반으로 활동하던 영호대도소와 그 지역

---

1) 김양식, 『근대한국의 사회변동과 동학농민혁명』, 신서원, 1998, 259~290쪽; 이이화·우윤, 『대접주 김인배, 동학농민혁명의 선두에 서다』, 푸른역사, 2004.

2) 김준형, 「서부경남지역의 동학군 봉기와 지배층의 대응」, 『慶尙史學』 7·8, 경상대학교 사학과, 1992; 金梵壽, 「西部慶南東學運動研究」, 『경남향토사총서』 2, 경남향토사연구협의회, 1992.

3) 영호대도소의 서부 경남 진출과 패퇴하는 일련의 과정(3장)은 기본적으로 필자의 위의 책 서술내용을 따르면서, 새로 발굴된 자료를 바탕으로 수정·보완하였음을 미리 밝혀둔다.

적 성격을 규명하고자 한다. 아울러 서부 경남지역과의 비교를 통해 섬진강을 경계로 한 동남부 전남지역과 서남부 경남지역의 동학농민혁명 차이를 해명하는 데 초점을 맞출까 한다.

II. 1894년 9월 이전 동학농민혁명의 전개

1. 지리산 남부지역

지리산 남부지역에 속한 순천과 광양지역은 1894년 3월 동학농민혁명이 발발하기 이전부터 주민들의 저항 움직임이 있었다. 특히 전라 좌수영이 있던 순천과, 섬진강을 끼고 영남으로 통하던 광양은 예로부터 물산이 풍부하고 인적 물적 왕래가 잦던 교통 중심지였다. 그 때문에 이들 지역은 관의 수탈이 많을 수밖에 없었고, 이에 저항하는 농민사회의 전통이 흐르고 있었다. 이는 동학의 확산과 1869년 광양 변란, 1889년 광양 민란, 1894년 2월 순천 민란으로 표출되었다.[4]

이런 상황에서 1894년 3월 전라도 무장 기포를 시작으로 동학농민혁명이 발발하자 순천의 朴洛陽은 순천지역 농민들을 이끌고 참여하였다. 그는 1893년 보은집회 때도 동학도를 이끌고 참여하였던 인물로서, 軍長이란 직함을 가지고 동학농민군에 가담하여 활동하였다.[5]

전주화약 뒤 박낙양이 이끄는 순천지역 동학농민군은 다른 지역의 동학농민군과 마찬가지로 귀향하였을 것으로 보인다. 그 무렵 금구 출신의

---

4) 김양식, 앞의 책, 260~262쪽 참조.
5) 吳知泳, 『東學史』(초고본), 報恩會集과 京城會集, 檄文. 오지영의 『東學史』(초고본, 再度擧義)에 9월 재봉기 때 박낙양이 5천군을 거느리고 순천에서 진을 쳤다고 기록된 것으로 보아, 그가 1893~1894년 순천지역 동학도의 최고 지도자였던 것으로 보인다. 그러나 다른 기록이 없어 구체적인 활동상은 알 수 없다.

金仁培(1870~1894)[6]는 전봉준이 5월 10일 태인에 도착할 무렵 김개남을 따라 순창을 거쳐 남원으로 내려간 뒤 순천으로 향하였다.[7]

김개남과 김인배가 각각 남원과 순천을 투쟁 근거지로 삼은 것은 동학 농민군 지도자들 사이에 사전 협의에 따른 것으로 보인다. 실제 전주성 철수 이후 집강소가 운영되던 5월부터 8월까지 전봉준은 전주, 손화중은 광주, 김개남은 남원, 김인배는 순천을 근거지로 삼았고 9월 이후 대일항 전을 전개하였다. 이는 전라도 전역을 4개 권역으로 분점한 뒤 전라도 전 체를 동학농민군이 통제하는 전략이었다.

김개남이 남원을 근거지로 삼은 뒤 당시 25살 밖에 안되는 김인배로 하여금 순천을 장악하도록 한 것은 순천이 영남과 통하는 길목이었기 때 문이다. 김인배가 살던 금구 봉서마을(현 김제시 봉남면 화봉리)은 김개 남이 살던 지금실마을과 산 하나를 두고 이웃한 데다 원평장을 같이 이 용하는 하나의 생활권에 속해 있었기 때문에 친분이 두터웠을 것으로 보 인다.[8]

순천에 도착한 김인배는 순천부를 장악한 뒤 영호대도소를 설치하였 다. 이때가 1894년 6월이었다.[9] 영호대도소의 인적 기반은 두 계열로 추 측할 수 있다.

하나는 토착 동학을 기반으로 한 박낙양 계열과 외지에서 온 김인배와 그를 따르던 동학농민군세력이었다. 박낙양과 김인배의 관계는 알 수 없 으나, 두 사람의 관계는 동학 연원 또는 노선 차이가 있었던 것으로 보인 다. 천도교 관련 문서에는 박낙양이 순천을 대표하는 인물로 등장한다.[10]

---

6) 金仁培에 관해서는 이이화·우윤, 앞의 책, 40~71쪽 참조.

7) 『兩湖電記』, 5월 21일 전보; 이이화·우윤, 위의 책, 135쪽 참조.

8) 이이화·우윤, 앞의 책, 48~49쪽.

9) 「巡撫先鋒陣謄錄」, 『東學亂記錄』 상, 680쪽.

10) 『東學史』, 『甲午東學亂』, 『天道敎書』 등.

그는 1893년 3월 보은집회, 동학농민혁명기 3월과 9월 기포 모두 순천지역 동학도를 인솔하여 참여한 것으로 되어 있다. 반면에 김인배와 영호대도소에 관한 기록은 한 줄도 찾아볼 수 없다. 그것은 천도교 쪽에서 김인배와 영호대도소를 의도적으로 배제시켰기 때문인데, 이는 천도교쪽 자료가 거의 모두 전봉준 중심으로 서술되어 있고 김개남 등은 의도적으로 기록에서 제외시킨 것과 맥락을 같이 하는 것으로 보인다.

따라서 순천지역의 동학농민군의 인적 기반은 박낙영이 이끄는 동학계열과 김인배가 이끄는 동학농민군 계열로 나눌 수 있으며, 후자의 경우 주로 김인배를 따라 들어온 외부세력과 영호대도소의 외연을 주변지역으로 확대하면서 조직화된 세력이다. 그렇지만 두 세력은 이렇다 할 갈등과 대립은 없었다. 박낙영은 그와 관련된 활동 기록이 전무한 것으로 보아, 영호대도소에 적극 참여하지 않았지만, 김인배의 활동에는 동조한 것으로 보인다.

이렇게 설치된 영호대도소는 1894년 6월부터 전남 동남부지역에서 활동한 동학농민군의 구심점 역할을 하였다. 순천의 통치권은 사실상 영호대도소의 수중에 놓여 있었다. 신임 순천부사 李秀弘이

영호대도소가 있었던 순천부 관아터
(사진-동학농민혁명기념재단)

8월에 부임하였을 때 이미 김인배 등이 邑權을 장악하고 있었다.[11] 영호대도소 소속 동학농민군은 좀 과장된 표현이긴 하나 10만여 명이나 되었

---

11) 黃玹, 『梧下記聞』 3, 갑오 10월조, 21~22쪽.

다는 기록이 있을 정도로 대단히 큰 규모였다.[12] 영향권하에 있었던 지역도 순천과 광양을 중심으로 낙안·승주를 비롯해 멀리 영남의 하동에까지 미치었다.[13]

2. 지리산 동부지역

지리산권 동남부지역에 속한 섬진강 동쪽 하동·진주·산청 등 서부 경남지역은 1862년 이래로 변혁운동의 선구적인 역할을 하였다.[14] 그러므로 동학농민혁명기의 상황은 매우 중요하다.

진주를 비롯한 서부 경남지역 역시 개항 이후 가뭄과 수탈에 시달렸지만, 1893년까지 이렇다 할 농민항쟁은 일어나지 않았다. 실제 개항 이후부터 1893년까지 큰 규모의 농민항쟁만 전국에서 54건이 일어났는데, 그 가운데 경상도에서 일어난 항쟁은 9건(16.7%)이고 그 가운데 1892년 남해 외엔 모두 서부 경남지역 밖에서 발발하였다.[15]

그러나 1894년에 들어와서는 상황이 역전되었다. 전라도에서 고부 농민항쟁이 전개되던 1월 12일 함안을 시작으로 1월 16·17일 사천, 3월 말경 김해에서 농민항쟁이 일어나는 등 서부 경남지역도 1894년 초에 크게 동요하였다.[16]

그러나 동학조직은 크게 움직인 것으로 보이지 않는다. 1893년 3월 보은집회에 하동접 50여 명과 진주접 60여 명이 참여한 것으로 보아,[17] 1894년 이전 서부 경남지역도 동학조직이 확산된 것만은 사실이다.

---

12)「순무선봉진등록」,『동학란기록』상, 680쪽.

13) 영호대도소의 조직과 활동에 관해서는 김양식, 앞의 책, 263~269쪽 참조.

14) 김준형, 앞의 논문, 75쪽.

15) 김양식, 앞의 책, 22쪽 표-1 참조.

16) 김준형, 앞의 논문, 75쪽.

17)「聚語」,『동학란기록』상, 宣撫使再次狀啓.

서부 경남지역의 동학은 白樂道(白道弘)를 중심으로 확대되었다. 백낙도는 해월 최시형의 명을 받아[18] 진주에서 孫雄狗·高萬俊·林正龍·林末龍 등을 비롯한 수천 명에게 동학을 전파하였는데, 보은집회 이후 진주 덕산을 거점으로 활동하였다. 그밖에도 지리산 기슭의 三壯·矢川·沙月·靑巖面 등지도 동학도들이 주로 활동하였다고 한다. 그래서 정부는 1894년 3, 4월 호남 외에 지례 및 진주 덕산 등지에 모여 있는 불온세력을 엄단하도록 하였다. 그에 따라 진주 영장 朴熙房은 4월 중순 3백 명을 인솔하여 덕산 근거지를 급습, 백낙도를 비롯한 5, 6명을 잡아 죽이고 근거지를 모두 불태웠다.[19] 나머지 동학도들은 진주성내에서 일시 농성을 하기도 하지만 곧 진정되었다.

이렇게 덕산을 근거지로 한 진주지역 동학세력이 타격을 입은 뒤 서부 경남지역은 다소 안정을 회복한 듯하였다.[20] 그 때문에 6, 7월 영호대도소는 섬진강을 건너 하동으로 끊임없이 진출하고자 하였으나, 화개 부호들이 조직한 민보군과 관군에게 번번이 제지되었다. 그 결과 8월까지 영호대도소의 영향력은 섬진강을 넘지 못하였다.[21]

전라도에서 동학농민군의 전라좌우대도소가 치안권을 장악한 뒤 집강소를 운영하는 등 일정한 폐정개혁 활동이 이루어질 무렵, 이웃한 서부 경남지역이 상대적으로 기존 질서와 체제를 유지할 수 있었던 것은 두 가지 힘이 작동하고 있었기 때문이다. 하나는 전체적으로 행정권력이 제도적 힘을 행사하고 있었던 데다가, 또 하나는 양반지배층이 아직 기존의 향촌사회질서와 규율을 장악하고 있었기 때문이다.

그렇지만 서부 경남지역 역시 시간이 흐를수록 곳곳에서 군현단위로

---

18) 『天道敎書』, 제2편 해월신사.
19) 『栢谷誌』, 當宇 甲午.
20) 김준형, 위의 논문, 81~82쪽 참조.
21) 김양식, 위의 책, 266~267쪽 참조.

농민항쟁이 일어나고 동학도들이 개별적으로 활동하는 등 사회 분위기는 점점 저항의 물결에 휘말리는 상황이었다.[22] 그리하여 9월에 들어와 기존의 체제질서는 급격히 무너졌다.

III. 1894년 9월 이후 동학농민혁명의 전개

1. 영호대도소의 출정

8월 25일경에 개최된 남원 동학농민군대회는 사실상 7, 8월 유지되던 집강소체제의 붕괴일 뿐 아니라 더 이상 전봉준의 지도노선이 다른 동학농민군 지도자들에게 받아들여지지 않았음을 의미한다. 그것은 곧 정부와 맺은 관민상화의 약속을 깨고 일본과 친일정부를 상대로 한 무력투쟁의 출발을 의미한다.

이에 따라 남원의 김개남 영향권하에 있었던 순천의 영호대도소는 9월 1일 하동을 공격하였다. 이는 곧 본격적인 첫 대일항전이 시작된 것이다. 영호대도소 동학농민군부대는 총대장 김인배와 부대장 유하덕이 직접 말을 타고 인솔하였다. 그 규모는 수천 내지 수만 명에 달하였다. 총검으로 무장한 이들은 흰색 또는 누런 수건을 머리에 동여메고 輔國安民이라 쓴 붉은 큰 깃발을 앞세우고 나팔을 불며 섬진강에 당도하였다.[23]

그러나 섬진강에 당도한 영호대도소 동학농민군은 하동의 엄한 방비를 두려워하여 渡江을 주저하였다. 그러자 김인배는 동학농민군대장으로서 동학농민군의 사기를 올릴 필요성이 있었다. 김인배는 부적을 붙인 수탉을 1백보 밖에 놓고 포졸로 하여금 맞추게 한 뒤, "닭은 맞지 않는다. 여

---

22) 김준형, 앞의 논문, 83~89쪽 참조.
23) 영호대도소의 하동 점령과정은 황현, 『오하기문』 2, 갑오 9월조 100~102쪽; 『駐韓日本公使館記錄』 2, 72쪽에서 정리하였다.

러 接長들은 내 부적을 믿으시오"라고 하였다. 실제 3발 모두 맞지 않았다. 그 결과 동학농민군은 힘을 얻어 부적을 몸에 붙히고, 한 부대는 蟾津에서 하동부 북쪽으로, 한 부대는 望德에서 하동부의 남쪽으로 섬진강을 건너 하동 민포군과 대치하였다.

광양과 하동을 잇는 섬진나루. 김인배가 이끄는 동학농민군은 이곳을 건너 하동을
공격하였다(사진-동학농민혁명기념재단)

다음날 새벽 사기가 오른 동학농민군은 일제히 총공격을 개시하여 하동부를 손쉽게 점령하였다. 관아를 점령한 동학농민군은 도소를 설치한 뒤 동학농민군에 비협조적이었던 민가 수십호를 소각하고 아전을 처형하였다. 이 과정에서 성이 모두 타버렸다.[24] 그리고 일부 부대를 그동안 민포군을 조직하고 동학농민군의 요구를 거부한 화개로 보내 초토화하였다.

2. 진주지역 동학농민군과의 연합과 대일항전

하동지역을 장악한 영호대도소 동학농민군의 일부는 순천·광양으로 다시 되돌아갔고 일부는 인근지역으로 흩어졌다. 그리고 김인배가 이끄

---

24) 『羅巖隨錄』, 甲午十月.

는 주력부대는 5, 6일 동안 하동에 머문 뒤 진주방면으로 계속 진격하였다. 9월 15일 곤양을 점령한 김인배부대는 이 지역에서 봉기한 동학농민군과 진주와의 경계인 완사역 등지에서 합류해 진주로 향하였다. 이때는 이미 진주·사천·남해·고성 등지의 농민들도 영호대도소의 출병에 호응하여 봉기하였다.[25] 특히 진주의 경우는 9월 1일부터 농민들과 동학도들이 조직적으로 봉기하여, 8일에는 73개 面民의 대집회를 읍내 장터에서 가진 뒤 忠慶大都所를 설치하고 폐정개혁과 일본 및 친일개화파정권의 축출을 선언하기에 이르렀다.[26]

이러한 상황에서 9월 17일 영호대도소 선봉부대 수천 명이 하동으로부터 진주를 점령해 들어왔고, 18일에는 영호대접주 김인배가 이끄는 동학농민군 천여 명이 입성하였다. 진주병사 민준호는 매우 겁이 나서 소와 술로 영접하고 진주성문을 열어 동학농민군을 맞이하였다.[27] 이들은 좁은 황색의 포로 만든 띠를 머리에 두르거나 어깨부터 등까지 걸치고 가슴엔 부적을 메달았으며, 무기는 화승총을 소지하고 일부는 창과 칼로 무장하였다.[28]

9월 17~18일 수천 명에 달하는 동학농민군이 진주성에 들어온 상황은 장관이었다. 이들은 각 부대별로 19일부터 24일 사이에 진주성 내를 모두 빠져나왔다. 이 과정에서 영호대도소 동학농민군과 현지에서 봉기한 동학농민군들은 公穀을 탈취하고 죄수를 석방하며 무기를 탈취하고 관장을 脅制하는 등 지방권력을 완전히 장악하였고, 그 기세도 대단하였다.[29] 이들의 일부는 각지로 흩어져 지역활동(악덕관리와 토호 징치나 군수품 확

25) 『古文書』 2, 서울대 도서관, 1987, 404~407쪽.
26) 김준형, 앞의 논문, 90~91쪽 참조.
27) 韓若愚, 『柏谷誌』, 兵荒三之四.
28) 『大阪朝日新聞』.
29) 위의 책, 407쪽.

보 등)에 들어가고[30] 주력부대는 창원·김해·남해 등지로 향할 계획이었다.[31] 김인배가 이끄는 동학농민군 주력부대가 김해방면으로 진격방향을 잡은 것은 개항 이후 많은 일본인들이 거주하고 일본 영사관과 병참부가 있는 부산을 공격 목표지점으로 삼은 것으로 보인다.[32]

이러한 영호대도소 연합 동학농민군의 움직임이 있자 일본은 대단한 위협으로 받아들였다. 그러자 부산에 있던 일본 영사관과 병참부는 신속히 대응태세를 갖추었다. 일본은 진주지역 동학농민군 토벌차 9월 5일 이전에 이미 부산에 있던 일본군 1개 중대를 파견한 상태였고,[33] 9월 14일에는 동학농민군의 하동 점령 소식을 접한 부산 영사관에서 헌병순사를 파견하여 정찰하였다.[34] 9월 25에는 부산에서 일본군 3개 소대가 증파되었다.[35] 정부 역시 9월 25일 大邱判官 池錫永을 討捕使로 임명, 관군을 이끌고 진주·하동으로 가서 일본군과 협력해 동학농민군을 진압하도록 하였다.

이러한 일본의 대응은 필연적으로 동학농민군과의 군사적 충돌을 야기하였다. 동학농민군은 9월 29일부터 10월 22일까지 하동·진주 일대에서 일본군 및 관군과 수차에 걸친 치열한 전투를 벌였다.

9월 25일 부산에서 배편으로 창원 마산포에 내린 일본군 1개 소대는 29일 하동에 도착하였다. 아마도 진주 일대에 있던 영호대도소 동학농민군의 후방을 공격하여 중간을 차단하려는 전략으로 보인다. 하동에 남아 있던 동학농민군은 하동 광평동에서 일본군과 전투를 벌였으나, 전력에 밀

---

30) 김준형, 위의 논문, 94~95쪽.
31) 『韓國東學黨蜂起一件(拔萃)』, 機密第75號 別紙 甲號 『주한일본공사관기록』 2, 72쪽; 『大阪每日新聞』 1894.10.27.
32) 『大阪每日新聞』 1894.10.28.
33) 『주한일본공사관기록』 3, 279쪽.
34) 위의 책 3, 352쪽.
35) 위의 책 1, 135쪽.

려 섬진강을 건너 광양으로
후퇴하였다.

　10월 10일 하동 접주 여장
협이 이끄는 동학농민군 400
여 명은 곤양 금오산 정상
시루봉에 진을 치고 있었다.
일본군은 10월 10일 새벽 두
부대로 나누어 공격하였다.

고성산 동학혁명군위령탑
(사진-동학농민혁명기념재단)

이 과정에서 동학농민군 70여 명이 전사하였다.

　10월 14일 진주 18개 包에서 모여든 십만여 명은 백곡평에서 3일 동안
머문 뒤 수곡촌 고승당산성(현 하동군 옥종면 고성산성)에서 일본군과 접
전, 500~600명이 전사하였다.[36] 그 무렵 영호대접주 김인배 역시 진주
근처 합천군 삼가에서 패한 뒤 순천으로 퇴각하였다.[37]

　10월 19일에서 22일경에는 진주에서 후퇴한 동학농민군과 스즈끼(鈴木)
대위가 이끄는 140명의 일본군 및 토포사 지석영이 이끄는 104명의 포군
사이에, 심진강 수변의 하동과 광양 섬거역 일대에서 치열한 산발적인 전
투가 벌여졌다.[38] 이때 김인배가 이끄는 동학농민군부대도 참여하였다.

　순천에서 전열을 가다듬은 김인배는 하동 · 광양에 남아 있던 동학농민
군의 요청에 따라 광양으로 재차 출전, 광양 成卓驛에 진을 친 뒤 섬진과
망덕 두 방향으로 동학농민군을 나누어 진격시켰다. 그러자 지석영이 이
끄는 포군과 일본군은 세 방향으로 섬진강을 건너 동학농민군을 포위공
격하였다. 이 전투에서 동학농민군은 크게 패하여 광양쪽으로 퇴각하였

36)　韓若愚, 『柏谷誌』, 兵荒三之四; 『大阪每日新聞』 1894.12.5. 참조.

37)　황현, 『오하기문』 3, 갑오 10월조, 19쪽.

38)　이 때의 전투상황은 『고문서』 2, 416~419쪽에 상세하며, 그 밖에 『大阪每日新聞』
　　1894.11.26., 29. 참조.

다. 영호대접주 김인배도 야밤에 광양으로 후퇴, 흩어진 동학농민군을 불러모아 유하덕과 함께 순천으로 되돌아왔다.[39]

오지영의 『동학사』에 의하면, 이때 섬진강에 빠져죽은 동학농민군 수가 3천 명에 이르렀다고 한다. 당시 동학농민군 피해가 어느 정도였는지 짐작할 수 있다. 이 전투를 끝으로 영호대도소 동학농민군은 순천으로 퇴각하고, 스즈끼 대위가 이끄는 일본군과 지석영이 이끄는 관군은 10월 24일 하동을 떠나 진주로 철수하였다. 이로써 섬진강을 사이에 둔 양쪽의 대치국면은 소강상태에 들어가게 되었다.

3. 영호대도소의 붕괴

여수 좌수영은 김철규 좌수사가 부임한 이래 영호대도소의 위협이 되었다. 그래서 김인배가 영남으로 출정한 이후 후방의 안전을 위해 잔여 동학농민군이 좌수영을 공격하였지만 실패하였다.[40]

이런 상황에서 영남으로의 진출에 실패하고 순천으로 퇴각한 영호대접주 김인배는 11월에 여러 차례 좌수영을 공격하였지만, 일본 쓰꾸바군함의 지원을 받은 좌수영군을 제압할 수 없었다.

12월에 들어와 전세는 역전되었다. 좌수영 공격에서 패하고 순천·광양으로 후퇴한 동학농민군은 위기를 맞고 있었다. 김인배가 이끄는 동학농민군 주력부대는 좌수영 점령에 실패하고 광양으로 후퇴하였다. 하동에는 관군이 진을 치고 있어 섬진강을 건널 수도 없었다. 섬진강을 경계로 두 진영이 대치하였다.[41]

이런 상황에서 12월 5일 부산을 출항한 쓰꾸바군함은 다음날 여수 좌수영 앞바다에 도착하였다. 그 무렵 일본군 大軍이 공격해 온다는 소문이

---

39) 황현, 『오하기문』 3, 갑오 10월조, 19~20쪽.
40) 김양식, 앞의 책, 279~280쪽 참조.
41) 『召募日記』, 갑오 12월.

퍼지면서 일반인은 물론 동학농민군 내부도 크게 동요하였다. 일부 동학
농민군은 이탈하고 일부는 일본군이 오기 전에 귀순하려는 움직임도 나
타났다.[42]

그리하여 12월 6일 새벽 4시 한때 동학농민군편에 가담했던 순천 성내
의 아전들과 일부 주민들은 영호대도소 본부를 기습해 무수한 동학농민
군을 체포·처형하였다. 주동인물은 아전인 成庸熙·李榮柱, 교졸인 李宗
甲·金彦燦, 出身인 千士成·尹成涉 등이었다.[43]

게다가 순천에 온 좌수영 군대는 보복이나 하듯 동학농민군을 닥치는
대로 죽였다. 12월 8일 領官 李周會는 500여 명을 인솔하여 순천으로 오는
도중 9일 오전 砂項里 山上에서 동학농민군과 교전하여 41명을 죽였고,[44]
11일 순천에 와서는 동학농민군과 내통한 혐의가 조금만 있어도 체포·
연행하여 처형하였다.

영호대도소 도집강 정우형은 6일 총살되었고, 성찰 권병택, 서면 접주
김영구, 별량면 접주 金永友, 월등면 접주 南正日 등은 좌수영군에 의해
12일 총살되거나 효수되었다. 이름을 알 수 없는 94명은 맞아 죽었다.[45]

이와 같이 순천의 영호대도소 기반이 붕괴될 무렵 김인배가 이끄는 동
학농민군 주력부대는 광양에 있었다. 점점 전세는 광양에 집결해 있는 동
학농민군에 불리해지기 시작했다. 그러자 동학농민군에서 이탈하는 자가
속출하였고, 급기야는 12월 7일 순천의 경우처럼 아전들과 일부 주민들이
동학농민군 본진을 습격하였다. 그 주동인물은 전에 군수를 역임했던 金
碩夏(후에 정부로부터 포상을 받음)였다.[46]

---

42) 『大阪朝日新聞』 1895.1.15.

43) 「巡撫先鋒陣謄錄」, 『동학란기록』 상, 을미 정월 13일조, 681쪽.

44) 『주한일본공사관기록』 6, 14쪽.

45) 「甲午十二月 日 順天府捕捉東徒姓名成冊」, 『잡책철』.

46) 『주한일본공사관기록』 6, 5쪽; 「순무선봉진등록」, 『동학란기록』 상, 을미 정월
3일조, 656쪽.

이와 같이 12월 7일 일부 광양 주민들의 배신행위로 광양읍에 있던 동학농민군 주력부대는 돌이킬 수 없는 타격을 입었다. 이날 영호대도소 대접주이자 전라경상도 都統領 김인배는 효수되어 객사(현재 광양군수 관사)

김인배의 목이 걸린 광양객사 터
(사진-동학농민혁명기념재단)

에 목이 걸리었고 봉강 접주 박홍서 외 20명은 총살되었다. 다음날 8일에는 영호대도소 수접주이자 전라경상도 副統領 유하덕이 효수되고 인덕 접주 성석하 외 8명은 총살되었다. 그리고 10일에는 5명이, 11일에는 47명이 연이어 총살되었다.[47] 이 사실을 전해들은 쓰꾸바군함은 9일 급히 여수 앞바다에서 광양으로 회항, 1개 분대를 파견하였다.

그러자 한때 동학농민군에 가담하였던 일부 관리와 주민들은 농악대를 보내 일본군을 환영하며 성안으로 인도한 뒤 김인배와 유하덕의 수급과 30여 명의 동학농민군 시체를 일본군 앞으로 가져와 귀순의 뜻을 보였다. 또한 민보군 1,600명을 모집하여 하동과 인접한 월하포로 보내 흩어진 동학농민군을 추격하도록 하였다.[48] 이로써 영호대도소의 조직과 휘하 동학농민군은 사실상 붕괴되었다.

한편 순천을 초토화한 좌수영군 1백여 명은 中軍 申椀과 中哨營將 郭景煥의 인솔하에 南海島를 거쳐 9일 하동 橋場터에 이르러 부산에서 온 스즈끼대위가 이끄는 일본군 1개 중대와 합세하였다.[49] 이 일본군 스즈끼

---

47) 「甲午十二月 日 光陽縣結捕捉東徒姓名成冊」, 『잡책철』.
48) 『大阪每日新聞』 1895.1.8.; 『大阪朝日新聞』 1895.1.5.; 『二六新報』 1895.1.15.
49) 『주한일본공사관기록』 6, 14쪽.

대위는 한반도 남부지역 동학농민군을 토벌하는 데 중심적인 역할을 하던 인물이었다. 이들 부대는 10일 하동에서 광양으로 건너와 多鴨面과 月浦面에 있던 동학농민군 잔여부대를 공격하였다. 일본 쓰꾸바군함도 10일 광양 下浦로 분견대를 파견해 동학농민군 정찰과 수색 임무를 담당하였다.[50] 일본군은 조직적으로 광양지역 동학농민군을 토벌하는 데 앞장을 섰다.

또한 하동 민보군도 10일 광양지역으로 건너왔다. 이들은 玉龍에서 동학농민군 31명을 체포해 좌수영군에 넘겨주었을 뿐만 아니라 보복이나 하듯 동학농민군을 닥치는 대로 살륙하였고 민가에도 무차별적으로 방화하여 소각된 집이 천여 호에 이를 정도였다. 더욱이 동학농민군이 백운산으로 숨자 하동 민보군들은 불을 질러 동학농민군을 소탕하였다.[51]

12월 10일 다압면과 월포면에서 동학농민군을 크게 격퇴시킨 일본군과 좌수영군은 오후 4시 섬거역에 집결해 있던 동학농민군을 공격하였다. 섬거역은 동학농민혁명 당시 대장이 살던 곳이었고 모든 마을 사람들이 그를 따르던 곳이었다.[52] 이곳에서의 전투가 광양지역 마지막 전투였다. 이날 체포돼 효수 내지 총살된 자는 노섭수 김갑이와 도집강 정홍섭을 비롯 27명이었다.[53]

섬거역에 있던 동학농민군을 철저히 진압한 일본군과 좌수영병은 12월 11일 광양읍내로 들어와 잔여 동학농민군을 수색해 90여명을 또 총살하였다. 이로써 광양에 있던 동학농민군은 일망타진되었고, 효수되거나 총살 내지 타살된 자는 자료에 나타난 자만 해도 최소한 240여 명에서 천여 명에 이르렀다.[54] 이밖에도 천여 호의 민가가 불타고 무고한 많은 일반

---

50) 위의 책 6, 5~6쪽.

51) 위의 책 6, 15~16쪽.

52) 위와 같음.

53) 「甲午十二月初十日 光陽蟾溪驛捕捉東徒姓名成册」, 『잡책철』.

인도 죽었다.[55]

　이렇게 광양을 초토화한 일본군과 좌수영병은 12월 12일 순천으로 들어와 동학농민군을 수색하였으나, 이미 순천 민보군과 영관 이주회가 이끄는 좌수영병이 많은 동학농민군을 색출·처형해 400여 구의 시체가 성안에 버려져 있었으며 나머지 생존 동학농민군들은 장흥이나 흥양지방으로 퇴각한 상태였다.[56] 그 뒤 이주회가 인솔한 50여 명의 좌수영병과 스즈끼 대위가 이끄는 일본군은 12월 14일 이후 낙안·보성으로 향하였고,[57] 동학농민군은 전라도 남단 장흥·강진지역으로 내몰려 포위되고 있었다. 이것은 일본군의 포위전략이기도 하였다.

IV. 동학농민군의 조직과 참여층

1. 영호대도소의 조직과 참여층

　1894년 6월부터 12월까지 순천·광양을 지역기반으로 활동한 영호대도소는 외부세력과 재지세력의 연합이지만, 기본적으로 순천·광양지역 동학 접주를 인적 기반으로 운영되었다.

　〈표 1〉에서 영호대도소 대접주와 수접주는 김인배와 유하덕이 담당하였다. 이들은 진주지역 출정 때에도 '전라경상도 도통령과 부통령'을 각각 맡아 동학농민군을 지휘하였다. 이는 외부세력과 재지세력의 절묘한 연대를 의미하는 것으로, 어느 자료에서도 두 세력 사이에 갈등·대립이 있었다는 기록을 찾아볼 수 없다. 이는 김인배가 외지 출신이고 나이도 25

---

54) 이상 12월 7일 이후 광양 상황은 『주한일본공사관기록』 6, 5~6, 14~16쪽 참조.
55) 황현, 『오하기문』 3, 갑오 12월조, 51쪽 참조.
56) 『주한일본공사관기록』 6, 50쪽; 『二六新報』 1895.1.25.
57) 『주한일본공사관기록』 6, 14~15쪽; 『二六新報』, 1895.2.10.

살밖에 되지 않았지만, 탁월한 지도력을 발휘하고 신망이 두터웠었기 때문에 가능하였다.

특히 영호대도소의 인적 기반은 〈표 1〉에서 볼 수 있는 것처럼 순천·광양 동학 접주들이었다. 그럼에도 불구하고 김인배는 영호대도소를 조직적으로 운영하였을 뿐 아니라 동학농민군을 대대적으로 동원하여 대일항전에 임할 수 있었다.

〈표 1〉 영호대도소 조직구성

```
        嶺湖大接主          金仁培(금구 출신)
              嶺湖首接主      劉夏德(순천 출신)
              嶺湖都執綱      鄭虞炯(순천 쌍암면 출신)
              省察          權炳宅(순천 출신)
          光陽順天首接主      金鶴植

  순천──서 면 접주 金永九·金哥      광양──봉강면 접주 朴興西
      -별량면 접주 金永友              -인덕면 접주 成石河·朴治西
      -월등면 접주 南正日              -사곡면 접주 韓君夾·韓辰有
      -동촌면 접주 鄭在哲              -월포면 접주 金明淑
      -성찰 鄭志圭
      -송광면 성찰 金培玉
      -쌍암면 접사 李友會 아들
```

*자료:「甲午十二月 日 光陽縣捕捉東徒姓名成冊·順天府捕捉東徒姓名成冊·光陽蟾溪驛捕捉東徒姓名成冊」,『雜冊綴』.

더욱이 김인배는 9월 1일 이후 서부 경남지역으로 출정하면서 휘하 동학농민군이 10만여 명에 이르렀다 할 정도로 부대규모를 확대하였는데, 이 과정에서 동학농민군을 군사조직으로 개편하고 순천·광양 외의 지역에서 합류한 동학농민군을 참여시켰다. 실제 김인배가 지휘한 동학농민군부대는 도통장·중군장·우선봉장·후군장 등의 명칭이 있는 것으로 보아 전통적인 군사조직으로 편제되어 있었다. 아울러 하동포·단성포·남원포 등의 단위부대가 있는 것으로 보아, 동학농민군의 조직적 토대인 동학의 包接制가 그것을 뒷받침하면서 이원적으로 구성되었다.

그리고 김인배가 지휘한 동학농민군부대는 통일적인 단일조직체가 아니라 인적 · 지역적 연합체였다. 그것은 각각의 포가 개별 부대로 움직이면서 때로는 독자적으로, 때로는 실질적인 총대장인 영호대접주 김인배의 지휘를 따르고 있는 데서 알 수 있다. 이러한 조직적 특성은 광범한 지역의 동학농민들이 봉기해 참여할 수 있었고 급속히 지역적 · 조직적 팽창을 꾀한 측면도 있으나, 실제 전투과정에서는 개별 분산화되어 전력의 한계를 노출할 수밖에 없었다.

　동학농민군으로 참여한 층은 다양한 부류가 참여한 것으로 보인다. 특히 영호대도소가 통치권을 장악한 무렵에는 관리와 양반지주 · 부호부터 하천민에 이르기까지 대다수의 지역민이 참여하였다. 예를 들어 순천 주암면 용촌에 살던 조귀성은 부자였는데, 동학농민혁명 당시 접주로 크게 활동하였다. 순천 송광면 낙수동에 사는 이사계 역시 부호로서 접주로 활동하였다.[58] 부호들의 참여가 확인된다.

　부호층의 참여 외에 동학농민군 가운데는 부자나 형제 등 가족이 함께 참여하는 경우가 많았다. 예를 들어 河聖基는 형제들과 함께 1894년 9월 8일 경남 진주 광탄진대회와 하동 고승당산전투에 참전한 뒤 사천으로 피신하였다. 陸相奎는 아들 육병명과 함께 동학농민군으로 참여하여 1894년 10월 하동 고승당산전투에서 사망하였다. 申寬梧는 동생 신관준과 함께 1894년 10월 고승당산전투에 참여하여 다리에 관통상을 입고 피신하였고, 梁台煥은 하동 출신으로 동생 양기환과 함께 고승당산전투에 참여한 뒤 체포되었다가 고문을 당한 후 풀려났으나 돌아오는 길에 사망하였고 동생 양기환은 후유증으로 1906년에 사망하였다. 尹相善은 큰 형인 윤상준과 함께 의논을 한 후 친지 집에 다녀온다는 말을 남기고 집을 떠나 하동 옥종면 북방 고승당산전투에 참여한 일이 있었다. 특히 趙升鉉은 영

---

58) 『廉記』.

호대접주 김인배가 매형이었는데, 김인배와 함께 고부봉기부터 참여하였고 전주입성 후 순천, 하동, 진주 등 영호남을 아우르며 활약하였다.

동학농민군 가운데는 처음부터 영호대도소 소속이 아니라 주요 전투를 옮겨다닌 경우도 많았다. 예를 들어 鄭元石은 김개남의 明査員으로 활동하다가 전라도 순천에서 관군에게 체포된 뒤 1894년 12월 전라도 장흥에서 처형되어 머리가 장흥 시장가에 묻히었다고 한다. 李守喜는 동학농민혁명에 참여하여 김개남과 함께 충청도 청주를 공격하였다가 김인배와 함께 순천 좌수영을 공격한 뒤 1894년 12월 25일 전라도 낙안에서 체포되어 처형되었다. 이수희의 사례에서 알 수 있듯이 김개남과 김인배는 긴밀한 관계에 있었음을 알 수 있다.

그밖에 梁河一은 동학농민군 지도자로서 전라도 금구, 남원 동학농민군과 합세하여 전라도 순천, 낙안에서 활동하다가 1894년 12월 순천에서 민보군에게 체포되어 처형되었다. 朴玄同은 省察로서 광주에서 동학농민혁명에 참여하였다가 1894년 12월 순천에서 체포되어 타살되기도 하였다. 金商奎는 三南都省察로서 익산에서 동학농민혁명에 참여하였다가 1894년 11월 12일 신주에서 관군에게 체포되어 다음날 처형되었다. 劉壽德(異名 : 水德)은 접주로서 광양에서 동학농민혁명에 참여하여 전주를 점령한 뒤 충청도 홍성전투에서 패한 후 체포되었다. 柳泰洪은 동생 류시도와 함께 남원성 점령에 참여하였으며, 11월 동학농민군을 이끌고 순천지역에서 활동하였다고 한다.

이들 사례에서 알 수 있듯이 당시 동학농민군의 활동범위는 매우 광범위하였던 것으로 보인다. 이는 동학농민혁명의 전국성을 보여주는 것 외에 전투력 상승의 한 요인으로 작용하였다. 또한 동학농민군 도소의 횡적·종적 관계의 긴밀성을 보여주는 사례이기도 하다.

이와 같이 지리산권 남동부지역에서 동학농민혁명이 전이되는 과정에서, 동학농민군이 끊임없이 지역 내 또는 지역 밖에서 충원되는 특징을 찾아볼 수 있다. 이는 동학농민군 조직과 참여층의 다양성과 역동성을 잘 보여주고 있다. 즉, 동학농민군이 특정 지역과 조직에 고정된 것이 아니라 상호 유동성이 높았다는 증거이다.

2. 서부 경남지역 동학농민군의 조직과 참여층

서부 경남지역의 동학 근거지였던 덕산이 1894년 4월 초토화된 이후 진주지역 동학도인들은 사태를 관망하다 영호대도소의 하동 공격에 발맞춰 본격적으로 움직이기 시작하였다. 그들은 9월 1일 진주에 방을 붙여, 8일 각 리(면)마다 13명씩 3일의 식량을 가지고 평거 광탄진으로 일제히 모일 것이며, 불참시 의당 조치하겠다고 하였다. 실제 그 결과 9월 8일 진주 73개 면의 주민들이 각 면마다 100명씩 죽창을 들고 읍내 장터로 모여들었다. 이곳에서 집회를 가진 뒤 충경대도소를 설치하였다.[59]

충경대도소는 다시 각 리마다 '再次私通'을 보내, 각 里洞의 里任·洞掌들은 자기 지역의 민폐를 교정할 것과 큰 마을 50명, 중간 마을 30명, 작은 마을 20명씩 9월 11일 오전 부흥 대우치로 모일 것, 불응하는 리임과 동장 집은 탕진할 것이라고 통고하였다. 또한 '慶右의 各邑 邑村에 사는 大小民들에게'라는 동학도 방을 붙여, 왜적의 침입을 징벌하고자 진주에서 대회를 가졌다는 것과, 동학도에 호의적인 지금의 병사 대신 왜와의 조약에 따라 새로운 병사가 부임할 것이니 이를 막을 것, 그리고 사사로이 토색하는 자는 대도소로 신고할 것을 널리 알렸다.[60]

이렇게 동학도인들은 진주 인민을 동원하여 충경대도소를 설치한 뒤, 9월 14일 진주성을 점령하고 뒤이어 영호대도소 소속 동학농민군이 9월 17일 진주성내로 입성하였다.

---

59) 김준형, 앞의 논문, 90~91쪽.
60) 김준형, 위의 논문, 91쪽.

이와 같은 진주지역 동학농민군 동원방식은 철저히 농민항쟁의 방식을 따른 것으로, 통문을 동원수단으로 활용한 점, 면리조직을 이용한 점, 리임과 동장에게 동원의 책임을 물은 점 등은 군현 단위의 농민봉기에서 흔히 볼 수 있는 양상이다.[61] 이는 동학 포접조직이 미약한 상황에서 기존의 면리조직을 동원수단으로 삼은 것이다. 이것이 가능하였던 것은 영호대도소의 서부 경남지역 출정으로 급격히 동학농민군에게 유리한 방향으로 힘의 불균형이 초래되면서 면리조직이 동원 가능하였기 때문이다.

그런데 충경대도소는 면리조직을 통해 동원한 농민들을 동학농민군으로 편제하면서 동학의 포접조직을 활용하였다. 왜냐하면 10월 14일 고승당산전투에 참여한 동학농민군이 모두 18개 包 십만여 명이었다는 기록으로 보아,[62] 고승당산전투에 참여한 동학농민군은 포단위로 조직이 일시에 재편된 것으로 볼 수 있다.

그 때문에 고승당산전투에 참여한 동학농민군의 조직 강도와 역량은 허약할 수밖에 없었고, 그 결과는 5, 6백 명의 죽음으로 끝날 수밖에 없었다. 고승당산전투 이후 진주지역 동학농민군은 급속히 해산하여 귀가한 것이 그것을 증명한다.

한편 서부 경남지역 동학농민군은 주로 평민, 천민, 노비, 관속의 下輩, 몰락양반 등이었을 것이다.[63] 그리고 순천·광양지역에 비해 양반지주와 부호들의 참여는 미약하였을 것으로 보인다.

3. 동학농민혁명 이후 참여 동학농민군의 동향

1894년 12월 지리산권 동남부지역은 피로 얼룩진 겨울을 보낼 수밖에 없었다. 진주 고승당산전투에서 500명, 순천에서 최소 90명, 광양에서 최

61) 김양식, 앞의 책, 44~48쪽 참조.
62) 韓若愚, 『柏谷誌』, 兵荒三之四; 『大阪每日新聞』 1894.12.5. 참조.
63) 『駐韓日本公使館記錄』 1, 170~171쪽.

소 210명의 동학농민군이 일시에 죽음을 맞이하였다. 그 결과 1894년 10월부터 12월 사이 진주·하동·광양·순천 등지서 죽은 동학농민군이 적어도 3,000~4,000명에 이르렀다.[64]

다행히 살아남은 동학농민군은 정든 고향을 등진 채 다른 곳으로 피신하거나, 아니면 고향에서 역적으로 몰려 억압과 불편한 삶을 영위할 수밖에 없었다. 이것이 일반적인 상황이었을 것이다.

그런데 자료가 남아 있는 순천지역을 살펴보면, 일부 동학농민군이 동학농민혁명 이후 어떠한 모습을 보였는지 엿볼 수 있다.

예를 들어 순천 주암면 용촌에 살던 조귀성 부자는 동학농민혁명 당시 접주로 크게 활동하였다. 이들 부자는 살아남아 고향에 살면서 기회를 엿보던 중 1900년 봄에 동지들에게 통문을 보내 여러 차례 봉기하려 하였다. 이와 같은 사례로 보아 동학농민혁명은 비록 1894년에 끝났지만, 그 여진은 그 이후에도 지속되었음을 알 수 있다.

더욱이 순천지역은 영호대도소에 거의 모든 주민이 가담하였기 때문에 비록 1894년 12월 수많은 사람들이 처형되었을지라도, 가담자에 대한 징계가 미온적일 수밖에 없었다. 이는 동학농민혁명 이후에도 사회 불안 요인으로 작용하였다.

예를 들어 순천 남문 밖에 살던 서백원은 접주를 핑계 삼아 재물을 많이 토색질하였으나, 동학농민혁명 이후에도 살아남아 원성을 사고 있었다. 또 순천 송광면 낙수동에 사는 이사계 부자는 본래 부자이나, 동학농민혁명 당시 접주로 활동하면서 재산을 모아 더욱 부유해졌다. 이 때문에 그와 같은 사실을 알고 있는 주민들로부터 원성을 샀다. 순천 별량면에 살던 심능관 역시 동학농민혁명 당시 '거괴(巨魁)'로 큰 부자가 되었으나, 동학농민혁명 이후 불법으로 사채를 받아내는 등 주민들과 마찰을 빚었

---

64) 이이화·우윤, 앞의 책, 203쪽.

다. 여수 화양면 봉오동에 사는 심송학은 동학농민혁명 당시 도집강으로서 수천 명을 모아 고진·방진·봉화 3곳의 군기를 탈취하고 하동 공격때 민간의 돈과 곡식을 무수히 탈취하였으나, 동학농민혁명 이후에도 살아남아 다른 주민들과 갈등을 초래하였다. 또 순천 서면 헐지(歇池)에 사는 박주학 역시 동학농민혁명 당시 '거괴'로 활동하면서 수천 금을 모았으나, 원 주인에게 되돌려주지 않았다. 또 구례에 살던 강기형은 그의 사촌에게 경제적으로 손해를 보자, 그의 사촌이 동학에 가담하였던 사실을 핑계 삼아 죄를 날조하여 사촌에게 복수하였다.[65]

이와 같이 동학농민혁명을 거치면서 순천지역의 사회 갈등은 더욱 심화되었다. 1894년 6월부터 12월 지리산 남부권은 순천에 본부를 둔 영호대도소가 사실상 권력을 장악한 해방구나 다름없었다. 그 때문에 영호대도소에는 순수한 동학농민군도 있었지만, 목숨을 건지고자 동학농민군에 가담하거나 묵시적으로 동조하였던 관리 및 지역 부호와 토호들도 있었다. 이는 지역의 힘이 영호대도소로 쏠리면서 나타난 비대칭 불균형 상황이었다. 그 과정에서 기존 질서와 체제 및 권위는 무너지고 밑으로부터 추동되는 새로운 지역사회로의 재편 움직임이 나타날 수밖에 없었다.

물론 영호대도소가 활동하던 시기 새로운 지역사회로의 재편 움직임은 구체적으로 나타나지 않았지만, 그 충격은 매우 큰 것이었고 그 충격은 동학농민혁명 이후 지역 사회질서와 체제의 균열을 가속화하고 새로운 재편을 초래할 수밖에 없었다.

V. 영호대도소 성격과 지역성

지금까지 지리산권 동남부지역 동학농민혁명의 전개과정과 특징을 살

---

[65] 이상의 사례는 『廉記』 참조.

펴보았다. 지리산권 동남부지역, 즉, 섬진강을 경계로 한 전남지역과 경남지역은 동학농민혁명의 양상이 극명한 차이를 보였다.

전남지역은 금구 출신의 김인배가 6월에 설립한 영호대도소가 전위조직 역할을 하면서 활동하였다. 순천과 광양을 지역 기반으로 한 영호대도소는 독자적인 활동을 하면서도 전체적인 투쟁방향과 전략은 김개남-전봉준의 투쟁노선을 따랐다. 이것이 가능하였던 것은 적어도 1894년 3월부터 8월 전라도 전지역의 동학농민군 통제력이 전봉준이 지휘하는 전라좌우대도소의 영향권하에 있었기 때문이다.

반면에 서부 경남지역은 전라좌우대도소의 영향권에서 벗어나 있었을 뿐 아니라 영호대도소의 활동범위도 섬진강을 넘어 하동으로 확대되지 못하였다. 서부 경남지역은 4월에 덕산 동학세력이 타격을 입은 뒤 사실상 전라도와 긴밀한 관계가 단절되어 있었기 때문에 전라도의 혁명적인 열기와 조직 확대가 이루어지지 않았다.

이러한 차이는 동학농민군 참여층 구성에서도 나타났다. 영호대도소의 지도부는 김인배를 비롯하여 외부 출신이 많았던 반면, 서부 경남지역은 재지 동학도들을 동원하고 지도할 수 있는 지도자가 없었다. 서부 경남지역은 혁명적인 동학농민군과 그 조직을 바탕으로 한 측면보다 군현 단위로 전개된 농민항쟁의 전통을 기반으로 하였다. 즉, 진주지역 동학농민군 동원방식은 농민항쟁의 방식을 따른 것으로, 통문을 동원수단으로 활용한 점, 면리조직을 이용한 점, 리임과 동장에게 동원의 책임을 물은 점 등은 군현 단위의 농민봉기에서 흔히 볼 수 있는 양상이었다. 물론 이런 조직적 동원이 동학 포접조직으로 재편되긴 하지만 조직강도와 역량은 낮을 수밖에 없었다. 그 때문에 동학농민군은 고승당산전투에서 패한 뒤 조직이 손쉽게 와해될 수밖에 없었다. 그것은 고승당산전투 이후 진주지역 동학농민군이 급속히 해산, 귀가한 것을 통해 알 수 있다.

그 때문에 영호대도소는 서부 경남지역에서 더 이상의 활동기반을 잃고 섬진강을 넘어 순천·광양으로 되돌아 올 수밖에 없었다. 그리고 동쪽에서는 진주지역에서 압박해 들어오는 일본군과 관군에 의해, 그리고 서쪽에서는 여수 좌수영군에 의해 밀려 순천·광양에 고립된 결과, 영호대도소는 12월 7일 광양에서 최후를 맞이하였다.

그렇지만 1894년 6월부터 12월 지리산권 남부는 순천에 본부를 둔 영호대도소가 사실상 권력을 장악한 해방구나 다름 없었다. 영호대도소는 지리산 남부권 동학농민군의 전위기구였을 뿐 아니라 조직적으로 활동한 동학농민군의 대표적인 대도소 사례라 할 수 있다. 영호대도소는 동학농민혁명사에서 구체적인 대도소 사례, 집강소 운영의 실제, 전봉준과 김개남의 투쟁노선과의 관계, 동학농민군 최초의 대일항전, 9월부터 12월에 이르는 장기 유혈투쟁 등을 잘 보여주고 있는 점에서 큰 의의가 있다.

특히 9월 1일 영호대도소의 출병은 일본세력을 상대로 한 첫번째의 조직적인 동학농민군 동원이었다. 8월 25일 남원대회를 주도한 김개남, 9월 10일 재기병 준비를 위해 삼례에 대도소를 설치한 전봉준, 9월 18일 참전을 결정한 동학교단, 이들 모두가 군대를 이끌고 본격적으로 출병한 시기는 모두 10월 중순이었다. 이에 반해 영호대도소는 9월 1일부터 영남으로 출병하였고, 다른 지역 동학농민군이 본격적인 전투에 들어간 10월 중순에 이미 영호대도소 동학농민군은 진주지역에서 일본군과 관군과의 전투에서 패한 뒤 후퇴하고 있었다. 이런 점으로 보아 대일항전을 위해 최초로 출전한 대규모의 동학농민군은 영호대도소였다.

영호대도소가 활동한 순천과 광양지역은 동학농민혁명을 거치면서 큰 변화를 겪지 않을 수 없었다. 영호대도소에는 순수한 동학농민군도 있었지만, 목숨을 건지고자 동학농민군에 가담하거나 묵시적으로 동조하였던 관리 및 지역 부호와 토호들도 있었다. 이는 지역의 힘이 영호대도소로 쏠리면서 나타난 비대칭 불균형 상황이었다. 그 과정에서 기존 질서와 체제 및 권위는 무너지고 밑으로부터 추동되는 새로운 지역사회로의 재편 움직임이 나타날 수밖에 없었다.

물론 영호대도소가 활동하던 시기 새로운 지역사회로의 재편 움직임은 구체적으로 나타나지 않았지만, 그 충격은 매우 큰 것이었고 그 충격은 동학농민혁명 이후 지역 사회질서와 체제의 균열을 가속화하고 새로운 재편을 초래하였다.

생존한 동학농민군은 대부분 동학농민혁명 이후 고향을 등지거나 다른 곳으로 피신한 것으로 알려져 있으나, 순천·광양지역의 경우 동학농민혁명 이후에도 많은 참여층이 체포되어 처형되거나 다른 곳으로 이주하지 않고 지역 유력인사나 부호층으로 활동하였다. 이것이 가능하였던 것은 신분과 재력 고하를 막론하고 지역민들이 동학농민군에 가담함으로써, 동학농민군에 대한 철저한 조사와 처벌이 느슨하게 이루어졌기 때문이다.

그로 인해 순천·광양지역은 동학농민혁명을 거치면서 지역사회의 갈등과 대립이 더욱 격화될 수밖에 없었다. 그것은 지역사회의 전통질서를 파괴하고 새로운 사회로의 전환을 촉진하였을 것으로 보인다. 즉, 동학농민혁명은 비록 실패하였지만, 중세체제의 구각에 더욱 균열을 가하여 내부의 근대 에네르기가 표출되게 하였을 뿐 아니라 새로운 사회로의 전환을 급격히 촉진하였다.

이 글은 『남도문화연구』 제26집(순천대학교 남도문화연구소, 2014)에 수록된 「지리산권 동남부지역 동학농민혁명의 전개와 특징」을 그대로 실은 것이다.

남원지역 동학농민혁명과 士族의 대응

김봉곤

I. 남원, 동학의 성지

남원은 동학농민혁명의 핵심지역이었다. 남원은 사방이 비옥하고 물산이 풍요로웠으며, 교통의 요지로서 전주나 광주, 순천 등 호남지역의 대도회지뿐만 아니라 인근 운봉을 통해서도 영남과도 손쉽게 연결될 수 있는 지역이었다. 게다가 지리산이 이웃하고 있어서 세력이 불리할 때 도망가거나 숨어서 세력을 양성하기에도 좋은 곳이었다.[1] 이 때문에 남원은 동학농민군이 혁명의 기지로 삼고, 동학농민군의 지도자 김개남이나 전봉준 역시 남원을 都所로 삼아 혁명을 완수하고자 하였다.

이러한 남원지역의 동학농민혁명에 대해서는 일찍이 이진영, 김상곤, 박찬승, 표영삼, 강송현 등의 연구에 의해 남원지역 동학의 전파과정이나

---

[1] 『梧下記聞』 2筆, 8월 25일조에서도 "남원은 地勢가 사방으로 통하여 모여들거나 흩어지기에 편리한 곳이었다"라고 하였다.

진행과정, 김개남의 활동과 역할 등에 대해 그 실상이 대략 밝혀졌다.[2] 특히 이진영은 향약이나 서원자료, 족보자료 등을 통해 김개남과 그의 친족들이 동학농민혁명에서 수행한 역할을 세밀하게 분석하였고, 김상곤은 남원 이백면의 김동규가 소장하고 있었던 『殉敎略曆』을 소개하여 이후 남원지역 동학농민혁명 연구의 중요한 기반을 제공하였다.

그러나 이러한 연구결과에도 불구하고 1차, 2차에 걸쳐 동학농민군이 남원에 대규모로 집결한 배경이나 동학농민군의 물적 토대, 사족들의 동학에 대한 인식이나 태도 등에 대해서는 제대로 검토되지 못하였다. 구례의 매천 황현이 남긴『梧下記聞』이나 남원 송동면 출신의 金在洪이 남긴 『嶺上日記』등을 통해 사족들의 동향이 부분적으로 언급되기는 하였지만, 동학농민혁명 기간 동안 남원지역은 어떠한 역할을 수행하였으며, 동학농민혁명 전후 사족들의 대응은 어떠하였는가가 제대로 밝혀져 있지 않은 것이다.

이는 사료의 결핍과도 관련이 있다. 당시 남원지역은 동학혁명 기간 동안 사족들이 크게 피해를 본 지역으로서 사족들이 후일을 염려하여 거의 사료를 남겨놓시 않았기 때문에 실상을 파악하기 힘들다. 필자는 다행히 수지면 출신의 김택주와 조영학의 후손을 통해 입수된 필사본 자료를 통해, 김택주가 고종에게 올린 동학배척상소, 동학에 맞서 민보군을 조직하였던 사실, 동학의 확산을 막기 위해 남원에 향약이 실시된 사실 등을

---

2) 이진영, 「김개남과 동학농민전쟁」, 『한국근현대사연구』 2, 1995 및 「東學農民戰爭와 全羅道 泰仁縣의 在地士族 -道康金氏를 中心으로-」, 全北大大學院博士學位論文, 1996; 김상곤, 「『南原東學史』와『殉敎略曆』 등에 대한 사료해설」, 『續南原戰爭秘史』, 남원민보, 1995; 박찬승, 「1894년 농민전쟁기 호남지방 농민군의 동향 -남원지방의 김개남 세력을 중심으로-」, 『동학농민혁명의 지역적 전개와 사회변동』, 동학농민혁명기념사업회, 샛길, 1995(박찬승, 「1894년 농민전쟁기 남원지방 농민군의 동향」, 『동학농민혁명 전라좌도 그 중심의 남원과 임실』, 2000에 재수록); 표영삼, 「남원의 동학혁명운동 연구」, 『동학연구』 5집, 한국동학학회, 1999; 姜松鉉, 「南原圈 東學農民戰爭의 展開」, 韓國敎員大學校 碩士學位論文, 1999.

확인할 수 있었다.[3] 이에 본고에서는 『오하기문』과 『영상일기』 외에 운봉의 박봉양이 남긴 「朴鳳陽經歷書」, 새롭게 발견된 김택주, 조영학, 허섭 등이 남긴 자료를 중심으로 남원지역 동학농민혁명 과정과 사족들의 대응을 살피고자 하는 것이다.

II. 남원지역 동학의 확산과 사족의 동학배척

남원은 호남지역 최초로 동학이 전파된 곳이다. 동학의 창시자 최제우가 경주관아로부터 탄압을 받자 멀리 떨어진 곳에 은거하기 위해 1861년 12월 중순 남원을 찾아오면서 전파되었다. 그는 광한루 오작교 부근에서 약방을 경영하던 徐亨七의 집, 며칠 뒤 다시 서형칠의 생질인 孔昌允의 집에서 유숙하면서 서형칠, 공창윤, 梁國三, 徐公瑞, 李敬九, 梁得三 등에게 포교하였고, 12월 그믐께는 교룡산성내의 덕밀암(德密庵, 최제우에 의해 隱寂庵으로 개칭됨)에 들어가 동학의 주요 교리인 동학론과 교훈가, 수덕문 등 글을 쓰면서 포덕을 병행하였다. 최제우가 1862년 7월 경주 용담에 돌아간 이후로도 남원의 동학교도들이 경주지역에 왕래하였으나, 최제우가 혹세무민의 죄로 1864년 3월 처형된 이후로는 더 이상 왕래하지 않음

---

3) 김택주과 조영학은 아직 간행되지 않은 필사본으로 정리된 문집이 남아 있다. 이 중 김택주가 남긴 『敬述』및 『晦石遺稿』4책을 필자가 석사학위논문을 쓸 때 후손인 김진수 선생의 도움으로 열람하였고(김봉곤,「韓末・日帝時期 南原 儒生 金澤柱의 生涯와 活動」, 전남대학교 석사학위논문, 1998), 조영학의 『履齋遺稿』는 필자가 남원지역 동학논문을 쓰고 있다는 것을 알고 이번에 조수익 남원문화대학장께서 열람할 수 있도록 도움을 주셨다. 이 밖에도 남원 대접주 김홍기 선생의 후손인 김동규씨는 본인이 소장하고 있는 남원지역 동학농민혁명에 관한 여러 자료를 열람할 수 있게 해 주셨고, 남원 말천방의 허섭 선생의 후손인 허광욱 선생께서도 『睡鶴集』과 번역본을 필자에게 송부하여 논문을 쓰는데 큰 도움을 주셨다. 이 기회에 도움을 주신 모든 분들에게 감사하는 바이다.

으로서 동학의 맥이 끊기게 되었다.[4]

이후 남원지역에는 1889년에 이르러서 다시 동학이 전파되었다. 당시 호남지역에는 1882년 6월 고산지역의 동학도 朴致京 등의 주선으로 익산 지역에 동학이 전파되기 시작하였고,[5] 이후 여러 군현에 동학이 퍼져 나 갔다. 남원은 1885년 임실군 운암면의 崔鳳城이 동학에 입교하여 남원 둔 덕의 탑동마을에 거주하고 있던 사위인 金洪基에게 포교함으로서 남원에 동학이 전파되는 계기를 형성하였다.[6] 김홍기는 1889년 10월 입교하였으 며, 같은 마을에 사는 종형 金榮基와 임실 신평면 출신의 강윤회姜允會에 게 먼저 포교하였다. 이어 1890년에는 金鍾友, 李起冕, 金鍾黃, 柳泰洪, 張 南善, 趙東燮 등에게 포교하였다.

1891년에는 李起東, 黃乃文, 李奎淳, 崔鎭岳, 邊洪斗, 邊漢斗, 鄭東勳 등이 입교하면서 남원지역의 동학교도는 수천 명에 이르게 되었다.[7] 1892년부 터는 동학의 각종 집회에 참여하였다. 남원의 동학교도들은 1892년 11월 삼례집회에 참여하여 교조신원과 지방관 탐학을 금지할 것을 주장하였 고, 고부의 전봉준과 함께 남원의 유태홍이 전라감사 이경식에게 소장을 올렸다. 1893년 2월 초순 복합상소와 1893년 3월 충청도의 보은집회, 전라 도 금구집회에도 다수 참여하였다.[8] 복합상소 때에는 김영기, 김성기, 유 태홍, 金在泓이 남원, 운봉, 구례, 곡성 등지에 전봉준이 작성하였다는 창 의문을 일제히 게시하였다.[9]

이처럼 1892년 이래 남원지역에 동학이 급격히 확산되어가자 남원사족 들은 여러 가지로 우려하기 시작하였다. 『영상일기』에 의하면 송동의 金

---

4) 표영삼, 앞의 논문, 2~24쪽.
5) 표영삼, 앞의 논문, 24쪽.
6) 姜松鉉, 앞의 논문, 6쪽.
7) 표영삼, 위의 논문, 25쪽.
8) 강송현, 위의 논문, 7~8쪽.
9) 강송현, 위의 논문, 8쪽.

在洪[10]은 1892년 12월 20일 운봉 당곡의 이성수의 방문을 받고 동학에 대해서 전해 들었다.[11] 고창 선운사의 도솔암 비결을 전라감사 이서구가 꺼내려고 했으나 바람과 번개가 크게 일어나 실행하지를 못했다가 1892년 가을 동학도들이 100 丈 높이 절벽에 올라가 神書를 열어보았다는 것이라든지, 이들 동학도들은 최제우가 1864년 처형된 이후 崔時亨이 이끌고 있는데, 매우 번창하여 팔도가 동학에 빠져들고 있고, 그들이 공주에 모여서 계룡산을 주문을 외우는 곳으로 삼고 특별히 건물을 짓겠다는 뜻을 충청도 관찰사에게 청하였다가 거절되었다는 소문을 듣게 되었다. 이에 그는 1884년 갑신정변 이후 개화를 한 뒤 사람과 짐승이 섞이고 윤리와 기강이 땅에 떨어졌으며, 공맹孔孟과 정주程朱의 학문과 도의가 쇠퇴해지자 사특한 학설이 횡행하게 되었다고 탄식하였다.

이어 김재홍은 1893년 1월 서학과 동학에 입교한 백성들이 크게 늘자 유학의 도가 쇠퇴할 것을 우려하였고,[12] 2월 10일에는 동학이 척왜양斥倭洋을 부르짖으며 각 고을의 관아에 방문을 붙이자, 동학도들이 백성들의 소요를 선동하는 것으로 비판하였다. 즉 이적이 중화를 어지럽히는 것을 통분한다면, 임금에게 아뢰어 조정의 처분을 기다리고, 이어 아래로 수령에게 반포하여 처리해야 할 방도를 삼아야지, 한밤중 몰래 여러 고을에 방문을 붙여 백성들을 선동하는 것은 오히려 왜양을 배척하는 것이 아니라 왜양을 도와 못된 짓을 하려는 것이라는 것이다.[13]

또한 남원지역 사족들은 서울에서도 동학을 배척하는 상소를 올렸다.

10) 김재홍은 1892년 10월 7일 옥천의 연재 송병선을 뵙고 제자의 예를 올렸다. 이때 남원 수지면의 君習 趙永學, 경상도 三嘉의 公立 權命熙가 머물러 있었다. 송병선의 아들 原明 宋哲憲도 함께 만나 보았다.

11) 『嶺上日記』 1892년 12월 20일.

12) 『嶺上日記』, 1893년 1월 11일, "근래 동학과 서학이 민간을 마구 짓밟아 어리석은 백성들이 동학에 들어가지 않으면 서학으로 들어갔고, 여기에서 나오면 저기로 들어가 우리 儒道가 쇠퇴해진지 오래 되었다."

13) 『嶺上日記』, 2월 10일.

2월 11일 박광호를 소두로 한 동학교도 40명이 3일간 광화문에서 교조신
원과 동학에 대한 탄압을 중지할 것을 요청하는 복합상소를 올리자, 부호
군 李南珪, 부사과 尹兢周와 李在浩, 前 守奉官 徐鴻烈 등이 동학은 사악한
이단이니 상소를 올린 소두를 체포하여 형벌을 적용할 것을 주장하는 상
소를 올렸다.[14] 이러한 활동에 자극을 받아 남원을 비롯한 호남 사족들
도 동학에 대한 배척상소를 올렸던 것이다. 이 과정을 좀 더 자세히 살펴
보면 다음과 같다.

당시 호남지역 사족들의 동학 배척 상소는 수지면 등동의 金澤柱(1855~
1927)가 주도하였다. 김택주는 같은 남원출신인 수지면 고정리의 吳胄泳
(1854-1945), 姜淳馨 등과 함께 태학관의 유생들에게 동학을 함께 배척하
자고 통문을 보냈다.[15]

김택주 등은 먼저 유학의 가르침은 공맹의 中道를 지키고 異端을 배척
하는 것이라고 주장하였다. 공자는 은밀한 것을 찾거나 괴이한 일을 행하
지 않는다고 하여 中道의 가르침을 제시하였고, 맹자는 正道를 수호하기
위해 이단을 배척하라고 하였으므로, 오래도록 禮樂刑政이 시행되고, 邪
學이 일어나지 않게 되었나는 것이다. 조선도 이러한 공맹의 가르침에 따
라 제도와 문물이 성대하여 이미 中華가 되었고 백성들도 잘 교화되어 요
순시대를 능가하게 되었다는 것이다.

이어 김택주는 이러한 유학의 가르침에 위배된다고 하여 동학의 이단
성과 폐해를 지적하였다. 즉 동학은 서학을 배척하여 동학이라고 명명하
였지만 그 실상은 서학과 다름이 없고, '하늘을 공경하고 성인을 숭상한
다(敬天慕聖)'고 거짓으로 가탁하였다는 것이다. 이는 사림을 욕되게 함이

---

[14] 『고종실록』 권30, 고종 30년(1893) 2월 28일.

[15] 김택주, 「家狀」, "公憤然 見壺山吳胄泳·玄溪姜淳馨 而慨然歎曰 士當吾道消滅之
時 豈可含黙不爲之一言乎 遂宣通于太學館 揭牓于各壁門 以某日某時在京全羅道儒
生 若不參經學院都會所 則皆匪徒之類也"

크고 임금과 조정에 누를 끼침이 적지 않으며, 불쌍한 무지한 백성들을 계속적으로 이단에 빠져들게 하니, 그대로 용납할 수 없다는 것이다. 이에 김택주는 전승지 이남규가 먼저 동학 배척 상소를 하였으니, 이제는 先聖의 가르침을 배워 首善의 지위에 있는 태학의 유생들이 앞장 서서 상소를 올려야 한다고 주장하였다. 즉 태학의 유생들은 이단을 배척하고 사론을 부식하여 위로는 열성조의 배양한 은택을 저버리지 말고 아래로는 많은 유생들의 울분을 풀어주어야 한다는 것이다.[16]

이처럼 태학관에게 통지한 뒤 김택주 등은 태학관의 벽에 榜文을 붙여[17] 호남 유생들은 동학을 배척하기 위해 2월 23일 典洞의 經學院에서 모이라고 하였고, 까닭없이 참여하지 않으면 동학도로 규정하겠다[18]라고 하여 참여를 독려하였다.

이어 3일 뒤 경학원에는 1,300여 명의 호남 유생들이 모였으며, 이 자리에서 호남 유생들은 고종에게 동학배척상소를 하자고 결의하고 김택주를 소두로 추대하였다. 상소는 그날로 작성되었다.[19] 김택주 등 호남지역 유생들은 동학의 이단성을 부각하고 그 대책을 주장하였다. 먼저 유생들은 우리나라는 유학을 숭상하는 나라로서 공맹과 정주의 학문과 풍습을 익혀 누구나 정학을 숭상하고 邪說을 배척하였으나, 근래에는 동학이 치성하고 있다고 동학이 만연되어 가고 있음을 지적하고, 동학은 '하늘을 공경한다(敬天)'고 하나 안으로 저주를 숭상하고, '성인을 사모한다(慕聖)'한다고 하나 符籍과 讖緯說을 일삼는다고 동학의 이단성을 지적하였다.

---

16) 김택주, 『敬述』, 「以斥東匪事通于太學」.

17) 김택주, 「家狀」. 以某日某時在京全羅道儒生 若不參經學院都會所 則皆匪徒之類也"

18) 김택주, 『敬述』, 「榜 凡我湖南章甫斥東學事 今二十三日 會于典洞經學院 一場爛確矣 稱士者在京者 若無故不參則皆是闕流也 此意互相傳告 右日齊會 千萬千萬」.

19) 김택주, 「家狀」. "公憤然見壺山吳青泳・玄溪姜淳馨 而慨然歎曰 士當吾道消滅之時 豈可含黙不爲之一言乎 遂宣通于太學館 揭牓于各壁門 以某日某時在京全羅道儒生 若不參經學院都會所 則皆匪徒之類也"

또한 이러한 이단적인 동학의 가르침이 어리석은 자들을 미혹시키고 백성들을 어긋나게 하는데, 이제는 동학교도들이 교조신원을 요구하면서 대궐앞에 상소하기까지 이르게 되었으니, 이는 사문斯文의 일대 괴변이라고 동학의 폐해를 비판하였다. 이어 그들은 고종이 먼저 덕으로 교화시키고 나중에 형벌을 내린다는 윤음을 내렸는데도 동학도들이 해산하지 않고 오히려 禍心과 逆心을 품고 분수에 어긋나고 기강을 해치고 있으니 士論이 분하게 여기고 있고, 동학을 배척하는 일은 斯文의 성쇠와 국가의 안위가 달려 있으니 침묵할 수 없어서 연명으로 상소를 올리게 되었다고 자신들의 행위를 정당화하였다. 그리고 결론적으로 교조신원에 참여한 동학교도에 대해 엄정한 법을 집행할 것을 요구하였다. 즉 疏頭와 동학의 우두머리는 형법을 시행하고, 나머지 무리들은 경중에 따라서 형법대로 처벌할 것이며, 자수해서 귀화하는 자들에게는 잘못을 고쳐 선행으로 나아가는 길을 열어 주어 스스로 반성하고 자신들이 편안해지는 의리를 제시해 주자는 것이다. 이리되면 동학도들이 더 이상 방자하게 굴지 못할 것이므로 이는 종묘사직이 공고해지고 인문人文이 크게 새로워지며 국왕의 덕과 교화를 널리 펴게 되는 계기가 될 것이라는 것이다.[20]

이 상소는 즉각 승정원에 제출되었다. 김택주는 그날 저녁 도승지를 따라서 승정원에 들어가 상소를 읽고 객관에 돌아왔으며, 다음날 5경 이 끝날 무렵 승정원의 사령을 통해 비답을 받게 되었다.[21] 비답의 내용은 "상소를 보고 잘 알았다. 사설과 정학의 구분을 엄격히 하려면 덕으로 인도하고 형벌로 바로잡는 방도를 강구해야 한다. 너희들은 잘 알고 물러가서 학업을 닦으라"는 내용이었다. 결국 김택주 등 남원유생들은 1893년 초에 공맹의 말을 근거하여 동학의 '경천모성'의 주장이 주문과 부적, 참위설에 근거한 이단임을 지적하고 동학을 배척할 것을 주장하였다. 그리

20) 『承政院日記』, 고종 30년(1893) 2월 27일.
21) 김택주, 「家狀」.

고 그 대책으로는 우두머리에 대한 형벌을 집행하고 나머지는 경중에 따라 처벌하되 귀화한 자들에게는 살 길을 열어주자는 매우 강경한 대책을 주장한 것이다.

이러한 김택주의 상소는 남원유생들에게도 널리 알려지게 되었다. 김택주는 남원 수지면 가정에 거주하였던 趙永學(1857-1908)에게 글을 보내 이단이 성행하고 있는 요즈음 동학이 교조를 위해 신원한다고 감히 대궐 앞에서 울부짖으니 어찌 세상이 이 지경이 되었는지 참을 수가 없어서 일전에 태학에 통문을 보내어 일제히 성토하였는데, 조영학은 이 변고를 들어보았는지, 그리고 어떻게 위정척사의 도를 실천할 수 있는지를 생각해 보았는가를 물었다.[22] 김택주의 편지를 받은 조영학은 다시 스승인 연재 송병선에게 편지를 보내 동학이 교조 신원을 위해 대궐 앞에 모여 규탄한 것은 어느 시대에도 없는 변고인데 어떻게 해야 유학을 보전할 수 있는지 크게 걱정된다고 탄식하였다.[23]

이어 남원에서는 다른 지역처럼 동학의 전파를 막기 위해 향약이 실시되었다. 당시 향약은 인근 구례와 순창 등지에서도 실시되었다. 먼저 구례군에서는 1893년 봉성향약이 전면 실시되었다. 전라감사 金文鉉이 향약의 실시를 주, 현에 포고함에 따라 1892년 부임한 구례현감 韓憲敎의 지시로 향약이 실시되었다.[24] 주자가 만든 남전여씨향약을 가감하여 각 리里와 면面을 단위로 실시되었다. 龍江面, 放光面, 마산면馬山面, 吐旨面, 艮田面, 文尺面, 界寺面, 縣內面의 각 里에서 里正, 면에서 約正을 임명하여 관의 통솔을 받도록 하는 체제였다. 동학의 전파를 막기 위한 규정은

---

22) 김택주, 『敬述』, 「趙履齋(癸巳二月)」. "近來異端漸萌 爲斯道大憂矣 又有一種詭誕 東學之說 白晝嘯黨 近稱爲魁伸寃 敢叫禁門咫尺之地 豈圖世故之變 至於此哉 其在 秉彝之心 不能含黙 日前投通于太學 齊會聲討計 而兄或聞知此變 而何以念存衛斥 之道乎"

23) 조영학, 『履齋隨稿』卷1, 「上先生」(癸巳三月 日).

24) 한국농촌경제연구원, 「鳳城鄕約條」, 『구례군 사회조직문서』, 1991, 11쪽.

1893년 5월 오미동에서 실시된 「洞約讀法」을 통해 확인할 수 있다. 오미동의 동약 중 '이단을 숭배하여 부적과 주문을 행하기를 좋아하는 자'에 대해서 別檢이 鄕約長에게 보고하고 향약장이 악행을 한 자를 불러 책망하고 경중에 따라 笞를 가하며 태 40대 이상의 중죄와 재차 죄를 범한 자는 관에 보고하게 하였는데, 바로 이 규정이 동학과 관련된 규정인 것이다.[25]

또한 순창에서도 순창군수 李聖烈에 의해 향약이 실시되었다. 순창에서는 5家를 1統으로 삼고 통에는 統首, 리에는 里正, 방에는 約正을 두어 동학이 고을에 전파되지 못하도록 하였고, 50호 단위로 벼 5섬을 거두는 것을 정식으로 삼아 향약의 재원으로 삼았다. 또한 빈부에 따라 차등을 두어 고을에서 쌀을 거두어 보관하였는데, 동학농민혁명으로 인해 농사를 폐기하고 달아난 사람들에게 보관했던 쌀로 구황하는 방도로 삼으니, 거주민들이 모두 안정되어 모여들었다는 것이다.[26]

1893년 5월 남원에서도 향약이 실시되었다. 남원에서 향약이 실시된 사실은 조영학이 동복의 사족인 丁奎明에게 1893년 5월 보낸 편지를 통해 그 편린을 짐작할 수 있다.

근일 저희 고을에서 향약을 설행하였으니, 대개 감영의 신칙이 있어서입니다. 귀 고을에서도 함께 실시하였을 것입니다. 향부로鄕父老께서는 영학永學의 실상을 알지 못하고 향약의 직임에 임명하시니 매번 신우申友와 더불어 나란하게 되어 부끄럽고 부끄럽습니다. 이 향약은 대저 동학을 금지하기 위하여 행한 것으로 매우 좋은 일인데 오래가지 못할 까 걱정스럽습니다.[27]

25) 위의 책, 209쪽.
26) 『嶺上日記』, 갑오년 4월 26일조.
27) 조영학, 『履齋隨稿』, 「答丁允文奎明(癸巳五月)」. "近日鄙邑設鄕約 蓋有營門之飭 則 貴鄕應同矣 鄕父老未知永學實狀 約中任名 每與申友齊等 愧切愧切 此約大抵因東類 之禁而發也 甚好事 惟恐其不永久也"

즉 전라감사의 신칙으로 남원부사에 의해 1893년 5월 향약이 실시되었는데, 이 향약은 동학을 금지하기 위해 실시되었다는 것이다. 1893년 5월 당시 남원부사는 민종렬이었다. 민종렬은 1890년 6월 14일 남원부사로 제수되었다가 1893년 10월 18일 나주목사로 옮겨 제수되었다.[28] 민종렬이 남원에서 실시한 향약의 내용이 어떠한 것인가는 잘 알 수 없으나, 민종렬이 나주목사로 부임하고 나서 곧바로 시행한 향약을 통해 남원향약의 내용을 짐작할 수 있다.

민종렬이 제정한 향약은 남전여씨의 향약에 의거한 것으로 덕업상권, 과실상규, 환난상휼 등의 조목과, 질병이나 초상이 있을 때는 서로 도와주도록 하는 것이 주 내용이었다. 이러한 향약을 운용하기 위해 향약에 善惡籍을 마련하여 착한 사람은 善籍, 악한 사람은 惡籍에 기록하여 매월 초하루에 里正은 면의 約正에게 보고하고, 약정은 都約長에게 보고하여 상벌을 시행하기로 하였다. 이어 향약의 약속이 정해지자『鄕約節目』을 인쇄하여 貼으로 만들어서 각 面에 나누어주고, 진사 羅東綸을 都約長, 士人 林炳幹과 奇周鉉을 副約長, 李炳壽를 都約所의 直月로 삼았으며, 나머지 각 면의 약정과 직월은 모두 문학을 근실하게 갖춘 선비를 가려서 임무를 맡겼다. 이 향약은 1894년 정월에 시작되었는데, 시행한 지 2~3개월 만에 관리와 백성이 기뻐하였다고 한 것을 보면 당시 나주지역에 향약의 효과가 매우 컸음을 알 수 있다.[29]

민종렬에 의해서 제정된 남원지역의 향약은 1893년 10월 18일 남원부사에 제수된 尹秉觀[30]에 의해서 계속 실시되었다. 윤병관은 남원부사에 부임하자 먼저 許鏵 등 남원사족 들에게 아전을 보내어 남원지역 통치에 협조를 부탁하고,[31] 향약을 설행하였다. 당시 향약의 모습은 1894년 봄

---

28)『승정원일기』, 고종 27년(1890) 6월 14일 및 고종 30년(1893) 10월 18일 기사 참조.

29) 李炳壽,『兼山遺稿』卷19,「錦城正義錄甲編」.

30)『승정원일기』, 고종 30년(1893) 10월 18일조.

남원 광한루에서 있었던 향약 모임에서 윤병관과 허섭이 지은 시를 통해 대강의 개요를 살펴볼 수 있다. 윤병관은 분분히 난이 일어나 이익을 다투는 계절에 어찌하면 백성들의 해갈을 풀어 줄 수 있을까라고 노래하였고, 허섭은 남원부사의 경륜에는 가슴 속에 갑병을 감추고 있고 백성들 안정시키는 데 힘쓰니 동학도가 어찌 설칠 수가 있으며, 예와 의관으로 복종시키니 남풍이 불어 서늘하다고 노래하였다.[32] 즉 향약의 목적이 당시 발발하였던 동학농민혁명에 동요되지 않기 위해 실시되었던 것이다.

III. 동학농민혁명에서의 남원지역의 역할

호남지역에서 1893년 유생들이 상소를 올리고 각 지역에서 향약을 실시하여 동학의 전파를 막기 위해 노력하였지만, 1894년 동학농민혁명이 일어나자 대부분의 호남지역이 동학농민군을 막아내지 못하고 거의 대부분 동학농민군의 영향권에 들어가게 되었다. 즉 동학농민군은 초토사 홍계훈과 폐정개혁 및 신변보상을 조건으로 5월 8일 전주에서 철수하였으나,[33] 동학농민군은 해산하지 않았고, 전봉준과 김개남은 호남일대를 순행하면서 집강소를 설치하고 폐정개혁을 위해 노력하였던 것이다. 이에

---

31) 허섭, 『睡鶴集』卷2, 「答地府尹候秉寬」.

32) 허섭, 위의 책, 「甲午鄕約時與同約諸友敬和地府尹候秉寬韻二首」. "甲午鄕約時 與同約諸友 敬和地府尹候秉寬韻二首 六十年來夢草堂 方今聖代日重光 光寒樓靜風塵宿 方丈山深草樹香 東魯衣冠興禮樂 盛唐詞律任淸狂 居民自樂昇平象 蒲雨初晴麥露凉 騷塵不上近民堂 氷玉其心月露光 明府經綸胸貯甲 高樓談笑頰生香 務在吾民先定靜 肯敎匪類敢猖狂 禮度衣冠能坐鎭 南風是日動微涼 ; 附尹候元韻二首 五百淸風此一堂 亭亭白日滿樓光 冷官亦有樽中酒 嘉客誰非座上香 看我西庭花穩籍 任他東畔絮顚狂 何時可解民飢渴 泉味初甘麥氣凉 俄日盈樓月滿堂 月應來夜亦虒光 天上元無埋骨土 人間那有返魂香 衙弄晴暉蜂謾鬧 夢迷芳草蹀還狂 蝸牛角畔爭何事 感歎世情悲且凉"

33) 김양식, 「1, 2次 全州和約과 執綱所 運營」, 『역사연구』 2집, 1993. 122쪽.

남원과 이웃하고 있었던 순창은 전봉준과 김개남의 순행, 그리고 전라감사 김학진의 요청으로 전주성에서 동학농민군이 철수한 지 1달이 지난 6월 8일경 집강소를 설치하기에 이르렀다.

순창군수 이성렬은 적에 맞서 싸우며 성을 지키고자 하였다. 그러나 적들은 이미 부근의 여러 군을 차지하였고, 서울병력 또한 차례로 서울로 돌아갔기 때문에 후원을 받을 수 없었다. 더욱이 김학진이 여러 번 공문을 보내 "현재의 화해국면을 깨뜨리지 말라"고 하였으므로, 성렬은 고립된 채 별다른 계책을 쓸 수 없었다. 이리하여 어쩔 수 없이 아전과 백성들이 동학에 들어간다는 명분을 빌어 도소를 설치하고 집강을 배치하여, 자신의 관할지역 내에 다른 지방 적이 와서 함부로 약탈질을 하지 못하도록 하였다. 백성들은 원래 그의 선정에 진심으로 복종하였고, 적들도 그의 인품을 존경하여 감히 함부로 약탈을 자행하지 않았으므로 군 전체가 적의 피해를 입지 않았다.[34]

남원 역시 동학농민군이 쉽사리 들어오지 못하였다. 남원은 운봉, 나주와 함께 저항이 만만치 않았던 것이다.[35] 남원은 김개남 등의 동학지도부에서 물산이 풍부하고 영호남을 아우를 수 있는 중요한 지역으로 간주되고 있었던 지역이었기 때문에,[36] 이러한 상황을 용납할 수 없었다. 이에 김개남은 6월 8일 순창을 떠나 옥과, 담양, 창평, 동복, 낙안, 순천, 곡성 등을 순행한 다음 전라좌도의 여러 군현에서 올라온 동학농민군 3,000명과 함께 6월 25일 남원에 쳐들어갔다.[37] 선봉은 담양출신의 南周松, 중

---

34) 『梧下記聞』 2筆.

35) 오지영, 『東學史』 3(草稿本), 475쪽.

36) 김개남은 남원이 물산이 풍부하여 동학농민혁명이 일어나기 전부터 이 곳을 탐내었다고 하였다(黃玹, 『東匪紀略』).

37) 김양식, 앞의 논문, 1993, 136~137쪽; 이진영, 「김개남과 동학농민전쟁」, 『한국근현대사연구』 2, 1995, 84쪽.

군은 金重華가 맡았다.[38] 김개남이 이끈 동학농민군 중 가장 규모가 큰 부대는 고흥 동강면 출신의 유복만(일명 柳希道)이 이끄는 동학농민군이었다. 총 3,000명의 동학농민군 중 고흥지역의 동학농민군이 대략 1,600명에 이르렀다. 이들 고흥지역 동학농민군은 6월 11일 고흥읍을 출발하여 광양 등지에서 광양의 400명의 동학농민군과 회합하였는데, 이때 동학농민군의 숫자는 총 2,000명이었다.[39] 따라서 당시 고흥 동학농민군의 숫자는 1,600명이라고 할 수 있는데, 이들은 광양, 하동, 구례를 거쳐 남원에서 김개남과 합류하였던 것이다. 김개남군에는 담양이나 고흥 외에도 임실의 李士明, 남원의 金洪基 · 金禹則 · 李春宗 · 朴定來 · 朴仲來 · 金元錫 등 전라좌도의 여러 군현의 동학농민군이 참전하였다.

김개남은 남원성을 점령한 다음 榜文을 지어 市街에 붙이고 "우리는 保國安民하고 斥倭斥洋을 主義로 하는 자이다. 따르는 자는 용서할 것이요, 불순하는 자는 응징하리라" 하여 남원지역에 혁명을 선언하였다.[40] 동학농민군은 특히 부호들을 미워하고 재산을 약탈하여 많은 부호들이 집을 비우고 도피하였다. 동학농민군은 촌락에 돌아다니며 '도인'으로 자처하고 들어오지 않은 이들은 '속인'으로 지목하였기에, 돈과 재물을 아끼는 이들은 동학도를 추종하기에 겨를이 없었다. 무력해진 남원부사 윤병관은 7월 2일 전후하여 남원을 떠났고, 대신 전봉준이 입성하였다.[41] 운봉 역시 얼마 후 金鳳得의 2천 명의 동학군에 의해 관아가 점령되고 군기를 거두고 집강소를 설치하였다.[42]

이후 남원성은 전봉준과 김개남 등 동학지도부에 의해 혁명의 핵심지

---

38) 吳知泳, 위의 책, 475~476쪽.
39) 송호철,『고흥과 동학농민혁명』, 고흥문화원, 2010, 106~107쪽.
40) 오지영, 위의 책, 475쪽.
41)『嶺上日記』6월 25일과 7월 2일 조; 박찬승, 앞의 논문.
42) 오지영, 위의 책, 476쪽.

역이 되었다. 먼저 남원은 김개남에 의해 전라좌도 대도소가 설치되어 호남 좌도를 총괄하였다. 관할지역은 금산, 진산, 용담, 진안, 무주를 비롯해서 태인, 장수, 임실, 순창, 담양, 곡성, 구례, 창평, 옥과, 순천, 광양, 낙안, 보성, 흥양 등 19개 지역이나 되었다. 금산, 용담, 무주, 진산 지역과 순천, 광양, 낙안 지역은 별도로 동학군의 병력을 마련하여 제압하도록 하였는데,[43] 특히 순천에는 김개남이 자신의 측근이었던 금구 출신의 김인배를 보내 순천에 별도로 영호대호소를 설치하여 남원지역과 밀접한 관련을 맺도록 하였다.[44]

당시 남원대도소에서는 전라좌도뿐만 아니라 하동 등 경남 일대에까지 그 영향력이 미치었다. 예컨대 하동에 사는 최학봉은 남원의 전봉준 접소의 공문을 가지고 6월 그믐부터 각 고을을 찾아다니면서 영남 수령들의 정치와 민간토호들을 염탐 시찰하였으며, 남원접소의 공문에 따라 8월 15일 영남의 각 접주들을 그간 조사한 폐단을 시정하기 위해 의령 백곡촌에 모두 모이라고 지시하였다.[45] 또한 8월 16일에는 고성부사 오횡묵은 금구의 한헌교를 만났는데, 한헌교는 "우리 도인들은 지금 보국안민으로 책임을 삼고 수령들의 잘잘못과 토호들의 횡포를 사찰하고 격려하고 있습니다. 근일 이 고을에도 백성들의 소요가 있다고 하여 폐단을 시정하는 한편, 포를 일으키고 있습니다."[46]라고 하여 당시 동학도들이 남원도소의 지침에 따라 보국안민의 이념 하에 각 고을마다 폐단을 시정하고 있었던 것이다. 이처럼 8월 초순에도 남원 대도소는 영남에까지 그 영향력이 미

---

43) 표영삼, 앞의 논문, 22쪽.

44) 표영삼, 앞과 같은 곳.

45) 『慶尙道固城叢瑣錄』, 甲午年 8月 6日. "余招入問之 則河東崔鶴鳳 而持南原全鳳俊 接所公文 以各邑政治廉察事 自六晦爲始 遍行各邑次巡廻 …… 未聞南原府有何新 設接所耶 請一覽公文 道人出示公文 蓋是守令政治與民間土豪廉察事 及以今十五日 嶺南各接都會于宜寧白谷村 所察弊端 更張等語也"

46) 『慶尙道固城叢瑣錄』, 甲午年 8月 16日.

치고 있었다. 김개남은 7월 15일 남원대회 이후 8월 25일까지 임실 상여암으로 물러났으나,[47] 여전히 남원지역 동학농민군을 지휘하였으며,[48] 기록상으로도 전라좌도 관할하에 있었던 구례현감 趙圭夏와 오수 찰방 梁柱㷂, 임실진사 韓興敎 등의 士族들을 입교시켰던 것이다.

또한 남원성에서는 7월 15일 동학농민군이 수만 명이 집결한 이른바 '남원대회'를 개최하였다. 당시 일본측 기록에도[49] 전라도 각읍에서 남원에 집합한 수만 명의 동학도들이 부사가 거처하는 동헌을 도소로 삼았으며, 각 면의 부호들로부터 전곡을 징출하여 남원읍에 수송하였다고 하였다.[50] 7월 15일 남원대회에 참여한 동학군들의 식량을 마련하기 위해서였을 것이다. 당시 동학농민군이 7월 15일 남원대회를 개최한 것은 각 지역에서 다수의 동학농민군이 집결하여 동학농민군의 위세를 과시하여 각 지역의 집강소 체제를 강화하고, 일본군의 경복궁 불법점령에 대한 방책을 마련하고자 하였던 것으로 이해되고 있다.[51]

이와 관련하여 당시 남원지역은 동학농민군의 창의처가 되고 있었다. 이를 좀 더 자세히 살펴보기로 하자. 동학농민군은 경복궁이 6월 21일 일본군에 의해 점령되었다는 사실이 알려지자 보국안민을 표방하면서 다시 거병하기 시작하였다. 6월 29일 무장 동학농민군 5, 6백 명이 성에 난입하여 무기를 탈취하였으며,[52] 호남지역에 일본군을 무찌르기 위한 창의처

---

[47] 박찬승, 앞의 논문, 14쪽.

[48] 강송현, 앞의 논문, 20쪽.

[49] 日本外務省 外交史料館 所藏, 在釜山日本總領事 室田義文,「전라도ニ於テル 東學黨動靜觀察復命書」, 1894.10.10(양)(『남원동학농민혁명연구용역 보고서』, 94~95쪽 재인용).

[50] 『오하기문』에서는 집강소를 설치한 뒤 한 달 남짓 사이에 50여 개 고을의 백성들 중 성 밖에 2頃(6,000평) 정도의 땅과 100냥 정도의 재물을 가진 사람은 모두 주리를 당하였다고 하였다(『梧下記聞』 1筆. "旬月之間 五十州之民 郭外二頃家 資百金 無不周牢").

[51] 박맹수,「전라좌도 동학농민군 활동의 역사적 성격-김개남 부대를 중심으로」(전라북도남원동학농민혁명기념사업회, 남원동학농민혁명기념학술대회, 2006.11.25.), 5쪽.

가 설치되었다. 이와 관련하여 동학접주 장두재는 7월 9일 김덕명, 김개남, 손화중 등에게 다음과 같은 취지의 편지를 보냈다.[53]

인편에 듣건대 倡義處에서 왜적을 토멸코자 都會한다고 하니 감격하는 마음이 크고도 큽니다. 지난 21일 인시경에 도성을 함락하고 대궐을 침범한 왜적 수천 명이 三殿을 포위하여 시시각각 위기에 처해 있고, 각 營門에 있는 병기와 식량을 모두 빼앗았으며, 대궐문과 4대문을 왜적이 지키고 수원성을 함락하고 청국병을 패주시켜 마치 무인지경과도 같으니 어찌 통곡하지 않겠습니까. 법소에서 오는 사람의 말을 들어보니 오래도록 도회가 없다고 하니, 어찌 의리가 있다고 하겠습니까. 이 또한 운수입니다. 그러나 호남 곳곳에서 도회할 때에 병기와 군마를 빌려서 행장을 모두 갖추고 다시 충청 감영에 이르면 가벼이 상경하지 말고 某兄의 지휘를 기다려 성공하시기를 삼가 바라고 바라옵니다. 저희들이 내려갈 때 청나라 병사와 합세하여 모두 왜적을 없애겠다고 雲峴宮에 말씀드렸더니 흔쾌하게 허락하셨습니다. 염려하지 말고 조처하시어 함께 봉기하여 속히 큰 공을 이루시기를 삼가 빌고 비옵니다. 비록 法所의 분부가 없을지라도 따르는 동지들 몇 만 명이 며칠 내에 모일 것이니, 호남의 도회에서 서로 응대하고 화합하여 큰 공을 이루도록 기필코 회의하시기 바랍니다. 염려하지 마시고 속히 이루시기를 천만 바라고 바랍니다.
갑오년 7월 9일 誼弟 張斗在(張喜用) (위는 동학당 접주 장두재로부터 접주 金德明, 金開南 및 孫化中 앞으로 보낸 廻狀으로서 대원군의 뜻을 받아 청병과 합세하여 일본군을 토멸하기 위해 거병을 계획한 것임)[54]

52) 『고문서』 2, 서울대학교도서관, 1987, 412쪽. "自日前 謂以倭兵將至 事甚急迫是如 又復騷擾 去六月二十九日 彼徒五六百名攔入城中 軍器庫所在 如干什物丸藥等 打破軍門 沒數奪去"

53) 『駐韓日本公使館記錄』 8, 54~55쪽.

54) 『日本外務省外交史料館所藏文書(1)』, 「東學黨會審顛末」(1895.9.20.). "(上略) 便采得聞 倡義處之滅倭次都會云 感荷萬萬 去二十一日寅時量 陷城入闕 倭賊幾千名 環固三殿 危在時刻 各營門兵器 與此穀盡奪闕門 與四大門 倭賊守門 陷沒水原 敗滅清兵 如無人地境 此非痛哭哉 得聞法所來言 則永無都會云 豈謂有義理耶 此亦運也

즉 7월 9일 동학접주 張斗在가 金德明, 金開南 및 孫化中 등에게 편지를 보내, 대원군의 뜻을 받아 청병과 합세하여 일본군을 토멸하자고 거병을 촉구한 것인데, 이 편지를 통해 당시 호남지역의 동학농민군이 일본군을 무찌르기 위해 창의처를 세워 동학농민군이 집결하였던 것을 알 수 있다. 당시 창의처에 며칠 내로 수만 명이 집결할 것이라는 대규모의 집회는 아무래도 김개남, 전봉준 등이 7월 15일 개최하였던 남원대회를 가리킨다고 할 수 있다. 이미 남원지역은 전라감사 김학진이 7월 2일 전봉준, 김개남 등에게 편지를 보내 일본군의 궁궐 점령과 개화파 정권의 수립을 알림으로서,[55] 남원 지역을 중심으로 창의가 논의되었을 것이며, 이에 각곳의 동학농민군이 이곳에 집결하고 있었던 것으로 판단된다.

그러나 남원대회 이후 동학농민군은 일본군과 정면으로 대결하기 보다는 먼저 폐정개혁을 통해 관과 화합하는 노선을 택하였다. 나라가 위기상황에 빠져 들어감에 따라 7월 6일 전주에서 전라감사 金鶴鎭과 회동한 전봉준이 일단 청일전쟁 중에 일본과 직접 맞서기보다는 폐정개혁을 통해 내적인 역량을 모으기로 합의하였던 것이라고 할 수 있다. 전라감사 김학진도 官民相和의 원칙하에 동학농민군의 행정 및 군사에 관한 일정한 권한을 전봉준에게 위임하고, 집강소 체제를 통해 道政을 이끌어 가려고 했던 것으로 보인다.[56] 이에 전봉준은 집강소에 공문을 보내 무기를 관청에 반납하도록 하고, 총과 말을 거두는 것을 금하였으며, 사사로이 錢穀

湖南處處都會時 借得兵器與軍馬 俱備行裝 轉到錦營留陣 不輕上京 以待某兄之指揮成功 伏企伏企 弟等下來時 言達雲峴宮與淸兵合勢盡滅倭賊云 則快然而可也 勿慮而處之 共起速成大功 伏祝伏祝 雖無法所之分付 儕輩相從者幾萬名 不幾日 湖中都會 相應相合 圖成大功 期於議會矣 勿慮速成 千萬伏祝伏祝 韓曆昨年七月九日ハ我曆昨年八月九日ナリ 甲午七月初九 誼弟張斗在(張喜用) (右ハ東學黨ノ接主張斗在ヨリ接主金德明金開男及孫化中ニ宛タル廻章ニシテ大院君ノ意ヲ受ケ淸兵ト勢ヲ合セ日本兵ヲ討滅スル爲メ擧兵ヲ計リタルモノナリ)"

55) 박찬승, 앞의 논문, 13쪽.
56) 김양식, 앞의 논문, 146~147쪽.

을 토색하지 못하도록 하였다.[57] 따라서 7월 15일 개최된 남원대회는 일단 일본군과 맞서기 보다는 전봉준과 김학진 사이에 이루어진 전주회담의 결과를 추인하고, 관민상화의 원칙하에 각 지역의 폐정개혁을 위해 주력하는 계기가 되었다고 할 수 있다. 김개남 역시 전주회담의 결과를 받아들이고, 남원대회 이후 임실 상여암으로 들어가게 되었다.[58]

그러나 남원지역은 남원의 동학농민군이 7월 중순 안의현감 조원식의 계교에 의해 3백여 명이 죽음을 당하여[59] 영남지역 진출에 크게 타격을 받았고, 다시 7월말 운봉의 박봉양이 동학농민군과 결별하고 민보군을 조직하여 맞서게 됨에 따라 중대한 고비를 맞게 되었다. 박봉양은 7월 26일 族黨 30여 명, 家奴 수십 명과 함께 민보군을 결성하였으며, 8월 초에는 운봉의 사족들의 지원으로 1,200명의 민보군을 확보하여 남원 경계의 요충인 女院峙·笠望峙·柳峙 등 세 길목을 지키게 하였다. 이러한 민보군의 숫자는 꾸준히 증가하여 8월 중순에는 5,011명에 달하였다. 게다가 운봉군수 李義絅이 8월 22일 부임하여 운봉의 방어를 더욱 강화하고, 영남에서도 함양군에서 포군 150명이 지원하게 되었던 것이다.[60]

이처럼 운봉지역에서 박봉양이 이끄는 민보군의 활동이 활발해지고, 남원지역 동학농민군과 맞서게 되자, 남원지역에서는 운봉의 민보군을 공격하기 위해 8월 19일 남원과 운봉의 길목에 해당되는 부동釜洞에 동학농민군이 집결하고 무기를 운반하였다. 남원 부동의 동학농민군인 姜監

---

57) 『梧下記文』2筆.

58) 박찬승, 앞의 논문, 14쪽.

59) 안의현에서 동학농민군이 살해당한 시점에 대해 『오하기문』에는 8월 초에 기재되어 있고, 『영상일기』에서는 7월 15일조에 기재되어 있다. 이와 관련하여 하동 옥종의 조성가가 남긴 갑오일기에서는 7월 20일조에 '안의에서 東徒 160명이 살해되었다(趙性家, 『甲午日記』7月 20日. "安義殺東徒一白六十名")'고 밝히고 있다. 따라서 안의에서 동학농민군이 살해된 시점은 『영상일기』의 기록대로 7월 15일 무렵이 확실하다고 할 수 있다.

60) 「雲峰郡前注書 朴鳳陽經歷書」.

役과 劉學圭 등이 남원지역 외에 다른 고장의 동학도와 함께 남원부의 무기를 탈취하여 부동에 갔던 것이다.[61] 이러한 정황에 대해 남원의 公兄은 전라도병마절도사에 文狀을 보내, "8월 20일 寅時(오전 3시-5시)쯤에 남원부의 군기와 산성의 군기를 흥양·보성·태인·남원부 山東坊 釜洞 등지의 동도 1,000여명이 창고의 열쇠를 부수고 모두 빼앗았으며, 이들은 城門을 굳게 닫고 있고 포 소리가 그치지 않으니 성안의 주민이 당황하여 어찌할 줄을 몰랐습니다"라고 보고하였다.[62]

남원의 상황이 급박하게 돌아가자 김개남은 8월 25일 임실에서 오수역을 거쳐 남원으로 들어왔다. 그는 전투태세를 강화하기 위해 군률을 엄하게 하였다. 獒樹驛에서 동학농민군이 찰방의 사무실에 들어가 은가락지를 빼앗자 김개남은 그 동학농민군의 목을 베어 막대기에 매달아 행렬 앞에 세워서 경계하기도 하였다. 이처럼 김개남에 의해 다시 동학농민군이 재집결하자 전봉준은 김개남에 달려가 청일전쟁의 승부가 아직 끝나지 않았으니, 더 승부를 지켜보자고 하였다. 그리고 손화중도 명망이 있거나 재물을 가진 자, 선비들이 추종하지 않으니, 성사되기 어렵다고 해산을 종용하였다. 그러나 김개남은 한 번 대중이 흩어지면 다시 모이기 힘들다는 이유를 들어 군사조직을 강화시켜나갔다.

이후 9월 이후 일본군을 격퇴시키기 위한 동학농민군의 2차 봉기가 시작되면서, 김개남은 남원관아에 政廳을 설치하고 군제를 五營으로 편제하였다. 前營將은 담양접주 南應三, 後營將은 남원대접주 金洪箕, 右營將은 金大爱, 左營將은 金龍關, 中營의 都統將은 김개남, 謀主는 金佑敕으로 삼았다. 전라좌도의 여러 군현을 5영으로 나누어 관할하고자 한 것이다.[63]

---

61) 『嶺上日記』, 8月 19日.

62) 「全羅道兵馬節度使徐狀啓」全羅道兵馬節度使 徐(高宗 31년(1894) 10月 29日). "八月二十一日出鱗次到付 南原府公兄等文狀馳告內 八月二十日寅時量 本府邑軍器 與山城軍器 興陽·寶城·泰仁·本邑山東坊釜洞等地 東徒千餘名 破鎖庫門 盡爲奪取 堅閉城門 砲聲不絕 城中居民 惶惶罔措 故緣由馳告 亦文狀是白遣"

각 영에는 一元將과 二元將을 두었고, 그 밑에 軍守官과 營軍을 소속시켰다. 각 영의 군사는 5~6천여 명 정도였다. [64]

이러한 동학농민군의 2차 봉기에 있어서 가장 중요했던 것은 전투할수 있는 식량과 무기의 확보였다고 할 수 있다. 남원의 동학농민군은 무기는 병기고를 털어서 확보할 수 있었으나 식량은 1일 1인 700g으로 쳐도 5천명을 기준으로 2개월간의 식량이 200여 톤이 될 정도로 막대한 양이 필요하였다. 이에 남원 동학농민군은 식량을 확보하기 위해 총력을 기울였는데, 이미 9월 15일 남원대도소 김개남의 지시라고 하여 능주에서 동전 2만냥과 백목 30동을 남원으로 보내도록 공형들을 위협하여 징발하였고, 17일에는 광주에 남원대도소 명으로 공문을 보내 동전 10만 냥과 백목 100동을 보내라고 위협하였다. 18일에는 곡성과 함열에도 동전이나 백미, 백목 등을 요구하였다. 이러한 각 지역의 군수물자 징발은 남원대도소 또는 김개남의 이름으로 군수물자를 보내라는 통문을 통해서 이루어졌다.[65] 남원지역은 2차 동학농민봉기를 위한 좌도지역의 군수물자를 총동원하였다고 할 수 있는 것이다.

군수물자를 조달하는 총 책임자인 典糧官은 담양 접주 남응삼이 임명되었다. 남응삼은 각 군, 현에 일정량을 시달하였다. 결당 쌀 7말, 말먹이로 콩 1승씩을 부과하였고, 장태, 동아줄, 짚배자, 화약, 廂車를 만드는 데 쓰일 품목으로 푸른 대나무, 짚신, 삼껍질, 껍질 벗긴 삼 줄기, 볏집, 목판 등을 할당하였다.[66] 군수품 할당은 행정권과 사법권을 완전히 장악하였

63) 『甲午略歷』 9月 28日.
64) 『嶺上日記』 8월 26일; 『甲午略歷』 「敍金三默之關係」. 5영제는 9월 28일 담양접주 남응삼의 書記인 鞠基春이 김개남에 건의하여 설치된 것으로 전주유생 鄭碩謨와 함께 의논하였다고 한다(『남원군종리원사』).
65) 이진영, 「김개남과 동학농민전쟁」, 91쪽; 『주한일본공사관기록』 1권, 131쪽 9월 15일 남원보고, 9월 16일 능주보고, 9월 17일 광주보고.
66) 남원시·전북역사문화학회, 『남원동학농민혁명 연구용역 보고서』, 2014, 100쪽. 본문에 나오는 남응삼이 각 군현에 부과한 액수는 『오하기문』3筆, 甲午九月條

기 때문에 가능하였다. 각 지역의 집강들이 군, 현 관리들을 억제할 힘이 없었다면 할당량을 채울 수 없었기 때문인데, 당시 전라좌도에서는 운봉현을 제외하면 군수 물자 할당에 저항한 사례가 없었다.

　당시 동학농민군이 식량을 확보하기 위해 어느 정도의 돈을 거두었는지는 확실하지 않다. 다만 1895년 8월 전라도 내 각 군에서 동학농민군들에게 빼앗긴 전세와 상납 내역을 기록한 「全州府前全羅道各邑上納中 匪類所奪錢木米太區別成冊」을 통해 개략적으로 짐작해 볼 수 있다.[67] 먼저 동학농민군이 탈취해간 군현별 전, 미, 목을 〈표 1〉을 통해 살펴보면 다음과 같다.

에 나오는 기록이다. 이와는 달리 『영상일기』에서는 대동목과 공전, 그리고 전세미를 1결당 10斗씩을 거두었다고 하여 다소 차이가 난다. 그러나 김개남이 남원에서 남원의 山洞坊과 구례 지방에서 토지 매결마다 쌀 7말씩 징수하여 華嚴寺에 300냥을 보관하고 자신의 종질에게 관장하도록 하였다고 하였으므로, 1결에 7두씩 거둔 것이 타당하다고 할 수 있다(『梧下記聞』3筆,「甲午十月」).

[67] 「全州府前全羅道各邑上納中 匪類所奪錢木米太區別成冊」. 1895년(고종32)년 8월 全羅道內 各郡에서 동학농민군들에게 빼앗긴 田稅를 비롯한 각종 上納의 내역이 郡別로 파악 기재된 책이다. 1책(12장)으로 되어있다. 내용은 全州를 비롯한 20개 郡別로 탈취당한 上納物 該當年度의 稅目이 적혀 있다. 빼앗긴 上納物은 田稅米太, 大同米, 戶布錢, 各種 軍木, 軍錢 등 여러 종류에 걸쳐 있다. 특히 이 稅額을 半씩 나누어 「減」,「實」로 표기하였는데,「減」이란 중앙에서 蕩減해준 액수였다. 實上納額은 元上納額의 반인데, 卷末에 기재된 奪取額의 총계는 錢 113, 887兩, 木 227同 2疋, 米 1, 815石, 太 291石이다. 이것들은 대부분 농민군이 軍需調達을 위해 각 읍에 있는 상납물을 수용한 것으로 생각된다. 奎章閣에 소장되어 있다.

〈표 1〉 동학농민군이 탈취한 군현별 전錢, 목木, 미米[68]

종류\n지역	전(냥)			목(동-필)			미(석)/태(석)		
	총액	감액	실액	총액	감액	실액	총액	감액	실액
남원	29,875	14,943	14,942	49-20	24-36	24-34			
전주	18,447	8,874	9,573	22-33	11-17	11-16	680	340	340
광주	3,675	1,838	1,837						
장흥							132	66	66
고부	7,062	3,531	3,531				420	211	209
영광							63	32	31
							(太)196	98	98
구례	7,106	3,553	3,553						
흥양							76	38	38
강진	960	480	480	3	1-25	1-25	92	46	46
무장							301	151	150
							(太)94	47	47
운봉	550	275	275						
화순	3,210	1,605	1,605	3-23	1-37	1-36			
임실	3,087	1,544	1,544	38-22	25-11	13-11			
고산	2,800	1,400	1,400	20	10	10			
담양	23,480		23,480	15		15			
장성	2,620		2,620				21		21
							(太)1		1
금산	5,082		5,082						
진산	1,023		1,023	2-27		2-27			
태인				70-27		70-27			
익산	4,900		4,900	2		2	30		30
총계	113,877	38,043	75,845	227-02	74-26	152-26	1,815	884	931
							(太)291	145	146

[68] 임실의 경우 원문에 騎步木 2동 49필에서 감액 1동 25필, 실납부액 1동 25필로 기재되어 있어서 1필이 착오가 난다. 총계가 227동 22필로 기록되어 있기 때문에, 임실의 경우 38동 21필에서 38동 22필로 바꾸어 기재한다.

먼저 〈표 1〉을 통해 남원은 빼앗긴 錢은 총 29,875냥인데, 14,943냥을 감액하고 14,942냥을 납부하도록 했다. 당시 전라도 지역에 감액한 돈이 총 3만 8천 43냥이었던 것에 비추어 볼 때 남원의 감면 액수는 거의 절반에 가까울 정도로 막대한 양이었다. 포목의 경우에도 총 49동 20필을 탈취당하였으며, 태인의 70동 27필에 이어 거의 10%가 넘는 액수가 탈취되었음을 알 수 있다. 당시 전라감영이 있었던 전주는 탈취되었던 전이 18,447냥, 포목이 22동 33필로서 남원보다도 상대적으로 적다. 이러한 사실로부터도 남원이 전라도 지역에서 군수물자에서 차지하는 핵심기지였음을 알 수 있다.

전량관 남응삼이 관할하였던 담양지역의 경우에도 전이 23,480냥, 포목이 15동으로서 탈취된 액수가 전주를 앞지르고 있다. 구례의 경우도 7,106냥을 차지하고 있어서 상당한 액수를 탈취되었음을 알 수 있다. 탈취된 액수를 당시 시가를 기준으로 포목 1필을 2냥(1동은 50필, 1동은 100냥으로 환산함, 따라서 1필은 2냥임), 쌀 1석을 5냥, 콩 1석을 2.5냥으로 계산하여 환산총액을 기준으로 순서를 매기면 표2)와 같은 결과가 나온다.

〈표 2〉 동학농민군이 탈취한 군현별 전錢, 목木, 미米의 환산총액 (단위: 냥)

지역 \ 종류	전	포목	미곡	총액
남원	29,875	4,940		34,815
담양	23,480	1,500		24,980
전주	18,447	2,266	3,400	24,113
고부	7,062		2,100	9,162
구례	7,106			7,106
태인		7,054		7,054
임실	3,087	3,844		6,931
익산	4,900	200	150	5,250
금산	5,082			5,082

고산	2,800	2,000		4,800
광주	3,675			3,675
화순	3,210	346		3,556
장성	2,620		107.5	2,727.50
무장			1,740	1,740
강진	960	300	460	1,720
진산	1,023	254		1,277
영광			805	805
장흥			660	660
운봉	550			550
흥양			380	380
총액	113,877	22,704	9,802.50	146,383.50

포목과 미곡을 합하여 돈으로 환산된 총 액수에서도 김개남이 관할하였던 남원, 담양을 비롯해서 구례, 태인, 임실 5개 군현이 20개 군현에서 모두 7번째 안에 들어가고 있으며, 액수도 80,886냥으로서 총 146,383.50냥의 55.26%에 해당된다. 호남지역에서 남원을 비롯한 전라좌도에서 막대한 양의 군수물자를 거두었음을 알 수 있다.

이처럼 전라좌도의 각 지역에서는 김개남이 주둔하였던 남원에 막대한 군수물자를 제공하였기 때문에, 김개남이 이끄는 동학농민군은 총을 등에 진 자가 8천 명이었고, 짐 보따리를 실은 행렬이 백 리까지 이어졌다는 것이다. 또한 김개남이 출동하였던 10월 14일에는 시장의 상품과 재화 및 점포에서 술판 돈을 또 수만 냥을 빼앗아 가지고 가서 공과 사를 막론하고 모든 것이 바닥났다고 하였는데,[69] 이는 2차 봉기에서 남원지역의 역할이 철저한 물자 조달에 있었으며, 남원지역의 농업생산력이나 상업 발달이 다른 지역을 앞지르고 있었던 것과 관계가 있었을 것으로 보인다.

---

[69] 『梧下記文』3筆.

Ⅳ. 동학농민혁명기 남원지역 사족의 대응

남원지역 사족들은 1894년 동학농민혁명이 일어나자 이에 대한 소식을 여러 경로로 듣고 있었다. 예컨대 과거를 보기 위해 서울에 올라가 있었던 김택주의 경우에는 동학농민혁명이 발발하자 아들에게 3월 25일 다음과 같은 취지의 편지를 보내고 절대 동요하지 말 것을 당부하였다.

소요가 이와 같으니 그 정확한 소식이 어떠한가는 알 수 없으나 경솔하게 움직이는 것은 좋은 계책이 아니다. 또한 동학도들이 호남의 금구와 충청도의 보은에서 회합하여 어떤 의사인지 왜양을 배척한다고 하였다. 그러나 병기와 식량을 갖지 않으면 어떻게 정강精强한 적에 대항할 수 있겠느냐. 이또한 허망한 말이다. 소요가 일어날 때 긴요한 방도는 마음을 안정시켜 움직이지 않는 것 만한 것이 없다. 너는 대소가를 감독하여 농사일에 힘쓰는 것을 평일보다 더 열심히 하고, 가벼이 움직이는 모습을 보이지 않는 것이 상책이다. 하인을 대하는 일은 먼저 겁을 내는 마음이 있으면 집이나 자신이나 모두 좋은 일이 아니다. 마을 사람과도 잘 타협하도록 해라. 나도 또한 기미를 살펴서 내려갈 계획이나 어느 날이 될지 모르겠다. 창주 사형이 그저께 서울에 올라와서 함께 명동에 객관을 정하였다.[70]

즉 소요가 일어날 때는 움직이지 않는 것이 상책이니, 농사에 더욱 힘쓰라는 것이다. 또한 왜양을 배척한다고 주장하는 것은 거짓말이니 동요하지 말라고 하였다. 그리고 동학농민혁명이 더욱 거세지자 다시 4월에 편지를 보내 '동학난' 때문에 더욱 고향 생각이 간절하지만 조금 안정되

---

[70] 김택주, 『敬述』, 「與家兒」(甲午年 3月 25日). "時騷如此 未知其的奇之 如何 而輕率先動 不是好計 而且彼徒之會於本道金溝湖中之報恩 有何意思 而名稱斥洋倭 不持兵器柴粮 何以抵當精强耶 此亦誕妄之說也 當此騷擾之時 思之緊要 方 莫若定心不動也 汝須董督 大小家 勸課農務 猶勝於平日 不示浮動之狀 實是上策 待下人事若有先怯之意 則於家於身 都非好事矣 與村人善爲安定 待之焉 吾亦視機 下去計而始未的指 某日耳 滄洲舍兄 再昨入來 同館於明洞耳"

기를 기다려 내려갈 계획이라고 하고서 '난리 가운데에서는 마음을 안정시키는 것이 가장 중요하니 농사에 소홀히 하지 말라'고 재삼 당부하고 있다.[71]

또한 남원지역 사족들은 이미 황토현 전투 등에서 동학농민군에 의해 관군이 패배하였다는 사실도 알았다. 『영상일기』에는 4월 9일 이웃마을에서 8명의 속오군이 참여하였는데, 전투에 패배하여 모두가 중상을 입었다는 사실을 기록하고 있고, 최후로 살아온 한 사람이 "시신 속에 적을 피해 돌아왔다."라고 기록하여 동학세력의 강성함에 놀라움을 금치 못하였던 것이다.[72]

그러나 동학농민혁명기에 사족들은 동학농민군에 대한 특별한 대책을 내놓지는 못하였다. 관에서 필요할 경우 일방적인 협조요청을 받았을 뿐이다. 예컨대 4월 20일 남원에 초토사 홍계훈은 남원에도 감결을 보내, 동학농민군이 나타나는 즉시 그 정황을 보고하고 위치를 지도로 그려줄 것과 동학의 우두머리를 고발하면 조정에서 상을 내릴 것이라는 등 사족들의 협조를 요청하였다. 그러나 관군이 사족들의 교통수단인 말이나 소를 징집해가자 사족들이 불만이 터져 나왔다. 『영상일기』에는 5월 8일 초토사 홍계훈이 남원부에 소 10마리, 말 20필을 납부하라고 지시하였고, 전라감사 김학진도 말 20필을 납부하라고 지시하자, 남원부사 윤병관이 장교와 아전을 보내 민간을 말과 소를 뒤지게 하였다는 사실이 기록되어 있는데, 이에 대해 김재홍은 장교와 아전의 침학이 심해져 민정이 흉흉해졌다는 사실을 전하고 있다. 동학을 이단으로 배척하였으나, 그렇다고 해서 관아에서 사족들에게 필요 이상으로 물자를 징발하고 사족들의 지위를 위태롭게 하는 경우에는 관아의 조치에 대해 반발하였던 것이다.

---

71) 김택주, 『敬述』, 「與長兒」(甲午四月 日). "(上略) 惟以時擾 尤切鄕思 第俟稍定下去計 姑未的知耳 雖亂中安心爲最要法 勿汎於農政也"
72) 『嶺上日記』, 甲午 4月 9日.

또한 동학농민혁명이 진행되는 동안 사족들은 동학에 적극적으로 가담하지도 않았다. 이미 조정에서 동학을 이단으로 규정하였고, 남원지역의 유생들도 동학을 배척하는 상소를 올렸기 때문에, 혁명이 일어났어도 동학농민군에 가담하기를 꺼려했던 것이다. 당시 동학에 적극적으로 가담한 사족은 둔덕의 순천김씨 가문 정도를 들 수 있다. 예컨대 1926년 南原郡主任宗理師 崔炳鉉이 柳泰洪의 구술기록인 「殉敎略歷」의 내용을 토대로 각 성관별 참여 인원을 분석하면 다음 표를 얻을 수 있다.

〈표 3〉 남원지역 동학교도 순교자 - 순교약력을 중심으로

성관	순천김	전주이	김해김	전주최	장수황	남원양	진주강	밀양박	진주하
숫자	15	9	9	6	5	3	3	3	3
성관	경주김	흥덕장	단양우	순흥안	천안전	함창김	진주소	달성배	장연변
숫자	3	3	2	2	2	2	1	1	1
성관	평택림	청송심	청주한	파평윤	남평문	풍양조	조양임	하동정	함양오
숫자	1	1	1	1	1	1	1	1	1
성관	경주정	해주오	신창표	경주이	고령신	고흥유	안동권	영광유	옥천조
숫자	1	1	1	1	1	1	1	1	1
합계								36성관 91명	

즉 36성관 91명 중 가장 다수의 동학농민군을 배출한 성관은 순천김씨, 전주이씨, 김해김씨, 전주최씨, 장수황씨 등의 순이다. 남원의 대표적인 사족이었던 삭녕최씨, 풍천노씨, 광주이씨 등은 전혀 보이지 않고 있으며, 경주김씨나 진주하씨, 순흥안씨, 흥덕장씨 등의 성씨도 그 숫자가 얼마 되지 않는다. 따라서 남원지역은 일부 사족을 제외하고는 대부분 저명한 사족들이 가담하지 않았고, 동학의 주축을 이룬 세력들은 대부분 평민이나 그 이하 신분층으로 파악할 수 있는 것이다.

이러한 점은 앞서 최병헌에 의해 기록된 『남원종리원사』에 다음과 같은 기술을 통해서도 확인할 수 있다. 즉 1894년 동학농민혁명 직후 남원지역 동학농민군의 피해에 대해서 유태홍은 다음과 같이 기술하였다.

"道人 金洪基, 李圭淳, 黃乃文, 李士明, 邊洪斗, 崔鎭岳, 沈魯煥, 金沼鎬 外 數百
人이 甲午 十二月로 乙未春夏까지 南原市、樊樹市 及 各方面 都會地에서 劒銃의
冤魂이 되고 此外 生存 道人도 蕩敗家産에 亡命逃走로 流離丐乞하야 轉到 無處
者 數百人이엿다"

김홍기, 이규순, 황내문, 이사명 등과 같은 저명한 인물 외에 수백 인이
1894년 12월부터 1895년 봄까지 체포되어 희생되었으며, 집안의 재산을
탕진하고 도망 다니며 유리걸식한 인물도 수백 명에 달한다는 것이다. 당
시「순교약력」에는 동학농민혁명으로 인해 91명 중 39명의 인물이 희생
을 당한 것으로 기록되어 있기 때문에, 「남원종리원사」에서 희생된 인물
이 수 백 인에 이른다고 하였던 것과는 그 숫자가 크게 차이가 난다. 이
는「순교약력」에서 주로 사족이 기록되어 있고, 그 밖에 많은 인물들이
기록에서 빠졌음을 의미하는 것이라고 할 수 있다. 이들은 주로 비교적
주위에 알려져 있지 않은 평민이나 노비 등의 신분층이라고 할 수 있는
것이다. 이와 관련하여 11월 14일 운봉의 박봉양의 민보군과 맞섰던 주력
부대는 담양의 남응삼 외에 남원의 관노 김원석이 이끄는 천민부대였다.
김원석은 노비와 사령, 巫夫를 앞세우고 남원부동에서 운봉의 경계로 쳐
들어갔는데, 박봉양은 당시 사망자가 2,000여 명이 되었다고 하였으니, 가
장 용감하게 쳐들어갔던 김원석의 천민 부대가 다수 희생되었음을 알 수
있는 것이다.[73]
　남원지역 동학농민혁명으로 가장 많은 피해를 본 계층은 사족 중에서
도 많은 재산을 갖고 있었던 부유층이라고 할 수 있다. 동학농민군은 각
군현을 점령하고 농민군의 무장을 강화하였는데, 저항하는 이서吏胥나
횡포한 양반을 징계하고, 군량을 바치지 않은 富豪들을 처벌하였다.[74] 남

---

[73] 「雲峰郡前注書 朴鳳陽經歷書」.
[74] 愼鏞廈, 『東學과 甲午農民戰爭研究』, 一潮閣, 1993, 101쪽.

원지역에서도 동학농민군은 부유층에게 돈과 곡식을 강제로 요구하였으며, 양반사족을 위협하여 노비문권을 불사르고 머리에 쓰는 관을 찢고 모욕을 주었다.[75] 이에 마을을 떠나 산으로 올라가 떠돌아다니는 백성들이 속출하였다.[76] 아마 이들은 주로 부유층 사족이었을 것이다. 운봉의 박봉양의 경우에도 장수군 서면 매암리 출신인 황내문에 의해 동학에 입도하였으나, 동학농민군이 부호를 징치하자 자신의 재산을 보호받지 못할 것을 알고, 민보군 조직에 나섰던 것이다.[77] 제2차 전주회담 이후 전봉준이 각 지역의 집강소에 공문을 보내 錢財를 토색질하지 못하게 하였음에도 불구하고,[78] 남원지역에서는 부호층에 대해 침탈이 계속 이루어짐에 따라 동학농민군을 이탈하는 부호층이 늘게 되었던 것이다.

반면에 사족 중에서도 부유층이 아닌 대다수의 사족들은 별다른 피해를 겪지 않았다. 이는 1894년 8월 김개남이 재봉기를 계획하자 그를 만류하기 위하여 손화중이 다음과 같이 언급한 사실에서 잘 드러난다.

"우리들이 봉기한 것이 반년이나 되었다. 비록 전라도가 모두 響應한다고 말하지만, 士族으로서 명망있는 자가 따르지 않고, 재산있는 자가 따르지 않으며, 能文之士가 따르지 않는다. 더불어 接長이라고 부르는 자들은 愚賤해서 瓢竊을 기뻐하는 무리들뿐이다. 인심의 향배를 알 수 있으며, 일이 반드시 성공하지 못할 것이다. 사방에 산개하여 구전苟全함을 도모함만 같지 못할 것이다."[79]

즉 동학농민혁명을 성공시키기 위해서는 사족으로서 명망있는 학자나

---

75) 『梧下記聞』 2筆.
76) 『嶺上日記』, 6월과 7월조 참조.
77) 『南原 宗理院史』, 남원종리원, 1926.
78) 『梧下記聞』 2筆. "一從今以後 收砲索馬 一切禁斷 討索錢穀者 指名報營 依施軍律"
79) 『梧下記聞』 2筆.

재산이 있는 자, 글을 아는 선비들의 참여가 요청되었기 때문에 악질적인 토호를 징치하고 부호들에게 재산을 요구하였지만, 덕망있는 유생들에게 는 피해를 주지 않았다고 할 수 있는 것이다. 호남지역 동학배척상소를 주도하였던 김택주의 경우도 5월 고향에 내려와서 동학농민혁명을 경험 하고서 동학도가 부유한 집을 찾아다니고 있으나 자신은 귀하지도 부유 하지도 않으니 만날 이유가 없다고 기록하고 있다.[80]

전술하였던 남원 말천의 허섭의 경우에도 남원부사 윤병관과도 친분이 두터워 향약에도 참여하였으나, 동학농민군에 의해 피해를 겪자 집안을 보존하기 위해 김개남을 찾아가서 의리로 따지니, 김개남이 허섭의 풍모 와 의리를 존중하여 동학농민군에게 침탈을 금지시켰다.[81] 당시 김개남 이 허섭의 요구를 거절하지 못한 것은 허섭이 김개남이 2차 동학농민봉 기에 결정적인 영향을 끼친 대원군과의 관계 때문이기도 하였다. 허섭과 대원군과의 관계는 대원군의 백부인 李彙重이 1851년(철종 2년) 2월 남원 부사로 부임하여 1852년(철종 3년) 12월 洪秉元으로 교체될 때까지 1년 10 개월간 남원을 통치하는 과정에서 이루어졌다.[82] 허섭은 이때 이도중과 자주 회합하여 학식과 덕망을 인정받았고, 1863년에는 서울에 올라가 이 도중의 자질들을 가르치게 되었다. 그러나 이도중의 자질들이 공부에 힘 쓰지 않자 귀향하고 말았는데, 이때 이도중은 얼마 후면 흥선대원군이 권

---

80) 김택주, 『敬述』, 「東亂中有感」(甲午七月 日). "東起群巾覓富家 非豪非富我何遭 當 時算得林宗免 竹樹山憁臥獨高"(동학이 뭇 사람가운데 일어나 富家를 찾아다니 니, 귀인도 아니고 부유하지도 않으니 내가 어찌 이를 만나랴. 당시 생각에 후한의 곽림종은 면하려고 하였으니, 죽수의 산창에 홀로 베게 베고 높네.) 곽림종은 후한의 곽태의 자로서 곽태는 과격한 언론을 삼가서 당화에 화를 면한 인물이다. 조광조가 화를 당할 줄 알면서도 곧은 말을 한 것으로 이해 된다. 죽수는 조광조가 모셔진 화순의 죽수서원을 가리킨다.

81) 허섭, 『睡鶴集』 卷6, 附錄 「行錄」. "甲午東匪猖獗全省 櫛梳吾族 受辱尤甚 府君思 欲保全家戶 往見其首頭 論之以義理 彼亦慕公風義 禁止其黨徒 毋得侵辱"

82) 李東熙 編, 『朝鮮時代 全羅道의 監司・守令領名單-全北篇』, 전북대학교전라문화 연구소, 1995.

력을 잡을 것이므로 기다리라고 허섭의 귀향을 만류하였다. 이후로도 서울에서 내려온 역대 남원부사들과 허섭이 교분이 두터웠는데, 이는 그가 이도중이나 대원군과의 관계 때문이었을 것이고, 김개남 역시 흥선대원군과 밀접한 관계가 있었던 허섭의 권유를 거절하기 어려웠던 것으로 이해된다.

또한 당시 남원지역 유생들은 동학의 교리에 대해서는 반발하였지만, 동학농민군이 일본군을 격퇴하기 위해 거병하였던 점에서는 굳이 김개남의 동학농민군과 맞설 필요가 없었다. 허섭은 호남지역의 위정척사운동을 주도하였던 蘆沙 奇正鎭이나 그의 문인들과의 관계가 깊었을 정도로[83] 평소 위정척사에 대한 신념이 강하였기 때문에, 일본군이 경복궁을 점령하고 군대를 보내 동학농민군을 진압하였던 사실에 대해서 부정적이었다. 이는 당시 구례에 머물고 있었던 海鶴 李沂의 경우도 마찬가지였다. 이기는 동학농민혁명이 일어나자 조정을 뒤엎고 간신을 죽여 임금을 받들어 國憲을 새롭게 할 만하다고 여겨 전봉준을 찾아갔으며, 전봉준이 다시 남원의 김개남을 소개하자 김개남에게 달려갔다. 그러나 김개남이 거절하고 만나주지 않아서 거절된 적이 있다.[84]

그러나 8월 이후 운봉의 박봉양이 민보군을 결성하고 남원지역 동학농민군과 맞섬에 따라 남원지역에서는 많은 사족들이 동요하였다. 김재홍의 경우 운봉 지역에서 동학농민군을 잘 방어하자 남원지역의 동학농민군을 피하기 위해 8월 26일 동생과 처자식을 데리고 운봉으로 들어가기 위해 鳶峙에 이르렀다. 1894년 당시 김택주와 함께 동학배척상소를 올렸던 남원사족 오주영의 경우에도 동학농민군 포군 1백명에 의해서 체포되

---

[83] 허섭은 노사 기정진을 흠모하여 27세 때 찾아 뵙고 평생 존경하였다(『睡鶴集』 卷6, 附錄 「交遊與接人」. "府君別無常師 而欽服蘆沙奇先生 二十七歲 拜其門下 先生稱其質美 勸其勤學").

[84] 鄭寅普, 『薝園文錄』, 「海鶴李公墓誌銘」.

어 남원성에 수감되었으나, 손씨 성을 가진 감수에 의해 몰래 풀려나서 김택주와 함께 운봉의 박봉양에게 피신했다.[85]

게다가 남원지역은 김개남이 일본군을 격퇴하기 위해 사족들을 불문하고 많은 물자를 약탈함에 따라 극심한 피폐 상황을 초래하였다. 김재홍은 그 상황에 대해서 다음과 같이 언급하였다.

> 괴수 김개남이 전주부로 향하려고 하면서 민간에서 거두었던 쌀을 팔아치 웠는데 쌀 1섬의 값이 2-3민(緡, 2, 3냥)에 이르렀다. 시장 상가를 모두 불 태워 府中이 탕진되고 도로마다 □…□ 아니함이 없었다. 적도 역시 부중을 근거지로 삼으니 잔멸함이 날마다 심하였다. 거주하는 백성들은 협박하여 자신의 무리를 따르게 하였는데 만약 따르지 않은 자는 贖錢을 받거나 형벌 과 욕을 심하게 받았다. 협박으로 따르는 어리석은 사람이 날로 많아졌다. 이른바 士族들도 많이 추종하였다.[86]

약탈했던 쌀을 마구 처분하고, 상가를 약탈하고 불에 태웠으며, 백성들을 협박하여 동학에 끌어들이고 있다는 것이다. 앞서 언급했던 수지면의 조영학의 경우에도 수확했던 곡식을 동학도들에게 모두 탈취당하여 호구지책도 어려운 상황이었으며, 대전에 스승인 송병선을 찾아가려고 했으나 길이 막히고 돈이 없는 궁핍한 상황 때문에 어찌할 수 없음을 토로하고 있다.[87] 또한 이러한 상황은 갓난아이에게도 충분히 젖을 먹일 수 없을 정도로 비참한 상황을 자아냈다.[88]

이러한 상황하에서 김개남 등의 동학농민군이 10월 14일 남원성을 떠

---

85) 金思汶, 『蘭史金先生遺稿』卷2, 「壺山吳公行狀」.

86) 『嶺上日記』甲午年(1894) 10월 14日.

87) 조영학, 『履齋隨稿』, 「答族弟秀汝俊燮」(甲午十一月), "如干所積盡入於彼輩羅稅 終歲糊口無計 此亦足爲憂哉 自初秋擬治 石南裝而路不通資難辦 至于今 未果如之 何而爲可耶"

88) 위의 책, 「答申益哉(得求)」(乙未正月), "此幼旣生于亂離中 且乏乳矣"

나자, 전군수 梁漢奎와 張安澤, 鄭泰柱 등 남원지역 사족들은 운봉의 박봉양의 민보군에게 남원성의 방비가 허술하다는 사실을 알렸고, 이 때문에 박봉양이 이끄는 운봉의 민보군은 손쉽게 남원성을 점령할 수 있었다. 그러나 남원성은 여전히 동학농민군에게 있어서는 전라좌도의 중요한 근거지였다. 담양의 남응삼과 고흥의 유복만 등은 남원이 박봉양의 민보군에 의해 점령되었다는 소식을 듣고 곧바로 태인, 임실 등지의 동학군과 합류하여 다시 쳐들어 왔던 것이다. 결국 이들의 맹렬한 기세에 박봉양이 이끄는 민보군은 운봉으로 다시 철수하고 말았던 것이다.

이후 북상하였던 전봉군과 김개남이 이끄는 동학농민군이 관군과 일본군의 공격에 의해 잇달아 전투에서 패배하고,[89] 11월 28일에는 박봉양이 남원성을 공격하기에 이르자 남원사족들은 민보군을 조직하여 동학농민군을 토벌하기에 이르렀다. 이는 김택주가 11월 말 경 각 방坊에 포고한 글에서 잘 드러나 있다. 이를 소개하면 다음과 같다.

각 방坊의 대소 민인民人에게 고한다.
다음과 같이 고한다. 춘추에서의 빕도는 난신석사는 사람마다 죽일 수 있다. 우리 생령들은 모두 조종의 백성으로서 고루 오백년 배양한 은택을 입어서 오륜과 삼강을 강명하고 예의에 익숙하기 때문에 난적을 토벌해야 하며 邪說은 배척해야 함을 알지 못하는 사람이 없다. 이 때문에 일찍이 소중화로서 세상에서 칭송되었다. 그런데 어찌된 일인지 일개 東匪들이 저주와 터무니없는 설로서 우매한 백성들을 미혹하다가 작년 봄에는 보은에서 수만 명의 군중이 모이고 대궐의 지척에서 떠들어대었다. 이에 내가 누추한 선비로서 적개심을 이기지 못하고 호남유생 수백 인을 모아 대궐에 상소를

---

89) 김개남의 동학농민군은 11월 13일 청주성을 공격하였으나, 일본군의 우세한 무기에 눌려 패배할 수밖에 없었다. 14일 논산에서 전봉준과 합류한 뒤로도 11월 19일 전주, 11월 23일에는 금구 원평으로 후퇴하였다. 25일 금구원평에서 벌어진 전투와 27일 태인에서 전투에 잇달아 패배함으로서 끝내 해산할 수밖에 없었던 것이다. 박봉양의 남원성 공략은 태인 전투 직후 이루어졌다.

올려 대궐에 아뢰니, 온중한 비답을 내리시고 우리에게 정학을 권장하셨으며, 초토사를 보내 동학도를 해산시켰다. 아! 그런데 저 이단의 무리들은 마음을 고쳐먹지 않고 이리 같은 탐심으로 더욱 방자하게 세력을 떨쳐서 병기를 빼앗고, 수령을 능멸하고, 국세와 민재를 방자히 억지로 빼앗음을 그 끝이 없었다. 이는 실로 국가의 대역적이며, 사문의 난적이며, 고을의 화적떼이니, 우리 신민과 선비들은 누가 분개하여 잡아 없애는 마음이 없겠는가. 지금 서울의 王師와 운봉의 의려들이 차례로 경내에 들어오니, 우리 남토 인사들은 그 도인과 속인의 분간에 옥석이 구분되지 않고 타버릴 염려가 있다. 나는 대궐에 상소한 疏首로서 이미 널리 알려진 자로서 스스로 마음이 편안하지 않았는데, 군중들에 의해 추대되어 함께 창의한 의병이 1천 2백여인에 이른다. 내일 술산迷山앞 모래 사장에 행진할 것이다. 엎드려 바라건대 각 방坊의 모든 군자는 일제히 義聲을 부여잡고 죽을 힘을 다해 함께 토벌하여 한편으로는 열성조의 휴양의 은택에 보답하고, 한편으로는 사문의 正學을 숭앙하고 邪說을 배척하는 의리를 扶持하면 천만 다행이겠다.[90]

즉 동학도들이 국왕의 회유에도 불구하고 난을 일으켜 각 고을에서 병기를 빼앗고, 수령을 능멸하고, 국세와 민재를 빼앗았으니, 이는 국가의 대역이며, 사문의 난적인데, 지금 중앙의 초토군과 운봉의 민보군이 차례로 들어오고 있으니, 함께 창의한 의병과 함께 동학농민군을 토벌하자는 것이다. 또한 「박봉양경력서」에서도 박봉양이 남원성을 함락한 직후 11

---

[90] 김택주, 『敬述』, "告諭各坊大小民人 甲午十一月 日 右告諭事 春秋之法 亂臣賊子人人得以誅之 惟我含生 俱以祖宗之民 均被五百年 培養之澤 講明倫綱 擩染禮義莫不知亂賊之可討 邪說之可斥 嘗以小華見稱於宇內者 是矣 夫何一種東匪 始以咀呪妖誕之說 蠱惑愚迷之氓 昨年春 盤據報恩數萬之衆 而喧噪禁門咫尺之地 故余以韋布不勝敵愾 倡起湖南章甫數百人 至有封章叫閤 卽下溫重之批 獎我正學固發招討之使散厥匪黨矣 噫彼異類 不悛狼貪益肆鴟張 盜奪兵器 凌踏守宰 王稅民財 恣虐勒取罔有其極 此實國家之大逆 斯文之亂賊 閭里之火賊 顧我爲臣民爲士類者 孰無憤惋剿捕之心哉 見今漢上之王師 雲郡之義旅 鱗次入境 惟我南土人士 其於道俗之分 恐有玉石之焚 余以叫閤疏首 旣爲標榜者也 自不得恬視 且爲衆所推 倡起義兵 至爲一千二百餘人 明日行陣迷山前沙場矣 伏願各坊僉君子 齊扶義聲戮力 共討一以報 列聖朝休養之澤 一以扶師門崇鬪之義 千萬幸甚"

월 29일 '사족인 김택주와 오주영이 민병 수백 명을 거느리고 와서 그들과 적을 잡을 계책을 서로 의논하였다'고 하여 김택주와 오주영이 거병한 사실을 언급하고 있다.

남원은 이처럼 박봉양 등의 민보군에 의해 남원성이 함락될 무렵 사족들이 민보군을 결성하였고, 남원성이 함락된 이후 도망친 동학농민군을 잡아들이기 위해 박봉양의 운봉 민보군과 협력하였다. 남원사족들은 관군에 의해 지나치게 희생자가 나오는 것을 경계하기도 하고,[91] 일본군의 침략의 구실을 줄 것을 우려하기도 하였지만,[92] 상당수의 동학농민군이 사족들에게 체포되어 처형을 당했다. 희생자는 전술하였듯이 주로 평민 이하 신분층에서 나왔을 것이라 여겨진다. 동학농민군을 색출하여 처형하는 일은 주로 둔덕의 李成欽 등의 사족이 남원부사 申佐喜와 함께[93] 동학농민군을 색출하여 처벌하였는데, 사족의 경우 크게 피해를 입지 않았다고 할 수 있다. 예컨대 둔덕 일대에서 가장 많은 동학교도를 배출하였던 순천김씨의 경우 김홍기가 1895년 2월 14일 남원시장에서 총살형을 당한 것과 김홍기의 종형 김영기가 옥중에서 엄형으로 2월 28일 병사한 것을 제외하고는 형을 받은 인물을 거의 찾아볼 수 없다. 이는 동학농민군 측에 가담하였던 순천김씨가 같은 지역의 대표적인 사족가문인 전주이씨, 삭녕최씨, 진주하씨, 남원양씨, 홍성장씨, 청주한씨 등과 혼인관계로

---

91) 허섭은 애매한 사람들이 다칠 것을 걱정하여 초토사에게 편지를 보내서 '동학의 괴수를 죽이고 나머지 무리는 慰諭하자'고 하였다(허섭, 『睡鶴集』卷6, 附錄 「行錄」. "甲午冬 王師下降 討捕東匪 慮有玉石俱焚之弊 貽書于招討使爲言 殲闕巨魁 慰諭餘黨 許其自新歸順 務令百姓安堵").

92) 일본병이 남원에 이르자 허섭은 '이 조무래기 좀도둑은 초토사 하나면 충분하거늘 개 짐승같은 오랑캐를 불러들여 도리어 우리 적자들을 유린하는가. 다른 날 우리에게 큰 화를 만들어낼 조짐이 있구나' 하였다(위와 같은 글, "及聞日兵又至 嘆曰除此鼠狗之徒 一招討使足矣 乃召犬羊之虜 反蹂躪我炙子耶 異日釀成大禍 其兆已眹矣").

93) 『嶺上日記』甲午年(1894)12月 18日: 李成欽은 남원부사 申佐喜의 참모관으로서 동학교도를 색출하여 처벌하는 데에 적극적이었다.

얽혀져 있어서,[94) 동학에 가담한 순천김씨 사족을 처벌하기가 정리상 어려웠을 것으로 여겨지는 것이다. 그러나 순천김씨처럼 지역적 연고나 혼인 관계 등으로 인적 관계망이 형성되지 않았던, 즉 사회적으로 경제적으로 열악한 처지에 있었던 평민이나 노비의 경우는 남원 사족들에 의해 큰 피해를 겪었으며, 결국 이 때문에 후일 다른 지역에 비해 동학의 활동이 활발하지 못했던 원인이 되지 않았나 여겨진다.

V. 남원, 혁명의 불꽃은 사그라지고

지금까지 남원지역의 동학혁명과정과 사족들의 대응양상에 대해 살펴보았다. 남원은 호남지역 최초로 최제우에 의해 동학이 전파된 곳이었으나, 최제우가 혹세무민의 죄로 1864년 3월 대구에서 처형되면서 동학의 맥이 끊기게 되었다. 이후 1880년대에 호남지역에 동학이 전파되면서 남원 둔덕의 김홍기金洪基 등에 의해서 다시 전파되기 시작하여 1891년 무렵에는 교도수가 크게 늘어나게 되었다. 이후 1892년 삼례집회에 유태홍이 전봉준과 함께 소장을 올렸으며, 1893년 2월 초순 복합상소와 1893년 3월 충청도의 보은집회, 전라도 금구집회에도 남원의 동학도들이 다수 참여하였다. 그러나 이처럼 동학이 확산되자 남원 유생들은 동학이 공맹의 가르침과 달리 주문을 숭상하는 이단으로 배척하였고, 동학교도들이 고을마다 방문을 붙여 선동하는 것에 대해 크게 반발하였다. 또한 1893년 1월 광화문 복합상소에 대해서도 남원 출신의 김택주 등이 중심이 되어 호남지역의 동학배척상소를 주도하였다. 또한 남원지역에 동학이 확산되는 것을 막기 위해 1893년 5월 이후 남원부사와 사족들의 주도로 마을마

---

94) 金炫榮, 「南原地方 士族의 經濟的 基盤과 村落支配」, 『朝鮮時代의 兩班과 鄕村社會』, 1999, 188쪽.

다 향약이 실시되었다.

1894년 동학농민혁명이 발발하여 동학농민군이 관군과 폐정개혁을 약속하고 전주에서 철수한 이후에도 남원에는 여전히 동학농민군이 진격할 수 없었다. 이에 김개남은 남원 공략을 위해 담양과 고흥, 임실, 남원의 동학농민군 3천명을 이끌고 남원성에 쳐들어갔다. 김개남은 남원성을 점령한 뒤 보국안민과 척외양을 위해 거병하였다고 선언하였으며, 전봉준을 비롯한 동학농민군 수만 명이 집결하였다. 남원지역을 혁명의 중심지로 삼고, 일본군의 경복궁 불법 점령에 맞서기 위해서였다. 이들은 7월 초 전봉준과 김학진의 전주 회담 결과 일단 일본군의 예봉을 피하고 관민상화의 원칙하에 폐정개혁에 주력한다는 방침에 따라 각 지역에 흩어져갔다. 그러나 남원지역 동학농민군이 안의에서 패퇴하여 영남 진출이 어려워진데다가 다시 7월 말 운봉의 박봉양이 민보군을 조직하여 남원지역을 위협하게 됨에 따라 8월 19일을 전후하여 전라좌도의 동학농민군이 남원에 재집결하였으며, 김개남도 8월 25일 재입성하게 되었다.

이어 남원의 동학농민군은 9월 이후 일본군과 맞서기 위한 항쟁에 본격적으로 참여하였다. 먼저 이들은 식량과 무기 확보에 주력하였다. 전라좌도 곳곳에서 무기와 식량을 거두어들여 남원성에 운반하였는데, 그 양은 전봉준이 이끄는 전라우도 지역보다 훨씬 많은 양이 거두어졌다. 김개남이 관할하였던 지역 중 남원지역과 담양에서 가장 많은 군수물자를 부담하였고, 구례, 태인, 임실 등도 막대한 양이 동원되었다. 남원지역은 이처럼 동학농민군의 2차 봉기를 위한 핵심 기지였던 것이다. 이후 식량과 무기를 다수 확보한 동학농민군은 10월 14일 전주를 거쳐 청주까지 진격하였으나 일본군의 우수한 화력에 맞서지 못하고 끝내 실패하였다. 그리고 남원지역에서도 동학농민군이 박봉양의 민보군에 맞서서 전투를 벌였으나, 결국 11월 28일 함락되고 말았다. 이 과정에서 남원성의 성문이 불에 타고 관아의 건물이 크게 훼손되었다.

남원의 동학농민혁명이 진행되는 기간 동안 남원사족들은 부호의 경우 많은 재산을 약탈당하였다. 그러나 학덕이 있는 유생의 경우 별다른 피해를 겪지 않았다. 당시 동학농민군이 전쟁의 수행을 위해 명망있는 유생의 지원을 받을 필요가 있었기 때문이다. 유생들 역시 위정척사 사상을 가지고 있었기 때문에 동학농민군이 일본군을 격퇴하기 위해 봉기한 것에 대해서는 부정적이지 않았다. 그러나 김개남이 진격하기 직전 군수물자를 무리하게 징수하였고, 동학농민군에게 비협조적인 사족들을 체포하고 구금하게 되자 동학농민군에 대한 사족들의 반발이 커져갔다. 남원지역 사족들은 김개남이 10월 14일 남원성을 떠나자 운봉의 박봉양의 민보군과 연합하여 남원성 공략에 협조하였으며, 박봉양이 이끄는 민보군이 11월 28일 남원성을 재차 공격해오자, 김택주가 이끄는 민보군에 가담하여 동학농민군을 진압하였다. 이후 남원지역은 동학농민군에 가담하였던 사족의 경우 혼인관계 등으로 민보군과 인적 관계가 형성되어 있어서 큰 피해를 겪지 않았으나, 평민과 노비는 사회적으로나 경제적으로 열악하여 다수 희생을 당하였다고 보여진다.

이 글은 『남도문화연구』 제26집(순천대학교 남도문화연구소, 2014)에 수록된 「남원지역 동학농민혁명과 士族의 대응」을 그대로 실은 것이다.

매천 황현의 동학농민군과 일본군에 대한 인식

박맹수

Ⅰ. 머리말

조선왕조 말기 재야 지식인이었던 梅泉 黃玹(1855~1910, 이하 매천)은 동학농민혁명[1]과 관련하여 방대한 기록을 남겼다. 『東匪紀略』[2]과 『梧下記聞』[3]이 바로 그것으로, 이 가운데 『오하기문』은 전북 익산 출신의 동학

---

[1] 1894년의 대봉기에 대해서는 다양한 호칭이 있다. 이 글에서는 첫째 동학의 평등사상과 접포 조직의 역할이 지대하였다는 점, 둘째 동학교도 뿐 아니라 당시 인구의 대부분을 차지한 농민들이 대거 참여하였다는 점, 셋째 폐정개혁안 27개조로 대표되는 혁명의 강령을 명확하게 제시하고 있다는 점 등을 고려하여 동학농민혁명으로 부르기로 한다.

[2] 김창수, 「황현의 동비기략 초고에 대하여 -오하기문 을미 4월 이전 기사의 검토」, 『천관우선생환력기념 한국사학논총』, 정음문화사, 1985.

[3] 이이화, 「황현의 오하기문에 대한 내용 검토 -1894년 동학농민전쟁 기술을 중심으로-」, 『서지학보』 4, 1991; 김종익, 「번역 오하기문 출간의 가치와 의의」,

접주 吳知泳(1868-1950)이 남긴『東學史』4)와 함께 동학농민혁명을 연구하는데 있어 없어서는 안 될 1차 사료로써 널리 인용되어 왔으며, 매천 자신의 동학농민혁명에 대한 인식을 이해하는 데 있어 기본 자료로 활용되어 왔다.

매천의 동학농민혁명 인식에 관한 지금까지의 연구는 매천과 동학농민군(이하 농민군) 사이의 '대립과 갈등'의 측면만 일방적으로 강조해 왔을 뿐, 양자 사이에 보이는 공통 인식, 공통 이해의 측면에 대해서는 거의 주목하지 않았다.5) 그런데,『오하기문』의 농민군 관련 서술을 면밀하게 검토해 보면, 1892~3년의 교조신원운동 단계부터 1894년 동학농민혁명 단계에 이르기까지 동학농민혁명 지도부가 弊政의 개혁을 요구하며 제시했던 각종 檄文 및 布告文, 原情 등의 내용에 대해 일정 부분 공감을 표시하는 부분도 적지 않게 발견할 수 있다. 요컨대, 양자 사이에는 '대립, 갈등의 측면'만 있었던 것이 아니라, 특정 사안에 대한 인식을 '共有'하거나 이해 관계가 '共通'되는 측면도 있었던 것이다.

본 논고에서는 종래 연구에서 강조되어 왔던 매천과 농민군 사이의 '대립과 갈등'의 측면에 대해서 충분히 유의하면서도, 종래의 연구가 간과해 왔던 '공유와 공통'의 측면에 대해 중점적으로 고찰해 보고자 한다. 이 같은 작업을 통해 필자는 1860년에 창도된 東學과, 그 같은 동학을 사상적 및 조직적 기반으로 삼아 1894년에 일어난 동학농민혁명이 매천이 목숨

『번역 오하기문』, 역사비평사, 1995.
4) 노용필,『동학사와 집강소 연구』, 국학자료원, 2001.
5) 매천의 동학농민혁명 인식에 대해 고찰한 연구로는 다음과 같은 성과들이 있으며, 이들은 대부분 매천이 동학농민군에 대해 부정적으로 인식했던 측면만을 주로 부각시키고 있다. 김창수,「갑오평비책에 대하여 -매천 황현의 동학인식-」,『남사정재각박사고희기념 동양학논총』, 고려원, 1984; 김창수,「매천 황현의 역사의식」,『매천 황현의 생애와 사상』, 한국정신문화연구원, 1999; 김용섭,「황현의 농민전쟁 수습책」,『고병익박사회갑기념사학논총』, 1984; 이이화,「황현의 삶과 사상」,『매천 황현의 역사의식과 문학』, 광양시, 1999.

을 걸고 평생토록 고민했던 江華學(=陽明學)[6]의 본령과 그다지 멀지 않은 지점에 있었다는 사실을 규명해 냄으로써 양자가 화해할 수 있는 가능성을 모색하고자 한다.

II. 연구사 검토

매천의 동학농민군 이해와 관련한 기존 연구는 매천의 역사의식 전반을 다루면서 그 속에서 나타나고 있는 농민군 인식을 다룬 연구와 매천의 동학농민혁명 관련 저술을 중심으로 농민군 인식을 다룬 연구, 그리고 경기도 강화와 충북 진천 일대의 강화학파를 다루면서 그 속에서 매천 등 강화학파의 농민군 인식을 다룬 연구로 三大別할 수 있다. 우선 前者에 속한 연구로는 아래와 같은 연구가 있다.

- 홍이섭, 「황현의 역사의식-매천야록 독해에의 시론」, 『숙대사론』 4, 1963; 「황현의 역사의식」, 『인문과학』 27-28, 연세대학교 인문과학 연구소, 1972.
- 이상식, 「매천 황현의 역사의식」, 『역사학연구』 8, 전남사학회, 1978.
- 최홍규, 「황현의 현실인식과 역사감각」, 『한국사상』 17, 1979.
- 하우봉, 「황현의 역사인식에 대한 연구」, 『전북사학』 6, 1982.
- 김창수, 「매천 황현의 역사의식」, 『매천 황현의 생애와 사상』, 한국정신 문화연구원, 1999.
- 이이화, 「황현의 삶과 사상」, 『매천 황현의 역사의식과 문학』, 광양시, 1999.

---

[6] 매천은 생전에 강화학(양명학)파와 긴밀한 교유관계를 맺고 있었으며, 그의 시문집인 『매천집』 등에는 강화학(양명학)에서 추구했던 '지행합일', '동기의 순수성' 등에 관한 다수의 시문을 남기고 있다. 매천과 강화학의 관계에 대해서는 別稿를 기약한다.

다음으로 매천의 동학농민혁명 관련 저술인 『갑오평비책』, 『동비기략』, 『오하기문』 등을 중심으로 한 연구로는 아래와 같은 성과가 있다.

- 김창수, 「갑오평비책에 대하여-매천 황현의 동학인식-」, 『남사 정재각 박사 고희기념 동양학논총』, 1984.
- 김창수, 「황현의 동비기략초고에 대하여-오하기문 을미 4월 이전 기사의 검토-」, 『천관우선생 환력기념 한국사학논총』, 1985.
- 김용섭, 「황현의 농민전쟁 수습책」, 『고병익박사 회갑기념 사학논총: 역사와 인간의 대응』, 1985.
- 이이화, 「황현의 오하기문에 대한 내용 검토-1894년 동학농민전쟁 기술을 중심으로」, 『서지학보』 4, 1991.

끝으로 경기도 강화와 충북 진천 일대의 강화학파(양명학자)에 대해 다루면서 부분적으로 매천의 농민군 인식을 다룬 연구로는 아래와 같은 성과가 있다.

- 민영규, 「강화학 최후의 광경」, 『회귀』 3, 범양사출판부, 1987; 『강화학 최후의 광경 서여문존 其一』, 도서출판 우반, 1994.
- 신영우, 「한말 일제하 충북 진천의 유교지식인 연구-홍승헌, 정원하, 정인표를 중심으로-」, 『광무 양안과 진천의 사회경제 변동』, 도서출판 혜안, 2007.

III. 매천의 甲午時局 인식

매천은 『오하기문』을 통해, 1894년 동학농민군 봉기를 중심으로 당시 政局에 대한 자신의 견해를 다양한 각도에서 기술하고 있다. 이 장에서는 『오하기문』에 나타난 매천의 갑오시국 인식을 첫째 동학농민군에 대한 인식, 둘째 지방관의 苛斂誅求에 대한 인식, 셋째 일본군에 대한 인식 등으로 나누어 그 인식의 내용을 구체적으로 해명해 보고자 한다.

① 동학농민군에 대한 인식

우선, 매천의 동학농민군 인식을 객관적으로 이해하는 데 있어 指南이 될 말한 선학의 연구가 있다. 만년까지 江華學(=陽明學)의 본령을 바르게 전달하기 위해 한국학중앙연구원과 연세대학교 등에서 講學을 멈추지 않았던 西餘 閔泳珪 선생의 「江華學 최후의 광경」[7]이 바로 그것이다. 서여 선생은 「강화학 최후의 광경」에서 다음과 같이 말하고 있다.

> 일찍이 李建昌(1852~1899; 인용자 주)은 동학란으로 대표되는 농민의 반란을 용서하려 하지 않았다. 그러나 농민의 반란이 지방 관리들의 무참한 가렴주구에서 발단된 것임을 이건창은 누구보다도 잘 알고 있었다. 관가를 부수러 온 농민들의 분노를 잠재울 생각은 않고 무작정 도망쳐서 관가의 무기고를 송두리째 반란군에게 넘겨준 나머지, 급기야엔 수습할 수 없는 무정부 상태로 몰고 간 당국의 처사에 더욱 분노를 터뜨렸다고 보는 것이 옳은 것 같다. 黃梅泉(梅泉 黃玹, 1855-1910; 인용자 주) 형제도 그러했고, 洪汶園(汶園 洪承憲, 1854-1914; 인용자 주), 鄭綺堂(綺堂 鄭元夏, 1854-1925; 인용자 주), 李建昇(1858-1924; 인용자 주), 李建芳(1861-1939; 인용자 주) 등 한때 강화에서 양명학을 강론하던 인사들이 역시 모두 그러해서, 시대가 요구하는 커다란 물결을 적극적으로 평가하지 못했던 점, 뒷날의 역사가들로부터 반시대적이라는 지탄을 받는다 해서 나는 굳이 거기에 반대할 의사를 갖지 않는다. (중략) 이건창과 그 맹우 관계에 있었던 인사들이 전통사회가 부딪친 현실사회의 모순을 뛰어넘지 못했던 점, 나는 그것을 안타까워 할 따름이다.[8]

---

7) 이 글은 본래 대학에서 정년 퇴직한 분들의 동인지였던 『回歸』 제 3집(1987) 에 실렸다가, 1994년에 조흥윤 교수가 묶은 민영규 선생의 문집 『강화학 최후의 광경-西餘文存 其一』에 다시 실린 글이다.
8) 민영규, 『강화학 최후의 광경-서여문존 기일-』, 도서출반 우반, 1994, 35~36쪽.

매천 황현의 동학농민군과 일본군에 대한 인식 · 121

이상에서 서여 선생이 지적하고 있는 것처럼, 매천 역시 이건창과 마찬가지로 '邪道'인 동학과 '사도'를 추종하는 무리들이 일으킨 농민군의 봉기를 인정하지 않은 것은 분명한 역사적 사실이다.[9] 하지만 『오하기문』을 구석구석 살펴보면, 매천은 의외로 동학의 接包 조직의 특성을 비롯하여 질서정연한 농민군들의 봉기 모습을 자신의 見聞에 근거하여 實事求是적 입장에서 서술하고 있는 부분이 상당하다는 사실을 발견할 수 있다. 갑오년 당시 농민군 봉기를 바라보는 여느 儒生들과는 '구별'되는 인식을 매천이 지니고 있었을 가능성을 示唆하는 내용이 아닐 수 없다. 조금 과장하여 말한다면, 농민군의 봉기를 일정 정도 '긍정적으로' 바라본 측면이 있는 것이다. 동학과 농민군에 대한 매천의 기술을 인용해 보기로 한다.

〈사료-1〉
官軍은 행군을 하게 되면 연도에서 닥치는 대로 노략질을 하였고, 점포를 망가뜨리고 상인들의 물건을 겁탈하는가 하면, 마을로 가득 몰려가 닭이나 개가 남아 있는 게 없었기에 백성들은 한결같이 이를 갈면서도 겁이나 피했다. (중략) 賊(농민군; 인용자 주)은 관군의 소행과는 반대로 하기에 힘써 백성들에게 폐를 끼치는 일은 하지 않게끔 명령을 내려 조금도 이를 어기지 않으면서 쓰러진 보리를 일으켜 세우며 행군하였다.[10]

〈사료-2〉
그들(동학농민군; 인용자 주)의 형벌에는 목을 베는 것, 목을 매는 것, 몽둥이로 때리는 것, 회초리로 엉덩이를 때리는 것 등이 있었는데, 다만 주리 트는 것을 늘상 적용하였다. 비록 큰 죄를 진 경우에도 죽이지는 않고 주리를 틀어 겁을 주면서 道人(동학농민군; 인용자 주)은 사람을 죽이지 않는다고

9) 이 점에 대하여는 김지하, 「매천을 다시 곡함」, 『살림』, 동광출판사, 1987, 80~81쪽 참조.
10) 김종익 옮김, 『번역 오하기문』, 역사비평사, 1995, 79~80쪽.

했다. (중략) 그 무리들 중에서 법을 범하면 또한 서로 죽이지 않고 대개 매질로 다스리며 "도인은 동지를 아끼고 사랑한다"고 말하였다.11)

위의 〈사료- 1, 2〉 외에도 "노비와 주인이 함께 入道한 경우에는 또한 서로를 接長이라 불러 마치 벗들이 교제하는 것 같았다. 이런 까닭에 사노비와 역참에서 일하는 사람, 무당의 서방, 백정 등과 같이 천한 사람들이 가장 좋아라 추종하였다.12)(〈사료-3〉)"라든가, "간혹 양반 중에는 주인과 노비가 함께 적을 추종하는 경우도 있었는데, 이들은 서로를 接長이라 부르면서 적의 법도를 따랐다.13)"(〈사료-4〉)라든가, 또는 "적은 서로 대하는 예가 매우 공순하였으며, 신분의 귀천이나 나이에 상관없이 평등한 예로 대하였다. 비록 접주라고 불리는 사람 중에서 남보다 뒤쳐지는 사람이 있다 하여 도적들은 정성껏 섬겼다.14)"(〈사료-5〉)라고 서술하고 있다. 이 같은 매천의 동학 및 농민군 관련 기술은 동학농민혁명 당시 일본 측이 입수한 1차 사료와 농민군 자신이 남긴 기록 등에서도 사실로 확인된다. 먼저 일본 측 사료를 보기로 하자.

東道大將이 각 부대장에게 명령을 내려 약속하여 말하기를, 매번 적을 상대할 때 우리 농민군들은 칼에 피를 묻히지 아니하고 이기는 것을 으뜸의 공으로 삼고, 어쩔 수 없이 싸우더라도 사람의 목숨만은 해치지 아니하는 것을 귀하여 여기며, 매번 행진하여 지나갈 때는 다른 사람들의 물건에 피해를 끼치지 아니하며, 孝悌忠信하는 사람이 사는 동네 십리 안에는 주둔하지 않도록 하라고 하였다.15)

---

11) 위의 책, 131쪽.
12) 위의 책, 129쪽.
13) 위의 책, 231쪽.
14) 위의 책, 232쪽.
15) 東道大將 下令於各部隊長 約束曰　每於對敵之時 兵不血刃而勝者爲首功 雖不得已 戰 切勿傷命爲貴 每於行陣所過之時 切勿害人之物 孝悌忠信人所居村十里內 勿爲

매천은『오하기문』에서 농민군은 "백성들에게 폐를 끼치는 일은 하지 않게끔 명령을 내려 조금도 이를 어기지 않으면서 쓰러진 보리를 일으켜 세우며 행군하였다"(〈사료-1〉 참조)고 하였으며, "비록 큰 죄를 진 경우에도 죽이지는 않고 주리를 틀어 겁을 주면서 道人(농민군; 인용자 주)은 사람을 죽이지 않는다고 했다"(〈사료-2〉 참조)고 서술하고 있다. 이와 같은 매천의 기술은 일본 측 사료에서도 나오고 있는 "매번 적을 상대할 때 우리 농민군들은 칼에 피를 묻히지 아니하고 이기는 것을 으뜸의 공으로 삼고, 어쩔 수 없이 싸우더라도 사람의 목숨만은 해치지 않는 것을 귀하게 여기며, 매번 행진하며 지나갈 때는 다른 사람의 물건에 피해를 끼치지 않았다(每於對敵之時 兵不血刃而勝者爲首功 雖不得已戰 切勿傷命爲貴 每於行陣所過之時 切勿害人之物)[16]는 내용과 완벽하게 일치하고 있다.

이상의 내용에서 매천의 동학농민군에 대한 기술이 사실에 입각하여 기술하는 實事求是적태도를 취하고 있다는 사실을 엿볼 수 있다. 周知하듯이 매천은 신분제적 질서를 부정하는 농민군의 봉기를 결코 인정하지 않았다. 그렇기 때문에 매천은 농민군을 어디까지나 '적'이라고 표현하고 있다. 그렇시만, 농민군의 엄정한 규율이라든지 질서 있는 행동을 실사구시적 입장에서 객관적인 사실 그대로 기술하고 있었던 것은 주목할 만한 서술 태도라 할 만하다.

한편, 농민군 조직이 신분 차별을 뛰어넘은 평등한 조직이었다는 사실에 대해서도 매천은 여러 곳에서 언급하고 있는데(위의 〈사료-3, 4, 5〉 참조), 이 같은 사실은 농민군 자신이 남긴 기록에서도 확인할 수 있다. 다음에 인용하는 내용이 바로 그것이다.

屯住(일본 외무성 외교사료관 소장,『조선국 동학당 동정에 관한 제국공사관 보고 일건』, 문서번호 5문 3류 2항 4호, 「발 제 63호 동학당에 관한 속보」 참조.
16) 위의 주 13) 참조.

동학의 바람이 사방으로 퍼지는데 하루에 몇 십 명씩 입도를 하곤 하였습니다. 마치 봄 잔디에 불붙듯이 布德이 어찌도 잘되든지 불과 一二朔 안에 瑞山(충청남도 서산; 인용자 주) 一郡이 거의 東學化가 되어버렸습니다. 그 까닭은 말할 것도 없이 (중략)萬民平等을 표방한 까닭입니다. (중략) 첫째 입도만 하면 事人如天이라는 主義 下에서 上下 貴賤 男女 尊卑(양반과 노비: 인용자 주) 할 것 없이 꼭꼭 맞절을 하며 경어를 쓰며 서로 존경하는 데서 모두 心悅性服이 되었고[17)]

위의 내용은 1894년 2월에 충청남도 서산에서 동학에 입도한 뒤, 接主 신분으로 동학농민혁명에 참가했던 洪鍾植이란 인물이 갑오년 이후에도 살아남아 1929년에 증언한 내용이다. 이 증언 속에는 갑오년 당시의 농민군 조직은 "사인여천 주의 하에서 상하 귀천 남녀 존비 할 것 없이 꼭꼭 맞절을 하며 경어를 쓰며 서로 존경하였다"고 회고하고 있는데, 홍종식의 회고 내용과 매천의 기술은 조금도 어김없이 일치하고 있다. 홍종식의 회고 내용에 비추어 볼 때 매천의 농민군에 대한 서술이 역사적 사실과 부합하는 실사구시적 서술이었음을 알 수 있다.

매천이 묘사한 것처럼, 동학(농민군)의 接包 조직에 입도한 양반과 노비는 '서로를 접장이라고 부르며 맞절을 하는'(⟨사료-3, 4, 5⟩ 참조) 등 신분 차별이 전혀 없는 평등한 조직이었다. 이 같은 농민군 조직 내의 신분평등은 동학 창도 초기부터 비롯되어 농민군이 봉기한 1894년에 이르기까지 줄기차게 실천되고 있었다. 창도 초기 동학 조직 내의 신분평등을 잘 보여주는 자료를 아래에 인용한다.

貴賤과 等位를 차별하지 않으니 백정과 술장사들이 모이고, 男女를 차별하지 아니하고 帷薄(동학의 집회소; 인용자 주)을 설치하니 홀아비와 과부들이 모

---

17) 홍종식 구연, 춘파 기, 「70년 사상의 최대 활극 동학란 실화」, 『신인간』 34, 1929년 4월호, 45-46쪽.

여들고, 돈과 재물을 좋아하여 있는 사람과 없는 사람이 서로 도우니 가난
하고 궁핍한 사람들이 기뻐했다.18)

위의 내용에서 보는 바와 같이, 창도 초기부터 귀천과 등위, 남녀, 빈부
차별이 없는 평등한 조직으로 출발했던 동학은 충청도 서산 출신 접주
홍종식의 回顧19)에서 증명하고 있는 것처럼 갑오년에 이르기까지 동학의
事人如天의 정신 아래 신분차별이 전혀 없었다. 그리하여 수많은 민중들
이 동학(농민군) 조직에 '봄 잔디에 불붙듯이' 다투어 입도하였으며, 매천
은 그 같은 역사적 사실을 있는 그대로 기술하는 자세를 견지했다.

② 지방관의 가렴주구에 대한 인식
1894년 동학농민혁명이 일어나게 된 요인은 다양하다. 그러나 가장 결
정적인 이유는 당시 전국적으로 만연되어 있던 중앙 관료의 貪虐 및 지방
관들의 苛斂誅求, 즉 부당한 세금 징수에 있었다는 것이 학계의 정설이다.
가렴주구에 대한 농민군들의 분노를 가장 상징적으로 보여주는 농민군
측의 문서가 바로 「茂長布告文」이다. 「무장포고문」은 1894년 3월 20일에
전라도 茂長縣20)에서 전봉준이 이끄는 농민군이 조선왕조의 전반의 弊政,
즉 惡政 개혁을 위하여 전면 봉기를 단행하면서 전국 각지에 널리 布告하
여 농민군의 봉기를 촉구하는 내용을 담은 檄文을 말한다. 전봉준이 이끄
는 농민군은 음력 3월 21일21)에 전면 봉기를 단행하고 있기 때문에 이 포

---

18) 「동학배척통문」, 1863.

19) 앞의 주17)과 같음.

20) 현재의 행정구역으로는 전라북도 고창군 공음면 구수리이다.

21) 농민군이 제 1차 봉기를 단행한 날짜에 대해서는 여러 설이 있다. 그런데 동학
(농민군)의 주요 행사나 모의 등은 동학 창시자 수운 최제우 또는 2대 교주 해
월 최시형의 誕辰日, 得道日, 忌日에 이루어지는 경우가 일반적이었다. 3월 21일
은 2대 교주 해월의 탄신일인 바, 바로 이 날을 기해 농민군이 봉기했을 가능
성이 크다.

고문은 3월 20일, 또는 그 이전에 포고되었을 것으로 짐작되며, 농민군 최고지도자 전봉준이 직접 쓴 것으로 알려져 있다.[22) 「무장포고문」에는 농민군 지도부의 당면한 時局認識을 비롯하여 武裝蜂起를 단행하지 않으면 안 되게 된 필연적 이유, 민중들의 삶을 파탄으로 몰아넣고 있는 지배체제의 모순을 타파하고자 하는 농민군들의 혁명적 의지, 그리고 그 같은 취지에 찬동하는 양반, 향리, 일반 민중들의 적극적인 동참과 협력을 촉구하는 내용이 서술되어 있다. 요컨대, 동학농민혁명을 통해 농민군들이 실현하고자 했던 大義가 실감나게 표현되어 있는 것이다.

농민군이 전면봉기하게 된 大義를 闡明하고 있는 「무장포고문」은 전라도뿐만 아니라 충청도와 경상도 등 전국 각지로 발송되거나 전달되었던 것으로 확인된다. 이 같은 사실은 「무장포고문」이 전라도 益山[23) 출신인 오지영의 『동학사』를 비롯하여, 갑오년 당시 求禮에 거주하고 있던 유생 매천 황현의 『오하기문』, 경상도 醴泉에 거주하고 있던 유생 박주대의

---

22) 일설에는 당시 농민군 지도부 내에서 전봉준 장군의 참모 역할을 했던 인물이 썼다는 주장도 있다. 종래, 학계에서는 이 「무장포고문」을 농민군이 고부에서 전면 봉기를 단행한 뒤에 정읍, 흥덕을 거쳐 전라도 무장을 점령했던 1894년 4월 12일경에 포고한 것으로 잘못 이해하여 왔다. 예를 들면, 후래 연구자들에게 상당한 영향을 끼친 김의환의 『전봉준 전기』(정음사, 1981)의 97~100쪽에 실린 내용이라든지, 在日同胞 출신 사학자 강재언의 『한국근대사연구』(한울, 한글판, 1982) 168~169쪽에 실린 내용이 바로 그것이다. 이러한 오해는 전라도 益山 출신 동학 접주였던 오지영의 『동학사』에도 동일하게 나타나고 있다. 그는 갑오년 당시 농민혁명을 직접 체험한 당사자인데도, 자신의 체험을 바탕으로 쓴 『동학사』에서 「무장포고문」 포고 시기를 갑오년 3월이 아닌 1월에 포고된 것으로 잘못 서술하고 있다. 오지영을 비롯한 연구자들이 「무장포고문」의 포고 시기를 갑오년 3월이 아닌 동년 1월 또는 4월로 오해한 이유는 첫째 관련 사료에 대한 치밀한 검토 없이 농민군의 전면봉기 장소를 茂長이 아닌 古阜로 잘못 이해한 데서 비롯되었으며, 둘째 갑오년 1월 10일의 '古阜民亂', 고부농민봉기를 3월 21일의 '茂長起包', 즉 제1차 동학농민혁명과 별개의 봉기로 이해하지 못하고 1월에 이미 전면봉기가 시작된 것으로 오해한 데서 비롯되었다.

23) 노용필은 오지영이 익산 출신이 아니라 고창 출신이라고 말하고 있다. 앞의 책, 18쪽.

『나암수록』, 관변 기록인『동비토록』, 충청도 報恩 관아에서 1893년부터 1894년에 걸쳐 보은집회에 참여한 동학도인 및 갑오년 당시 농민군의 동정을 탐지하여 수록한 관변 기록『취어』, 전라도 茂州 관아에서 수집하여 남긴 관변 기록인『수록』, 1894년 동학농민혁명 당시 서울 명동성당에 주재하며 농민군 관련 문서를 광범위하게 수집했던 뮈텔 주교가 남긴 「뮈텔문서」(천주교 한국교회사연구소 소장), 동학농민혁명을 전후하여 전라도 茁浦에 거주하고 있던 일본인 巴溪生이 쓴「全羅古阜民擾日記」[24] 등에 포고문의 원문 또는 사본이 수록되어 있거나, 그 당시의 문서가 보존되어 있는 점에서 분명하게 확인할 수 있다.

이상 위에 열거한 자료 가운데 오지영의『동학사』에는 國漢文으로,「전라도고부민요일기」에는 日本語로, 나머지 사료에는 모두 純漢文으로 수록되어 있다. 관변 기록인『취어』에는 405자, 관변 기록인『수록』에는 400자 정도의 한자로 되어 있으나 내용은 거의 동일하다.

『오하기문』과『동비토록』,『취어』등에 실린「무장포고문」을 서로 대조하여 그 全文을 번역하여 소개한다.

> 이 세상에서 사람을 가장 존귀하게 여기는 까닭은 인륜이란 것이 있기 때문이다. 임금과 신하, 아버지와 자식 사이의 윤리는 인륜 가운데서도 가장 큰 것이다. 임금은 어질고 신하는 정직하며, 아버지는 자애롭고 자식은 효도를 다한 후에라야 비로소 한 가정과 한 나라가 성립되는 것이며, 한없는 복을 누릴 수 있는 법이다.
> (중략)
> 일찍이 管子께서 말씀하시기를 "四維, 즉 禮義廉恥가 떨치지 못하는 나라는 결국 망한다"고 하였는데 지금의 형세는 그 옛날보다도 더 심하기 그지없으니, 예를 들면 지금 이 나라는 위로 公卿大夫로부터 아래로 方伯守令들에 이르기까지 모두가 나라의 위태로움은 생각하지 않고, 그저 자기 몸 살찌

---

[24] 국사편찬위원회,『주한일본공사관기록(한글판)』1, 1986, 53~59쪽.

우고 제 집 윤택하게 할 계책에만 골몰하고 있으며, 벼슬길에 나아가는 문을 마치 財貨가 생기는 길처럼 생각하고, 과거 시험 보는 장소를 마치 돈을 주고 물건을 바꾸는 장터로 여기고 있으며, 나라 안의 허다한 재화와 물건들은 나라 창고로 들어가지 않고 도리어 개인의 창고만 채우고 있다. 또한 나라 빚은 쌓여만 가는데 아무도 갚을 생각은 하지 않고, 그저 교만하고 사치하며 방탕한 짓을 하는 것이 도무지 거리낌이 없어 八道(조선 각지; 번역자 주)는 모두 魚肉이 되고 만백성은 모두 도탄에 빠졌는데도 지방 수령들의 가혹한 貪虐은 더욱 더하기만 하니 어찌 백성들이 곤궁해지지 않을 수 있겠는가.

백성은 나라의 근본인 바, 근본이 깎이면 나라 역시 쇠잔해지는 법이다. 그러니 잘못되어가는 나라를 바로잡고 백성들을 편안하게 만들 방책을 생각하지 않고 시골에 집이나 지어 그저 오직 저 혼자만 온전할 방책만 도모하고 한갓 벼슬자리나 도둑질하고자 한다면 그것을 어찌 올바른 도리라 하겠는가.

우리들은 비록 시골에 사는 이름 없는 백성들이지만 이 땅에서 나는 것을 먹고 이 땅에서 나는 것을 입고 사는 까닭에 나라의 위태로움을 차마 앉아서 볼 수 없어 팔도가 마음을 함께 하고 億兆 蒼生들과 서로 상의하여 오늘의 이 의로운 깃발을 들어 잘못되어가는 나라를 바로 잡고 백성들을 편안하게 만들 것을 죽음으로써 맹세하노니, 오늘의 이 광경은 비록 크게 놀랄 만한 일이겠으나 절대로 두려워하거나 동요하지 말고 각자 자기 생업에 편히 종사하여 다 함께 태평성대를 축원하고 다 함께 임금님의 德化를 입을 수 있다면 천만 다행이겠노라.25)

---

25) 필자 나름대로 교감을 본 「茂長布告文」 원문은 다음과 같다. "人之於世最貴者 以其有人倫也 君臣父子 人倫之大者 君仁臣直 父慈子孝然後 乃成家國 能逮無疆之 福 今我聖上 仁孝慈愛 神明聖睿 賢良正直之臣 翼贊佐明 則堯舜之化 文景之治 可指日而希矣 今之爲臣 不思報國 徒竊祿位 掩蔽聰明 阿意苟容 忠諫之士 謂之妖 言 正直之人 謂之匪徒 內無輔國之才 外多虐民之官 人民之心 日益渝變 入無樂生 之業 出無保軀之策 虐政日肆 惡聲相續 君臣之義 父子之倫 上下之分 遂壞而無遺 矣 管子曰 四維不張 國乃滅亡 方今之勢 有甚於古者矣 自公卿以下 至方伯守令 不 念國家之危殆 徒竊肥己潤家之計 銓選之門 視作生貨之路 應試之場 擧作交易之市 許多貨賂 不納王庫 反充私藏 國有積累之債 不念圖報 驕侈淫佚 無所畏忌 八路魚

위의 「무장포고문」에서 농민군 지도부는 "지금 이 나라는 위로 公卿大夫로부터 아래로 方伯守令에 이르기까지 모두가 나라의 위태로움은 생각하지 않고 그저 자기 몸 살찌우고 제 집 윤택하게 할 계책에만 몰두하고 있으며, 벼슬길에 나아가는 문을 마치 財貨가 생기는 길처럼 생각하고 과거시험 보는 장소를 마치 돈을 주고 물건을 바꾸는 장터로 여기고 있으며, 나라 안의 허다한 재화와 물건들은 나라의 창고로 들어가지 않고 도리어 개인의 창고만 채우고 있다. 또한 나라의 빚은 쌓여만 가는데 아무도 갚을 생각은 하지 않고, 그저 교만하고 사치하며 방탕한 짓을 하는 것이 도무지 거리낌이 없어 八道는 모두 魚肉이 되고 만백성은 모두 도탄에 빠졌는데도 지방 수령들의 가혹한 貪虐은 더욱 더하니 어찌 백성들이 곤궁해지지 않을 수 있겠는가" 라고 하여, 위로는 중앙관료인 공경대부로부터 아래로는 지방관들인 방백수령에 이르기까지 도탄에 빠진 민중들의 삶은 아랑 곳 없이 탐학 즉 가렴주구만을 일삼고 있음을 통렬하게 비판하고 있다. 그렇다면 동학농민혁명을 전후한 시기에 지방관들이 자행하고 있던 가렴주구 행위에 대한 매천의 인식은 과연 어떠했을까? 매천의 『오하기문』 속으로 들어기 보기로 한다.

〈사료-6〉
이 무렵 閔 氏들 중 도둑으로 지목되는 세 사람이 있었다. 서울의 도둑은 閔泳柱, 關東(강원도; 인용자 주)의 도둑은 閔斗鎬, 嶺南(경상도; 인용자 주)의 도둑은 閔炯植이었다. 두호는 泳駿의 아비이고, 영주는 영준에게 從兄이 되고, 형식은 泳緯의 庶子다.
(중략)

肉 萬民塗炭 守宰之貪虐 良有以也 奈之何民不窮且困也 民爲國本 本削則國殘 不念輔國安民之策 外設鄕第 惟謀獨全之方 徒竊祿位 豈其理哉 吾徒雖草野遺民 食君土服君衣 不可坐視國家之危 而八路同心 億兆詢議 今擧義旗 以輔國安民 爲死生之誓 今日之光景 雖屬驚駭 切勿恐動 各安民業 共祝昇平日月 咸休聖化 千萬幸甚"

대개 성이 민 씨인 사람들은 하나같이 탐욕스러웠고 전국의 큰 고을은 대부분 민 씨들이 수령 자리를 차지하였고, 평양 감사와 통제사는 민 씨가 아니면 할 수 없게 된 지가 이미 10년이나 되었다. 그런데 저 형식과 같은 놈은 고금에서도 처음 있을 정도였다. 백성들은 그를 '惡鬼'라고 하였으며, 때로는 '狂虎'라고도 하였는데, 이는 그가 능히 산 채로 사람을 씹었기 때문이었다. 이에 온 나라가 시끄러웠고 童謠가 분분하게 떠돌았는데, 대부분 '난리가 왜 일어나지 않느냐'는 것이었으며, 더러는 '무슨 좋은 팔자라고 난리를 볼 수 있겠느냐'고 장탄식을 하였다.26)

〈사료-7〉
호남은 재물이 풍부하여 그 욕심을 채워 줄 만하였다. 무릇 이곳에서 벼슬하는 사람들은 백성들을 양이나 돼지처럼 여기면서 마음대로 묶고 빼앗았으며, 일생동안 종과 북을 치면서 사방에서 빼앗았다. 이리하여 서울에서는 "아들을 낳아 湖南에서 벼슬을 살게 하는 것이 소원이다"라는 말이 떠돌 정도였다. 이에 관리는 盜跖이 되고 아전은 倀鬼가 되어 살을 깎고 뼈를 바루며 거두었고, 그 부정한 재물을 나누어 가지는데 참여하였다.27)

이 외에도 지방관들의 가렴주구와 관련한 매천의 서술은 "大院君 昰應은 일찍이 "우리나라에 세 가지 폐단이 있는데, 충청지방의 사대부와 평안 지방의 기생과 전라지방의 아전이다"라고 하였다.28)(〈사료-8〉)"라는 내용을 비롯하여, "충청지방은 본래 사대부들이 많이 모여 사는 곳으로 勳臣(나라에 공훈을 세운 신하; 인용자 주)과 戚臣(국왕의 외척; 인용자 주), 그리고 지방 수령을 지낸 사람들이 숲을 이루듯이 즐비했고, 또한 派黨(사색 당파; 인용자 주)을 형성하여 그들 마음대로 일을 처리하는 것이

---

26) 김종익, 앞의 책, 54~55쪽.
27) 위의 책, 63쪽.
28) 위의 책, 64쪽.

풍속을 이루고 있었기 때문에 억지로 농가를 사들이고 강제로 묘지를 빼앗기도 하였다. 가난한 서민들은 이들에 대한 원한이 뼈에 사무쳐 東學이 일어나자 팔을 걷어붙이고 호응한 사람들의 숫자가 백만을 헤아리게 되었다.29)(〈사료-9〉)"라는 내용, 그리고 "이 무렵 湖南의 난리는 날마다 위급해졌다. 그러나 嶺南 右道는 아직 난이 일어나지 않아 관청의 명령이 먹혀들었으므로 군사권을 가진 관리와 지방 수령들의 탐욕스러움과 포악함이 조금도 줄어들지 않았다. 백성들의 한은 점점 깊어져 날마다 적이 오기만을 鶴首苦待하였다.30)(〈사료-10〉) 등이 있다.

지방관들의 가렴주구와 관련하여 위에 언급한 〈사료-6, 7, 8, 9, 10〉의 내용을 보면, 농민군 지도부가 「무장포고문」에서 신랄하게 지적한 바와 같이, 위로는 중앙의 공경대부, 즉 민씨 정권 지배층으로부터 아래로는 경상도 충청도, 전라도 등 이른바 三南 지방의 수령방백, 즉 지방관에 이르기까지 민중에 대한 가혹한 수탈을 태연하게 자행하고 있었음을 확인할 수 있다. 동학농민혁명이 일어날 수밖에 없었음을 매천 또한 뼈저리게 이해하고 있었다고 할 수 있는 대목이다. 바로 이런 견지에서 보자면, 서여 선생이 매천을 비롯한 강화학파 인물들에 대해 평가하기를 "관가를 부수러 온 농민들의 분노를 잠재울 생각은 않고 무작정 도망쳐서 관가의 무기고를 송두리째 반란군에게 넘겨준 나머지, 급기야엔 수습할 수 없는 무정부 상태로 몰고 간 당국의 처사에 분노를 터뜨렸다고 보는 것이 옳을 것이다"31)라고 말한 것은 정곡을 찌르고 있다고 하겠다.

지방관들의 가렴주구에 대해 매천은 한 걸음 더 나아가, 동학농민혁명의 원인 제공을 한 다섯 인물을 가리켜 "이 무렵 호남 사람들은 (김)문현처럼 난의 원인을 조성한 사람들을 '五賊' 또는 '五逆'이라고 불렀다"32) 라

---

29) 위의 책, 82쪽.

30) 위의 책, 235~236쪽.

31) 민영규, 앞의 책, 35~36쪽.

고 지적하면서, 轉運使 趙弼永, 均田使 金昌錫, 全羅監司 金文鉉, 古阜郡守 趙秉甲, 古阜按覈使 李容泰 등이 자행한 가렴주구 및 가혹한 민중 탄압 행위에 대해 엄중한 비판을 하고 있다. 매천이 강력하게 규탄하고 있는 '5적'의 행위를 『오하기문』을 통해 살펴본다.

〈사료-11〉
조필영이 전운사로 부임하여 교묘하게 명목을 추가하여 세금에 세금을 가산하여, 해마다 엽전 백만 꾸러미씩 사사로이 위에다 바치게 하여 3년의 짧은 기간에 일약 소론 갑부가 되었다. 그리하여 전라도 전역은 모두 병색이 완연하였다.[33]

〈사료-12〉
김창석이 균전 어사로 부임해서는 농사가 제대로 되지 않아 거두어들일 것이 없는 땅에다 세금을 징수하고 국세를 덜어내어 개인의 뱃속을 채우면서도 임금에게 바치는 것을 지속하여 백성의 원망에 아랑곳없이 위의 총애를 사고자 하였다. 저 시골집에 편히 누워 있어도 녹공이 승지에 이르렀으니 전라 우도는 더욱 병이 피폐해졌다.[34]

〈사료-13〉
김문현의 탐오한 학정과 흐릿하고 멍청함이 더해져 돈 많은 부잣집도 밤이면 잠자리가 편치 않았고, 小民들은 빌려 대납할 곳도 없어 입만 오물거리며 죽기를 기다렸다.[35]

32) 김종익, 앞의 책, 123쪽.
33) 위의 책, 64쪽.
34) 위의 책, 64-65쪽.
35) 위의 책, 65쪽.

〈사료-13-1〉

(김)문현이 전라감사가 된 다음 백성들로부터 재물을 수탈한 일들은 일일이 열거하기도 어려울 지경인데 더구나 還錢까지 거두어들이려 하였다.36)

〈사료-14〉

癸巳年(1893)에 忠淸 右道 일대에 가뭄이 극심하여 세금을 거둘 수조차 없었는데, (전라도) 古阜는 산과 바다가 서로 엇갈리는 지형으로 북쪽은 흉년이 들었지만 남쪽은 그런대로 추수를 하였다. (조)병갑은 가뭄에 대한 보고를 받고 각 고을을 순시하면서 북쪽 4개 면의 세금을 탕감해 주었다. 그러나 다른 고을에는 '가뭄의 재해로 세금을 탕감하지는 않는다'고 말하면서, 북쪽지방의 세금을 남쪽지방에다 옮겨 부과하고 실제 보다 增나 되게 독촉하여 받아들였다. 그리고 북쪽에는 세금을 다른 지방에 옮겨 부과한 것을 자랑하고 백성들에게 후한 보상을 요구하여, 논 백 이랑 당 거두어들인 것이 백 말이나 되었다. 이것은 실제로 國稅의 세 배나 되었다.

(중략)

지금 생각해 보면, 三南 지방에 민란이 일어나고 동학이 반란을 일으켜 청 왜가 연이어 군대를 몰고 와 천하가 동요되고, 종묘사직이 뒤흔들릴 만큼 긴박한 상황이 조성되었던 것은 모두 저 몹쓸 조병갑 한 놈 때문에 일어난 일이었다. 아 이러한 일은 시대 때문인가. 운수 때문인가. 비록 그 놈의 고기로 제사지내고 그 가죽을 벗긴다 해도 어찌 보충할 수 있겠는가.37)

〈사료-15〉

(신임) 고부군수 林源明은 크게 잔치를 열고 난민들을 불러서 조정에서 亂 (1894년 음력 1월 10일에 일어난 고부농민봉기; 인용자 주)을 일으킨 죄를 용서하고 농사일에 돌아가 생업에 종사할 것을 허락한다는 뜻을 설명해 주자 난민들이 대부분 해산하였다. (중략)

---

36) 위의 책, 110쪽.
37) 위의 책, 68~70쪽.

얼마 지나서 안핵사 李容泰가 고부에 당도하여 원명이 했던 것과는 정반대로 일을 처리하였는데, 병갑을 두둔하면서 난민들을 반역의 죄목으로 몰아 넣어 죽이고자 하였다. 金文鉉은 또 부호들을 잡아들여 뒤에서 난을 조종했다고 덮어씌우며 협박하여 많은 뇌물을 긁어 들였다. 이렇게 되자 백성들은 분함과 원망에 차 다시 난을 일으켰다.[38]

위의 〈기문 사료-11, 12, 13, 13-1, 14, 15〉에 나타난 '5적'의 죄상은 동학농민혁명 당시 副護軍 李儁이 올린 상소 내용과도 대동소이하며,[39] 농민군 지도부가 1894년 음력 4월 4일경에 法聖浦의 吏鄕에게 보낸 통문 내용, 그리고 농민군 지도부가 1894년 음력 4월 19일에 전라도 함평에서 초토사 洪啓薰에게 올린 原情 내용과도 거의 相通되고 있다. 우선「법성포 이향에게 보낸 통문」의 내용을 보면, "백성들에 대한 폐단의 뿌리는 이포(吏逋=지방 하급관리들의 부정부패; 번역자 주)에서 유래하고, 지방 하급관리들의 부정부패는 군수와 현감 등 지방 수령들의 부정부패 때문이며, 지방 수령들이 부정부패를 저지르는 것은 집권층의 탐욕 때문입니다.[40]"이라 하고 있고, 전라도 함평에서 농민군 지도부가 초토사에게 보낸 原情에서는 "오늘날의 지방관들은 나라의 법도를 도외시할 뿐만 아니라, 백성조차 염두에 두지 않아 탐욕과 포악함을 가늠할 수가 없습니다. 軍錢(軍布)은 아무 때나 부과하고, 還穀은 원본을 회수하고도 이자를 독촉하며, 稅米는 명목도 없이 징수하고 있습니다. 민가에 부과하는 각종 雜役은 나날이 늘어가고, 인척에게 재물을 빼앗는 것도 마다하지 않습니다. 轉營官(전운영 관리 즉 轉運使 趙弼永을 말함; 인용자 주)은 실제보다 더 거두어들이면서도 독촉이 심하고, 均田官(均田御使 金昌錫을 말함; 인용자 주)은 토지 면

---

38) 위의 책, 71쪽.
39) 위의 책, 114~116쪽.
40) 『조선국 동학당 동정에 관한 제국공사관 보고 일건』,「발 제 66호 동학당 휘보」참조.

적을 속여서 세금을 징수합니다. 더구나 각 관청의 구실아치(아전=향리;
인용자 주)들은 백성들로부터 강제로 빼앗고 가혹하게 굴어, 그것들을 참
고 견디어낼 수가 없습니다.[41]"라고 지적하고 있다.

이처럼 농민군 지도부가 지적하고 있는 지방관들의 가렴주구 행위는
매천이 지적하고 있는 '오적'의 죄상과 거의 동일하다. 농민군 지도부는
전면봉기 이래 일관되게 지방관들의 가렴주구 폐해를 지적하고 있는 바,
그 같은 폐해는『오하기문』에서 매천이 통렬하게 비판하고 있는 내용과
아무런 차이가 없는 것으로 확인되고 있는 것이다.

이상과 같이, 매천은 농민군 지도부와 마찬가지로 중앙 관료 및 지방관
들의 가렴주구 행위에 대한 통렬한 비판을 가하고 있었다. 매천은 심지어
농민군의 봉기를 촉발시킨 대표적인 탐관오리 5명을 열거하며 '5적'이라
고까지 혹평하였으며, 그 가운데 고부 군수 조병갑에 대해서는 "그놈의
고기로 제사지내고 그 가죽을 벗긴다 해도 어찌 보충할 수 있겠는가"라고
하면서 극도의 분노마저 표출하고 있다. 이 같은 매천의 비판과 분노는
농민군 지도부는 물론이고 당시 일반 민중들의 그것과 단 한 치도 차이
가 없을 정도로 완전하게 일치하는 것이다. 이것은 일찍이 서여 선생이
지적한 바처럼 매천을 비롯한 강화학파들은 "농민의 슬픔을 누구보다도
민감하게 공감하고"[42] 있었던 것임에 틀림없다고 할 것이다.

③ 일본군에 대한 인식
근대 일본은 1875년에 의도적으로 '雲揚號事件'[43]을 일으켜, 이듬해인

---

[41] 위의 책, 88~89쪽.

[42] 민영규, 앞의 책, 36쪽.

[43] '운양호사건'은 그간 1875년 양력 8월 21일 일본 군함 운양호가 물을 구하러
    강화도에 들어왔다가 조선군의 포격을 받고 응전함으로써 일어난 사건으로
    알려져 왔다. 그러나 최근(2002) 운양호 함장 이오우에 요시카가 작성한 9월
    29일자로 작성한 최초보고서가 발견됨으로써, '물을 구하러 들어갔다'는 10월

1876년에 동 사건을 빌미로 조선왕조에 대해 불평등조약인 '朝日修好條規(一名 江華島條約)'을 강요하였다. 조약 체결 이후 일본은 1882년의 임오군란, 1884년의 갑신정변 등을 통해 끊임없이 조선에 대한 지배권 장악을 위한 침략 행위와 무역상의 이권 등 경제적 이익 획득을 위한 침탈 행위를 그치지 아니하였다. 그 중에서도 개항장을 중심으로 한 일본 상인들의 경제적 침탈은 갈수록 도를 더해 갔으며, 동학의 교조신원운동이 고조되어 간 1892-3년간에는 조선에 거주하는 일본인들이 9천 명을 육박[44]할 정도로 급격한 증가 추세에 있었다.

이렇듯 근대 일본의 조선에 대한 침략 및 침탈행위가 가중되고, 그 결과 조선에 거주하는 일본인 즉 在朝日本人 수가 급격한 증가를 보임에 따라 민중들 사이에서는 '斥倭' 의식이 깊어져 갔다. 교조신원운동 당시 동학지도부는 이 같은 민중들의 척왜 의식을 그대로 수용하여 "斥倭洋, 가렴주구 반대, 동학교조의 신원"이라는 세 가지 요구를 내건 敎祖伸寃運動을 대대적으로, 그리고 공공연하게 전개하기에 이르렀다.

1892-3년의 교조신원운동 단계에서 나타난 '척왜양' 의식은 이듬해 동학농민혁명 단계에서도 더욱 강화되는 형태로 나타났다. 농민군 지도부가 내걸었거나 제출한 각종 포고문, 격문, 폐정개혁 요구안 등에 '척왜' 조항이 예외 없이 반영되어 나타난 것이 바로 그것을 뒷받침하고 있다. 아래에 교조신원운동 당시부터 농민혁명 단계에 이르기까지 동학 지도부 또는 농민군 지도부의 포고문, 격문, 폐정개혁 요구안 등에 나타난 '척왜' 조항 가운데 대표적인 몇 조항을 인용한다.

8일자 공식보고서는 날조되었음이 확인되었다.

[44] 동학농민혁명 직전 조선 거주 일본인, 즉 在朝日本人의 수는 1890년 7,245명, 1891년 9,021명, 1892년 9,137명, 1893년 8,871명에 달하고 있었다(高崎宗司, 「재조일본인과 일청전쟁」, 『近代日本と植民地』 5, 岩波書店, 1993, 5쪽).

〈척왜 사료-1〉
지금 서양 오랑캐의 학문이 東土(우리나라-번역자 주)에 섞어 들어오고, 倭
酋(일본 상인-번역자 주)들의 毒(피해; 번역자 주)이 다시 外鎭(개항장- 번역
자 주)에서 제멋대로 퍼지고 있으니 망극하기 그지없습니다.45)

〈척왜 사료-2〉
지금 倭(일본- 번역자 주)와 洋(서양 열강-번역자 주)이 心腹(우리나라 조선
의 한복판- 번역자 주)까지 들어와 나라를 크게 어지럽히는 것이 극에 이르
렀습니다.46)

이 외에도 농민군 지도부는 "倡義(斥倭洋의 기치를 내걸고 聚會하는 일-
번역자 주)를 한 것은 다른 까닭이 있어서가 아닙니다. 오로지 왜와 양을
물리치고자 하는 뜻에서 한 것입니다.47)(〈척왜 사료-3〉)"라든가, "충과 효
를 아울러 온전하게 하며, 세상을 건지고 백성을 편안하게 하며, 倭와 洋
을 물리쳐 멸망시키며, 聖道(우리나라 조선의 문화와 전통을 말함-번역
자 주)를 맑혀 깨끗하게 하며, 군대를 몰고 서울로 진격하여 權貴(탐학과
부정만을 일삼는 중앙의 지배층을 말함; 번역자 주)를 모두 없애고자 합
니다.48)(〈척왜 사료-4〉)"라든가, 또는 "倭와 姦通하는 자는 엄벌에 처할

---

45) 當今西夷之學 混入於東土 倭酋之毒 復肆於外鎭 固有其極. 이 내용은 1892년 음
력 10월의 공주집회와 동년 음력 11월의 삼례집회 당시 신원운동 지도부가
충청감사와 전라감사에게 제출한 議送單子에 동일하게 나오는 내용이다.

46) 今倭洋之賊 入於心腹 大亂極矣. 이 내용은 경상도 예천 유생 박주대의 『나암수
록』, 1893년 음력 3월 6일에 부산 성문에 게시된 「동학당통고문」, 1893년 음
력 3월 10일에 보은관아 삼문에 세시된 「보은관아통고」 등에 동일하게 나오
는 내용이다(鈴木 淳, 「史料紹介: 雲揚艦長井上良馨の明治8年9月29日付け江華島
事件報告書」, 『史學雜誌』, 111-12, 東京大學文學部, 2002年 12月號 참조).

47) 倡義斷無他故 專爲斥倭洋之義. 이 내용은 1893년 3월 11일부터 시작된 보은집
회에 대하여 기록한 「취어」, 동학농민전쟁 사료총서 2, 1996 참조.

48) 忠孝雙全 濟世安民 逐滅洋倭 澄淸聖道 驅兵入京 盡滅權貴. 이 내용은 1894년 음력
3월의 동학농민군 제 1차봉기 상황을 조정에 보고한 全羅監司 「書目大槪」 참조.

것.49)(〈척왜 사료-5〉)"이라 하여 지속적으로 '척왜양'을 주장하고 있었다. 이와 같이 1892-3년 교조신원운동 단계부터 1894년의 제 1차 동학농민혁명 단계에 이르기까지 동학교도 및 농민군이 제출하거나 포고한 각종 단자, 포고문, 격문 등에 일관되게 나타나고 있었던 '척왜' 의식과 비교해서 매천의 '척왜' 의식 즉 일본(일본군)에 대한 인식은 과연 어떠했을까? 매천의 일본(일본군)에 대한 인식을 이해하는데 있어 참고가 될 만한 내용은 일찍이 서여 선생이 언급한 바 있는데, 여기에 그 내용을 인용하기로 한다.

> 이건창과 그 일당은 갑오정국을 용서하려 하지 않았다. "아닌 밤중에 일본 군대가 기습해 들어와서 서울의 요소와 궁궐의 안팎을 점령한 것이 무엇이 경사라고 이리 뛰고 저리 뛰며 나라 체모를 뜯어 고친다고들 하니 이것이 욕이 아니고 무엇이겠느냐"는 것이었다.50)

서여 선생의 견해에 따르면, 매천을 비롯한 강화학파들은 1894년 음력 6월 21일(양력 7월 23일) 일본군이 불법으로 왕궁을 점령한 뒤, 친일 관료를 앞세워 추진한 갑오개혁에 대해 용납하지 않았다는 것이다. 이 같은 강화학파의 현실 인식과 대응은 농민군의 그것과 상당 부분 일치하는 바가 있다. 일본군의 왕궁(경복궁) 불법점령과 그에 따른 갑오개혁 정국에 대한 농민군 최고지도자 전봉준의 인식과 대응을 잠시 살펴보기로 한다.

> 나는 시골에서 생장하여 세상 일에 소원해서 일본 정부의 우리나라에 대한 정략 방침을 잘 모르나, 올해 6월 이후 일본군대가 속속 우리나라에 오는

---

49) 오지영의 『동학사』에 실린 폐정개혁안 12개조 참조.
50) 민영규, 앞의 책, 36쪽.

것을 보고 이것은 필시 우리나라를 병탄하려고 한다고 생각하였다. 지난
날 壬申(임오군란과 갑신정변; 번역자 주)의 禍亂이 다시 생각이 나서 국가
가 멸망하게 되면 生民이 어찌 하루라도 편안함을 얻을 수 있겠는가 라는
생각이 들었다. 그리하여 人民들이 疑懼의 念을 가지고 나를 추대하여 수령
으로 삼고 국가의 멸망과 함께 할 것을 결심하고 이번 擧事를 도모하게 되
었노라.51)

그리고 그 후에 일본 군대가 대궐(왕궁=경복궁)을 침범하였다는 소식을
듣고, 이것은 일본인이 우리나라를 병탄하려는 뜻과 다름이 아니라고 생
각하여 일본 군대를 擊攘하고 그 居留民을 국외로 驅逐할 것을 목적으로 再
起兵(1894년 음력 9월의 제 2차 봉기를 말함-번역자 주)을 도모하였노
라.52)

위의 진술에서, 전봉준은 당초의 擧事(1894년 음력 3월의 1차 기포)가
일본군의 출병 때문에 위기에 빠진 나라를 건지기 위한 것이었다는 것,
그리고 再起兵(동년 음력 9월의 2차 기포)'은 대궐, 즉 왕궁인 경복궁을 불
법 점령한 일본군을 擊攘(물리침)하고, 온갖 불법적 상행위를 일삼고 있
던 거류민(재조일본인)을 국외로 驅逐(쫓아냄)하기 위해서 봉기했다고 강
조하고 있다. 왕궁 점령 및 그에 따른 갑오시국에 반대했던 강화학파의
시국인식과 대부분 상통하는 내용이다. 상통하고 있는 정도가 아니라, 전
봉준을 중심으로 한 농민군 지도부의 시국 인식이 훨씬 더 역사적 사실
에 근접할 뿐만 아니라 시의적절한 것이었음을 알 수 있다. 어찌됐건 양
자의 시국 인식에 차이가 있는 것은 사실이나 적어도 일본군의 왕궁점령
과 그 뒤를 이은 친일파 주도의 갑오정국에 대해 양자가 공통적으로 반
대하고 있었다는 점은 주목할 만하다고 하겠다.

51) 『동경조일신문』 명치 28년 3월 5일자, 5면, 「동학당거괴와 그 口供」 참조.
52) 『동경조일신문』 명치 28년 5월 7일자, 2면, 동학당 거괴의 재판 참조.

『오하기문』속에는 갑오년 당시 일본군의 동향에 대한 매천의 기술이 여러 군데 나온다. 그 기술은 대부분 일본군에 대해 비판하는 내용이 주류를 이루고 있다. 관련 기술 속으로 들어가 보자.

〈사료-16〉
(1894년 5월) 12일 일본군은 인천에서 서울로 들어오면서 남산의 성 일부를 파손하고 안으로 들어왔다. 지난 날 일본은 임오년 군사변란과 갑신년 역적들의 변란이 있었을 때, 두 번 모두 우리 정부를 협박하여 銀으로 배상을 받아갔고, 다시 강화조약을 변경하는 등 모든 일을 자기들이 뜻한 대로 하였다.[53]

〈사료-17〉
오토리(大鳥圭介; 제 1차 동학농민혁명 당시 주한일본공사; 인용자 주)는 백금 두 수레를 (李)鴻章에게 뇌물을 주고, 급히 배를 타고 조선으로 건너와 인천항에 배를 대고, 陸軍 5백 명을 먼저 출발시켜 서울로 보내고 水軍 3천 명이 뒤따르게 했다. 이들은 (음력 5월) 12일 황혼 무렵에 崇禮門(남대문-인용자 주) 앞에 도착하였는데 문이 닫혀 있었으므로 문 옆의 성가퀴를 헐고 남산에서 사다리를 놓아 성 안으로 들어와 蠶頭峰 부근에 진을 치고 둘레에 대포를 매설하는 것이 마치 전쟁에 대비하려는 듯하였다. 이렇게 되자 서쪽으로는 인천까지, 남쪽으로는 수원에 이르는 수십 리에 하나의 진이 형성되었고, 서로 주고받는 봉화가 이어졌으며 북소리를 울리며 사람들의 출입을 막고 경비를 엄중히 하여 서울 인근이 크게 혼란스러워졌다.[54]

〈사료-18〉
오토리는 날마다 우리 정부에 "자주국가의 명분을 세워 청과의 복속관계를 단절시키고, 황제로 호칭하며, 연호를 쓰며, 아울러 관제를 변경하고, 옷 색

53) 김종익, 앞의 책, 123쪽.
54) 위의 책, 125쪽.

깔을 바꾸며, 머리를 깎는 등 국가의 모든 제도를 하나같이 일본과 서양의 제도처럼 하라"고 위협하였다.55)

〈사료-19〉
(음력 6월) 21일 일본군은 궁궐을 침범하여 盟約을 체결할 것을 강요하였다.
(중략)
이날 새벽 오토리 케이스케는 먼저 대궐을 포위하고 군대를 풀어 돈화문으로 진입시켰다. 이 때 대궐 내에서 당직을 하고 있던 평양 감영 소속 호위군 5백 명이 서양 대포를 연달아 발사하여 일본군 수십 명을 죽였다. 그러자 일본군은 곁문을 통하여 곧바로 重熙堂으로 가서 (고종) 임금에게 대포를 쏘지 못하게 하라고 협박하였다.56)

〈사료-20〉
케이스케는 대원군을 가마에 태워 대궐로 데려와 칼을 빼들고 큰 소리로 "국태공이아니면 이번 일을 결단할 사람이 없습니다. 속이 단안을 내리십시오. 그렇지 않으면 군대를 풀어 모두 죽여 종묘의 제사마저 끊고 골육조차 보전할 수 없게 만들겠습니다"하고 하였다.57) (중략) 그러나 대원군은 계속하여 강경하게 항변하며 조금도 수그러들지 않았기 때문에 어찌할 수 없는 지경에까지 이르렀으므로 더욱 강도 높게 협박하였다.58)

〈사료-21〉
일본군이 (전라도) 羅州를 심하게 약탈하였다.
(중략)

---

55) 위의 책, 126쪽.
56) 위의 책, 146쪽.
57) 위의 책, 147쪽.
58) 위의 책, 149쪽.

일본군이 도와주러 와서 부녀자와 재물을 겁탈하게 되자 온 (나주)府가 크게
어지러워졌다. 그러나 (나주목사) (閔)種烈과 (영장) (李)源佑 등은 다툼의 단
서를 불러올까 두려워 감히 금지시키지 못했다. 59)

위의 〈사료-16, 17, 18, 19, 20〉에서 매천이 한결같이 '우리 정부를 협박
(사료-16)', '전쟁에 대비'(사료-17), '우리 정부에 위협(사료-18)', '임금에게
협박(사료-19)', '칼을 빼들고 강도 높게 협박(사료-20)', '일본군이 부녀자
와 재물을 겁탈(사료-21)' 등의 표현을 사용하고 있는 점으로 볼 때, 갑오
년 당시 그의 일본군에 대한 인식은 대단히 비판적이었음에 틀림없다. 갑
오년 당시 강화학파 전반의 일본군에 대한 인식과 대동소이함과 동시에,
농민군의 일본군에 대한 인식과도 일맥상통하는 측면을 지니고 있다고
보아도 지나치지 않을 것이다.

IV. 맺음말

이상으로 갑오년 동학농민혁명 당시 매천의 정국인식을 농민군에 대한
인식, 가렴주구에 대한 인식, 일본군에 대한 인식 등 세 갈래로 나누어 농
민군의 그것과 비교하면서 검토해 보았다. 검토한 결과는 다음과 같이 확
인되었다. 첫째 매천의 농민군에 대한 인식은 갑오년 당시 다른 유생들과
는 달리 실사구시적 입장에서 농민군에 나타나는 '긍정적인 부분'을 객관
적으로 기술하고 있다는 사실을 확인하였다. 그 구체적인 사례는 봉기한
농민군들이 '엄격한 기율' 아래 매우 질서정연하게 움직이고 있었다는 것,
그리고 동학 조직 또는 농민군 조직이 매우 '평등한' 조직이었다는 점 등
이다. 둘째 가렴주구에 대한 매천의 인식을 농민군의 그것과 비교하면서

---

59) 위의 책, 303~304쪽.

고찰하였다. 중앙 관료를 비롯한 지방관들의 가렴주구 행위에 대해 매천은 가차 없는 비판을 가하고 있었다. 이 같은 매천의 가렴주구에 대한 비판은 농민군 지도부가 포고했거나 제출한 각종 議送單子, 布告文, 檄文, 原情 등에서 드러나고 있는 비판과 한 치도 틀림이 없을 정도로 일치하고 있음을 확인하였다. 매천은 특히 고부군수 조병갑의 탐학에 대하여 "그놈의 고기로 제사지내고 그 가죽을 벗긴다 해도 어찌 보충할 수 있겠는가"라고 지적하면서 "청과 왜가 연이어 군대를 몰고 와 천하가 동요되고, 종묘사직이 뒤흔들릴 만큼 긴박한 상황이 조성된 것은 모두 저 몹쓸 조병갑 한 놈 때문"이라고까지 단언하고 있다. 셋째 갑오시국 당시 일본군에 대한 매천의 인식을 역시 농민군의 그것과 비교하면서 고찰하였다. 매천은 갑오 시국 속에서 일본군이 자행한 모든 행위에 대해 '위협' '협박' '겁탈' 등의 표현을 사용하면서 시종일관 날카롭게 비판하고 있었다. 이같은 비판적 인식은 농민군 지도부, 특히 전봉준의 그것과 일맥상통하는 것이었음을 확인하였다.

갑오년 당시 매천이 거주하고 있던 구례, 남원 일대에서는 농민군의 패색이 짙어가던 음력 11월 이후 농민군을 '토벌'하기 위한 민보군(반농민군) 결성 활동이 활발하게 일어나고 있었다. 그러나 매천은 끝내 민보군의 농민군 토벌 활동에는 참여하지 않았다. 그는 오히려 실사구시적 입장에서 당시 상황을 객관적으로 기술하는 역사서 저술에 힘썼다(『오하기문』). 이 같은 매천의 처신은 매천과 친교를 맺고 있었던 강진 유생 剛齋 朴冀鉉(1864~1913)도 마찬가지였다. 강재 역시 강진 장흥 일대 농민군 활동을 상세하게 전하는 기록(『강재일사』)을 남겼으면서도 민보군 활동에는 직접 참여하지 않았다.[60] 왜 매천과 강재는 동학과 농민군에 대해 '적'으로 규정하면서도 직접적인 '토벌'에는 참여하지 않았던 것일까? 그 해답이

---

[60] 졸고, 「동학농민혁명기 전라도 지식인의 삶과 향촌사회-강진유생 박기현의 일사를 중심으로-」, 『한국사상사학』 31, 2008년 12월, 594쪽.

바로 앞에서 살펴본 바와 같이, 매천을 비롯한 강화학파의 시국인식과 전봉준을 비롯한 농민군 지도부의 시국인식과의 '類似性'에 있다는 것이 필자의 管見이다.

이 글은『한국근현대사연구』제55집(한국근현대사학회, 2010)에 수록된「매천 황현의 동학농민군과 일본군에 대한 인식」을 그대로 실은 것이다.

한말 高光洵의 의병활동과 智異山根據地論

홍영기

—

Ⅰ. 머리말

高光洵(1848~1907)은 한말 의병장으로 활동하다가 지리산 피아골의 燕谷寺에서 순국하였다. 그는 1895년 말부터 1907년까지 10여 년간 고난의 항일투쟁을 전개했던 인물이다. 그런데 그는 전라남도 昌平에서 태어나 주로 자신의 향리를 중심으로 활동하였다. 그가 의병에 처음으로 참여했던 지역 역시 창평과 인접해 있던 장성이었다. 당시 그는 자신의 사돈인 奇宇와 함께 장성의병에서 활동하였다.[1]

이후 그는 10여 년간 오로지 의병을 일으킬 일념으로 활동하였다. 그러한 그를 황현은 다음과 같이 평하였다.

---

[1] 홍영기, 「한말의 담양의병」, 『義鄕의 고장 담양』, 담양군, 2004, 83~84쪽.

기우만이 실패하자 사람들의 원성이 커져 향리에서 생활할 수가 없었다. 그러나 용감하게 국가의 치욕을 씻을 것을 생각한 공(고광순: 필자주)은 유유히 길을 떠나 집안 식구들의 생활은 아랑곳하지 않고 오직 의병활동만을 구상하였다. 그러나 형세는 구애받지 않고 그저 의병을 일으키기 위해 남루한 모습으로 영남과 호남을 오가면서 의로운 사람이 있다는 소문을 들으면 자신이 좋아서 곧 바로 찾아가 눈물을 흘리며 함께 거사할 것을 권고하였다. 사람들은 간혹 비웃기도 하였지만 더더욱 권고하기를 게을리 하지 않았고 미친 사람 같이 슬퍼하기도 하고 꾸짖기도 하였다. 그러한 활동이 이미 오래되어 자취가 약간 드러나자 많은 사람들은 그를 위태롭게 생각하였다(黃玹, 「略傳」, 『鹿川遺稿』 卷 下).

위에서 알 수 있듯이, 그는 자신의 생명은 물론이거니와 가족의 생계를 버려둔 채 오로지 구국의 일념으로 활동하였다는 것이다.

그의 활동에 대해 일본측 자료에서도, "제1기(1906~1907)의 대표적 巨魁는 崔益鉉·高光洵·奇三衍 등이며, 모두 名門閥族 출신으로서 經書나 史記에 통달하고 있다"[2]라고 한 점으로 보아, 일제는 그를 1906-1907년 사이에 활동한 가장 대표적인 의병장 가운데 한 사람으로 꼽았음을 알 수 있다.

그런데 고광순과 그의 의병활동에 대해 구체적인 검토를 한 경우는 찾기가 어렵다.[3] 대체로 중기의병을 언급하는 과정에서 간단히 언급하거나,[4] 후기의병의 서술과정에서 간략히 언급된 바 있다.[5] 그리고 담양지

---

2) 『全南暴徒史』, 전라남도 경무과, 1913; 李一龍 역, 『秘錄 韓末全南義兵戰鬪史』, 전남일보인서관, 1977, 8쪽.

3) 趙東杰, 「鹿川 高光洵義兵將의 戰跡地 紀行」, 『韓國近代史의 試鍊과 反省』, 지식산업사, 1989, 345~351쪽.

4) 박민영, 『한말 중기의병』, 독립기념관 한국독립운동사연구소, 「제4장 제3절 고광순 의병」, 2009, 141~145쪽.

5) 홍영기, 『한말 후기의병』, 독립기념관 한국독립운동사연구소, 「제4장 제5절

역 한말의병을 정리하는 과정에서 그의 의병활동을 언급한 정도이다.[6] 그래서인지 대부분의 연구가 구체적이지 않을 뿐만 아니라 간혹 잘못 서술된 경우도 있다.[7]

이에 이 글에서는 고광순의 의병활동을 보다 구체적으로 살펴보고, 그러한 활동과정에서 그가 어떻게 이른바 지리산근거지론을 수립하여 실천하게 되었으며 그 의미는 무엇인지 밝혀보고자 한다. 특히, 그의 지리산근거지론을 柳麟錫의 백두산근거지론과의 비교를 통해 그 의미를 살펴보려는 것이다.

II. 고광순의 의병활동

고광순은 호남의 명가로 알려진 長興高氏로서, 자는 瑞伯, 호는 鹿川이다. 그의 生父는 鼎相, 生母는 김씨였으나 어려서 백부인 慶柱의 집안으로 입양되었다. 이로써 그는 임진왜란 당시 三父子가 순절한 의병장 高敬命의 12대손이자, 고경명의 아들 因厚의 11대 祀孫이 되었다.[8] 그는 10여 년간 학문에 전념하면서도 효성이 지극하고 우애가 깊었으며, 가난하고 억울한 사람들을 잘 도와줌으로써 진실로 덕을 좋아하는 군자로 향리에서회자되었다. 다시 말해 그는 19세기 후반까지만 하더라도 참다운 선비로

전라도의 의병항쟁」, 2009, 196~202쪽.

[6] 홍영기, 위의 논문, 76~107쪽.

[7] 잘못 서술된 내용은 논지를 전개하는 과정에서 언급할 것이다.

[8] 吳駿善, 「義兵將 高鹿泉傳」, 『後石遺稿』(1934); 『독립운동사자료집』 2, 독립운동사편찬위원회, 1970, 635쪽 및 高光烈, 「鹿川公行狀」, 1946; 『독립운동사자료집』 3(이하 『자료집』), 1971, 281~282쪽. 위의 두 자료에서는 고광순의 호를 '鹿泉'으로 표기했으나, '鹿川'의 착오이므로 수정하였다. 고광순은 창평의 남쪽 고개인 鹿渴과 생가 곁에 졸졸 흐르는 柳川의 위에 살고 있다하여 각기 한 글자씩 차용하여 '鹿川'이라 했다고 한다. 盧鍾龍, 「傳」, 『鹿川遺稿』 권 하.

서의 자질을 닦고, 의병장 종가의 본분에 어긋나지 않은 삶에 충실했음을 다음의 기록이 전해준다.

차츰 장성하자 上月亭에 올라가 10년 동안 문을 닫고 마음을 다해 六經을 전공하여 은미한 辭緣과 심오한 뜻을 조목조목 분석함으로써 經義에 매우 밝아 格物 致知 誠意 正心의 공부와 修身 齊家 治國 平天下의 도를 항상 스스로 講明하였다. 이로써 雜誌 鎖錄 등 諸家의 著作은 절대로 눈길을 두지 않았고, "이는 족히 마음에 해가 될 따름이다. 하필이면 바른 길을 버리고 굽은 길을 취하겠느냐"고 말하였다. 스스로 뜻을 세움이 확고하여 옛 군자의 지위를 목표로 삼은 것에 전혀 흔들림이 없었다(고광렬, 「녹천공행장」, 『자료집』3, 283쪽).

위에서 알 수 있듯이, 그는 성리학에 심취한 군자의 길을 걷고 있었다. 물론 그 역시 여느 선비와 마찬가지로 입신양명을 위한 과거에 응시하기 위해 상경하였다. 하지만 試官의 부패로 낙방한 그는 다시는 과거에 응하지 않았다.[9] 이러한 그에 대하여 "지조와 의기가 고매하고 언행이 진중하여 위력에 굴복하지 아니하고 利慾에 유혹되지 아니하니, … 吏胥들은 그 덕에 굴복하고 노복들은 그 은혜에 감격하고 鄕黨은 그 풍속을 우러르고 宗族은 그 義를 높이 보았다"[10]고 평하였다.

그러던 중 19세기 말 일제의 침략이 본격화되었다. 즉 일제가 1895년에 明成皇后弑害事件과 斷髮令 등을 자행하자 지방의 유생들이 勤王志向의 의병을 일으킨 것이다. 전라도에서는 1895년 겨울부터 장성의 松沙 奇宇萬을 중심으로 擧義를 준비하였다.[11] 그리하여 그는 蘆沙 奇正鎭의 門人,

---

9) 황현, 「略傳」, 『녹천유고』권 하; 고광렬, 「녹천공행장」, 『자료집』3, 285쪽; 「高光洵上疏文」, 『韓末義兵資料集』, 독립기념관, 1989, 156쪽.

10) 고광렬, 「녹천공행장」, 『자료집』3, 284~285쪽.

11) 黃玹, 『梅泉野錄』, 국사편찬위원회, 1955, 198쪽. 한편, 장성에서 일어난 의병에

즉 자신의 同學들과 가문의 도움을 받아 전라도에서는 최초로 1896년 2월
에 장성에서 의병을 일으켰다.

　기우만 등 호남의 儒林들은 먼저 상소운동을 통해 復讐討賊, 단발령의
철폐, 옛 제도의 복구 등을 주장하였다. 하지만 이들의 상소가 받아들여
지지 않은데다 1896년 2월에는 아관파천이 발생하였다.[12] 이에 이들은
전라도 각지에 기우만의 이름으로 격문을 발송하며 의병에 가담할 것을
권유했는데, 주요 내용으로는 고종의 환궁과 개화파의 처단, 옛 제도의
복구와 복수토적 등이었다.

　이 소식을 전해들은 고광순은 장성의병에 참여했는데, 의병에 가담하
면서 그는 상소문을 올렸다. 아래의 글이 그것이다.

　　전라도의 昌平 幼學 臣 高光洵은 진실로 황공하옵게도 머리를 조아리고 백번
　　절하며 主上殿下께 上言을 하나이다. … 臣의 선조 忠烈 臣 敬命과 孝烈 臣 從
　　厚와 毅烈 臣 因厚 3부자는 임진란에 순절을 하여 세상이 忠孝古家로 일컫고
　　있으며 列聖朝의 보상해준 은전과 후손들의 蔭을 받은 恩이 하늘처럼 높고
　　땅처럼 후한데 臣은 바로 毅烈의 祀孫입니다. 조상을 생각하고 교훈을 지켜
　　왔으니 한결같은 충성심이 어찌 서울에 사는 世家들보다 일푼이라도 덜하겠
　　습니까(「高光洵上疏文」,『韓末義兵資料集』, 독립기념관, 1989, 155~156쪽).

　위의 인용문은, 그가 1896년 2월에 고종에게 올린 상소문의 일부이다.
이 글을 통해 알 수 있듯이 그는 임진왜란시 순절한 의병가의 후예로서
선조의 교훈을 지키면서 누구보다 충성심이 깊다는 점을 강조하고 있다.

　관해서는 아래의 논문이 참고된다. 糟谷憲一,「初期義兵運動について」,『朝鮮史
研究會論文集』14, 1977; 金滇,「韓末 全南長城의 義兵抗爭」,『光州敎大 論文集』
21, 1981; ____,「松沙 奇宇萬의 斥邪衛正 思想」, 위의 책 22, 1982; 李相寔,「韓
末의 民族運動-長城地方의 義兵活動을 중심으로」,『人文科學』2, 木浦大, 1985.
12) 홍영기,「舊韓末 湖南義兵의 倡義性格」,『湖南文化硏究』22, 1993, 42쪽.

그는 임진왜란 당시 순국한 의병장의 祀孫이라는 자긍심과 책임감이 매우 컸음을 확인할 수 있다.[13] 나아가 그는 임진왜란 의병에서 자신이 의병에 참여하게 된 역사적 연원과 명분을 찾았음을 알 수 있다.

그는 장성의병에 참여하여 상소문과 통문을 작성하는 한편, 광주 장성 담양 순창 창평 등지에 의병을 권유하는 통문을 보내어 장성향교의 창의와 光州會盟에 가담할 것을 촉구하였다.[14] 그리하여 이들은 1896년 음력 2월 7일 장성향교를 都會所, 양사재를 鄕會所로 삼아 의병을 일으켰다.[15] 이들은 나주의병과 연합하기 위해 음력 2월 11일 나주로 이동하였는데, 약 200명 규모였다.

이들은 나주의병과 만나 임진왜란 당시 의병을 일으켜 순절한 金千鎰 의병장의 祠宇故址에 단을 설치한 후 제문을 바치고 나주의 진산 금성산에 위치한 錦城堂에서 제사를 올렸다. 이어 이들은 지방의 거점을 확보한 다음 군사를 모아 勤王하기 위한 북상계획을 수립하는 한편, 자신들의 주장을 담은 상소를 올렸다. 아울러 북상하기 위한 거점을 광주로 확정한 후 음력 2월 하순 장성의병은 광주로 이진하고 나주의병은 후방을 방어할 목적으로 나주에 주둔하였다.

이러한 상황을 파악한 정부에서는 호남의병을 해산하기 위해 선유사 申箕善과 친위대를 파견하였다.[16] 신기선은 기우만에게 국왕의 조칙을 전하면서 해산을 종용하였다. 광주에 주둔 중이던 장성의병은 음력 2월 28-29일 경 해산하였으며, 나주의병은 그보다 앞서 해산하고 말았다.

---

13) 고광순이 의병을 일으킨 이유로 일제의 경제적 침탈과 고종의 密勅, 그리고 임진왜란 때 순국한 의병장의 종손 등을 거론하나(조동걸, 앞의 글, 346~347쪽 및 박민영, 앞의 책, 142쪽), 그가 처음 의병에 참여한 이유는 1896년 음력 2월에 올린 상소문에서 확인할 수 있듯이 임진왜란 때 순국한 의병장의 祀孫이란 점이 가장 크게 작용했음을 알 수 있다.

14) 「通告列邑文」, 『鹿川遺稿』 권 상.

15) 홍영기, 『대한제국기 호남의병 연구』, 일조각, 2004, 132~133쪽.

16) 위의 책, 147쪽.

이렇듯 장성의병은 勤王을 목표로 활동하였다.[17] 고광순 역시 자신들을 勤王義兵으로 인식하였다.[18]

신은 원래 유생이기 때문에 서로 호응하여 왕실을 함께 부지하기로 약속하고 여러 고을에 통문을 발송하여 민심을 하나로 수습하여 億萬心이 오직 한 마음처럼 된 것은 어찌 임금님의 덕화로 함육된 것이 아니고는 자신들의 천성으로 할 수 없는 것입니다. 그러나 아직까지 단결이 미흡한 상태이니 근왕하는 일이 늦어질까 두렵습니다. 군사를 이끌고 출정하는 날 전국 의병이 서로 호응할 것이며 즉시 대궐에 달려가 임금의 고통을 부채질하는 역적들을 일거에 깨끗이 소탕하겠습니다(「高光洵上疏文」, 『韓末義兵資料集』, 독립기념관, 1989, 160쪽).

위와 같이 고광순은 勤王義兵을 일으켜 역적들을 제거해야 한다고 인식한 것이다. 그의 상소문을 통해 호남지방의 전기의병은 勤王을 목표로 反開化·反侵略 鬪爭을 지향하는 위정척사적 성향이 강했음을 알 수 있다.[19] 이는, 성리학적 사회질서를 수호하기 위한 보수적·복고적인 성격이 강했음을 의미한다.

그런데 앞서 말했듯이 이들은 1896년 음력 2월말 해산하고 말았다. 하지만 고광순은 집안일을 젖혀두고 오직 의병을 일으킬 일념으로 영·호남으로 돌아다니며 동지를 포섭하는 데 열중하였다. 당시 그의 상황이 다음과 같이 전해진다.

天生 愛國志士인 高光洵은, 乙未의 國恥에 對하야, 항상 憤痛한 생각을 가지고 잇섯는 故로, 乙未以後로는 더욱이 生産作業에 뜻을 두지 않고, 枕戈嘗膽의 不

---

17) 기우만, 「丙申疏 二」, 『송사선생문집』 1, 1990, 287쪽.
18) 고광순, 「丙申疏」, 『鹿川遺稿』 卷 上, 1974.
19) 위와 같음.

한말 高光洵의 의병활동과 智異山根據地論 · 153

平歲月을 보내고 잇는 中, 또 乙巳(1905)年에 所謂 五條約이 締結되얏다는 말을 듯고는 晝宵로 一層 더 憤慨하다가 丙午 四月에 參判 崔益鉉(號 勉庵)이 淳昌郡에 오게 된 機會를 利用하야 勉庵과 國難을 共濟하기로 同盟하엿다. 그러나 勉庵이 곳 逮捕된 故로 高光洵은 일이 뜻과 같이 되지 못할 줄을 짐작하고 다시 歸家하야 兵書를 더 耽讀하기에 寢食까지도 이저바리고 뜬눈으로 날을 새우는 때도 각금 잇섯다(高永煥, 「無名烈士 高光洵(1848-1907)」, 『新東亞』 9, 1932.7).

고광순은 을사조약을 전후하여 의병의 열기가 되살아나자 1906년 음력 4월에 일어난 최익현 의진에 합류하기로 했으나, 그에 앞서 최익현 등이 순창에서 체포됨으로써 참여하지도 못하고 돌아왔다는 것이다. 한편, 최익현은 담양 秋月山에 있는 龍湫寺에서 기우만 등과 만나 대일항전의 방법에 대해 논의하였다.[20] 당시 고광순은 이유는 알 수 없으나 용추사 회합에 참가하지 않은 것 같다. 용추사에서 작성된 同盟錄 112명의 명단에 그의 이름이 없는 점으로 보아 그러하다.[21]

최익현 중심의 태인의병이 실패한 후에도 고광순은 포기하지 않고 항일투쟁을 모색하였다. 그는 백낙구·기우만 등과 함께 구례 中大寺에 집결하여 지리산을 근거지 삼아 의병을 일으키기로 한 것이다.[22] 당시 그는 족조인 高濟亮과 함께 기우만·백낙구를 만나 다시 의병을 일으키기고 합의하였다.[23] 당시의 상황을 살펴보기로 하자.

A. 그 후 崔의 잔당은 끊임없이 민심을 선동, 도발하고 있었는데 同年(1906년: 필자주) 11월 4일 본도의 유생으로서 본디 崔益鉉을 따르는 光陽郡의 白

---

20) 홍영기, 「한말의 담양의병」, 앞의 책, 89쪽.
21) 崔濟學, 「勉庵先生倡義顚末」, 『자료집』 2, 67~75쪽.
22) 『全南暴徒史』(전라남도 경무과, 1913: 전남일보 인서관, 1977), 10, 21~22쪽.
23) 고광렬, 「녹천공행장」, 『자료집』 3, 286쪽.

樂九, 長城郡의 奇宇萬, 昌平郡(현 和順郡 屬面)의 高光洵 李恒善 등이 官制改革으로 실직한 前 郡吏 등과 通謀하여 求禮郡 大大寺에 모여 총원 50여 명(총기 10여 정)으로써 다음날 5일에 거사, 구례로부터 광양군을 통과하여 7일 順天에 이르렀는데 무슨 느끼는 바가 있었던지 다시 구례로 돌아가 백낙구 외 수명은 이곳 군수에게 체포되었다(『전남폭도사』, 21~22쪽).

B. 同年(1906년: 필자주) 九月에 또 奇宇萬 白樂九 李恒善 金相琦 等 同志로 더부러 再次 擧義하야 將卒을 거느리고 바로 求禮郡 花開寺로 가서 檄文을 四方으로 發送하야 많은 同志를 募聚하기로 計劃하엿는데 마침 陰 十月五日은 自己(高光洵: 필자주) 生家 仲兄의 葬禮日이므로 自己는 이미 몸을 國事에 바첫슨즉 兄弟間에 臨墓永訣이나 하겟다고 三日爲限하고 花開寺를 떠나는 동안 兵事에 關한 모든 것을 白樂九에게 委任하고 歸家하엿드니 그 翌日에 白樂九가 敵에게 逮捕되고 其他의 部下들은 모도 四散한 까닭에 또 모든 計劃이 水泡에 돌아가게 되엿다(고영환, 「무명열사 고광순」).

위의 A에서 알 수 있듯이 고광순은 광양의 백낙구, 장성의 기우만 그리고 관제개혁으로 실직한 郡吏, 즉 향리들과 함께 의병을 일으킬 계획이었던 것 같다. B에서도 그러한 사실을 확인할 수 있는데, 이들은 음력 9월부터 의병을 일으키기로 하고서 구례 화개사(혹은 중대사)[24]에서 격문을 발송하고 동지를 규합하였다는 것이다. 다만 고광순은 마침 仲兄의 장례일로 인해 창평으로 돌아갔다가 거사일에 당도하지 못하자 백낙구 등이 구례 중대사에서 의병을 일으켰다가 체포된 것이다.

전주의 향리 출신으로 추정되는 백낙구는 눈병에 걸려 광양의 백운산

---

24) 일본측 자료인 『전남폭도사』에는 중대사로, 고영환의 글에서는 화개사로 되어 있으나 어느 자료가 정확한 지는 잘 알 수 없다. 그런데 『전남폭도사』를 번역한 李一龍은 중대사가 구례군 토지면 중대리에 있던 암자였으나 6·25전쟁을 전후하여 없어졌다고 한다(『전남폭도사』, 22쪽). 여기서는 의병 당시의 자료인 『전남폭도사』의 기록대로 중대사로 지칭하겠다.

에 은거하던 중에 을사조약의 소식을 전해 듣고 의병을 일으키게 되었다.[25] 당시 그는 1906년 10월에 단행된 관제개혁으로 쫓겨난 진주의 향리들을 의병에 끌어들이고[26] 구례 중대사 봉기를 주도하였다. 그 역시 향리집안이었기 때문에 그들을 의병대열에 합류시키기가 용이하였을 것이다. 당시 그는 이들과 함께 구례・광양・순천 등지를 돌며 의병확산에 노력했으나 李承祖 등 6명과 함께 구례에서 체포되었다. 이들은 순천분파소로 압송되었다가 광주로 이송되어 재판을 받고서 완도군 고금도로 유배되었다.[27]

한편, 이 사건과 관련하여 기우만 역시 1906년 음력 10월에 체포되었다.[28] 당시 기우만은 일제 경찰로부터 백낙구 의병과의 연관성에 대해 집중적으로 추궁당했다. 하지만 구체적인 물증을 찾지 못한 일제 경찰은 그를 방면할 수밖에 없었다. 그후 얼마 지나지 않은 1907년 초 고광순은 김상기・이항선 등과 같이 기우만을 찾았다. 이때 이들은, "지난해에 선생은 諸公과 더불어 의거를 일으키기로 의논이 결정되었는데, 제공은 順天에서 패전을 당하고 찾아와서 원수를 갚고 부끄러움을 씻을 계획을 물으므로 서로 함께 눈물을 흘렸다"[29]고 한다. 여기에서 諸公과 더불어 의거를 일으키기로 의논했다는 것은 구례의 중대사 擧義를 의미할 것이다. 다시 말해 구례의 중대사 거의는 고광순을 비롯한 기우만・백낙구 등이 연합하여 거의를 모색했으나 백낙구의 주도로 의병을 일으켰다가 실패한

25) 백낙구 의병에 대해서는 홍영기의 「대한제국기 의병항쟁」, 『순천시사-정치사회편』, 순천시, 1997, 554~557쪽; 박민영의 「제4장 제4절 백낙구의 광양의병」, 『한말 중기의병』, 2009, 146~151쪽 참조.
26) 『大韓每日申報』 1906년 11월 14일자 「光陽匪擾」; 『萬歲報』 1906년 11월 15일자 「光陽匪擾」.
27) 홍영기, 「대한제국기 의병항쟁」, 555~557쪽; 박민영, 앞의 책, 148~150쪽.
28) 기우만, 「송사집」, 『자료집』 3, 46~47쪽.
29) 위의 책, 49~50쪽.

것으로 믿어진다.[30]

그럼에도 불구하고 고광순은 "百折不屈하는 정신과 掀天動地할만한 열성을 가지고 여러 번의 실패에도 용기를 꺾기지 않고"[31] 다시금 의병을 준비하였다. 그는 1907년 2월 12일(음력 섣달 그믐날) 남원의 향리출신 梁漢奎와 연합하여 남원성을 장악하기로 하였다. 이 무렵 그는 고종의 哀痛之詔를 비밀리에 받아 總理湖南義兵大將에 임명되었다고 전하나[32] 분명하지 않다. 고광순의 의병활동을 기록한 다른 자료에서는 전혀 언급이 없기 때문이다.

그는 양한규와 함께 남원성을 점령하기 위해 음력 12월 창평 소재 猪山의 墳庵에서 의진을 편성하였다.[33] 저산의 분암은 현재의 담양군 대덕면 운산리에 있는 전주이씨 제각을 말하는데, 담양과 화순 사이의 궁벽한 산간지대이기 때문에 의병을 일으키는 장소로 적합하였을 것이다. 당시 이 義陣의 맹주에 고광순이 추대되었고, 副將 高濟亮, 선봉장 高光秀, 좌익장 高光薰, 우익장 高光彩, 참모 朴基德·高光文, 犒軍 尹永淇, 종사 申德均·曺東圭 등이었다.[34] 고광순 의진의 지휘부만을 보더라도 고씨들이 많은

---

30) 본문에서 살펴본 바와 같이 구례 중대사 거의는 기우만·고광순·백낙구 등이 함께 모의하였으나 고광순과 기우만은 거의에 직접 참여하지 못했음에도 직접 가담한 것으로 서술된 경우도 있다. 박민영, 앞의 책, 143쪽.

31) 高永煥, 「無名烈士 高光洵(1848~1907)」.

32) 고광렬, 「녹천공행장」, 『자료집』 3, 286쪽.

33) 위와 같음. 한편, 「녹천공행장」(고광렬 찬), 「묘갈명」(김종가 찬), 「행장」(김재홍 찬) 등에서는 고광순이 음력 12월 11일 거의했다고 하고, 고영환은 음력 12월 27일 鹿川庄에서 거의했다고 한다(「무명열사 고광순(1848~1907)」). 아마도 녹천장은 고광순의 생가를 의미한 것으로 보이나, 일제 경찰이 약 10년 동안 항일투쟁을 전개한 고광순을 주시하고 있었을 것이므로 그의 생가에서 의병을 일으키기는 어려웠을 것이다. 또한 섣달 그믐날 남원성을 공격하려면 그 3일 전에 거의해서는 너무 촉급하지 않을까 한다. 따라서 고광순 의진은 1906년 음력 12월 11일에 거의했다고 보는 것이 더 타당할 것이다.

34) 고광렬, 「麟峰公行狀」, 『자료집』 3, 296쪽 및 고영환, 「무명열사 고광순(1848~1907)」 참조.

편이다. 고광순 의진의 주요 구성원뿐만 아니라 일반 의병들도 고씨들이 많았을 것으로 짐작된다. 이들은 처음 의병을 일으킬 당시에는 약 40명 규모였으나, 곡성에서 포수와 무기를 수습하여 70명으로 증편되어 남원으로 이동하였다.[35] 하지만 이들이 남원에 도착하기 전에 양한규 의진이 먼저 일어났다가 패퇴함으로써 남원을 점령하려던 계획은 물거품이 되고 말았다.

그 이후에도 고광순은 1907년 음력 3월에 능주의 梁會一, 장성의 기삼연과 의병봉기를 계획하였으며 창평·능주·동복 등지를 전전하며 활동하였다.[36] 그는 60세의 나이에도 불구하고 10여 동안 고군분투하였다. 이러한 그를 일제조차, '高忠臣' 혹은 '호남의병의 선구자'라고 지칭할 정도였다.[37] 그리하여 일제는 1906~1907년 사이에 활동한 가장 대표적인 의병장으로 최익현·기삼연과 함께 그를 꼽았던 것이다.[38]

하지만 그의 체포가 여의치 않자 일제 군경은 鶴峰 高因厚의 종택이자 고광순의 가옥을 방화하는 등 만행을 저질렀다. 다음의 자료를 통해 그러한 사실을 확인할 수 있다.

光州의 敵이 柳川里 高光洵의 家를 襲擊하야 그 집일을 보고 잇는 光洵의 從兄 高光潤을 亂打하며 그 家屋에 放火한 까닭으로 勿論 家産 什物이야 말할 것도 없거니와 數百餘年間 傳來하든 先世의 文籍이며 國朝의 賜牌文과 光洵의 遺稿와 擧義의 前後事實 草案이 全部 烏有로 돌아가게 되엿다. 그리고 또 敵은 鶴峰祠堂에까지 衡火하려고 하므로 光洵의 長子인 高在桓은 生來붙어 聾啞이나

35) 고영환, 「무명열사 고광순(1848~1907)」.
36) 安圭容, 「行狀」, 『杏史實紀』 권 3; 고광렬, 「녹천공행장」, 『자료집』 3, 287쪽; 고영환, 「무명열사 고광순(1848~1907)」; 황현, 「약전」, 『녹천유고』 권 하 등 참조.
37) 고광렬, 「녹천공행장」, 『자료집』 3, 290~291쪽 및 『朝鮮暴徒討伐誌』, 1913; 『자료집』 3, 703쪽.
38) 『전남폭도사』, 8쪽.

祠堂의 불을 抵死消防하려다가 敵의 銃槍에 그 膀胱을 찔니여 더욱 不治의 病者로는 되엇으나 聾啞인 在桓의 慕先列誠이 헛되지 않하야 그 祠堂만은 多幸히 免火하게 되엿다(고영환, 「무명열사 고광순(1848~1907)」).

일제가 고인후의 사손인 고광순의 가옥을 방화함으로써 수백 년 동안 전해오던 각종 문적과 문서들이 모두 소실되었을 뿐만 아니라 고인후의 사당까지 불을 지르려하자 이를 저지하는 과정에서 고광순의 큰아들인 고재환도 크게 다쳐 불치의 환자가 되었다는 것이다.

이처럼 고광순은 을사조약 이후에는 국권을 수호하기 위한 保國 지향적 의병활동을 전개하였다. 그는 창평의 고씨 문중의 적극적인 협조로 독자적인 의진을 조직하여 활동하였으나, 커다란 성과를 거두지는 못하였다. 그가 10년에 걸친 지속적인 반일활동을 통해 호남의병의 활성화에 기여했다고 하더라도 무언가 새로운 돌파구를 모색하지 않으면 안 되었을 것이다.

III. 고광순의 지리산근거지론

1907년 후반부터 의병항쟁은 날로 격화되어 전쟁이나 다름없는 양상을 보였다. 이 무렵 일제의 국권침탈이 더욱 가속화되었기 때문이다. 즉, 일제는 7월에 高宗의 강제퇴위와 한일신협약 그리고 8월에는 군대해산을 단행함으로써 대한제국은 정치적 예속화의 길로 접어들었던 것이다. 전국 각지의 번화가와 비옥한 토지, 그리고 연해 어장이나 삼림에 대한 경제적 침탈도 병행되었다. 이처럼 일제의 국권침탈이 노골화하자 의병에 투신하는 사람들이 크게 늘어났다. 국가적 위기를 자각하게 되었을 뿐만 아니라 자신들의 생존권조차 빼앗길 수 있다는 불안감 때문이었다.

그리하여 전국 각지에서 일어난 의병들은 1907년 후반 이후에는 일제와 더불어 전선이 없는 전쟁을 벌였다. 당시 언론에서는 일제와 맞서 싸우는 의병의 항일투쟁을 전쟁으로 인식하였다. 다음의 기사를 통해 그러한 사실을 확인할 수 있다.

지금 한국 남방에서 일어났으니 이것은 한국 독립당이 어지러이 싸우는 것이 이것을 진압하기가 대단히 어려울지라. 우리 신문 기자는 이 일을 대단히 민망히 여기고 한탄할 뿐더러 그 나중 결과가 만일 한국 의병이 패하면 일본 사람의 엄혹한 법률과 진압할 방책으로 베풀 것은 생각함이라. … 이 것은 일의 성패가 어떠하든지 자기의 사람된 자격을 세계에 발명하는 일이로다(『대한매일신보(국문판)』 1907년 9월 5일자 「한국안에 전쟁」: 현대문으로 수정).

『대한매일신보』는 「한국안에 전쟁」이란 기사에서 한국의 남방에서 의병이 일어나 진압이 어려울 정도여서 전쟁이나 다름없다고 보았다. 일제 군경 역시 의병과의 싸움을 "그 규모가 엄청나서 마치 대전쟁"[39]이라고 평할 정도였다. 당시 한국에 와있던 외국인들도 의병의 항일투쟁을 전쟁으로 인식하였다.

전쟁은 전쟁이니만큼 의병을 사살하는 데 대해서는 왈가왈부 할 수 없다. 불행한 일은 살육의 대부분이 무분별하며 공포를 조성하기 위한 것이었다는 것에 문제가 있을 것이다. … 1908년 7월 한 일본인 고관은 서울에서 열린 특별 법정에서 베델Bethel씨 심문에 증언하면서, 당시 약 2만 명의 일본 병력이 소요를 진압하는데 동원되고 있으며, 전국의 약 반이 무장봉기가 일어난 상태였다고 말한 바 있었다. 한국인들은 1915년까지 전투를 계속

---

39) 『폭도에 관한 편책』, 1909년 9월 18일자; 『한국독립운동사』 15, 국사편찬위원회, 1986, 514쪽.

하였으며, 이 해에 이르러 비로소 반란이 완전히 진압되었다는 일본의 공식 발표가 있었다. 산악주민들, 평지의 젊은이들, 범 사냥꾼들, 그리고 늙은 군인들이 겪어야만 했던 고초를 다른 사람은 어렴풋이나마 상상조차 하기 힘들 것이다(F. A. 매켄지, 이광린 역, 『한국의 독립운동』, 일조각, 1993, 120~121쪽).

이처럼 외국인들은 의병의 항일투쟁을 일본과의 전쟁으로 인식하였으며, 일제는 의병을 진압하기 위해 일본군 2만 명을 동원했다는 것이다. 뿐만 아니라 일제는 무분별한 살육을 자행하는 등 야만적인 진압방법을 구사하였다.

앞서 보았듯이, 고광순은 약 10년 동안 오로지 국권을 수호하기 위해 항일투쟁을 전개했으나, 사실 그 결과는 참담할 정도였다. 그는 새로운 투쟁전략의 필요성을 느꼈으리라 믿어진다. 그러한 고심의 흔적을 앞서의 인용문에서 "兵書를 더 耽讀하기에 寢食까지도 잊어버리고 뜬눈으로 날을 새우"기도 했다는 것이다. 이때 그는 즉각적인 무장투쟁보다는 장기항전을 모색하기 위한 투쟁전략을 찾기 위해 노력한 것으로 보인다.

그러면 그의 지리산을 무대로 한 장기항전 전략은 언제부터 논의되었을까. 아마도 최익현과 임병찬이 주도한 태인의병을 준비하는 과정에서 처음 제기된 것으로 짐작된다. 1906년 음력 2월에 임병찬이 최익현에게 보낸 편지에서 "곳곳에 심복들을 집결시킨 연후에 頭流山에 웅거하여 進攻退守之計로 삼아야 한다"[40]고 주장한 것으로 보아 그러하다. '진공퇴수지계'는 의병이 강할 때는 나아가 적을 치고 의병이 약해지면 깊은 산에 들어가 무력을 기르는 전술을 의미한다.[41] 그러나 최익현은 두류산, 즉 지리산에서의 장기항전 전략보다는 의병을 일으켜 북상해서 일제와 외교

---

40) 林炳瓚, 「答勉庵先生書」(1906.2.9.), 『義兵抗爭日記』, 한국인문과학원, 1986, 60쪽.
41) 홍영기, 『대한제국기 호남의병 연구』, 184쪽.

적 담판을 통해 그들을 물리치려는 전략을 택하였다.[42] 요컨대 지리산을
무대로 한 장기항전 전략은 1906년 음력 2월 태인의병을 준비하는 과정
에서 임병찬이 제안한 것이었다.

그 후에도 의병의 지리산 웅거책은 지속적으로 제기되었다. 1907년 2
월 남원에서 봉기한 양한규 역시 그러한 계획을 제시하였다.[43] 양한규와
고광순은 연합하여 활동할 계획이었으므로 지리산 웅거책에 대하여 서로
의논한 것으로 볼 수 있을 것이다. 이후 고광순은 장성의 기삼연, 화순의
양회일과 더불어 掎角之勢를 형성하여 동시다발적인 봉기를 계획했으나
양회일의 쌍산의소만이 1907년 4월에 거병하였다.[44] 쌍산의소의 결성과
정에서 중군장 林昌模는 智異山練兵說을 주장하였다.[45] 이처럼 고광순은
지리산을 활용하려는 여러 의진의 시도를 보거나 들어왔다. 이 과정에서
고광순 의진은 1907년 음력 5월에는 능주분파소를 공격했으나 이기지 못
했고, 음력 8월 초순에는 동복에 들어가려다 일본군에게 차단을 당해 퇴
각하였다.[46] 그리하여 그는 燕谷根據之計를 수립하였다. 연곡근거지계는
지리산 피아골에 있는 연곡사를 근거지로 삼아 의병의 장기항전 체제를
갖춘다는 익미일 것이다. 이는 그가 10년 동안의 경험이 축적된 결과로써
거칠게나마 전략적인 두서를 갖추게 되었음[47]을 의미한다.

이에 따라 고광순 의진은 새로운 전략을 추진하였다. 즉, 화력과 훈련
면에서 압도적인 일제 군경과 맞서 싸우는 방식을 탈피하고서 '根據之計',

---

42) 위의 책, 177쪽.

43) 황현, 『매천야록』권 5, 406쪽 및 『대한매일신보』 1907년 8월 21일자 「디방정형」.

44) 홍영기, 『대한제국기 호남의병 연구』, 210~212쪽. 한편 1907년 4월 고광순 의진
이 능주와 화순 점령 등의 의병활동을 전개한 것으로 서술한 경우도 있으나(박
민영, 앞의 책, 144-145쪽), 그러한 활동은 양회일의 쌍산의소에 의해 이루어졌
음이 확실하다(박민영, 앞의 책, 139~140쪽; 홍영기 앞의 책, 2004, 212~213쪽).

45) 梁會一, 『咸史實紀』(1950) 권 4, 9쪽; 홍영기, 위의 책, 211쪽.

46) 황현, 「약전」, 『녹천유고』권 하.

47) 위와 같음.

다시 말해 장기항전에 대비하여 일정기간 銳氣를 기른 후에 항일투쟁을 불사한다는 전략을 수립한 것이다. 이를 위해 고광순은 지리산을 의병을 위한 장기항전의 근거지로 삼은 것이다. 고광순의 이러한 전략을 지리산 근거지론이라 부르겠다.

한편, 그의 지리산근거지론은, 柳麟錫을 비롯한 중부 이북의 의병들이 이른바 北計策을 추진한 것과 비교된다고 하겠다. 유인석은 1908년 초반 萬全之策으로서의 이른바 北計策을 구상하였다.[48] 그의 국권회복 전략으로서의 북계책은 국외의 일정 지역에 根據地를 마련하여 장기항전을 모색하자는 내용이었다. 그는 장기적인 항일투쟁의 근거지로서 백두산을 중심으로 한 함경도 내륙 깊숙한 험한 산중을 최적지로 꼽았다. 다시 말해 유인석의 북계책은 백두산근거지론이라 할 수 있다. 그의 「義兵規則」 제32항에 그러한 내용이 들어 있다.

무릇 우리나라의 지세는 백두산 부근의 북도 여러 고을이 뿌리가 되어 가장 높고 험하니 이곳에 근거지를 세울 수 있다. 또한 청 및 러시아와 접해 있어 양식을 비축하고 무기를 구비할 길이 있으니 이곳에 근거지를 세워 족히 단단하게 하고 점차 세력을 뻗어 먼저 全道에 미치고 다음에 서, 동, 남쪽으로 확대하여 여러 도에 미치게 되면 세력이 왕성해지게 될 것이니, 이와 같이 되면 기세가 크고도 치밀해져 賊은 우리의 약속을 두려워하고 사기를 잃게 될 것이다(柳麟錫, 『毅菴集』 하, 경인문화사, 1973, 140쪽).

그는 험준한 산지인 백두산이 여러 가지로 유리한 조건을 갖추고 있으니 의병의 근거지로 삼아야 한다는 것이다.

유인석은 백두산근거지론의 유리한 조건 세 가지를 다음과 같이 언급하였다.[49] 첫째 지리적 조건이 좋다는 점이다. 그는, "생각컨대 백두산은

---

48) 유한철, 「柳麟錫의 義兵根據地論」, 『한국독립운동사연구』 8, 1994, 126~127쪽.

일국의 근저로서 부근의 제읍, 즉 무산 삼수갑산 장진 자성 후창 강계 등이 絕險하여 요충지가 될 만하니 이를 근거지로 삼으면 대사를 도모할 만하다"[50]고 보았다. 둘째 무장투쟁을 위한 인적 물적 기반의 조성에 유리하다는 점이다. 그는, "서북인은 강경하고 포를 쏘는 데 능하며 서북지방은 북간도와 서간도에 인접해 조선 사람들이 상당히 많다. 듣건대 이 지방에서 호응하는 기세가 없지 않다 하니 이것을 서로 연결하여 병력을 기를 만하며 財穀을 모을 만하고 병기를 만들거나 구입하기가 좋다. … 듣건대 삼수갑산 북청은 이미 의병이 일어나서 기세가 매우 장하고 장진 강계 또한 의병이 일어나기 시작했으니 이는 우연이 아니다. 이제 동남의 병사 수천명이 여기에 합류하면 세력이 강대해질 것이다. 따라서 서북 제읍은 근거지로 삼을 만하다"고 하였다. 셋째 국제적인 환경이 유리하다고 보았다. 이 지역에서는 유사시 청과 러시아의 원조를 구할 수도 있고, 청과 러시아로 인해 일제의 군사활동이 여의치 않을 것이라는 점을 내다본 것이다. 유인석은 북계책, 즉 백두산근거지론에 입각하여 李範允 등과 같이 훗날 13道義軍을 결성했던 것이다.

유인석의 백두산근거지론은 오랜 의병활동과 망명생활을 통해 얻은 소산으로서,[51] 당시 新民會의 독립군기지 개척 구상과 쌍벽을 이루는 매우 중요한 국권회복 전략이었다. 즉 의병운동세력인 유인석의 백두산근거지론과 계몽운동세력인 신민회의 이른바 渡滿之計가 거의 비슷한 구상을 도출했다는 점에서 주목되는 것이다. 신민회의 그러한 구상은 李相龍이 제기하여 1910년경 梁起鐸·李東寧·朱鎭洙 등의 이른바 '渡滿之計'로 완성되었다. 그리하여 1910년 말부터 이듬해 1월 사이에 李哲榮·李始榮 등 6

---

49) 위의 논문, 105, 127~128쪽.

50) 유인석, 「與諸陣別紙」, 『毅菴集』 상, 경인문화사, 1973, 592쪽.

51) 강재언, 「朝鮮獨立運動의根據地問題」, 『朝鮮民族運動史研究』1, 1984; 『朝鮮의 儒敎와 近代』, 明石書店, 1996, 231~233쪽.

형제 가족과 주진수 가족이 선발대로 이주를 시작하였고, 이상룡 역시 1911년 1월에 경북 안동을 출발하여 4월에 柳河縣 三原堡에 도착함으로써 만주근거지론이 추진된 것이다.[52] 이러한 북간도와 서간도의 항일운동기 지는 1920-1930년대 무장투쟁에서 매우 중요한 역할을 했음은 주지의 사실이다.

그런데 고광순이 지리산을 장기항전의 근거지로 삼으려는 계획은 1907년 중반이후에 추진되었다. 그는 전라북도에서 활동하던 金東臣을 內藏山[53])의 한 사찰에서 만나 지리산으로 들어가 서로 긴밀한 연계를 맺고서 의병투쟁을 전개하기로 합의했던 것이다.[54] 『皇城新聞』 1907년 9월 25일자에, "湖南倡義總理 高光洵과 湖西倡義大將 金東臣 등이 各郡鄕校에 發通한 倡義文을 全北觀察使 金奎熙氏가 謄本하야 내부에 보고하얏다더라"고 게재된 내용으로 보아 이들이 긴밀한 관계를 맺고 활동하였음을 확인할 수 있다. 따라서 이러한 합의에 따라 이들은 지리산으로 들어가 장기항전을 위한 의병근거지를 구축하였다. 아래의 기록이 그러한 사실을 말해준다.

> (1907. 음) 8월 11일 행군하여 구례 연곡사에 이르렀는데, 산이 험하고 골짜기가 깊었다. 동쪽으로는 화개동과 통했는데, 그곳에는 산포수가 많았다. 북쪽으로는 文殊菴과 통했는데, 암자는 천연의 요새였다. 燕谷寺를 중간기지로 삼아 장차 문수암과 화개동을 장악하여 의병을 유진시켜 銳氣를 기르는

---

52) 위의 책, 247~249쪽.

53) 김동신은 1908년 6월 6일 대전경찰분서 순사에 의해 체포되어 신문을 받은 과정에서 고광순을 내장산의 한 사찰에서 만났다고 하였다(홍영기, 앞의 책, 271쪽). 하지만 고광렬은 이들이 鷹嶺에서 회맹하여 서로 응원할 것을 약속한 것으로 서술하였다(「녹천공행장」, 『자료집』 3, 287쪽). 두 자료로 보건대 이들은 내장산에서 회견한 것으로 짐작되지만, 응령이 구체적으로 어디인지는 잘 알수 없다.

54) 고광렬, 「녹천공행장」, 『자료집』 3, 287쪽 및 홍영기, 앞의 책, 271~272쪽.

계책으로 삼았다. (고광순은) 대장기를 세우고 깃발에는 '不遠復' 3자를 썼다(고광렬, 「行狀」, 『鹿川遺稿』 下).

1907년 음력 8월 고광순은 연곡사가 위치한 피아골을 의병의 근거지로 삼아 '머지않아 회복한다(不遠復)'의 기치 아래 銳氣를 기른 후 항전을 도모하겠다는 구상을 밝힌 것이다. 위의 인용문에 보이듯이, 고광순의 지리산근거지론 역시 유인석의 백두산근거지론과 비슷한 점을 찾을 수 있다. 즉 지리적으로 유리한 조건과 항일투쟁을 위한 산포수의 확보를 고려한 면에서 공통점을 발견할 수 있는 것이다. 물론 양자 모두 장기항전을 위한 근거지 확보전략이라는 점도 동일하다. 다만 유인석의 백두산근거지론은 국제적 환경을 중시했기 때문에 국외근거지를 추진했으나, 고광순의 지리산근거지론은 향토수호를 중시했기 때문에 국내근거지를 추진한 점에서 차이가 있다.

한편, 고광순 등은 전라도에서 경상남도 서부지역까지 활동영역을 넓혔다. 다음의 기록이 그와 같은 사실을 알려준다.

본도(경상남도: 필자주)에 파급한 것은 작년(1907: 필자주) 9월 경성의 인물로서 일찍이 승지의 관직에 있었다는 김동신이라는 자가 고광순·洪永大를 손발로 삼고 전라북도를 건너 지리산에 근거를 만들고, 안의·하동·함양의 각 부락에 격서를 날려 국가의 위급을 호소하고 각료의 秕政을 탄핵하며 겹쳐 일인을 몰아내지 않으면 더러움을 백세에 끼친다는 唱導에 선동, 매혹되어 맹종하고 그 旗 밑에 모이는 자 날로 많아지며 …(『暴徒史編輯資料』, 『자료집』 3, 565~566쪽).

위에서 볼 수 있듯이, 고광순과 김동신 등은 전라북도로부터 지리산을 근거지로 삼아 경상남도의 안의·하동·함양 등지로 활동지역을 넓혀가고 있다. 다시 말해 고광순과 김동신은 지리산을 장기항전의 근거지로 주목했음을 알 수 있다. 당시 지리산을 무대로 활동하던 의병들이, "지리산 중 인적이 없는 곳에 가옥을 구축하고 장벽을 설치하고 방책을 만들고 주식을 저축하여 永久之策을 강구"[55]했던 것으로 일본 경찰은 파악하였다.

이들의 활동이 점차 활발해지자, 일본 군경은 경남 진해만에 있던 重砲 兵隊까지 동원하여 지리산을 근거지로 삼은 의병의 진압에 나섰다. 아래의 인용문이 그러한 사실을 알려준다.

> 작년(1907: 필자주) 8월부터 12월에 이르는 기간에는 그 세력이 창궐을 극하였던 김동신이 인솔한 무리가 그 수에 있어서 가장 많아 각지를 횡행하여 흉폭이 이르지 않는 곳이 없었다. 그러므로 진해만 중포병소 소위는 하사이하 20명을 거느리고 진주 경찰서 순사 3명, 순검 6명과 함께 하동군 화개 상면 탑촌에 집합한 김동신을 공격할 목적으로 10월 17일 새벽 그곳에 도착하여 격전 분투 1시간에 걸쳐 副將 고광순 이하 25명을 죽이고 다수의 부상자를 냈다(「폭도사편집자료」, 『자료집』3, 567쪽).

일제는 진해만의 중포병대와 진주경찰서의 순사들을 동원하여 이들의 진압에 심혈을 기울였음을 알 수 있다.

당시 고광순 의병부대는 일제에 맞서 부대를 3개로 나누어 대응하였다. 즉, 고광수와 윤영기에게 각각 1개 부대를 주어 경남 화개의 앞뒤 방향에서 공격하게 했으며, 자신은 고제량 등 약 50명의 의병과 함께 피아골 연곡사를 근거지삼아 일제의 중포병대와 수비대 그리고 순사대와 용감히 맞서 싸웠다.[56] 긴박한 전투상황에서 고광순은, "한번 죽음으로 국가에 보답하는 것으로 내 마음은 이미 정해져 있다. 너희는 나를 염려하지 말고 각자 도모하라"고 말하였다. 이에 고제량은, "처음에 의로서 함께

---

55) 『조선폭도토벌지』, 『자료집』3, 767쪽.
56) 고광렬, 「행장」, 『녹천유고』권 하; 『전남폭도사』, 26~27쪽; 「폭도사편집자료」, 『자료집』3, 567쪽; 『진중일지』1, 389~390, 401~403, 428~430, 434쪽 참조.

일어났으며 마지막에도 의로서 함께 죽는 것인데 어찌 죽음에 임하여 홀로 면하겠는가"라고 말하며 끝까지 싸우다가 함께 순절하였다. 이 전투에서 고광순 이하 25명의 의병이 전사하고 다수가 부상하였다.[57] 당시 일본 군경은 이 전투에서 무려 1,200발의 탄환을 소모할 정도로 고광순 의진과 치열한 공방전을 벌였다.[58] 연곡사 전투가 종료된 후 일본 군경은 연곡사의 14개 건물과 문수암을 소각한 후 철수하였다.[59] 결국 연곡사 전투를 끝으로 고광순의 의병활동은 종식되었다.

하지만 1908년을 전후한 시기에 삼남지방의 의병들이 지리산을 근거지로 삼아 활동하는 경우가 크게 증가하였다.[60] 예컨대, 1907년 9월에 광양의 의병들이 지리산으로 이진했으며, 1908년 2월에는 강재천과 임병찬 등의 부하들도 지리산을 근거지로 삼아 활동하였다.[61] 심지어 청국인들도 지리산에 웅거하여 항일투쟁을 시도하였을 정도로,[62] 1907년 후반부터 지리산은 점차 장기항전을 위한 항일투쟁의 근거지로 변모하였다. 특히 전라도와 경상도에서 활동하던 의병 수천 명이 지리산을 근거지로 삼아 활동하였다.[63] 이와 같이 지리산의 의병기지화는 고광순의 지리산근거지

---

57) 연곡사 전투의 사상자는 자료마다 다르게 나타난다. 일본 보병 제12여단 제14연대의 『陣中日誌』의 보고서조차 연곡사전투의 전사자를 40명, 22명, 14명 등과 같이 각각 다르게 기록하고 있다(김상기, 「『보병제14연대 진중일지』 해제-후기의병의 항전과 일본 보병제14연대의 의병탄압」, 『진중일지』 1, 토지주택박물관, 2010, 19쪽의 각주 8 참조). 위의 자료에서는 25명, 그리고 『전남폭도사』에서는 13명이 전사한 것으로 되어 있으나 한국측 자료에서는 전사자 규모에 대한 기록이 없다. 따라서 정확한 전사자 규모를 알 수 없으나 위의 일본측 자료로 미루어 보면 대략 20명 내외로 추정된다.

58) 『진중일지』 1, 428~429쪽.

59) 고광렬, 「녹천공행장」; 『자료집』 3, 287·296쪽; 『진중일지』 1, 403쪽.

60) 홍영기, 앞의 책, 288~289쪽.

61) 『대한매일신보』 1907년 9월 22일자 잡보; 같은 신문 1908년 2월 27일자 「湖南消息」.

62) 『統監府文書』 10, 국사편찬위원회, 2000, 296쪽.

63) 『대한매일신보』 1908년 4월 30일자 잡보.

론에서 본격화되었다고 해도 지나치지 않을 것이다. 요컨대, 고광순은 지리산을 의병의 장기항전을 위한 근거지로 삼는 전략을 수립한 창안자라 할 수 있다. 이는 약 10년간의 의병활동에서 얻어진 것으로 그 의미가 크다고 하겠다.

Ⅳ. 맺음말

지금까지 한말 고광순의 의병활동과 그의 지리산근거지론에 대해 살펴보았다. 앞에서 논의한 내용을 요약함으로써 결론에 대신하고자 한다.

고광순은 임진왜란 당시 의병을 일으킨 高敬命과 그의 둘째 아들인 鶴峰 高因厚의 祀孫이었다. 그는 참다운 선비로서의 자질을 닦고, 父子義兵將 宗家의 본분에 어긋나지 않은 삶에 충실하였다. 한때 그는 과거에 응시했다가 낙방한 후 부패하기 짝이 없는 과거에 대한 미련을 버리고 향리에서 지조와 신망을 두루 겸비한 인물로 활동하였다.

그러던 중 일제의 내정간섭과 정치적 침탈을 저지하기 위한 의병이 전국에 걸쳐 크게 일어나자 그 역시 1896년 음력 2월 기우만이 주도한 장성의병에 가담하였다. 이후 그는 약 10년 동안 끊임없이 의병활동을 전개하였다. 특히, 고광순은 남원에서 의병을 일으킨 양한규와 연합하여 남원성을 점령하기 위해 1906년 음력 12월 산간벽지인 猪山의 전주이씨 제각에서 의병을 일으켰는데, 이때 창평 고씨들이 대거 가담함으로써 문중의진의 특성을 보였다. 하지만 이들이 남원에 도착하기 전에 이미 양한규가 남원성을 공격했다가 목숨을 잃고 말았다. 이로 인해 남원의병이 모두 흩어짐으로써 고광순 의진 역시 회군할 수밖에 없었다.

또한 1907년 4월에는 화순의 양회일, 장성의 기삼연 등과 기각지세를 이루어 동시다발적으로 의병을 일으키려는 계획도 무산되고 말았다. 그럼에도 불구하고 그는 임진왜란 때 의병장으로 활약한 高敬命 가문의 의병정신을 계승하여 불굴의 투쟁으로 일관하며 결코 의병투쟁을 포기하지 않았다. 그리하여 고광순은 호남의병의 확산에 크게 기여함으로써 일제는 그를 1906~1907년 사이의 가장 대표적인 의병장 3인 중 한사람으로 평가하였다.

물론 그는 10년의 의병활동을 통해 그 한계를 절감하였다. 이 과정에서 그는 즉각적인 무력투쟁보다는 장기항전 전략이 필요하다는 점을 인식하게 되었다. 그리하여 그는 지리산을 장기항전을 위한 근거지로 삼아야 한다는 이른바 지리산근거지론이라는 전략을 추진하였다. 智異山根據地論은 1906년 태인의병을 주도한 임병찬에 의해 進攻退守之計가 제시되면서 점차 구체화되었다. 이후 의병의 장기항전을 위한 지리산의 중요성이 날로 증대되다가 1907년 음력 8월에 고광순의 지리산근거지론이 피아골 연곡사를 무대로 추진된 것이다.

이를 간파한 일제는 험준하고 광대한 지리산이 의병의 근거지로 탈바꿈할 수 없도록 적극적인 공세를 펼쳤다. 이 과정에서 고광순을 비롯한 상당수의 의병들이 희생되었다. 하지만 그의 순국 후에도 지리산을 의병 항쟁의 근거지로 삼기 위해 수많은 의병들이 찾아들었다. 이는, 중부 이북에서 활동하던 우국지사들이 유인석이 제시한 백두산근거지론에 입각하여 국외에 의병기지를 건설한 점과 대비된다.

그런데 백두산근거지론과 지리산근거지론은 지리적으로 유리한 조건과 무장투쟁의 인적기반 확보라는 측면에서는 공통점이 있으나, 전자는 국제적 환경을 중시하여 국외근거지를 확보하려 한 점과 후자는 향토수호를 중시하여 국내근거지를 확보하려 한 점에서 차이가 있다. 물론 양자 모두 장기항전을 위한 근거지 확보전략이라는 점에서 동일하다. 그런데 이제까지 유인석의 북계책, 즉 백두산근거지론을 주목한 연구는 많았으나, 고광순의 지리산근거지론은 최초의 본격적인 연구라는 점에서 의미가 있다고 생각한다. 아울러 지리산근거지론은 임진왜란 당시 호남의병의 향토수호의식과도 일맥상통한다는 점에서도 그 의미를 찾을 수 있을 것이다.

이 글은 『역사학연구』 제47집(호남사학회, 2012)에 수록된 「한말 고광순(高光洵)의 의병활동과 지리산근거지론(智異山根據地論)」을 그대로 실은 것이다.

1945년 이후 세계체제와 한국현대사

강성호

—

I. 세계사적 관점에서 다시 보는 한국현대사

제2차 세계대전 종전 후에 한국은 일본에서 해방되었다. 해방된 한국
은 1945년 미국과 소련에 의한 한반도의 38도선 분할, 1948년 남북한 단
정수립과 1950년 한국전쟁을 거치면서 분단이 고착화되었고 각기 독자적
인 발전의 길을 걸어오게 되었다. 해방 직후 남한은 미국의 원조에 의해
유지될 수밖에 없는 미국에 종속된 가난한 나라에 지나지 않았다. 그러나
해방된 지 60년이 지난 지금 한국의 동아시아와 세계 속의 위치는 놀라울
정도로 상승하였다. 한국은 산업화와 민주화를 동시에 이룩하여 개발도
상국에서 벗어난 유일한 국가가 되었다. 이에 따라 세계체제 속에 새롭게
부상한 한국에 외국의 인식도 크게 달라졌다. 이는 2006년 2월 『개발은행
연구회보』에 게시된 글에 잘 묘사되어 있다.[1] 이글은 한국을 룩셈부르그

---

1) R. Squared, "South Korea: an economic superpower in the making," *Current Issues,*

같은 작은 나라가 아니라 프랑스와 비슷한 인구를 지닌 나라이고, 포루투갈과 비슷한 소득수준을 지녔지만 포루투갈과 비교할 수 없는 혁신적인 나라이고, 중국의 투자율(40%)에 거의 근접하는 GDP의 30%를 여전히 투자하고 있고, 그리고 타이완과 다르게 삼성 같은 독자적인 지구적인 브랜드를 가지고 상품을 생산하는 나라로 비교 분석하였다.

이러한 한국의 현재의 모습은 2007년 CIA Fact Book을 보면 구체적으로 확인할 수 있다. 이에 따르면[2], 한국은 총 국가 GDP(PPP 기준)가 1조 1800억불(2006년)이고, 1인당 GDP(PPP기준)는 2만4천2백불(2006년)이고, 총투자율은 GDP의 29.1%(2006년)이고, 국가의 재정적자는 GDP의 21.4% (2006년)이고, 그리고 4천 8백 8십 4만명(2006년 7월)의 인구를 지닌 나라였다. 또한 한국은 327.9억 달러(2006년)를 수출하고 300.4억불(2006년)을 수입하는 무역대국이고, 그리고 2천3백 5십억 불의 외환보유고를 지닌 나라였다. 더 나아가 2005년 말에 나온 골드만삭스 보고서에 따르면, 한국은 2025년까지 캐나다와 이탈리아를 따라잡아 세계 8위 규모의 GDP를 지닌 경제대국으로 부상하고, 이어 한국인의 일인당 국민소득은 2050년에는 미국을 제외한 모든 G7 국가들을 제치고 세계 제 2위가 될 것으로 예측되기도 하였다.[3]

한국의 이러한 발전은 미국의 영향을 받으면서 이루어졌다. 해방 직후와 한국전쟁 이후 미국의 군사적 · 경제적 원조는 한국이 북한과의 체제 경쟁에서 승리하고 오늘날의 모습으로 성장하는데 큰 도움이 되었다. 그러나 미국의 원조를 받은 나라들 중에서 한국처럼 성장한 나라가 많지 않고, 미국의 원조를 한국의 자립적 경제 발전을 위한 것으로 보기 어렵

Economic Policy, Global Economy, Feb. 4., 2006, 이글은 *Development Bank Research Bulletin* (http://www.typepad.com/t/trackback/4196733)에 재게시되었다.

2) 2007 *CIA Fact Book*.

3) Jim O'Neill, Dominic Wilson, Roopa Purushothaman, Anna Stupnytska, *How Solid are the BRICs ?*, Global Economics Paper no. 134(1st Dec. 2005), 9쪽.

기 때문에 미국의 원조라는 외적인 요인만으로 한국의 성장을 설명하기에는 한계가 많다. 따라서 한국이 발전할 수 있었던 내적 요인을 살펴볼 필요가 있다. 이와 관련하여 1960~1970년대 박정희 대통령이 주도한 국가주도의 자립적 경제발전의 성공적 역할이 많이 거론되었다.[4] 최근에는 1950년대 이승만 대통령이 행한 국가 건설노력과 수입대체 산업화 시도가 1960년대 이후의 국가주도 경제발전의 기초가 되었다는 연구도 나왔다.[5] 그러나 이러한 국가주도의 경제발전을 가능하게 만든 다른 내적인 요인도 주목할 필요가 있다. 당시 남한을 경제와 군사 면에서 앞지르고 있었던 북한을 따라 잡아야 한다는 남북한 체제경쟁, 자유민주주의를 왜곡했던 이승만 정부나 5·16 군사쿠데타를 통해 집권했던 박정희 정부가 아래로부터의 민주화 투쟁을 통한 도전에 대처하기 위해 경제발전의 성과를 제시해야 할 필요성, 그리고 오래 동안 축적되어온 높은 수준의 역사적 전통기반 등이 그것들이다.

따라서 한국이 제2차 세계대전 이후 이룬 놀라운 성장을 제대로 이해하기 위해서는 제 2차 세계대전 이후 세계체제 속의 미국의 대한 정책의 특징과 변화과정, 한국의 국가주도의 경제발전의 역할, 한반도의 지정학적 위치와 남북한 체제경쟁, 권위주의적 국가에 대한 한국 국민들의 지속적인 아래로부터의 민주화 투쟁, 그리고 오래 동안 지속되어온 한국의 높은 수준의 역사적 기반 등을 총체적으로 고려해야 할 필요가 있다. 그리고 이들 요인들이 어떠한 역할을 했는지는 시기에 따라 달라진다. 초기에는 외적 요인이 결정적인 역할을 하였지만 시간이 흘러가면서 한국의 내적 요인들의 중요성이 증가하였다. 본 글은 이러한 인식 하에 제2차 세계

---

4) 이기준, 「국가경제정책의 제도적 기반」, 『한국근대화, 기적의 과정』, 146쪽.

5) 우정은, Mason et al., *The Economic and Social Modernization*, 165쪽; 우정은, "비합리성 이면의 합리성을 찾아서-이승만시대 수입대체산업화의 정치경제학", 486~487쪽에서 재인용.

대전 이후 세계체제 속에서 미국의 대한 정책의 특징과 변천 과정, 그리고 한국이 발전하게 된 내외부의 요인, 그리고 현 시기 한미 사이의 쟁점과 향후 전망 등에 대해서 살펴보려고 한다.

II. 1945년 이후 세계체제와 한미관계

제2차 세계대전 후 한국현대사의 진행과정과 한미관계는 세계체제의 변동과 밀접한 연관관계를 가지면서 진행되었다. 따라서 전후 세계체제의 시기구분이 한국현대사의 시기구분과 어떠한 상호 연관관계를 지니고 있는지를 살펴볼 필요가 있다. 특히 국내에서 이루어진 한국현대사의 시기구분이 주로 국내적인 정치요인에 근거해서 진행되었다는 점에서 이러한 접근은 의미가 있을 것이다. 국내의 한국현대사 시기구분은 주로 미군정, 이승만 정부, 4.19혁명 이후의 장면 정부, 박정희 정부, 전두환 정부, 1987년 이후의 민주정부 등 주로 정치적 변동에 근거해서 이루어져 왔다.[6] 이러한 단기적 정치변동에 근거한 파악은 한국 현대사의 변화과정을 구체적으로 설명해주는 장점은 있지만 해방이후 그 변화를 초래한 국내외적인 구조적인 원인을 제대로 설명하지 못한다는 점에서 한계가 있다.

한국현대사의 변동이 전후 세계사의 변동과정과 어떠한 상호 작용을 하고 있는지를 살펴보면 한국현대사를 보다 잘 이해할 수 있을 것이다. 미소 냉전의 이러한 주요한 사건과 전환점들은 한국현대사와 한국현대사의 진행과정에 직접적인 영향을 미쳤다. 1945년 냉전이 성립되는 초기 과정에 남한에 미국이 들어오고 북한에 소련에 들어오면서 한국은 분단되

---

6) 강만길, 『고쳐 쓴 한국 현대사』, 창작과 비평사, 1994; 김인걸외, 『한국현대사 강의』, 돌베개, 1998; 역사학연구소, 『강좌한국현대사』, 풀빛, 1995.

었다. 1950년 한국전쟁은 전후 냉전세계를 미국중심으로 재편성하는 중요한 계기가 되었다.[7] 1950년대 후반 제3세계의 등장과 더불어 미소양국의 제3세계에 대한 개입패턴이 변화하면서 이승만의 하야를 불러온 4·19 혁명이 발발하였고 그리고 경제발전계획을 본격적으로 추진했던 박정희 정부가 들어섰다.

1969년 닉슨 독트린을 계기로 하여 형성된 신 데탕트에 반발하여 박정희 정부는 유신체제를 출범시켰으나 결국 무너졌다. 그리고 1980년 레이건 정부는 소련의 아프가니스탄 침공이후 등장한 신 냉전 속에서 1980년 5월 광주항쟁을 무력으로 진압했던 전두환 정부를 미국의 파트너로 인정하였다. 소련의 고르바초프가 1985년 내부적으로 페레스트로이카를 실시하고 대외적으로 신 평화공존노선을 천명하여 미소간의 대립이 완화되었다. 미국은 이러한 국제적 해빙 무드 속에서 전두환 정부의 1987년 6월 민주화 항쟁에 대한 무력진압을 반대하였고, 1987년 민주화항쟁 이후 새로 성립된 사회민주화를 전면적으로 부인하기 어려웠다. 또한 1989/1991년 현실 사회주의 진영이 붕괴하면서 한반도에서는 미국의 일방적 주도 국면이 약화되면서 남한, 북한, 중국, 일본, 미국, 러시아 사이의 다자적 관계가 형성되고 있다.

한국 전후 한미관계의 변동을 파악하는 데 있어 냉전에 근거한 시기구분은 큰 도움이 된다. 그러나 냉전에 따른 시기구분은 외교·군사적인 측면에만 치우쳐 세계체제의 변동과정을 보고 있다. 이로 인해 이 시기구분은 냉전시기에 진행된 국가주도 경제발전과 사회민주화의 진전 같은 한국의 내부적 요인들이 한국현대사의 발전과 한미관계의 변화에 어떠한 영향을 미쳤는지를 제대로 파악하기 어렵다는 점에서 한계를 지닌다.

---

7) Thomas Reifer and Jamie Sudler, "The Interstate System," 18쪽.

홉스봄의 전후 세계사 시기구분은 경제, 정치, 외교, 군사, 문화 등 여러 가지 측면을 총체적으로 고려했다는 점에서 냉전에 근거한 시기구분에 비해서 장점을 보인다. 홉스봄은 제2차 세계대전 이후의 세계사의 시기를 1940년대 후반부터 1970년대 초까지의 자본주의의 황금시기와 1973년부터 현재까지의 산사태시기로 크게 두 부분으로 나누어서 보았다.[8] 첫 번째 시기는 자유주의 자본주의 사회가 다양한 방식으로 개혁되었고, 그리고 전에 없이 번창했던 대도약의 황금시대였다. 두 번째 시기는 1970년대 초 이후부터 현재까지의 산사태 시기이다. 1970년대 초에 미국을 중심으로 한 자본주의 황금시대가 끝났고, 1980년대 후반에 소련이 붕괴하고, 그리고 1990년대 초에 1930년대 세계대공황 이래 최대의 경제적 위기를 겪었다.

홉스봄의 이러한 시기구분은 한미관계가 1970년대 초를 전후로 하여 크게 종속적 발전에서 자립적 발전으로 전환해나가는 큰 전환점을 세계사적 큰 맥락 속에서 조망해준다는 점에서 의미가 있다. 그러나 산사태시기에 한국이 정치·경제적으로 급성장하면서 한미관계가 재조정되는 이유를 잘 설명해주지 못한다는 점에서 한계를 지니고 있다.

이에 비해 세계체제론 시각에 서있는 월러스틴의 전후 시기구분은 전후 세계체제의 정치적·경제적 측면을 모두 고려하려 했고, 전후 세계체제 속에서 동아시아와 한국의 부상에 강한 관심을 보이고 있다는 점에서 한국현대사와 한미관계의 변화를 파악하는 데 도움이 된다. 월러스틴은 공동작업의 산물인 『이행의 시기』의 8장과 9장에서 전후 세계체제의 진행시기를 1945-1990년까지로 크게 나누고, 이후의 시기는 1990년부터 시작되어 2025년 까지 지속되는 것으로 상정하였다. 그는 몇 가지 주요한 사건들에 근거하여 1967/73년을 콘드라티에프 A국면에서 콘드라티에프 B

---

8) Eric Hobsbawm, "The Present as History," *On History* (London: Weidenfeld & Nicolson, 1997), 236~237쪽.

국면으로 바뀌는 전환점으로 볼 수 있다고 판단했다.[9] 그는 그 근거로
1944년의 브레튼우즈 협정에 근거해 성립된 U.S. 달러의 금태환 불능선언
(1972년), 1974년의 OPEC 오일쇼크, 1968년 혁명(1970년까지 진행된), 베트
남에 대한 테트(Tet) 공세, 1969년 닉슨 독트린에 근거한 미소 데탕트 선
언과 미중관계 정상화, 그리고 워터게이트(Watergate)사건으로 인한 미국
대통령 지위의 훼손 등을 들었다. 월러스틴은 1945년 이후 세계적 헤게모
니를 행사하던 미국이 1969/1973년을 계기로 서유럽과 일본의 경제력이
강화되면서 힘이 약화되기 시작한다고 생각했다.[10] 이러한 1970년대의
경제적 정체는 제3세계 외채위기에 의해 더 가속화되면서 1980년대에 주
변부와 반주변부 국가들의 정부를 불안정하게 만들었다.[11] 그리고 아시
아, 아프리카, 라틴아메리카 지역의 많은 국가들에서 재정위기는 "민주주
의"에 대한 내적 요구(clamor)와 IMF에 의한 "구조조정"으로 이루어졌다.
　월러스틴은 1989-1991년의 사회주의권의 붕괴를 미국 헤게모니의 강화
가 아니라 약화로 보았다.[12] 월러스틴은 1990년 이후의 향후 진행방향은
콘드라디에프 주기가 다시 상승하면서 더 긴 헤게모니 주기가 재건되어
나가거나 아니면 세계체제의 위기가 시작되어 붕괴되는 마지막 단계로
나아갈 수도 있다고 보았다.[13] 그는 미국경제의 상대적 쇠퇴와 더불어
세계는 미국, EU, 일본 등 3대 축이 형성되고 있지만[14], 미국/일본/중국과
유럽연합/러시아라는 양대 축(dyad)으로[15] 형성될 가능성도 있다고 생각

9) I. Wallerstein, "The Global Picture, 1945-90," *The Age of Transition: Trajectory of the World-system 1945~2025*, London, Biddles Ltd, Guilford and King's Lynn, 1998, 209쪽.

10) I. Wallerstein, "The Global Picture, 1945-90," 217~218쪽.

11) I. Wallerstein, "The Global Picture, 1945-90," 220쪽.

12) I. Wallerstein, "The Twentieth Century: Darkness at Noon?,", xxxvii.

13) I. Wallerstein, "The Global Possibilities, 1990-2025," 226쪽.

14) I. Wallerstein, "The Global Possibilities, 1990-2025," 228쪽.

15) I. Wallerstein, "The Global Possibilities, 1990-2025," 232쪽.

했다. 2002년에 월러스틴은 기존의 역사체제(a historical system)가 끝나면서 새로운 시대로 나아가는 이행기로 나아가는 불확실성에 직면해 있다고 생각하였다.[16)

월러스틴의 이러한 시기구분은 세계체제 속의 한국의 발전과정이나 한미관계의 변천과정을 이해하는 데 큰 도움이 된다. 이 시기구분은 제2차 세계대전 이후 남한의 미국 헤게모니로의 편입, 한국전쟁과 전후 복구를 둘러싼 미국의 입장, 1967/1973년을 전후로 한 한미관계의 변화시작 등을 이해하는 데 있어 큰 도움이 된다. 그러나 한국이 1973년 세계경기 침체 시기 이후에 다른 중남미국가들처럼 외채위기를 겪지 않고 독자적 중화학공업화를 성공적으로 추진하여 고도성장을 이룩한 점, 1980년대에 대부분의 3세계 국가들이 국가의 재정위기에 맞서 민주화를 추진한데 비해 한국은 3저 호황을 이루면서 대미 종속이 상대적으로 약화되는 시기에 민주화를 이룬 점 등을 설명하는 데에서 한계를 보이고 있다.

그리고 월러스틴은 1989/1991년 이후에 동아시아가 미국/일본/차이나로 재편될 가능성이 크다고 1990년대 중반에 잘못 예측했는데, 이것은 한국과 중국의 급속한 성장을 예측하지 못했기 때문이다. 일본이 1990년대 중반 이후 장기 경제침체에 빠지는 동안, 중국은 지속적으로 급성장하여 2006년 현재 세계 4위 규모의 경제대국이 되었고, 남한도 2006년 현재 1997년 IMF 금융위기를 극복하여 세계 11위의 경제대국으로 발전하였다. 이로 인해 동아시아는 "일본"만으로가 아니라 한국, 중국, 일본으로 대표되는 "동아시아"가 세계체제의 중심지역으로 급속도로 부상하고 있다.[17) 그리고 1992년 한중수교 이후 중국이 미국과 일본을 제치고 한국의 최대 시장으로 등장함에 따라, 한국은 중국과 정치·외교 관계에서도 긴밀한 관계로 나아가고 있다. 이는 2006년 북한 핵실험 사태 때 한국이 중국과

---

16) I. Wallerstein, 2002.xxxix.
17) 백낙청, 『한반도식 통일, 현재진행형』, 서울: 창비, 2006, 230쪽.

뜻을 같이하여 북한에 대한 강한 제재를 반대했던 점에서 잘 드러난다.

따라서 월러스틴의 전후 세계체제의 시기구분을 한국에 적용할 때는 남한 사회의 구조적 특징, 국가의 주도적 경제개발, 남한 국민의 지속적 민주화 투쟁, 남북한 간 체제경쟁, 동아시아사회의 한, 일, 중간의 국제관계 등을 모두 입체적으로 고려해볼 필요가 있을 것이다. 이러한 국내외의 다양한 요인들을 고려하면서 1945년 이후 현재까지 진행되고 있는 한미관계의 특징과 변천과정을 다음 장에서 살펴보고자 한다.

III. 전후 세계체제시기 한미관계의 특징과 변천

한국은 자력이 아니라 일본의 패배로 인해 해방됨으로써 해방 후 주도적으로 새로운 민족국가를 건설해나갈 수 없었다. 해방된 한국은 전후 세계체제 속에서 자신들의 이익을 극대화하려고 하는 미소 양 대국의 세계전략에 의해 분단되었다.[18] 전후 한국처리 문제는 한국의 의도와 관계없이 1945년 이전부터 미국과 소련 양국 사이에서 논의되었다.[19] 미국은 한국점령 이전 1943년 카이로 회담부터 한국에 대한 영향력을 확보하기 위해 신탁통치에 대한 구상을 검토하기 시작하였다.[20] 전후 세계의 군대의 배치와 지정학적 영향력(geopolitical influence)의 경계선을 결정하는 데 중요한 의미를 지닌 1945년 2월에 열린 얄타회담에서[21] 루스벨트가 스탈린에게 한국을 신탁통치위원회의 관리 하에 둘 것을 제안하였다. 소련은

---

[18] 김인걸외, 『한국현대사강의』, 19~22쪽.

[19] 김인걸외, 『한국현대사강의』, 20~22쪽.

[20] 태평양 전쟁기 미국의 대한정책 구상의 발전과정에 대해서는 다음 참조. 정용욱, "1942-47년 미국의 대한정책과 과도정부형태구상", 서울대학교 대학원 국사학과 박사학위논문, 1996, 35쪽『한국현대사강의』, 22쪽에서 재인용.

[21] I Wallerstein, "The Twentieth Century: Darkness at Noon," p. xxxiv.

대일참전이 다가오자 신탁통치보다는 한반도에 친소적인 한국독립정부의 수립을 모색하다가 1945년 6월 말 미국의 신탁통치 안을 차선책으로 선택하였다. 미국은 일본이 조기 항복하자 소련의 한반도 단독 점령을 막기 위해 한국의 38선 분할을 제안했고, 소련도 이를 받아들였다. 이로써 한반도는 38도선으로 분할 된 채 해방을 맞게 되었다.

해방직후 한반도와 남한에 대한 미국의 기본특징은 대사회주의 봉쇄과정에서 미국의 이익을 극대화하는 전략에 근거하고 있다. 이는 미국의 해방 전후 대한 정책을 보면 확인된다. 미국은 1945년 10월 남한에 진주한 미군에게 내리는 훈령을 통해 미국의 목표와 요구와 일치되는 단체들을 장려하고, 일치되지 않은 단체들을 폐지할 것을 명령하였다.[22] 또한 미국은 1947년 미국이 철수하면 한국 전 지역에 소련의 위성정권이 수립될 것이며, 따라서 소련이 한국 전체에 대해 직접적·간접적 지배를 하거나 남한 전체를 부동항과 같은 군사작전기지로 자유롭게 이용하는 것을 막기 위해서 남한에 대한 미국의 지원을 지속하는 것이 필요하다고 보았다. 그리고 한국전쟁 이후에도, 미국은 한국을 "자유, 정의 및 진보의 성장해가는 상징"으로 지속시켜 나가기 위해 한국에 대해 계속적으로 군사적·경제적 원조를 해야 한다고 보았다.[23]

이를 위해 미국은 1973년까지 한국에 대한 식량 및 군사원조를 비롯한 다량의 지원을 하였다.[24] 그러나 미국은 군사동맹의 강화를 위한 지원을 주로 하고 이를 보조하는 차원에서 경제 지원을 했고, 따라서 한국 경제의 자립화를 목적으로 한 것은 아니었다. 이는 미국이 해방 직후부터 한국경제를 일본경제에 통합시키려고 했다는 점에서 확인된다. 미국은 일

---

22) 『해방3년과 미국』 I, 돌베개, 1984. 『한국현대사 강의』, 26쪽에서 재인용.
23) 「콜론 어소시에이츠 보고서-미국의 대 아세아 정책」, 『사상계』, 1960, 1, 122~129쪽. 『한국현대사강의』, 153에서 재인용.
24) 우정은, "비합리성 이면의 합리성을 찾아서-이승만시대 수입대체산업화의 정치경제학," 486~487쪽.

본을 경제적으로 부흥시켜 동아시아에서 소련의 영향력을 견제하고자 하였다.[25] 미국은 1940년대 말 일제 식민지시기의 방식을 부활시켜 한국이 일본에 농산품과 원료를 수출하고, 일본으로부터 공산품을 수입하는 불평등 무역을 하게 했다.

한국전쟁 직후에 이승만 대통령은 일본의 경제적 종속국이 되는 것을 거부하였다. 그러나 미국은 한국전쟁 이후에 방위조약을 맺어 일본을 보호하고 일본경제를 대대적으로 지원함으로써 일본이 동아시아 지역에서 경제패권을 쥐도록 도와주려고 하였다.[26] 이러한 미국의 의도는 1960년 4월 이승만 대통령이 물러날 때까지 실현되지 못했지만, 박정희 정부가 수립된 이후에 1965년 한일 국교 정상화를 통해 현실화되었다. 한일 국교 정상화를 통해 한국경제는 미국의 의도대로 일본과의 수직분업화를 통해서 일본경제에 종속되게 되었다. 한국경제의 일본 종속은 현재까지 지속되고 있고 한국이 해결해야 할 주요과제의 하나로 남아있다.[27]

제2차 세계대전 이후 60년 넘게 지속된 한미관계는 국내외의 여러 요인들의 영향을 받으면서 변화를 겪어왔다. 한미관계는 그 변화 내용에 따라 크게 세 시기로 구분이 될 수 있다. 이 시기구분을 하는 데 있어서 미국의 대한 정책의 역할이 중요하지만 유일한 요인으로 상정할 수 는 없다. 왜냐하면 2장에서 살펴본 것처럼 중공의 성립, 제3세계의 등장, 소련의 붕괴, 세계적인 경제 대공항 등 전후 세계체제 전체의 정치적·경제적 변동, 남한의 독자적 정책결정, 남한 국민의 권위주의적인 남한정부에 대한 민주화 투쟁, 그리고 남한과 북한 사이의 체제 경쟁 등도 한미관계의 변화에 큰 영향을 미쳤기 때문이다.

---

[25] George Kennan to the Secretary of State, August 21, 1950, U.S. Department of State, *FRUS*, 1950, 7: 623~628; 우정은, 504쪽에서 재인용.

[26] I. Wallerstein, "The Twentieth Century: Darkness at Noon?", p. xxxv.

[27] 「한-미 FTA 기간제조산업 선진화의 디딤돌」, 산업자원부 보도자료 2006.7.26.

이러한 여러 국내외 요인들을 고려하여 크게 세 시기로 나누어 전후 한미관계의 변천과정을 살펴보고자 한다. 제1시기는 1945년에서 1969/1973년까지이다. 한국이 미국의 세계전략과 대한반도 정책에 철저하게 종속된 시기이다. 1945년은 한국이 해방되면서 남한에 미군이 들어온 해이다. 1969년과 1973년 사이는 1969년의 닉슨 독트린에 대해 남한이 1972년 7·4 남북 공동성명, 1972년 10월 유신, 그리고 1973년 독자적 중화학공업화를 추진함으로써 독자적 발전의 길을 모색하던 제2시기로 넘어가는 이행기였다. 제2시기는 1969/1973년부터 1987년까지 시기이다. 한국은 1973년부터 독자적 중화학산업화를 통해 경제적 자립기반을 잡고, 1980년대에는 1980년 광주민주화항쟁과 1987년 6월 민주화항쟁을 통해 사회민주화를 독자적으로 이루어내기 시작하였다. 제3시기는 1987년부터 현재까지의 시기이다. 한국은 1987년 민주화투쟁이후 이룬 민주화에 근거하여 산업 고도화를 지속하면서 한미관계를 일방적 관계에서 상호의존적인 다자 관계로 재조정하였다.

제1시기에서 제2시기로의 전환에는 닉슨독트린과 미국의 경제적 헤게모니의 약화 같은 외적 변화가 주요한 역할을 했다. 제2시기에서 제3시기로의 전환에는 한국의 민주화와 자립적 산업화 같은 내부적 요인들이 크게 작용하였다. 제1시기에는 미국의 세계전략과 대한반도정책이 한국에 대해 절대적인 영향력을 행사했다. 제2시기부터는 미국의 보호 없이도 생존하기 위해 한국이 군사적, 정치적, 경제적으로 독자적 발전의 길을 모색해나가기 시작했다. 마침내 3시기에 이르러 한국 내부 요인들이 내부 정치체제 선택, 경제발전전략, 그리고 대외관계를 결정하는 데 있어 중요한 역할을 하기 시작했다. 따라서 제2시기 이후의 한미관계를 살펴볼 때는 남한 내부의 요인의 역할에 대해 더 주목해서 볼 필요가 있고, 그럴 때만이 월러스틴의 세계체제론이 간과한 측면들을 제대로 볼 수 있을 것이다.

IV. 한국현대사 발전의 복합성

　해방 이후 60년이 지나는 동안 한미관계는 큰 변화를 겪어왔다. 해방직후 미군정의 경제 및 군사지원이 없으면 나라를 지탱하기 어려웠던 상황에 비해 현재의 발전된 한국의 모습은 주목할 만하다. 한국은 1953년 1인당 국민소득이 57불에서 2006년 현재 1인당 국민소득이 24,200불(PPP기준)에 달하고, 국민총생산액수는 세계 10위, 대외무역규모는 11위를 자랑하고 있다. 또한 인구의 80% 이상이 농민이었던 농업국가에서 농업이 전체 노동력에서 차지하는 비율이 6.4%에 지나지 않고[28], 자동차, 전자, 철강, 반도체, 조선 등을 생산하는 세계적인 공업국가로 바뀌었다. 한국의 정치는 해방직후 미군정의 직접지배를 받던 상황에서 1987년 이후 민주정치체제를 독자적으로 꾸려나갈 수 있는 나라로 성장하였다. 한국경제는 미국의 경제원조로 버티어나가던 상황에서 1980년 초부터 대미흑자를 내기 시작했고, 수출품목도 경공업에서 중화학 첨단제품으로 변화했다.[29] 군사 면에서는 주한 미군이 한국의 안보에서 여전히 중요한 위치를 차지하고 있으나, 한국은 1970년대부터 한국적 방산체계를 구축하고 군비 현대화를 통해서 군사적 자립성을 키워왔고, 1980년대에는 주한미군의 주둔 경비를 점점 더 많이 부담함으로써 한국안보에서 한국의 역할을 늘려왔다.[30] 외교관계면에서도 한미 간의 관계가 여전히 중요하지만, 한국은 중국이나 북한에 대해 독자적인 판단에 근거해서 1990년대 후반부터 다양한 외교관계를 맺어나가고 있다.[31] 그러나 사회·문화·교육면에서는 미

---

[28] "South Korea", *2007 CIA Fact Book*.

[29] 이헌창, 『한국경제통사』, 471~472쪽.

[30] 이삼성, "탈냉전시대 미국의 대한 군사정책," 『미국의 대한정책과 한국민족주의』, 한길사, 1993, 311쪽; The Departmnet of Defense, *Asia-Pacific Strategic Framework 1992* (Washington, D. C.: US Government Printing Office, 1992), 14쪽.

국에 대한 유학과 제반 교류가 지속적으로 더 확대되면서 미국에 대한 의존이 심화되고 있다. 이는 2007년 현재 미국에 한국이 가장 많은 유학생을 보내고 있다는 점에서 확인된다. 미국에 대한 종속이 지금도 부분적으로 여전히 존재하고 있지만, 전체적으로 보면 전후 세계체제에서 한국은 급속한 경제·정치·사회 발전을 통해서 미국에 대한 일방적 종속관계에서 상호적 관계로 발전해가고 있다고 할 수 있다.

한국이 발전함으로써 상호적 한미관계로 나아갈 수 있었던 요인은 어느 단일한 요소의 결과라기보다 국제적·국내적인 복합적인 요인의 상호작용의 결과였다. 따라서 한국의 현재까지의 발전과정을 제대로 평가하고 한반도를 둘러싼 급변하는 동아시아와 세계질서에 효과적으로 대처하기 위해서는 복합적인 요소에 대한 총체적이고 거시적인 접근이 필요하다. 고려해야할 주요한 복합적 요인으로 전후 세계체제의 변동, 미국의 군사전략 위주의 특혜적 대한 정책, 한국 국가주도의 경제발전, 미소 냉전시기의 남북한 체제경쟁, 남한 내의 민주화운동과 노동자·농민 등 제반사회 운동의 발전, 그리고 한국의 풍부하고 높은 수준의 역사적 유산 등을 들 수 있다. 이들의 요소는 한미 상호관계의 시기구분에 따라 그 역할과 비중이 달라진다. 제1시기와 제2시기에는 세계체제의 변동, 미국의 군사전략위주의 특혜적 대한 정책, 한국 국가 주도의 경제발전, 그리고 미소 냉전시기 남북한 체제 경쟁이 주요한 역할을 했다고 볼 수 있다. 제3시기에는 세계체제의 변동, 한국국가의 주도의 경제발전과 남한의 사회민주화가 주요한 역할을 했다고 볼 수 있다. 이런 점을 염두에 두면서 한국이 고도산업화와 사회민주화를 모두 이룩할 수 있었던 이유에 대해 살펴보고자 한다.

---

31) Richard L. Armitage and Joseph S. Nye, *The U.S.-Japan Alliance: Getting Asia Right through 2020*, CSIS Report, (Feburuary, 2007), 8쪽.

1. 미국의 한국지원

미국의 대한 군사원조 및 경제원조는 한국의 존립과 발전에 중요한 역할을 하였다. 미국은 한국에 1946년부터 1973년까지 126억 달러의 경제 및 군사원조를 한국에 제공했다. 이는 1인당 지원기준으로 볼 때 이스라엘과 베트남에 이어 3번째 규모에 달할 정도로 막대한 양이었다.[32] 이러한 미국의 제반 지원은 해방 이후 일본과 북한지역과의 생산연관이 단절됨으로써 경제난을 겪었고, 소련의 지원을 받아 성립된 북한의 공격위협, 그리고 내부 좌익의 거센 도전 등으로 위험에 처해있던 한국이 발전하는 데 기반이 되었다. 특히 북한의 전면적인 남침으로 시작된 1950년 한국전쟁에 미군이 참전하여 한국을 보호해주고, 1953년 이후 한국전쟁 종결이후 미국의 전후재건에 대한 대규모 지원으로 한국은 1960년대 급속한 경제발전으로 나아갈 수 있는 토대를 닦을 수 있었다. 따라서 "한국의 경제적 도약에 물질적 사회적인 기반을 제공해준 것은 그 이전의 15년 이상의 세월에 걸친 미국의 노력"[33]이라고 할 수 있다. 그리고 1953년에 체결된 한미 상호방위조약은 북한의 재침을 억제해주는 주요한 저지선 역할을 해주어 한국이 안정적인 안보환경 속에서 경제발전에 주력할 수 있도록 해주었다. 미국은 대한 정책에 있어서 안보를 우선으로 했기 때문에 한국의 보호주의적인 산업정책이나 무역불균형에 대해 비교적 관대하게 대처하고, 한국의 수출이 자유롭게 미국시장에 진출하도록 해주었다. 이는 한국의 수출주도형 경제발전전략에 큰 도움을 주었다.[34] 또한 미국은 일본의 급속한 미국시장 진출을 견제하기 위해 한국의 자동차산업의 성장을

---

[32] Mason et al., *The Economic and Social Modernization*, 165쪽; 우정은, "비합리성 이면의 합리성을 찾아서-이승만시대 수입대체산업화의 정치경제학", 486~487쪽에서 재인용.

[33] 조이제, 「한국 경제발전과 미국의 역할」, 『한국근대화, 기적의 과정』, 492~513쪽.

[34] 조이제, 「한국경제발전과 미국의 역할」, 503쪽.

지원하여 한국이 개발도상국으로서 유일하게 독자적인 자동차 산업을 발전시킬 수 있는 기회를 제공해주기도 하였다.[35]

한국의 제도를 개혁하려는 미국의 노력도 한국발전에 큰 도움을 주었다. 대표적인 것으로 해방 직후의 토지개혁에 대한 미국의 지원을 들 수 있다. 미군정은 1947년 일본인이 소유하고 있었던 토지를 농민에게 분배했고, 1948년 이후 이승만 정부에게 한국인 지주들이 소유한 토지를 농민들에게 재분배하도록 권고하여 한국에서 지주제도가 해체되는 데 큰 기여를 하였다.[36] 이러한 지주제의 해체는 한국의 급속한 산업화에 좋은 기반이 되었을 뿐만 아니라 북한과의 체제대결에서 안정되고 보수적인 농촌을 확보하는 데도 큰 도움이 되었다.[37] 미국은 1960년대에 한국의 경제발전과 과학기술발전에 중요한 역할을 한 한국과학기술연구원(KIST), 한국개발연구원(KDI), 그리고 한국교육개발연구원(KEDI) 등을 설립하는 데 중요한 지원을 해주었다.[38] 이외에도 한국에 미국식 교육제도의 설립을 지원해주고 많은 한국 사람들이 미국에서 유학을 하거나 기술훈련을 받을 수 있게 해준 미국의 교육원조는 한국 경제 및 사회발전에 필요한 근대적 고급인력을 공급해주는 데 큰 역할을 해주있다.[39]

미국의 한국에 대한 대규모 제반지원이 한국의 경제적 · 정치적 사회발전에 도움을 주었던 것은 사실이지만, 이것만으로 한국의 급속한 발전원인을 파악하기는 어렵다. 더욱이 미국의 대한 지원은 미국의 안보이익 차원에서 이루어졌고, 때로 미국은 한국의 독자적 경제발전에 부정적인 영

---

35) 이헌창, 『한국경제통사』, 475.

36) 조이제, 「한국경제발전과 미국의 역할」, 500쪽.

37) 이헌창, 『한국경제통사』, 서울: 법문사, 1999, 376쪽; 김일영, "농지개혁을 통한 신화의 해체" 『해방전후사의 재인식』, 2, 321쪽, 339쪽.

38) 조이제, 「한국경제발전과 미국의 역할」, 507쪽.

39) 유영익, 「거시적으로 본 1950년대의 역사-남한의 변화를 중심으로」, 『해방 전후사의 재인식』 2, 462~463쪽.

향을 미치기도 했기 때문이다. 미국이 한국경제를 일본경제에 통합시켜 일본에 종속시키려 했다는 점을 그 예로 들 수 있다. 미국의 이러한 의도는 국가안보회의 문서 5506(NSC 5506)과 5702/2(NSC 57802/2)에 잘 드러나 있다. 1955년의 NSC 5702는 일본이 다른 "아시아 자유국가들과의 교역능력을 증진"시킴으로써 미국의 재정 부담을 덜어주어야 하며, 미국이 이를 위한 조정역할을 맡아야 한다는 내용을 담고 있다.[40) 또한 NSC 5702/2는 미국의 대한 재정지원을 줄이면서 1945년 해방 이후 단절된 한국과 일본 사이의 관계를 정상화할 것을 요구해야 한다는 내용을 포함하고 있다.[41)

또한 미국은 1960년대 초에 박정희정부의 자립적인 경제발전정책을 환영하지 않았다. 미국은 울산 산업단지, 비료공장, 그리고 자동차 조립공장 등을 건설하려는 한국의 독자적 인 경제발전을 자제할 것을 요구하였고,[42) 이에 필요한 충분한 자본지원을 해주지 않았다. 이로 인해 박정희정부는 초기 경제발전계획에 필요한 자본을 충분히 확보할 수 없었다. 이는 1차 5개년 경제계획이 모든 지표에서 예상목표를 달성했지만, 오직 자본투자 영역에서만 예상목표치인 22.6%를 달성하지 못하고 15.1%의 자본투자율을 유치하는 데 그쳤다는 점에서 확인된다.[43)

수입대체산업을 육성하여 자립적이고, 내포적인 공업화를 추진하려 했던 박정희 정부의 시도는 미국의 지원 부족으로 실패하고 말았다. 박정희정부는 1964년 이후 외연적 성장을 중심으로 한 수출주도의 외자 의존형

40) NSC 5506, "Future United States Economic Assistance for Asia," Secret, January 21, 1955, NSC Series, Policy Papers Sub-series, Box 14, WHO File, DDE Library; 우정은, 508쪽에서 재인용.

41) NSC 5702/2: U. S. Policy toward Korea, Top Secret, August 9, 1957, NSC Series, Policy Papers Sub-series, Box 19, WHO File, DDE Library; 우정은, 535쪽에서 재인용.

42) Donald Tone MacDonald, 『한미관계 20년사(1945~1965)』, 445쪽.

43) 「5개년 계획의 목표와 성과」, 『경제기획원 20년사』, 이기준, 「국가 경제정책의 제도적 기반」, 『한국의 근대화, 기적의 과정』, 131쪽에서 재인용.

성장정책으로 전환할 수밖에 없었다. 박정희 정부는 경제개발에 필요한 자본과 시장을 확보하기 위해 1964년부터 베트남 전쟁에 참여하게 되었고,[44] 그리고 1965년 한일국교 정상화에 대한 미국의 요구를 수용해 일본으로부터 무상원조와 유상원조를 받았다. 1965년 한일국교정상화를 계기로 하여 한국은 일본으로부터 자본과 기술의 이전을 받아 급속한 경제성장을 이룩하는데 도움을 받았지만, 일본에 대한 중간재와 자본재 의존이 심화되어 일본경제에 대한 경제종속이 심화되는 구조적 폐해를 떠안게 되었다. 1965년 이후 일본에 대한 한국의 무역적자는 계속 확대되고 있다. 2006년 현재 253억 3100만 달러이고, 해방이후 누계로 2900억불을 넘어 한국경제가 지속적으로 성장하기위해서 반드시 해결해야할 구조적인 과제로 남아있다.[45]

2. 국가주도 경제발전

이러한 상황 속에서 한국이 급속하게 발전했던 원인을 파악하기 위해서는 한국내부의 요인을 살펴보아야 할 필요가 있다. 먼저 그 대표적 내부요인의 하나로 국가주도 경제발전 노력을 들 수 있다. 한국에서 국가주도 경제발전은 국가가 강한 역할을 할 수 있는 기반이 있었기 때문에 가능했다. 해방직후 단행된 농지개혁은 총 경지의 92-96퍼센트를 자작지로 전환시킴으로써 기존의 지배계급인 지주층의 몰락을 초래했다.[46] 이로 인해 갓 수립된 신생국가가 사회의 기존의 지배계급에 방해받지 않고 자유롭게 근대적 경제발전을 추구할 수 있었다.[47] 해방이후 일본지배층이

---

44) Thomas Reifer and Jamie Suddler, "The Interstate System," 26쪽; 차상철, 『한미동맹 50년』, 134쪽.

45) 「수출전선 '싸이렌'」, 『파이낸셜 뉴스』 2007.1.29.

46) 장시원, 「농지개혁-지주제 해체와 자작농 체제의 성립」, 『해방전후사의 재인식』 2, 357쪽.

47) 김일영, 「농지개혁을 둘러싼 신화의 해체」, 341쪽; 김일영, 「한국의 근대성과

물러가고, 한국인 지주층이 몰락하고 토지개혁과 귀속재산이 재분배됨으로써 소득 불평등 수준이 다른 발전도상국에 비해 현저하게 낮았던 점도 국가의 역할을 증대하게 만들었다.[48] 국가가 1940년대 후반 이후 귀속재산을 처리하고 미국의 원조를 분배하는 과정에서 주도적인 역할을 했기 때문에, 해방 이후 새롭게 형성되고 있었던 한국자본가들은 국가에 종속될 수밖에 없었다.

이러한 좋은 기반위에서 한국 국가는 강력한 대통령과 행정부를 중심으로 하여 국가주도 경제발전계획을 추진할 수 있는 공간을 확보할 수 있었다. 1950년대에 이승만 정부는 미국의 의도와 다르게 중앙은행에 대한 정부의 통제를 지속적으로 유지하고, 큰 재정적자에도 불구하고 일본을 따라잡기 위한 공업부문의 수입대체산업을 육성하여 1960년대 발전의 기초를 다져주었다.[49] 그리고 이승만 정부 시절부터 국가주도 경제발전계획이 작성되기 시작하여, 장면정부 시대에 경제개발 5개년 계획으로 거의 완성되어가고 있었다. 1961년 5.16 쿠데타로 등장한 박정희 정부는 1962년부터 기존의 경제발전계획을 받아들여 국가주도로 강력한 경제발전계획을 성공적으로 추진해나갔다.[50] 박정희 정부는 이러한 국가주도 계획을 세우고 실행해나가기 위해 1961년 경제기획원(EPB)을 설치했고, 대통령 비서실의 위상과 역할을 강화하여 청와대 중심의 적극적인 국가개입을 시도하였다.[51] 1970년대 진행된 중화학공업 육성과 새마을 운동에

발전국가」, 『사회과학』, 39권 1호(2000, 41-46).

48) Stephan Haggard, *Pathways from the Periphery* (Ithaca: Cornell Univ. Press, 1990), 223~253쪽; D. Rodrik, "Getting Interventions Right: How South Korea and Taiwan Get Rich?," *Economic Policy*(1995년 4월); Jong-Il You, "Income distribution and Growthe in South Korea", *Journal of Development Studies*, 34/6(1998); 김일영, 「농지개혁을 둘러싼 신화의 해체」, 341쪽에서 재인용.

49) 우정은, 「비합리성 이면의 합리성을 찾아서-이승만시대 수입대체산업화의 정치경제학」, 403쪽, 509쪽.

50) Donald Tone MacDonald, 『한미관계 20년사(1945-1965)』, 445쪽.

는 청와대 경제참모진들의 팀워크가 큰 역할을 하였다. 또한 정부는 과학기술발전을 위해서 세운 과학기술원과 경제개발 정책 개발을 위해 설립한 한국개발원(KDI)도 한국경제 발전에 큰 기여를 하였다.

한국 국가 통치자들의 세계경제체제의 변동에 대한 적절한 파악과 대처도 한국경제발전에 긍정적인 영향을 미쳤다. 대부분의 3세계 국가들이 수입대체를 통한 내수시장 건설에 주력하던 상황에서, 한국정부는 1964년에 수출주도의 외연적 성장정책을 선택함으로써 선진 자본주의 국가 시장에 상대적으로 쉽게 진입할 수 있었다. 1973년의 중화학공업 산업 육성전략은 1973년 이후 세계경제의 재편흐름과 때맞추어 추진됨으로써 성공을 거둘 수 있었다.[52] 당시 전후 최대의 경제침체를 맞은 선진국들은 생산지를 중심부에서 반주변부와 주변부 지역으로 옮김으로써 노동비용을 줄여 불황을 극복하려 했다.[53] 이러한 상황에서 한국은 선진국이 이전하려고 했던 철강, 화학, 비철금속, 기계, 조선, 자동차, 전자 등과 관련된 기술과 자본을 쉽게 들여와 발전시킬 수 있었다. 이때 자리 잡은 중화학공업은 1980년대 후반 3저 호황의 토대가 되었다.

1997년 IMF 금융위기 이후 한국정부가 취한 금융과 재벌기업분야에서의 강하고 신속한 구조조정 정책은 IMF 금융위기를 빠르게 극복하는 데 도움을 주었다. 동시에 새로 부상하고 있었던 중국시장에 대한 과감한 자본투자와 신속한 시장진출에 대한 결정도 경제위기로부터의 탈출에 큰 도움이 되었다. 한국의 대중국 직접투자액은 2002년부터 미국의 대중국 직접투자를 추월하였고, 2006년에는 46억불을 중국에 투자하여 그해 중국의 최대 외국투자국가가 되었다.[54] 한국이 대 중국무역에서 2000년부

51) 이기준, 「국가경제정책의 제도적 기반」, 118~121쪽.
52) 백낙청, 「박정희 시대를 어떻게 생각할까」, 『한반도식 통일, 현재진행형』, 266쪽.
53) I. Wallerstein, "The Global Picture, 1945-90," 212~213쪽.
54) 「한중경제교류 15년, 무역액 25배 증가」, 『머니 투데이』 2007.4.10.

터 2006년까지 5년 동안 벌은 940억불이 넘는 무역흑자는 대외채무를 갚는데 큰 도움이 되었다.[55] 이 과정에서 중국은 2003년부터 미국을 제치고 한국의 최대 수출대상국으로 등장하였다.

3. 한국국민들의 사회 민주화투쟁

이승만 정부, 박정희 정부, 그리고 전두환 정부 등으로 이어지는 한국 정부가 다른 3세계국가들과 다르게 지속적으로 국가주도 경제발전에 매달릴 수밖에 없었던 내적 요인을 밝힐 필요가 있다. 그 요인들로 해방 직후부터 아래로부터 끊임없이 분출되던 국민들의 민족통일, 경제성장, 그리고 정치 민주화에 대한 요구들을 들 수 있다. 비정상적인 과정을 통해 집권한 정부들은 이러한 요구들에 맞서 자신들의 정권의 존재 정당성을 입증하기 위해 경제 성장에 매진할 수밖에 없었다. 더욱이 한국정부는 1970년대 초까지 군사적으로, 경제적으로 한국을 앞서가고 있었던 북한과의 체제 경쟁에서 살아남기 위해서라도 국민들의 저항과 요구를 방치할 수 없었다. 국민들의 이러한 저항과 요구는 한국경제의 급속한 성장의 중요한 계기로 작용을 해왔고, 국가를 끊임없이 견제하여 급속한 국가주도 경제발전의 부작용을 최소화하는 데 기여했다. 그 대표적인 중요한 계기들로 토지개혁, 박정희 정부의 1960년대 초 이후 국가주도의 강력한 경제개발 5개년 계획의 성공적 추진, 1970년대 초의 중화학공업 육성으로의 전환, 1980년대 후반의 한국경제의 내포적 발전과 사회 안정화, 그리고 1997년 이후의 IMF 금융위기 극복 등을 들 수 있다.

1940년대 후반에서 1950년대 초 사이에 진행된 한국의 토지개혁은 한국 자본주의 발전과 강력한 국가의 성립에 중요한 계기로 작용하였다. 토지개혁을 통해 지주계급이 몰락함으로써 국가가 새로운 산업정책을 기존

---

55) 「수출전선 '싸이렌'」, 『파이낸셜 뉴스』 2007.01.29.

지배계급의 저항에 부딪히지 않고 쉽게 실시할 수 있었기 때문이다. 이 토지개혁은 해방직후 미군정과 이승만 정부가 강하게 저항하는 좌익세력들과 기층 민중들을 무마하여 체제를 안정시키기 위한 필요에서 이루어졌다. 당시 한국의 제반 사회운동 세력들의 강력한 저항과 북한과의 체제경쟁이 없었더라면 강력한 토지개혁 실시를 통한 지주 계급의 몰락이 이루어지기 어려웠을 것이다. 따라서 사회제반 운동세력들의 저항을 성공적인 철저한 토지개혁 실시의 주요 원인의 하나로 보아야 한다.

국가가 주도한 1960년대부터 시작된 경제개발 5개년 계획 추진과 1970년대의 중화학산업 육성은 한국을 후진 개발도상국에서 고도로 산업화된 국가로 발전시키는 데 중요한 기반이 되었다. 그런데 박정희 정부가 추진한 경제개발 5개년 계획의 대부분은 1960년 장면정부 때 거의 만들어져 있었다. 장면 정부로 하여금 경제개발 5개년 계획을 세우도록 추동했던 힘은 당시 1960년 4·19혁명을 주도했던 국민들의 선진경제국가로 나가자는 강력한 열망이었다. 그리고 이 경제개발 계획 수립에 미국도 간여했는데, 그 이유는 당시 1950년대에 제3세계운동이 강하게 불어 미국도 제3세계의 경제발전에 관심을 보이지 않을 수 없었기 때문이었다.[56] 4·19 혁명을 무력으로 진압한 박정희 정부는 반공이라는 국시를 통해 미국으로부터 체제유지에 대한 보장과 제반지원을 얻어내었고, 그 이후 경제발전 5개년 계획을 강력하게 추진하여 국민들의 아래로부터의 저항을 무마하려고 하였다. 가시적인 경제성과를 내지 못할 경우 쿠데타라는 비정상적인 방법을 통해 권력을 잡은 박정희 정부는 유지되기 어려웠기 때문이다.[57] 실제로 박정희 정부는 연 10%가 넘는 높은 경제성장률을 올렸는데도 국민들의 높은 지지를 확보하지 못했고, 이는 박정희 정부로 하여금 지속적으로 급속한 경제발전에 매진하게 만드는 주요 추동력의 하나로

---

56) 김인걸외, 『한국현대사강의』, 260쪽.
57) 백낙청, 「박정희 시대를 어떻게 생각할까」, 271쪽.

작용하였다.

　박정희 정부가 1973년 이후 중화학산업 육성을 본격적으로 추진했던 데에는 국민들의 민주화에 대한 열망과 노동자들의 자연발생적 저항이 큰 역할을 하였다. 1969년 닉슨독트린 선언으로 인해 변한 국제정세와 1972년 사회주의헌법을 개정한 북한과의 체제경쟁 격화라는 외적 요소를 전환의 주요한 요소로 보아야 하겠지만 이러한 내부요인을 무시하기 어렵다. 1973년 중화학산업화 정책 추진 직전에 있었던 1971년 대통령선거에서 박정희 정부는 야당의 김대중 후보에게 온갖 부정선거에도 불구하고 겨우 100만 표차이로 승리했을 뿐이었다. 또한 1960년대 급속한 성장 위주 경제개발정의 부작용이 심해지면서, 한진 파월노동자들의 KAL 빌딩 폭동사건, 현대조선소 2 만명 노동자투쟁, 광주 대단지사건 그리고 전태일 분신 등 같은 대규모 사회적 저항운동이 발생하였다. 결국 이에 대해 박정희 정부는 정치적인 면에서 유신체제로 전환하여 더욱 더 강한 정치적 통제력을 행사하고, 경제적인 면에서 중화학공업이라는 새로운 성장동력을 개발하여 사회적 불만을 해소하는 쪽으로 나아가려 했던 것이다. 1987년 6월 민주화 항쟁 이후 등장한 민주정부체제와 노동자들의 사회적 진출도 한국경제의 안정적인 내포적 발전에 큰 기여를 하였다. 한국의 민주화는 한국 행정의 효율성을 높이고 재벌경영의 투명성을 높임으로서 한국 자본주의의 전반적 경쟁력을 올려주는 데 기여하였다. 1987년 7-9월 노동자 대투쟁 이후로 설립된 민주노동조합들의 높은 교섭력으로 인해 노동자들의 실질 임금이 크게 늘어나게 되었다. 노동자들의 실질임금 상승으로 계층 간의 격차가 줄어들어 지니 지수가 떨어져 사회의 안정적 발전에 기여하였다. 노동자들은 늘어난 임금인상분보다 더 많은 노동생산성을 증대시킴으로써 한국경제의 국제경쟁력을 약화시키지 않았고, 또한 상승한 임금수준이 국내시장수요를 늘림으로써 한국경제의 건전한 내포적 발전에 기여하였다. 또한 노동자들의 높은 실질임금 성장은 한국재

벌기업들이 첨단산업 분야에 대규모 투자를 하게 만드는 주요 동인의 하나로도 작용하였다.

4. 한국의 역사적 전통

해방 직후 서양 사람들은 한국의 놀라운 경제적, 정치적, 사회적 발전을 예측하지 못했다. 당시 한국은 서양이 갖고 있는 활기찬 상업, 경험과학, 안정적인 중간계급, 기업가 정신, 그리고 혁신적인 기술 들 중 그 어느 것도 가지지 못했다고 생각되었다. 브루스 커밍스는 서양 사람들이 한반도에서 오랫동안 지속적으로 진행된 한국의 역사를 간과했기 때문에 20세기의 가장 주목할 만한 성취 중의 하나인 한국의 발전을 제대로 예측할 수 없었다고 분석하였다.[58]

한국의 오랜 역사 중에서 제일 먼저 주목해야 할 것은 한국은 서양 사람들이 알기 오래전부터 동아시아에서 중국과 더불어 가장 높은 문명 수준을 지닌 국가였다는 사실이다. 예를 들어 1392년부터 1912년까지 500년 넘게 지속했던 한국의 조선왕조는 서양인들이 알고 있었던 것처럼 정체되고 고립된 아시아내의 주변부국가가 아니었다. 조선은 16세기말과 17세기 중엽 두 차례의 큰 전쟁을 겪고, 19세기에 경제적·정치적 침체를 겪었을 때를 제외하고 지속적으로 발전하면서 독자적인 정치체제를 운영했던 동아시아 주요 강국의 하나였다.[59] 이 점은 다음과 같은 사실들을 보면 알 수 있다. 15~19세기 동안 조선은 농업생산성이 꾸준히 발전하였고,[60] 인구도 최소한 2배 이상 증가하였다.[61] 생산성 증가와 인구증가에

[58] Bruce Comings, *Korea's Place in the Sun*, New York, W.W. Norton & Company, Inc., 2005, 11쪽.

[59] 정용화, 「주변에서 본 조공체제-조선의 조공체제 인식과 활용」, 『동아시아의 지역질서』, 서울: 창비, 2005, 96쪽.

[60] 김용섭, 『증보판 조선후기 농업사연구』, 서울: 한길사, 1998.

[61] 이호철, 『한국경제사연구』, 경북대 출판부, 1992.

힘입어 조선은 18세기에 국내적으로 전국적 시장 권을 형성하였고, 대외적으로는 18세기 중엽까지 동아시아에서 중국과 일본과 활발한 무역 교류를 하였다[62].

한국은 높은 생산력 수준과 독자적 국가체제의 운영경험이라는 역사적 저력을 지녔기 때문에 현대에 와서 급성장할 수 있었다. 한국의 높은 수준에 대한 인식은 외국에서도 이루어지고 있다. 영국 역사가 J. 홉슨은 『서구문명은 동양에서 시작되었다』(2004)에서 서구 근대문명의 중요한 전환점이 되는 독일 구텐베르크의 이동형 금속활자 인쇄술이 이미 그보다 50년전 인 1403년에 조선에서 발명되었고, 조선의 금속활자 인쇄술의 영향을 받아 만들어졌을 가능성이 높다고 주장하였다.[63] 멘지스도 『1421년 중국세계를 발견하다』(2002)라는 저서에서 중국의 정화함대가 콜럼버스 이전에 이미 아메리카 대륙을 발견하고 세계 일주를 했다고 주장하면서, 그 주요한 근거로 1402년에 한국에서 만들어진 「혼일강리역대국도」라는 당시 세계 최고수준의 세계지도를 들었다. 그는 이 지도에는 이미 아프리카 서해안이 정확하게 그려져 있음을 발견했기 때문이다.[64] 프랑크도 『리오리엔트』에서 조선이 서양 못지않은 훌륭한 공공제도 시스템을 갖추고 있었다고 높이 평가했다.[65] 프랑크는 또한 한국이 이러한 훌륭한 역사적 기반을 가지고 있었기 때문에 20세기 후반에 급속도로 발전할 수 있었다고 보았다.[66] 이케다도 1960년대 이후 진행된 일본, 한국, 타이완,

62) 정성일, 『조선후기 대일무역』, 서울: 신서원, 2000, 141쪽.

63) John M. Hobson, *The Eastern Origins of Western Civilization* (Cambridge: Cambridge University, 2004), 185쪽.

64) Gavin Menzies, *1421, The Year China discovered America* (New York: HarperCollins Publishers, 2002), 97쪽.

65) Andre Gunder Frank, *Reorient*, Berkeley/Los Angeles/London: University of California Press, 1998).

66) Andre Gunder Frank, *Reorient,* 한국판 서문, 26쪽.

싱가포르 등이 이룩한 놀라운 경제성장은 17세기 이후부터 오래 동안 지속되어왔던 동아시아와 유럽의 역사적 교역관계를 고려해보면 기적이 아니라고 주장하였다.[67]

　한국이 지닌 강한 유교적 전통도 국가주도 경제발전에 긍정적 역할을 하였다. 조선은 유교에 근거하여 성립한 국가였고, 17세기 중엽 만주족이 중국에 청을 세운 이후에는 아시아에서 최고 수준의 유교를 자랑하는 나라였다. 당시 조선이 17세기 이후 "소 중화사상"을 내세운 것은 높은 유교수준에 대한 자부심의 표현이면서 병자호란을 통해 조선을 억누르고 등장한 청에 대한 민족주의적 감정의 발현이기도 하였다. 이러한 높은 수준의 유교문명전통은 해방이후 등장한 강력한 민족국가 성립을 지지하는 좋은 문화적 지지기반이 되었다. 이승만정부나 박정희 정부가 강력한 민족주의를 지향했고 많은 국민들이 이를 지지했던 것도 이러한 높은 문화적 자부심과 밀접한 관련을 지닌다. 이러한 국가통치자와 국민들의 민족적 자부심을 이해할 때, 1950년대에 이승만 정부가 일본으로의 수직적 경제종속을 반대하면서 독자적 수입대체 공업을 육성하려 했던 이유, 그리고 1960-70년대 박정희 정부가 자립적 중화학공업을 육성하여 일본을 따라 잡으려고 했던 동기들을 파악할 수 있을 것이다.

　또한 학문과 교육을 중시하는 유교문화는 높은 교육열로 나타났고, 이는 짧은 시간 안에 국가와 산업발전에 필요한 양질의 우수한 많은 인력들을 제공할 수 있도록 해주었다. 또한 고려시대와 조선시대에 일부시기를 제외하고 지속적으로 유지되었던 문민전통은 1961년 이후 출범한 군사정부를 반대하는 민주화투쟁이 확산된 사회 심리적 기반을 설명하는데 도움이 된다.[68] 역사적으로 문민정부에 익숙해온 대부분의 국민들은

---

[67] Satoshi Ikeda, The History of the Capitalist World-System vs. the History of East-Southeast Asia, *Review*, 19(1)(Winter, 1996), 71~72쪽.

[68] 백낙청, 「박정희시대를 어떻게 생각할까」, 271쪽.

군사정부에 대해 강한 반감을 느꼈고 따라서 민주화투쟁을 하는 학생들이나 사회운동 세력을 호의적으로 지원해주었던 것이다.

V. 나아가야 할 한반도 평화체제

대외적으로 동아시아 국제관계는 중국의 급부상으로 인해 재편되는 양상을 보이고 있다. 미국의 부시정부는 강력한 미일동맹에 근거해서 중국의 영향력을 제어하려 했지만 중국의 영향력은 더 커지고 있다. 중국이 경제적으로 부상하면서 한국, 중국, 일본, 타이완 사이의 경제적 교류가 활성화되면서 경제적 관계는 더 긴밀해지고 있다. 그러나 중국의 급속한 산업성장으로 인해 한국과 일본과 비슷한 산업구조로 이행해나감으로써 한중일 경제 경쟁이 심해지고 있고, 다른 한편으로 한중일 군비증강 경쟁 격화로 인해 긴장이 증대하고 있다.

이러한 상황에서 한국은 미국 일변도의 관계에서 벗어나 다자적 관계를 모색해왔다. 김대중 정부는 미국의 의도와 다르게 햇빛 정책을 통해 한반도의 평화를 추구했고, 노무현정부도 초기에 "동북아균형자론"을 통해 미국, 일본, 중국, 북한 사이에서 한국이 주도적 역할을 하고자 했다. 이러한 한국의 노력들은 동북아시아의 긴장을 완화하는 데 큰 도움이 되었다. 이러한 한국의 노력이 없었더라면 9 · 11테러 이후 선제공격을 외치는 부시정부의 공격이 이라크가 아니라 북한이 되어 동북아시아가 전쟁에 휘말려 들어갈 수도 있었을 것이다.

한국전쟁 휴전 이후 유지된 동북아시아의 평화 속에서 한국, 일본, 중국은 빠르고 높은 경제성장을 달성할 수 있었다. 앞으로도 이러한 평화가 유지될 수 있을 때만이 동북아시아 삼국은 지속적으로 발전할 수 있을 것이다. 또한 동북아시아 국가들은 기존의 동북아시아 사회와 문화가 다양한 형태로 발전해왔다는 사실을 공통으로 인식할 필요가 있다[69]. 이러한 인식에 기초하여 동아시아 국가들은 다원적인 동북아시아 국제사회를 세워나가는 데 노력할 필요가 있다. 여기서 평화공동 번영의 동북아시대에 대한 비전을 제시하고 발전시키는 있어, 최근 사회민주화를 성공적으로 이끈 한국의 역할이 중요하다.[70] 한국의 민주적 제반 사회운동 세력들은 국내적으로 한국정부에게 평화적 공존 노력을 요구할 뿐만 아니라,[71] 대외적으로 일본, 미국, 중국 내부의 평화를 원하는 세력들과 연대하여 동북아시아 전체의 평화적 공존을 위해 노력해나갈 필요가 있다.[72] 이 과정을 통해 형성된 동북아시아 평화체제는 동북아시아 국가들 모두의 지속적 발전에 도움이 될 것이다. 그리고 이러한 동북아시아 평화체제로 나아가기 위한 전단계로서 한반도에 평화체제가 형성될 수 있도록 미국과 동북아시아국가들이 모두 노력할 필요가 있을 것이다.[73]

이 글은 『서양사학연구』 제17집(한국서양문화사학회, 2007.12)에 수록된 「제2차 세계대전 이후 세계체제변동과 한미관계」를 일부 수정한 것이다.

69) 왕후이, 『새로운 아시아를 생각한다』, 서울: 창비, 2003, 34쪽; R. Bin Wong, "Between Nation and World. Braudelian Regions in Asia," *Review*, 26(1), (2003), 41쪽.
70) 이수훈, 『세계체제, 동북아, 한반도』, 아르케, 2004, 138쪽.
71) 백낙청, 「동북아와 한반도의 평화체제는 가능한가」, 『한반도식 통일, 현재진행형』, 239쪽.
72) 박세일, 『대한민국선진화전략』, 서울: 21세기북스, 2006, 65쪽.
73) 백낙청, 「동북아와 한반도의 평화체제는 가능한가」, 240쪽.

14연대 반군의 종착지, 지리산

최선웅

Ⅰ. 여순사건 연구의 진전을 위해

1948년 10월 19일 여수 신월리 주둔 제14연대의 반란으로 시작된 여순사건은 전남 동부지역으로 파급되면서 큰 영향을 미쳤을 뿐만 아니라 신생 대한민국 정부에게도 커다란 충격을 주었다. 또 여순사건 이후 지리산을 중심으로 빨치산의 활동이 본격화되어 공산주의자들의 무장투쟁은 새로운 단계로 접어들었다. 이에 맞선 남한정부의 강력하고 무차별적인 진압작전은 반공국가로서의 기틀을 확고히 하는 계기가 되었다. 하지만 그 과정에서 무고한 양민들이 무수히 살상되었음은 주지의 사실이다. 이 때문에 여순사건은 현재까지도 한국현대사의 깊은 상처가 되어 진상규명과 피해자들의 명예회복을 위한 다각적인 노력을 필요로 하고 있다.

여순사건이 여전히 해결되지 않은 민감한 문제였던 만큼 그에 대한 학문적 접근은 조심스러울 수밖에 없었다. 더욱이 지난 세기 한국 사회를 짓눌렀던 반공의 정치·사회적 억압기제는 여순사건에 대한 객관적인 연구를 어렵게 해 실체적인 접근을 방해하고 반공을 위한 역사적 도구로 활용하곤 했다. 1950년대부터 1980년대까지 여순사건을 다룬 저서가 대부분 군과 경찰에서 편찬한 서적이거나 그것에 기초한 경우가 많았기에 자연스럽게 반공적인 시각이 답습되었다.

1990년대 들어 한국사회의 민주화와 더불어 피해자들의 증언이 채록되기 시작하면서부터 여순사건 연구는 반공적인 시각을 점차 벗어나기 시작했다. 김계유 등 여순사건을 직접 겪었던 지역사회의 향토사가들뿐만 아니라 홍영기, 노영기, 주철희, 김득중 등 전문연구자들의 노력으로 국내외에 산재한 관련 문서들이 수집되고, 지역주민들의 생생한 경험담이 채록되면서 군과 경찰 등 정부 진압군측의 일방적인 시각을 상당 부분 불식시켰다.

여순사건 연구에 적지 않은 진전이 있었음에도 불구하고 아직도 많은 부분에서 초기 연구가 끼친 반공적인 영향을 찾아볼 수 있다. 반공적인 편향에도 불구하고 초기에 수행된 여순사건 연구는 후속 연구의 '토대'가 되었기 때문이다. 이 토대가 되었다는 의미는 한편에서는 밟고 올라서는 극복의 대상이 되었다는 점과 다른 한편에서는 여전히 서술의 방향과 내용의 기본적인 틀이 되었다는 양가적인 의미를 모두 담고 있다.

먼저 초기 연구를 지배하던 반공적 시각은 극복의 과제가 되어 이를 넘어서야 한다는 문제의식을 후대연구자들에게 부과하였다. 그러다보니 때로는 지나친 문제의식으로 말미암아 치밀하게 논증하고 분석해야 할 과제를 일도양단식으로 단순화해 성급하게 결론을 내리지는 않았나 우려된다. 예컨대 14연대의 반란과 남조선노동당의 관계에 대해서 반공적 시각에서는 당의 지령에 의한 반란으로 규정하고 있는데 반해 최근까지의 다수 연구에서는 이를 부인하며 여순사건의 독자성과 돌발성을 강조하고 있다.

하지만 여순사건이 상부의 지령에 의하지 않고 14연대 군인들에 의한 독자적으로 계획되고 급작스럽게 발발한 사건이라 하더라도 처음부터 당원들이 주도했던 만큼 당 중앙 혹은 道黨과의 관련성 여부는 면밀히 분석할 필요가 있다. 당의 직접적인 지령이 있었느냐 없었느냐의 문제뿐만 아니라 4·3사건 진압을 위한 지원군 파병이 당시 현실화되던 시점에서 당의 대책은 무엇이었고, 지역주둔군 내 조직을 지도하던 도당의 방침은 무엇이었는지, '당 중앙-도당-14연대 黨部'의 관계에 대한 다각적인 분석이 이루어져야 여순사건의 성격 해명에 도움이 될 수 있을 것이다.[1]

다음으로 초기 연구는 후대 연구자들이 극복해야 할 대상이기도 했지만, 서술 방향과 틀을 선점하고 있는 선행주자이기에 후속연구들은 반공적 시각을 경계하더라도 세세한 서술에서는 은연중 선행연구를 따라가는 경우가 있었다. 본고에서 다루고자 하는 주제도 이와 관련되어 있다. 즉 봉기를 일으킨 14연대 군인들이 애초에 가졌던 전략적 목표는 무엇이었는지 분석해 보고자 한다. 이를 통해 여순사건에 대한 일반적 이해방식에 의문을 던져보고자 한다.

즉, 대부분의 연구는 14연대의 '兵亂'과 여수·순천의 '민중봉기'를 전자의 후자로의 자연스러운 확대라고 이해하고 있다. 14연대 군인들이 여수와 순천의 경찰력을 무력화시켜 해방구를 창설하고 보성·벌교·광양·구례 등지로 확대하는 과정에서 사회구조적 모순에 신음하던 민중들이

---

[1] 이와 관련하여 윤기남의 증언이 참고할 만하다. 윤기남은 지창수에게서 직접 들었다면서, 제주도 파병을 앞두고 전남도당과의 대책을 논의했었다고 증언하고 있다. 다만, 논의 과정에서 도당은 아직 결정을 내리지 못했고, 만약 사건이 발생하더라도 지하조직을 노출시켜서는 안 되며 14연대 자체만 행동해야 한다는 원칙은 세웠다고 한다. 이런 상황에서 14연대 黨部가 독자적으로 반란을 일으켰다는 것이다(『順天市史 정치·사회편』, 순천시사편찬위원회, 1997, 801쪽). 기존 연구에서는 군조직 오르그인 '조동무'가 광주 도당에 파견되었으나 실종되어 도당과 14연대 당부 사이에 연락이 두절되었다고 서술하고 있지만 윤기남은 여순사건이 발생하기 전 자신이 조동무와도 만나 14연대 당부의 상황을 들어서 알고 있었다는 점도 밝히고 있다. 윤기남의 이러한 증언은 여순사건과 남로당-도당-14연대 당부의 관계에 대한 면밀한 검토가 필요하다는 사실을 보여준다.

결합하여 민중봉기의 성격을 갖게 되었다는 것이다. 그리고 더 나아가 광주, 남원, 익산 등을 거쳐 서울로 진격하려는 전국적 봉기를 추진한 것처럼 서술된다.

그러나 이런 서술은 후술하듯이 군과 경찰 등 진압군측의 기록을 답습한 결과이다. 당시의 상황에서 전국적 봉기는 가능하지도, 계획되지도 않았던 것으로 판단된다. 미리 말하자면 병란이 일어난 후 14연대 군인들은 신중하지만 단호하게 움직였다. 그들의 목표는 하나였고, 그것은 지리산으로 입산해 장기적인 유격투쟁을 전개하는 것이었다. 이 과정을 꼼꼼하게 검토해 보자.

II. 서울을 향해 三分北進

현재 여수 14연대 반군이 여수를 장악한 후 이들의 진로는 대개 세 가지 경로로 삼분해 북상하는 것으로 이해되고 있다. 가령 김득중은, 반군이 여수와 순천을 장악한 다음 광주와 호남지역을 장악하고 세력을 확대하여 서울로 진격하려는 계획을 세웠다고 서술하였다. 이에 따라 순천까지 장악한 봉기군은 10월 20일 밤사이에 부대를 3그룹으로 재편해 ① 부대 벌교방면(서쪽) ② 부대 학구방면(북쪽) ③ 부대 광양방면(동쪽)으로 진출했다는 것이다. 이 작업은 2명의 민간인 지도자와 함께 홍순석이 주도했다고 한다.[2] 벌교편대는 보성-화순-광주방면(서쪽)으로 진격하고, 학구편대는 구례-남원-전주 방면(북쪽)으로 진격하며, 광양편대는 하동을 거쳐 진주 방면(동쪽)으로 진출한다는 구상이었던 것으로 파악한다.[3]

---

[2] 일설에는 '노동무'라는 가명을 쓴 李鉉相이 순천역 혹은 동순천역에 나타나 14연대 반군에게 지리산유격대 창설을 지시했다고 하지만, 이는 김득중의 연구에서 논증된 것처럼 사실이 아닌 것으로 보인다(김득중, 『'빨갱이'의 탄생 - 여순사건과 반공 국가의 형성』, 선인, 2009, 100~101쪽).

노영기 역시 순천을 장악한 봉기군이 3개 부대로 재편되어 김지회가
이끄는 주력 부대는 남원을 향해 북쪽으로, 일부는 보성 방면으로, 그 나
머지는 광양을 향해 나간 것으로 파악하고 있고, 이영일 또한 이를 반복
하고 있다.[4] 황남준은 "순천을 완전 점령한 폭동군은 3개 부대로 재편성
하여 주력 약 1천여명은 구례, 곡성, 남원 방면으로, 일부는 벌교, 보성,
화순, 광주 방면으로, 나머지 일부는 광양, 하동 방면으로 분진해나갔다"
고 서술하였다.[5]

이렇듯 1987년 발표된 황남준의 논문에서부터 2009년 출간한 김득중의
저서에까지 봉기군의 '삼분북진설'은 별다른 비판 없이 '정설'처럼 서술되
고 있다. 또 이런 서술은 14연대 병사들을 선동하면서 "우리는 북상하는
인민해방군으로 행동한다"는 지창수의 발언과 부합하는 것처럼 보인다.

이들의 '삼분북진설'이 등장하는 비교적 이른 시기의 논저로는 佐佐木
春隆의 『韓國戰秘史』를 꼽을 수 있다. 이에 따르면,

> 여수에서 북상한 반란군은, 순천에 주둔중인 2개 중대와 광주에서 급파된
> 제四연대의 1개 중대와 합류한 후 순천을 장악하고 때를 놓치지 않고 소위
> '해방구'를 확대하려고 기도했다. 즉 그 주력을 3분하여, 서쪽의 벌교, 북쪽
> 의 학구, 동쪽의 광양을 향하여 분진하며 도중의 경찰관서를 습격하여 경관
> 들을 학살하면서 세찬 기세로 기반을 확대하는 데 힘썼다.[6]

---

3) 김득중, 위의 책, 92, 97, 236쪽.

4) 노영기, 「여순사건과 육군의 변화」, 『전남사학』 22, 2004, 262쪽. 같은 내용의
   서술이 이영일, 「여순사건의 진상과 민간인 집단학살」, 『여순사건 논문집』,
   여수지역사회연구소, 2006, 268~269쪽에도 등장한다.

5) 황남준, 「전남지방정치와 여순사건」, 『解放前後史의 認識』 3, 1987, 448쪽. 같은
   내용이 안종철, 「여순사건의 배경과 전개과정」, 『여순사건 논문집』, 여수지역
   사회연구소, 2006, 75쪽에서도 확인된다.

6) 佐佐木春隆 著, 姜昶求 編譯, 『韓國戰秘史 上卷 建軍과 試鍊』, 兵學社, 1977, 325~326
   쪽. 원저는 1976년 발행.

佐佐木은 봉기군이 '해방구'를 확대하기 위한 계획적인 전술의 하나로 주력을 삼분하여 벌교, 학구, 광양을 향해 분진한 것으로 파악하고 있다. 황남준을 비롯해 노영기, 이영일, 안종철 등의 서술도 상세함에서는 적지 않은 차이를 안고 있지만, 큰 틀에서는 佐佐木의 이해방식에서 벗어나지 않고 있다.

또 하나 특기할 만한 서술로는 김계유의 '회고'가 있다. 김계유는 여수가 봉기군에 점령된 뒤 군청에서 "순천을 점령한 14연대 인민해방군은 다시 3개 부대로 재편성하여 주력부대는 구례, 곡성, 남원을 점령하기 위하여 현재 학구로 향진 중이며 또 한 부대는 보성, 화순, 광주를 점령하기 위해 벌교로 쳐들어가고 있고, 또 다른 한 부대는 하동을 발판으로 경상도로 쳐들어가기 위해 광양으로 진격중"이라는 군인의 설명을 들었다고 회고담조로 기술하였다.[7] 하지만 이 서술은 그가 직접 들은 바를 기술한 것인지 신빙성이 불분명하다. 왜냐하면 후술하듯 그의 서술내용은 변화를 보이고 있기 때문이다.

III. 사건 초기 군경은 二分北進으로 파악

김계유는 『역사비평』(1991)에 삼분북진설의 회고담을 게재하기에 앞서 발간한 『여수·여천발전사』(1988)에서 이분북진설을 서술한 바 있었다. 그는 "순천을 장악한 그들은 두 패로 나누어 1개 대대 병력은 광양, 구례, 곡성을 휩쓸고 남원으로 진격하려 했고 또 1개 대대 병력은 벌교, 보성, 광주를 거쳐 이리로 진격하려 했지만, 4연대 병력이 학구와 구례구에서

---

7) 金鷄有, 「1948년 여순봉기」, 『역사비평』 15, 1991, 234쪽. 이와 함께 김득중은 「유창남 인터뷰」, RG 338 Entry 11071 Box 2, "Yosu Rebellion"을 인용하고 있다.

이들의 진로를 막았기 때문에 계획대로 진격하지 못하자 남원, 장성, 고흥 등지로 침투하기 시작"했다고 기술했다.[8] 이를 확인하면 그는 반군의 진로를 '二分'에서 '三分'으로 바꾸어 서술했던 것을 알 수 있다. 그가 『역사비평』에 투고한 회고조의 서술이 실제 회고가 아니라는 강한 의심을 갖게 하는 부분이다.

어쨌든 김계유의 '이분설'은 사실 여순사건을 진압했던 초기 軍警의 인식과 궤를 같이 하는 서술이다. 여순사건이 진압된 이후 발간된 軍警의 史書類에서는 대개 순천 점령 이후 반군이 양분된 것으로 기술하고 있다. 육군에서는 1952년 『六·二五事變 陸軍戰史』 第1卷에서 "여수 순천을 석권한 반군은 드디어 남원 及 광주에까지 박두하였"다고[9] 하여 반군이 남원 및 광주를 향해 진격중에 있었다고 서술하는 데 그치고 구체적인 진격 상황을 서술하지 않았다. 하지만 2년 뒤 『共匪討伐史』에서는 "여수 순천을 석권한 반란군은 다수의 폭도를 규합하여 계속 남원, 광주를 지향하여 북진태세를 취하였다. 그들은 광양-구례-곡성-남원 경유 이리에, 벌교-보성-화순-광주-전주 경우 이리의 二방향에 각각 분할 진출을 기도하였다"고 서술하였다.[10]

육군의 달라진 서술은 1952년 발간된 警察史의 영향을 받았던 것으로 보인다. 경찰에서는 일찍부터 "우수한 장비로 중무장한 다수의 叛徒는 二方面(광양, 구례, 곡성, 남원 경유 이리에, 벌교, 보성, 화순, 광주, 전주 경유 이리에)에 분진 진출하려는 기도하에 同月二十一日 오전 二時頃 順天署 관내 별량지서, 벌교서 관내 오성지서를 각각 점령하였으며"라고[11] 서

---

8) 金鷄有, 『麗水·麗川發展史』, 반도문화사, 1988, 328쪽.

9) 陸軍本部編纂, 『六·二五事變 陸軍戰史』 第1卷, 陸軍本部戰史監室, 1952, 109쪽.

10) 陸軍本部, 『共匪討伐史』, 1954, 15쪽.

11) 內務部治安局 大韓警察史發刊會, 『大韓警察史 第一輯 民族의 先鋒』, 興國硏文協會, 1952, 68쪽. 같은 내용이 국회에서 행한 내무부의 보고에서도 확인된다[「제1회 제89호(1948.10.27.) 反亂事件에 關한 件」, 『여순사건자료집』 Ⅰ, 선인,

술하고 있다. 특이하게 경찰에서 파악한 봉기군의 진로는 지리산을 거쳐 북상하는 루트와 서쪽으로 광주를 경유해 북상하는 두 가지 루트였고, 종착지는 모두 이리였다. 육군의『공비토벌사』에서 나왔던 반군의 종착지도 이리였다는 점에서 군경 모두 서술방향은 동일했다.

이후 육군의 서술은 다시 변화를 겪게 된다. 1967년『한국전쟁사』1권에서는 "반란군은 여수, 순천을 석권하고 1個隊는 광양, 구례, 곡성, 남원을 경유하여 전주로 지향하고, 다른 1個隊는 순천에서 벌교, 보성, 화순, 광주, 이리로 진출을 기도하였다"고[12] 설명하고 있다. 반군의 진로를 이리를 종착지로 보던 기존 서술에서 탈피해 전주와 이리로 나누었다. 이렇게 서술이 그때그때 변화를 보인 이유는 육군과 경찰측 모두 반군의 진로에 대해 명확한 증거를 가지고 설명하거나 추론했던 것은 아니었기 때문이다.

그렇다면 군경의 이분설이 최초로 등장했던 시기와 계기는 무엇이었을까? 최초의 이분설은 여순사건이 발발했던 1948년 10월 20일 오전 이범석의 기자회견에서 등장했다. 이날 기자회견에서 이범석은,

순천의 대부분을 점령한 반란군은 오합지졸을 모아서 약 2천 명이 두 길로 나누어서 1중대는 남원으로, 또 1중대는 광주로 전진하였던 것이다.[13]

라고 말하였다. 육군의『六·二五事變 陸軍戰史』에 등장하는 반군이 광주 및 남원으로 진격중이라는 서술의 근거가 바로 이범석의 기자회견이었던 것이다.

여순사건이 발생한 1948년 10월 동안 정부의 발표나 주요 신문 보도에

2001, 37쪽].

12) 大韓民國 國防部 戰史編纂委員會,『韓國戰爭史 第1卷 解放과 建軍』, 1967, 459쪽.

13)「光州 南原線 以南에 叛徒를 包圍 掃蕩」,『東亞日報』1948.10.22;「二千餘 兵力 南原 光州로 前進」,『京鄕新聞』1948.10.22.

서는 반군의 진로에 관해 '이분설' 이외에 다른 견해를 좀처럼 찾아보기 힘들다. 보성과 광양 부근에 반군이 진출하고 있지만, 이는 진압군이 순천과 여수를 포위하자 활로를 찾기 위한 패잔 도주병의 준동으로 파악했다.[14] 정일권 대령은 기자단 회견을 통해 광양과 보성에 집결해 있는 반군들은 "대개 분산되고 귀순되어 있어 아무 염려 없다"고 발표했다.[15] 사건 초기 진압을 수행하던 정부측은 보성과 광양 방면으로 진출했던 반군의 움직임을 대수롭지 않게 파악하고 여수와 순천의 탈환에 집중하고 있었다. 동·서·북의 삼분 방향은 반군의 진출로라기보다는 여수·순천을 탈환하기 위한 진압군의 봉쇄로에 가까운 상황이었다.

흥미로운 사실은 북한지역에서 발행하던 『투사신문』에서는 반군들이 광주, 남원, 하동 방면으로 진격 중이라고 보도하고 있었다는 점이다.[16] 보성과 광양에 진출했던 반군의 활동을 어떻게 볼 것이냐 하는 문제에서 남한쪽과 북한쪽의 시각이 극명하게 갈렸던 것이다. 전자는 패잔병의 도주라고 본 반면, 후자는 해방구의 확대를 위한 적극적인 진출로 해석했다. 어느 쪽 해석이 사실에 더 가까운지 가늠하기 위해서는 다음 장에서 서술하듯 반군들의 활동을 세세하게 검토해볼 필요가 있다.

어쨌든 남한쪽 사서와 자료에서 반군의 진로를 어떻게 서술했는지 시기순으로 검토해 보면, 삼분해 서울로 북상 중이었다는 견해는 비교적 최근에 등장했고, 그 이전에는 대개 이분해 서쪽(광주)과 북쪽(남원, 이리)으로 분진한 것으로 파악하고 있었음을 알 수 있다.

'分進說'은 삼분이든, 이분이든 반군의 진로를 계획된 일련의 전술적인 '공세적' 행동으로 규정함으로써 좁게는 광주와 남원, 전주, 이리 등 호남

---

14) 「全南道事態에 李國務總理 發表」, 『東亞日報』1948.10.24; 「順天도 奪還」, 『서울신문』1948.10.24; 「順天서 400名 死亡」, 『서울신문』1948.10.27; 「麗水包圍網을 壓縮」, 『自由新聞』1948.10.27.

15) 「今日中 完全 鎭壓」, 『서울신문』1948.10.24.

16) 「繼續 進擊하는 蜂起軍 氣勢!」, 『투사신문』1948.10.27.

지역을 장악하려 한 대규모 지역적 무장봉기로, 넓게는 서울을 향해 진격 중이라는 과장된 이미지와 불안감을 덧씌워 대한민국을 위협하는 전복세력으로 반군을 그려내고 있다.

Ⅳ. 반군의 목표 : 지리산유격구 창설

여순사건을 진압했던 군경이 반군의 북진을 걱정했던 것과 달리 당시 미임시군사고문관들은 반군이 지리산 등으로 입산해 장기적인 유격투쟁을 벌이지는 않을까 염려했다. 진압작전에서 핵심적인 역할을 수행했던 미임시군사고문 하우스만은 지창수를 비롯한 공산주의자들의 목적은 북한과 호응하여 남한에 항상적인 소요를 일으킬 빨치산 유격투쟁을 조직적으로 준비하는 것이라고 파악하고 있었다. 하우스만에게 중요한 것은 여수, 순천의 신속한 탈환만이 아니라 반군이 산악 게릴라로 침투할 것이 확실해 보이는 백운산, 지리산 등의 퇴로를 차단하는 것이었다. 그렇기 때문에 그는 지리산 입구를 극구 지지하려 했다.[17]

육군 정보참모부에서 자문역을 맡고 있던 미임시군사고문 리드 역시 다음과 같이 회상하며 반군들의 목표는 입산해 유격투쟁을 벌이려는 것이었다고 증언했다.

공산주의자들은 곤경에 빠졌다. 그들은 출동시간보다 앞서서 반란을 일으키든지 아니면 모든 것을 잃든지 양자택일을 해야 했다. 일단 그들이 제주도로 가게 되면 연대병력이 재편될 것이고 따라서 공산주의자들의 세포조직이 붕괴되리라는 것은 불을 보듯 뻔한 사실이었다. 그러한 상황에서 <u>그들이 할 수 있는 것이라고는 장차 있을 유격대 투쟁에 필요한 가능한 한 많은 양</u>

---

17) 김득중, 앞의 책, 286쪽.

의 무기와 탄약을 탈취하여 산 속으로 들어가는 것뿐이었다. 공산주의자들이 결정을 내리고 있는 바로 그 순간에 상륙용 주정(LST)은 제주도로 파견할 제1대대 병력을 승선시키고 있었다.[18]

리이드는 당시 봉기를 일으킨 공산주의자들의 앞에는 입산 외에 다른 선택지는 없었다는 판단을 내리고 있다. 실제로 여순사건이 일어났던 당시 남로당에서는 38선 이남 지역에서 대규모 봉기를 수행할 만큼의 충분한 역량을 준비하고 있지 못하였던 것으로 판단된다. 따라서 제주도 파병을 거부하고 봉기를 일으켜 정체를 노출시켰을 경우 이후 역량을 보존할 수 있는 최선의 방법은 입산해 장기적인 유격투쟁을 벌이는 것 외에는 잘 떠오르지 않는다.

이런 판단은 14연대 반군들도 어느 정도 예상할 수 있었다. 제주도 파병소식이 알려지자 10월 16일 지창수가 주도하는 14연대는 세포회의를 열어 선상반란을 통해 북으로 향한다는 결정을 내렸다.[19] 이태의 『여순병란』에는 이날의 회합에 대해 다음과 같이 묘사하고 있다.

이제는 지난 모임 때처럼 개인 또는 집단 탈영을 입에 올리는 사람이 하나도 없었다. 제각기 상기된 표정으로 그 '어떤 결단'에 대한 의견을 내놓았다.
제기된 방책은 결국 세 가지로 정리됐다.
그 하나는 일단 제주도에 가서 총부리를 돌려대는 것, 그러나 좁은 섬에 들어가서 반란을 일으킨다는 것은 여러모로 불리하다. 운동의 폭이 좁고 다른 연대에 대한 연쇄 반응을 기대할 수 없다. 자칫하다간 자멸을 자초하는 결과가 된다는 반대 의견이 많았다.

---

18) 리이드(Reed), 「여수사건의 진상」, 2쪽(J. R. 메릴 저, 신성환 역, 『침략인가 해방전쟁인가』, 과학과 사상, 1988, 198쪽에서 재인용).
19) 김득중, 위의 책, 72~73쪽.

또 하나는 출동을 거부하고 연대내에서 반란을 일으키는 것, 반란이 성공할 승산은 충분하다. 그러나 다른 연대와의 연결 없이 14연대의 힘만으로는 궁극적 승산이 희박하니 중앙당에서 전국적인 공작을 해줘야 한다. 그러자면 우선 도당의 양해가 필요한데 그럴 시간이 있을까 하는 의견들이 있었다. 다른 하나는 수송 도중 해상에서 반란을 일으켜 배를 장악하고 선수를 북으로 돌리게 하는 것, 이것은 가장 성공률이 높지만 항쟁을 포기하고 도피하는 이상의 의미가 없다. 그러나 제주도 출동을 거부하고 숙군의 공포에서도 벗어나며 이승만 정권에게 줄 데미지도 엄청날 것이다. 따라서 긍정적인 의견이 많았다.

하사관 그룹은 이 세 가지 방책을 놓고 세 시간 이상을 토론한 끝에 결국 선방반란을 결행하기로 의견을 모았다.[20]

『여순병란』에 등장하는 이 회의 모습이 어디까지가 사실인지 분간할 수 없다. 이태는 마치 제주도에 파병할 1개 대대를 "연대내의 골칫거리 장병들을 몽땅 추려서" 만든 것으로, 문제의 하사관 그룹 대부분이 편입된 것으로 서술하고 있지만,[21] 이는 사실이 아닌 것으로 보인다. 劉官鍾은 당시 부연대장이었던 李喜權 소령의 증언을 바탕으로 그가 3개 대대 병력 중에서 우수한 사병들을 선발하여 새로이 출전대대로서 제1대대를 편성했다고 기술하고 있다.[22] 상식적으로도 실전배치를 앞둔 병력을 차출하는데, 굳이 사고를 일으킬 염려가 있는 '골칫거리' 장병들로 편성할 이유는 없었다. 이태의『여순병란』에서는 동족끼리의 유혈충돌을 반대한다는 대의에 초점을 맞춰 '골칫거리 장병=제주도 파병=반군'이라는 단순화를 통해 극적 서사를 고조시키기 위한 장치가 아니었을까 추측된다.

---

[20] 이태,『여순병란』상권, 1994, 158쪽. 유사한 대책회의 모습이 앞의『順天市史 정치・사회편』, 755쪽에서도 서술되어 있다.

[21] 김계유 역시 이런 식으로 서술하고 있다(金鷄有, 앞의 글, 1991, 251쪽).

[22] 劉官鍾,「麗水! 第14聯隊叛亂事件 (上)」,『現代公論』2-2, 1989년 2월호, 427쪽.

또 하나 선상반란을 계획했다고는 하지만 연대내 주요 당원이었던 김지회, 홍순석, 지창수, 정낙현 등은 출동부대에 편성되지 못하고 본대에 잔류한 상황에서 선상반란은 자칫 잔류한 이들에게 치명적일 수 있었다. 지창수 등에게 선상반란은 '숙군의 공포에서도 벗어나지' 못할 뿐더러 오히려 칼날이 되어 돌아올 위험성이 높았던 선택지였다.

그럼에도 제주도 파병을 앞두고 가느니, 마느니로 14연대 내 당원들 간에 논란이 일고 있었던 사실은 이미 전남도당은 물론 순천군당에서까지도 파악하고 있었을[23] 정도로 초미의 관심사였고, 그런 만큼 『여순병란』에 묘사된 장면과 유사한 회의가 있었을 개연성은 충분하다. 사실 여부를 떠나 이 회의 장면에서 주목할 지점은 하사관 그룹이 연대 내 반란 계획을 포기하고 해상반란 후 월북을 선택했다는 점이다. 이들은 14연대에서의 반란은 성공 가능성이 매우 높지만, 봉기가 전국적으로 확산되지 않는 한 남한에서의 투쟁은 궁극적으로는 실패할 수밖에 없다는 판단을 내리고 있었던 것이다. 이것이 작가이자 빨치산으로서 이태의 개인적인 판단이었는지, 당시 14연대 반군의 판단이었는지 판가름할 수는 없지만, 사실상 14연대 자체의 반란만으로는 궁극적인 승리를 가져올 수 없다는 사실은 자명해 보인다.

사실을 확인할 수 없는 또 다른 기록에서는 여순사건이 발생하기 직전 지창수의 반란계획에 동참을 요구받은 김지회가 "병력을 2분하여 자신과 홍순석은 2개 대대 병력을 끌고 지리산으로 들어가 인민군이 밀고 내려올 때까지 버티고, 지창수는 1개 대대를 거느리고 여수에 남아 사태를 관리하고 전반적인 작전을 총지휘해야 한다는 자신의 작전계획을 설명"했다고 기술하고 있다.[24] 반란 계획 단계에서 김지회는 처음부터 지리산에 입산해 장기적인 무장투쟁을 벌일 계획이었다는 내용에 주목할 만하다.

23) 윤기남과 심명섭의 증언(앞의 『順天市史 정치·사회편』, 801, 813쪽).

24) 金鷄有, 앞의 글, 1991, 253쪽.

일찍이 14연대 반군의 전략적 목표가 지리산유격구의 창설이었다는 사실에 주목한 연구자가 있었다. 메릴은 1977년 11월 30일 서울에서 '한국의 안보문제에 관한 장기 관측통'과의 회견을 바탕으로 "반란군들은 여수를 점령하는 것을 궁극적인 목적으로 삼고 있지 않았으며, 단지 다량의 무기를 획득하여 근처에 있는 지리산으로 들어가 유격대 근거지를 마련하려고 했었다"고 주장했다.[25] 이 '장기 관측통'이 누구인지 알 수 없고, 여순사건이 벌어진 지 30년 가까이 지난 시점이어서 반군들이 지리산으로 들어가 유격대 근거지를 마련하려 했다는 증언이 당시의 사실을 말하는 것인지, 현재의 결과론적 해석인지는 불분명하다.

그럼에도 메릴은 반군의 원래 목적은 구례와 남원을 거쳐 지리산으로 안전하게 들어가는 것이었다고 결론을 내리며 다음과 같이 서술하고 있다.

> 10월 20일 저녁 반란군들은 순천에서 다음과 같은 세 방면으로 진출해 나갔다. 벌교와 보성을 향한 '서남방향', 구례와 남원으로 나아가는 간선철도 방향, 그리고 광양과 하동으로 나아가는 북동 방향 등이었다. … 상황이 어떻게 변하느냐에 따라서 도청 소재지인 광주와 전주로도 나아갈 준비를 갖추는 듯했지만, 그들의 주된 목표는 분명히 구례와 남원을 거쳐서 지리산으로 안전하게 들어가는 것이었다. 보성으로 진출한 것은 순천으로 들어오는 서쪽 길목을 막으려는 의도였고, 광양으로 진출한 것은 반란군의 우익이 뚫리는 것을 보호하면서 백운산을 거쳐서 지리산으로 들어가는 또 하나의 통로를 확보하기 위해서였다.[26]

그에 따르면, 순천 점령 후 봉기군은 세 방면으로 진출했는데, 이 三分은 김득중 등의 서술과 일치한다. 다만, 그는 三分의 일차적 목적이 광주

---

25) J. R. 메릴 저, 앞의 책, 198~199쪽.
26) J. R. 메릴 저, 위의 책, 206쪽.

214 · 지리산의 저항운동

나 전주, 서울로 가기 위해서가 아니라 지리산으로 입산하기 위한 방어망을 구축하기 위한 것으로 해석했다. 보성과 벌교로 나간 부대는 서쪽 길목을 차단하고, 광양으로 진출한 부대는 백운산을 통해 지리산으로 입산하는 예비루트를 확보하기 위해서라는 것이다. 메릴은 14연대 반군의 당면목표를 지리산 입산으로 한정시키면서 分進 등 다른 움직임들은 이를 실현하기 위한 전술적 계획으로 위치시켰다.

V. 지리산을 향한 진격

연대 내 반란 계획을 포기했음에도 불구하고 14연대는 곧 반란의 소용돌이에 휘말리게 되었다. 10월 18일 아침 10시 "오늘 저녁에 지창수 이하 좌익 세포원들을 체포할 것"이라는 정보가 입수되었다. 체포 정보를 입수한 뒤 갑자기 소집된 당부회의는 결국 연대 내 무장봉기를 결정했다.[27] 이후 여수를 점령한 14연대 반군은 일부를 남겨둔 채 대부분의 주력을 순천으로 향했다. 『순천시사』에서는 약 700명이 오전 8시 30분경 순천행 통근열차로 출발하였고 1,300여 명은 각종 차량을 타고 순천으로 향했다고 서술하고 있다.[28]

봉기군이 여수를 떠나는 상황에 대한 설명은 다양한데, 그중에서도 가장 이른 시간대는 당시 신문에서 보도한 4시발 혹은 4시 30분 열차였다.[29] 다만 유창남의 진술에 의하면, 병사들이 다 승차한 이후에도 몇 시간을 보낸 후 열차가 서서히 움직이기 시작했다고 한다. 또 기차가 나아가는 방향으로 척후병을 내보내어 선로 상태를 매번 확인했기 때문에 기

---

27) 김득중, 앞의 책, 74쪽.

28) 앞의 『順天市史 정치·사회편』, 759쪽.

29) 『호남신문』 1948.10.29; 「사건발생 4일 후의 순천 현지보고」, 『대동신문』 1948.10.28.

차는 정기적으로 멈추면서 천천히 순천을 향해 나아갔다고 한다.[30] 마침내 14연대 주력이 순천역에 도착한 시간은 주한미군의 보고에 의하면 9시 30분경이었다고 한다.[31]

14연대 반군이 여수역을 떠나 순천역에 도착하기까지의 상황을 면밀히 검토해 보자. 이 작업은 반군의 즉각적인 목표가 어디에 있었는지 확인할 수 있을 것이다. 1954년 여수와 순천간 통근열차 시간표를 살펴보면, 여수에서 오전 6시 50분에 출발해 순천에 8시 10분에 도착하는 열차편과 여수에서 17시 30분에 출발해 순천에 19시 5분에 도착하는 열차편 등이 확인된다.[32] 평소 여수-순천간 7개 역(여수역-미평역-여천역-덕양역-율촌역-성산역-순천역)을 통과하는 통행 시간은 1시간 20분에서 1시간 35분이 소요되었던 것이다.

따라서 반군들이 간이역에서 정차하지 않았을 것이라는 점을 고려하더라도 여수에서 순천까지 적어도 1시간 이상은 걸렸을 것이다. 게다가 유창남의 진술에서 확인되듯이 기차는 평소보다 느린 속도로 운행하고 있었기 때문에 순천에 9시 30분 도착하기 위해서는 여수에서 8시 이전에 출발했을 가능성이 높다. 이 가능성을 확인시켜주는 증언이 존재한다.

정홍수의 증언에 의하면 여수에서 조금 떨어진 미평역을 기차 지붕 위까지 군인들이 탄 채로 6시에서 7시 사이에 통과했다고 회고하고 있다.[33] 열차의 느린 운행 속도를 고려할 때 이 증언은 사실일 것이다. 국회보고에서도 오전 6시경 열차를 징발하여 순천으로 진출했다고 보고했다.[34] 여기에 군인들이 열차에 승차한 이후 몇 시간을 보냈다는 유창남의 증언

30) 「유창남 인터뷰」(J. R. 메릴 저, 앞의 책, 202쪽에서 재인용).

31) 翰林大學校 아시아文化硏究所, 『駐韓美軍情報日誌 G-2 Periodic Report』 6, 1989, 531·533쪽.

32) 「通勤通學列車增設」, 『東亞日報』 1954.9.26.

33) 정홍수, 「내가 겪은 여순사건」, 『지역과 전망』 1, 1990, 89쪽.

34) 앞의 「제1회 제89호(1948.10.27.) 반란事件에 關한 件」, 36쪽.

을 고려하면 당시 신문에서 보도한 것처럼 4시대에 열차를 징발했지만, 이후 시간을 지체하다가 6시대에 출발했던 것으로 이해할 수 있다. 결국 오전 8시 30분에 여수역을 출발했다는『순천시사』의 서술은 오류로 판단된다.

그렇다면 반군은 20일 새벽 3시에서 3시 30분경 여수경찰서를 점령해 경찰력을 무력화시키자마자 곧 순천으로 향하기 위해 열차를 징발하고 탑승한 것이 된다. 이들이 숨 돌릴 틈도 없이 이렇게 빨리 순천으로 향하려 했던 이유는 무엇일까?

그 이유는 최대한 빠른 시간 안에 지리산으로 입산하기 위해서였을 것이다. 여순사건 당시 순천군당 조직부장이었고, 이후 입산해 빨치산 보성지구사령관으로 활동했던 윤기남의 증언에 의하면,

> 14연대가 올라오다가 사실은 순천에서 내리지 않고 바로 구례로 가려고 했다는 거거든요. … 바로 지리산으로 가려고 했지요. 군 독자적으로 유격활동을 하려 했지, 민간인들과 함께 봉기할 계획은 없었다고 봐야지요. 나중에 조 동무란 사람도 만났어요.[35]

윤기남은 위와 같은 내용을 지창수에게 직접 들은 것으로 회고했다. 그는 자신이 보성지구사령관 재임 중 지창수가 부대 군사지도원으로 함께 활동했기 때문에 당시 상황을 구체적으로 다 들었다고 주장했다.

또 윤기남은 지창수의 말에 의하면, 제주도 파병을 앞두고 전남도당과 대책을 논의하는 과정에서 도당은 아직 결정을 내리지 못했다고 증언했다. 다만, 도당은 사건이 발생하더라도 지하조직을 노출시켜서는 안 되고 14연대 자체만 행동해야 한다는 원칙은 세웠다고 한다. 이런 상황에서 14연대 당부가 독자적으로 봉기를 일으켰다는 것이다.

---

[35] 앞의『順天市史 정치·사회편』, 801쪽.

여순사건 일주년을 맞이하여 경향신문에서 취재 보도한 기사에서도 함준호 대령은 윤기남의 증언과 비슷하면서도, 더 구체적인 인터뷰를 남기고 있다. 그는 남로당 중앙은 "절대 봉기해서는 안 된다"는 지령을 내렸지만, 14연대가 봉기를 일으켰고, 이에 남로당 "중앙에서 '만일 봉기했으면 지이산에 들어가라'는 지령"을 내렸다고 주장했다. 김백일 대령 또한 "반란군의 지이산 도주는 계획적이었다"고 인정했다.[36]

따라서 윤기남은 봉기군이 여수를 해방시킨다거나, 순천을 점령하려는 적극적인 의도를 가지고 있었던 것이 아니었기 때문에 19일 봉기가 일어나자 "부대는 얼른 빠져나와" 20일 순천을 통과해서 바로 지리산으로 들어가려고 했다고 주장했다.[37]

윤기남의 증언은 당시 발간된 북한의 선전물에서도 확인된다. 『선전자』 창간호(1949)에는 남한에서 전개되던 무장유격투쟁의 전모를 소개하면서 여순사건은 남한에서 전면적인 무장유격투쟁을 전개하기 시작한 비약적인 계기가 것으로 평가했다. 그에 의하면,

> 폭동에 참가한 병사의 수는 약 二천명이었고 이에 무장한 인민을 합히면 그 무장세력이 五六천명에 달하였다. 려수폭동은 물론 려수를 영구하게 장악함에 그 목적이 있는 것이 아닌 것은 누구에게나 명백한 것이다. 폭동한 병사들이나 무장한 인민들은 남조선매국정권과 장기적이요, 조직적인 항쟁을 전개하기 위하여 지리산을 중심으로 하여 광범한 유격전구를 창설함에 그 계획의 중심을 두었던 것이다. 여기서 무장인민들의 대부대는 벌써 二十일 새벽 순천진격과 함께 지리산 방면으로 향하게 되었던 것이다.[38]

---

36) 「한둘 맞은 麗順」, 『京鄕新聞』 1949.10.21. 「十四聯隊叛亂 李鉉相이 誘導」, 『東亞日報』 1949.10.22.에서도 "지이산으로의 잠입은 계획적인 퇴각전술이었다"고 평가하고 있다.

37) 앞의 『順天市史 정치 · 사회편』, 806쪽.

38) 閔丙義, 「南半部遊擊戰全貌」, 『선전자』 창간호, 1949, 42~43쪽.

14연대 봉기가 여수를 해방시키는 데 목적이 있었던 것이 아니라 지리산에 장기적인 유격전구를 창설하기 위한 계획으로 일어났다는 주장이다. 또 순천 점령 후 '무장인민'의 일부를 벌교, 고흥, 보성 방면으로, 다른 일부는 구례, 곡성, 남원 방면으로, 또 다른 일부는 광양방면으로 진출시켰던 것은 '무장부대' 주력이 지리산으로 향하고 있다는 것을 은폐하기 위한 전술이었다고 설명하고 있다. 무장인민이 삼분했던 것이지 무장부대 곧 14연대 반군 주력은 삼분하지 않고 곧장 지리산으로 향했다는 서술에 주목할 필요가 있다. 이런 전술에 힘입어 진압군은 반군이 지리산으로 향하고 있다는 것을 모른 채 광주, 서울 등지로 진출할 줄로 오판했고 이를 틈타 "려수와 순천에서 산악지대로 모든 준비(식량, 무기, 피복, 의료품, 이불, 취사도구 등)가 이동"할 수 있었다며 성공적으로 평가했다.[39]

VI. 백운산으로 우회해 지리산 입산

14연대 반군은 가능한 한 빠른 시간 안에 지리산으로 입산하려 했으나 계획대로 진척되지 못했다. 여수에서 지리산으로 입산하기 위한 가장 빠른 방법은 열차를 이용해 구례구역까지 간 뒤 하차해 황전리나 문수리로 들어가는 진로였다. 그러나 거기까지 가기 위해서는 몇 가지 난관을 뚫어야 했다. 먼저 여수의 경찰력을 무력화시킨 뒤 열차를 징발해야 했다. 이 문제는 20일 오전 3시 30분경에는 완전히 해결되었다.

다음으로는 순천역까지 기차로 이동해야 하는데, 이때부터 시간이 지체되었다. 이미 순천경찰서에서는 반란 사실을 전달받고 대책을 마련하고 있던 상황이어서 언제 어디서 선로가 끊겨져 있을지 알 수 없었다. 순천경찰은 해룡-율촌간 속칭 검단재의 내리막길 철도를 절단하고 양쪽 언

---

39) 閔丙義, 위의 글, 43쪽.

덕에서 집중사격을 가할 계획을 세우기도 했다.[40] 실제 실행되지는 못했지만, 그럴 가능성이 있었던 만큼 반군들은 대비하지 않을 수 없었다. 이 때문에 반군을 태운 기차는 기어가듯 서서히 움직였다. 반군들은 얼마쯤 운행하다가 기차를 멈춰 척후병을 인근 산에 보내 동정을 살핀 후 다시 운행하곤 했다.[41] 이에 진격은 더딜 수밖에 없었다.

순천역에 도착해서도 사소한 문제 하나와 중대한 문제 하나가 각각 발생했다. 사소한 문제로는 순천역을 지나 바로 동순천역과 구례구역까지 갈 수 없었다. 당시 철도의 여건 상 순천역에서 하차해 동순천행으로 갈아타야 했다. 당시 순천역 차장을 역임했던 金容翼의 증언에 따르면, 김지회를 포함한 객차 2량 분량의 14연대 반군이 순천역에 도착했는데, 순천역에서 동순천역으로 이동하기 위해서는 입판작업(열차 차량을 분리하거나 연결하는 작업)이 필요했다. 이 때문에 반군들은 타고 온 열차를 두고, 김용익이 타고가기로 원래 예정되어 발차준비 중에 있던 8시 20분발 화물차로 갈아탔다고 한다.

동순천역에 가는 과정에서는 중대한 문제가 도사리고 있었다. 순천 및 인근 경찰서에 출동한 경찰들과 광주4연대 1개 중대가 진지를 구축하고 반군을 기다리고 있었다. 이 문제는 의외로 쉽게 풀렸다. 4연대 1개 중대가 반군에 합류한 것이다. 그럼에도 반군은 오후 3시가 되어서야 순천의 경찰력을 무력화시킬 수 있었다.

순천을 점령한 이후 반군의 일부는 광양과 벌교쪽으로 산개했다. 이를 두고 동쪽 광양, 서쪽 벌교, 북쪽 남원으로 삼분해 분진했다는 해석이 나온 것이다. 하지만 달리 해석할 여지가 있다. 이를테면 해방구를 확대하기 위한 공세적 의미의 진출이었다기보다는 지리산으로 입산하기 위한

---

[40] 金奭學·林鍾明 共著,『光復30年 2 麗順叛亂 篇』, 전남일보사, 1975, 91쪽.

[41] 金奭學·林鍾明 共著, 위의 책, 91~92쪽. 유사한 내용이 앞의「유창남의 인터뷰」에서도 확인된다.

과정에서 좌우의 배후지를 방어하기 위한 수세적 작전으로 볼 여지도 있다. 메릴이 분석한 것처럼 보성으로 진출한 것은 순천으로 들어오는 서쪽 길목을 막으려는 의도였고, 광양으로 진출한 것은 봉기군의 우익이 뚫리는 것을 보호하면서 백운산을 거쳐서 지리산으로 들어가는 또 하나의 통로를 확보하기 위해서였던 것으로 이해할 수 있다.[42) 북한의『선전자』에서도 이런 방식으로 서술하고 있다.

또 고흥의 경우에서 보이는 것처럼 작전과정 중에 흩어져 자신들의 연고지를 찾아간 부대원도 있을 수 있다. 여수에서 반란에 합류하기는 했으나 반군들의 성향과 참여도는 가지각색이었을 것이다. 자신의 의지와 달리 반란에 휩쓸려 급박하게 순천에 올라온 부대원들이 시가전을 벌이며 흩어진 것을 기화로 전투가 끝난 이후 집결하지 않은 채 각각 임의대로 흩어졌을 가능성이 있다.

14연대 반군이 부대를 정비하고 다시 지리산으로 출발한 것은 20일 저녁이 되어서였다. 반군 선발대가 지리산으로 가는 루트를 확보하려 서둘러 출발했지만, 그들은 20일 19시 45분 학구에서 4연대 1개 대대 병력과 조우했다.[43) 반군 주력 또한 20일 자정쯤 학구리에 도착해 진압군과 대치하였다.[44) 학구는 구례-남원 방면과 승주-화순-광주 방면으로 갈라지는 삼거리로서 순천에서부터 북상하는 반군이 지리산으로 입산하는 최단거리 코스에 위치하고 있어 반드시 통과해야만 하는 요충지였다. 이때부터 반군의 북상은 막히고 진압군과의 치열한 심리전과 교전이 전개되었다.

---

42) J. R. 메릴 저, 앞의 책, 206쪽.

43) 앞의『順天市史 정치·사회편』, 760쪽. 이 책에서는 봉기군이 학구에서 마주친 진압군이 3연대 1개 대대라고 서술하고 있으나, 처음 학구를 방어하고 있던 부대는 광주 4연대에서 임시편성된 1개 대대와 경찰 2개 중대 병력이었다(J. R. 메릴 저, 위의 책, 208~209쪽).

44) 황남준, 「여순항쟁」, 『여순사건 논문집』, 여수지역사회연구소, 2006, 46쪽. 반란지역이 곡성, 구례, 남원, 하동으로 확대되는 과정에 대한 상세한 기록은 찾아볼 수 없다. 여러 가지 문헌에서 잠시 언급된 정도이다.

10월 21일 정오경 600여명의 반군이 열차로 학구리 남쪽 비월리에 도착해 보강되자 오후 1시부터 반군은 동쪽 고지를 점령하고 있던 진압군을 공격하여 이를 지키고 있던 4연대를 후퇴시켰다. 이후 소규모 전투가 지속되는 가운데 반군이 속속 보강되자 진압은 더 어려워졌다. 저녁녘까지 진압군의 사상자가 속출하고 상황이 불리하게 전개되자 4연대 부연대장 박기병은 제3연대에 병력 지원을 요청하기 위해 전주로 떠났다.

패퇴한 4연대로부터 상황을 보고받은 주암의 5여단 지휘부는 22일 새벽에 주암에 도착한 12연대 제2대대를 학구쪽으로 향하는 월계리에 진출시켰다. 지휘부는 학구리에 병력을 집중시킴으로써 반군의 북상을 저지하고자 했던 것이다. 여기에 백인엽이 지휘하는 제2대대, 제3대대가 합류하자 진압군 병력의 우위가 확실해졌다. 21일 진압군의 서쪽 방면 쌍암리에 진출하여 진압군을 괴롭히기도 했던 반군은 23일 오전 8시 돌연 학구에서 자취를 감추었다.[45]

학구의 전투과정에서 반군은 처음에는 학구를 돌파하려고 시도했다. 애초에 광주로 북상할 계획이 있었다면 학구를 우회해 주암쪽으로 진출할 수도 있었다. 주암이 진압군 병력이 학구로 집중하고 있던 상황이어서 반대로 주암쪽으로 진격했다면 진압군의 허를 찔렀을 수도 있다. 진압군 또한 반군이 학구를 우회해 서쪽의 월계리로 진출할 가능성을 예상하고 있었고, 실제 쌍암리 쪽에 반군이 출현하기도 했지만 일회성이 그쳤다. 아마도 진압군을 꾀어내기 위한 전술이었던 것으로 보인다.

결국 반군은 학구를 돌파하는 데 실패했다. 학구에서의 교전 자체도 치열한 전투를 전개했다기보다는 진압군에게 반란 대열에 합류하라고 설득하다 기만전술에 속아 포로로 잡히고 몇 차례 교전을 벌이는 정도였다. 더욱이 진압군이 보강되어 병력의 우열이 확연해지자 반군 주력은 10월

---

45) 김득중, 앞의 책, 233쪽.

21일 밤 이미 순천을 탈출하여 광양으로 이동했다.[46]

여수-순천-구례로 가는 최단거리 직선코스로 지리산에 입산하려는 계획을 포기하고 광양으로 우회해 백운산을 통해 섬진강을 건너 지리산으로 입산하는 경로를 택한 것이다. 10월 24일 밤에는 여수에 남아있던 반군 또한 백운산을 거쳐 지리산으로 합류했다. 이렇듯 반군은 진압군과의 직접적인 전투를 회피함으로써 병력을 보존할 수 있었다. 하지만 그동안 반군에 호응했던 여수와 순천의 민중들은 진압군의 무력 앞에 속수무책으로 남겨졌다.

Ⅶ. 남겨진 민중의 비극

여순사건을 다룬 저서에서는 대부분 반군이 여수와 순천을 점령한 이후 부대를 나누어 서쪽의 보성, 벌교 방면, 동쪽의 광양 방면, 북쪽의 구례, 남원 방면으로 분진한 것으로 서술하고 있다. 이런 서술의 시원은 여순사건을 진압한 군과 경찰의 기록에서 반군이 광양, 구례, 남원 등 지리산을 감아 돌거나 서쪽의 보성, 광주를 경유해 북상하는 두 가지 방향으로 진출하고 있다는 보고에서 기원한다. 하지만 이는 구체적인 자료에 근거했다기보다는 반군의 동향을 보고 진로를 유추한 진압군측의 자의적인 판단이었다.

진압군측은 반군의 진로를 계획된 일련의 전술적인 '공세적' 행동으로 규정함으로써 좁게는 광주와 남원, 전주, 이리 등 호남지역을 장악하려 한 대규모 지역적 무장봉기로, 넓게는 서울을 향해 진격중이라는 과장된 이미지를 덧씌워 대한민국을 위협하는 전복세력으로 반군을 그려내고 있다.

이와 대조적으로 미군측은 반군의 목표가 지리산으로 안전하게 들어가

---

46) 「유창남 인터뷰」(김득중, 위의 책, 248쪽에서 재인용).

는 것이라고 파악하고 있었다. 이 경우 반군이 부대를 나눈 일차적 목적은 광주나 전주, 서울로 가기 위해서가 아니라 지리산으로 입산하기 위한 방어망을 구축하기 위한 것으로 해석된다. 보성과 벌교로 나간 부대는 서쪽 길목을 차단하고, 광양으로 진출한 부대는 백운산을 통해 지리산으로 입산하는 예비루트를 확보하기 위해서라는 것이다.

14연대 반군이 무엇을 전략적 목표로 두었는지는 반란 후 이들의 활동을 검토해 보면 분명해진다. 반군은 19일 밤 연대를 장악하고 20일 새벽 3시-3시 30분경 여수경찰력을 무력화시키자마자 4시경 통근열차를 징발하여 순천으로 향발한 후 순천역에서 열차를 갈아타고 오전 9시경 동순천역 부근에서 경찰 등과 교전을 벌여 오후 3시경 순천의 경찰력을 와해시켰다. 부대를 정비한 후 그날 저녁 다시 열차로 북상하여 19시 45분 학구에서 진압군과 조우했다.

진압군과 대치하며 소규모 교전과 심리전을 진행하다가 진압군이 보강되며 병력의 우열이 확연해지자 21일 밤 반군 주력은 순천을 탈출하여 광양으로 이동했다. 여수-순천-구례로 가는 최단거리 직선코스로 지리산에 입산하려는 계획을 포기하고 광양으로 우회해 백운산을 통해 섬진강을 건너 지리산으로 입산하는 경로를 택했다. 대신 반군은 진압군과의 직접적인 전투를 회피함으로써 병력을 보존할 수 있었다. 10월 24일 밤에는 여수에 남아있던 반군 또한 백운산을 거쳐 지리산으로 합류했다.

순천 점령 이후 반군의 일부는 광양과 벌교 방면으로 산개했는데, 그 이유는 지리산으로 입산하기 위한 과정에서 좌우의 배후지를 방어하기 위한 수세적 작전으로 볼 수 있다. 메릴이 분석한 것처럼 보성으로 진출한 것은 순천으로 들어오는 서쪽 길목을 막으려는 의도였고, 광양으로 진출한 것은 봉기군의 우익이 뚫리는 것을 보호하면서 백운산을 거쳐서 지리산으로 들어가는 퇴로이자 비상통로를 확보하기 위해서였던 것으로 이해할 수 있다.

또 일부는 작전과정 중에 흩어져 자신들의 연고지를 찾아간 부대도 있을 수 있다. 자신의 의지와 달리 봉기에 휩쓸려 급박하게 순천에 올라온 부대원들이 시가전을 벌이며 흩어진 것을 기화로 전투가 끝난 이후 집결하지 않은 채 각각 임의대로 흩어졌을 가능성이 있다.

어쨌든 14연대 반군의 목표는 가장 빠른 시간 안에 지리산으로 입산해 유격 근거지를 만들어 장기적인 무장투쟁을 전개하는 것이었다. 이는 곧 반군이 순천은 물론이고 여수를 영구히 장악할 목적은 애초에 없었다는 것을 의미한다. 이는 윤기남의 증언에서도 확인되는 바이다. 반군의 주력은 가능한 빨리 순천을 거쳐 구례를 통해 지리산에 입산하고자 했고, 여수에 남은 병력은 입산을 위한 물품을 준비한 뒤 주력을 뒤따라 지리산으로 입산하려 했던 것으로 보인다.

따라서 여수와 순천에서 '혁명적' 상황이 연출되었던 것은 14연대 반군이 애초에 의도했던 바는 아니었던 것으로 판단된다. 그것은 그간 억눌려왔던 사회경제적 모순, 이승만정권의 실정과 민족분단에 대한 민중들의 울분이 '병란'으로 야기된 치안부재를 틈타 분출했던 것이다. 14연대의 반란은 여수와 순천을 위시한 전남 동부지역의 인민들에게 정치적 결단을 촉구하는 방아쇠와 같은 역할을 했다. 방아쇠는 당겨졌으나 반군들은 여수와 순천을 방어할 역량도, 계획도 없었기에 서둘러 지리산으로 떠났고, 순천과 여수의 민중들만이 진압군의 무력 앞에 속수무책으로 남겨져 희생되었다.

이 글은 『남도문화연구』 제28집(순천대학교 남도문화연구소, 2015)에 수록된 「14연대 반군의 지리산을 향한 진군」을 수정·보완한 것이다.

여순사건 참가계층의 제유형

손태희

—

Ⅰ. 여순사건을 일으킨 주체는 누구인가?

1948년 10월 19일 밤 전남 여수에서 대한민국 정부 수립 이후 얼마 되지 않아 최대의 무장폭동이 발생하였다. 여수에 주둔 중이던 14연대 좌익계 군인들의 주도로 비화된 이 사건은 주변지역으로 급속히 확산되었는데 우리는 이 사건을 흔히 여순사건[1]이라 부른다.

---

[1] 이 사건의 명칭은 '여순사건', '여순반란사건', '군여순반란사건', '여수14연대 반란사건'(여수국방경비대반란사건), '14연대폭동', '여수반란', '여순봉기', '전남(호남)사건', '반란폭동사건', 려수(여순)병란' 등으로 불리어지고 있다. 이같이 다양한 명칭은 아직도 이 사건에 대한 연구가 충분히 이루어지지 않았음을 말해준다. 또한 이 사건이 갖는 성격이 매우 복잡함을 의미하는 것이다. 최근 중등교과서에서는 '여순반란사건'이라는 표기가 여수 · 순천 지역민들이 반란인으로 매도되는 듯한 인상을 준다고 하여 시민들의 훼손된 명예를 회복시키는 취지에서 '여수 · 순천 10월 19일 사건'이라 개칭하여 표기하고 있다. 그러나 일반적으로 '여순사건'이란 명칭을 사용하고 있다. 이는 가치중립적인 입장에서 이 사건을 바라보기 위함이다. 이 글에서도 편의상 '여순사건'이란 명칭을 사용하고자 한다.

지금까지 여순사건에 대한 연구는 대한민국의 입장을 대변하는 반공적인 입장[2)]에서 주로 이루어졌다. 반면, 진보적이고 탈냉전적인 입장[3)]에서 이해하려는 연구도 점차 증가하고 있다. 민간인 학살 문제를 부각시킨 연구[4)]도 활발히 진행 중이며 현지 향토사가들에 의한 지역민 입장을 강조하는 주장[5)]도 지속적으로 제기되고 있다.

여순사건에 대한 연구의 활성화를 위해서는 먼저 선행되어야 할 작업이 많다. 그중에서도 여순사건을 일으킨 주체가 누구인지를 우선적으로 해명할 필요가 있다고 본다. 주도계층이나 이 사건에 가담한 사람들에 대한 구체적인 검토가 전혀 이루어지지 않았기 때문이다. 심지어 여순사건

2) 육군본부, 『共匪討伐史』, 1954; 국방부 전사편찬위원회 편, 『韓國戰爭史』 1, 1967; 1977; 金點坤, 『韓國戰爭과 勞動黨戰略』, 박영사, 1973;1983 重版; 김남식, 『실록 남로당』, 신현실사, 1975; 『남로당연구』 1, 돌베개, 1984; 金奭學·林鍾明, 『光復 30年』 제2권 麗順叛亂篇, 전남일보사, 1975; 박윤식, 『여수 14연대 반란(여수순천사건)』, 휘선, 2011.

3) 김광식, 「제주4·3사건과 여순반란사건」, 『現代韓國을 뒤흔든 60大事件』, 1988년 新東亞 1월호 부록.
김득중, 『빨갱이의 탄생』, 선인, 2009; 박명림, 『한국전쟁의 발발과 기원』 2, 나남출판, 1996; 안종철, 「여순사건의 발발과 전개」, 『順天市史』 정치·사회편, 1997; 李孝春, 「麗順軍亂硏究 -그 背景과 展開 過程을 중심으로-」, 고려대 교육대학원 석사학위논문, 1996; 최창집·정해구, 「해방8년사의 총체적 인식」, 『해방전후사의 인식』 4, 한길사, 1989; 황남준, 「전남지방 정치와 여순사건」, 『해방전후사의 인식』 3, 한길사, 1987; John Merrill, Internal Warfare in Korea; 1948-1950, Univ. of Delaware Press, 1982; 『Korea: The Peninsular Orgins of The War』, Nework, Univ.of Delaware Press, 1989; 『침략인가 해방인가』, 신성환 역, 과학과 사상사, 1988.

4) 박종길, 「여순사건 피해 실태조사 현황」, 『여순사건과 대한민국의 형성』(여순사건 60주년 기념 학술심포지움 자료집), 2008; 선휘성, 「여순사건의 발생배경과 피해실태에 대한 인식」, 순천대 교육대학원 석사학위논문, 2004; 홍영기, 「여수·순천지역에서의 피해 현황」, 『지역과 전망』 12, 전남동부지역사회연구소, 2000.

5) 金洛原, 『麗水鄕土史』, 麗水天一出版社, 1962; 金鷄有 편저, 『麗水麗川發展史』, 반도문화사, 1988; 여수지역사회연구소, 『여순사건의 진상과 국가테러리즘』, 2001; 여수지역사회연구소, 『제6회 동아시아 평화·인권 국제학술회의 여수대회 자료집』, 2002; 주철희, 『불량국민들』, 북랩, 2013.

을 주도한 14연대의 좌익계 장병층과 좌익계 지역 활동가의 행적에 대한 분석조차 거의 없었다. 예컨대, 지리산 입산 이후 빨치산 활동을 주도했던 14연대 중대장 출신의 김지회나 홍순석에 대해서도 단편적인 사실들만이 알려져 있을 뿐이다. 그리고 여수에서 무장봉기를 선동했던 지창수 상사에 대한 행적도 거의 파악되지 않고 있다.

이에 이 글에서는 여순사건에 가담한 인물들을 보다 구체적으로 분석하고자 한다. 여순사건에 참여한 사람들의 다양한 계층과 그들의 역할을 검토함으로써 여순사건을 이해하는데 한걸음 다가서리라 생각한다. 나아가 여순사건의 성격과 역사적 의의를 파악하는 데에도 도움이 되리라 믿는다.

이 글에서는 여순사건 참여자들을 주도계층, 적극 가담계층, 단순 가담계층으로 유형화하고 각 유형별로 세분화하고자 한다. 일반적으로 여순사건은 14연대 군인들이 주도한 것으로 알려져 있다. 하지만 이러한 통념이 구체적으로 검증된 것은 없었다. 이러한 점에 주목하여 여순사건 참가자들에 대해 전반적으로 살펴보고자 한다. 여순사건 참가계층을 군인, 민간인, 학생의 참여정도와 역할에 따라 유형화할 것이다. 다시 말해 사건을 모의하고 주도했는지, 자발적·적극적으로 참여했는지 또는 강압적·소극적으로 참여했는지에 따라 각각의 특징을 밝혀보려는 것이다.

본 연구에서는 당시 정부의 발표, 국회속기록, 신문기사와 잡지, 미군정 보고서와 각종 정보자료, 법원 기록과 판결문[6], 관공서 문서, 지방지,

---

[6] 전남동부지역사회연구소는 "여전히 여순사건의 온전한 진실은 가려져 있고, 올바른 평가도 이뤄지지 않고 있다. 따라서 50년 전의 사건 판결문이 국민의 생명·신체·재산에 해를 끼칠 리 없다"며 "후세의 역사적 교훈을 위해서라도 모든 자료를 공개해 진실을 규명해야 한다"며 재판기록 공개를 요구했다. 이에 대해 정부기록보존소는 △본인이나 가족과 같은 이해당사자가 아니고 △공개되면 국민의 생명·신체·재산의 보호, 기타 공공의 안전과 이익을 해칠 우려가 있다는 이유를 들어 재판기록공개를 거부했다(『한겨레신문』, 2000년 1월 20일자 [여순사건 재판기록 공개하라]).

증언 등을 활용할 수 있다.

이 글에서는 이상의 자료 가운데 이용 가능한 범위 안에서 최대한 활용하고자 한다. 이러한 자료들을 바탕으로 여순사건 참여계층들의 특징을 밝힐 수 있기를 기대한다.

II. 여수 14연대의 창설과 모병활동

해방 후 미군정은 남한의 치안부재 와중에서 각종 사설군사단체가 난립하고 있는 점을 우려하였다. 특히, 그들은 무엇보다 위협적인 세력들로 공산주의자세력에 주목하였다. 그리하여 미군정은 취약한 경찰력을 증강시키고 우익군사단체에 합법적 공간을 마련해주기 위한 대안으로 국방경비대의 창설을 추진되었다. 공산주의 세력을 흡수하여 정치적 안정을 도모할 수 있는 합법적 제도적 장치로서 경비대와 같은 조직이 필요했던 것이다.[7] 동시에 좌익적 성향을 띠는 군사단체를 불법화한 후 해체시켰다. 이는 해방 직후 우후죽순처럼 생겨난 수십 개의 사실군사단체와 좌익 군사조직들이 활동했기 때문이다.

그리하여 미군정은 1946년 1월 12일에 국방경비대와 조선해안경비대를 창설하였다. 창설된 국방경비대는 군정법령 제42호에 의거하여 태릉에 있는 일제 때의 육군지원병훈련소 자리에 총사령부를 두고 각 지방에 향토연대를 편성하였다. 국방경비대는 경찰력을 보조한다는 명분에 의해 창설되었기 때문에 '경찰예비대' 또는 '향토경비대'라고 불렸다.

미군정은 국가를 통제하는 기구로서 경찰 못지않게 군대를 중시하였다. 〈표 1〉에서 보는 바와 같이 전국에 걸쳐 국방경비대 예하의 각 연대가 창설되었다.

---

7) 황남준, 앞의 글, 416쪽.

<표 1> 연대창설 현황

부대명	창설일·장소	부대편성	비고
제1연대	1946. 1. 15 태릉	1946. 9. 18 연대편성 완료	자원이 많아 당대 완료
제2연대	1946. 2. 28 대전	1946. 12. 25	4대 정위 최홍희 완료
제3연대	1946. 2. 26 이리	1946. 12. 25	3대 정위 김백일 완료
제4연대	1948. 2. 15 광주	1946. 12. 25	2대 정위 정일권 완료
제5연대	1948. 1. 15 부산	1947. 1. 1	2대 정위 백선엽 완료
제6연대	1948. 2. 18 대구	1948. 6.15	6대 소령 김종갑 완료
제7연대	1948. 2. 7 청주	1947. 1. 15	당대 편성 완료
제8연대	1948. 4. 1 춘천	1946. 12. 7	
제9연대	1948. 11. 16 제주	1947. 3. 20 대대편성 완료	1948. 5. 15 제 11연대 편성
제10연대	1948. 5. 1 강릉	8연대 3대대 기간	1948. 7. 1 태백산 공비토벌
제11연대	1948. 5. 4 수원	2·3·4·5·6연대에서 1개 대대씩 차출편성	1948. 5. 15 제9연대 흡수
제12연대	1948. 5. 1 군산	3연대 2대대 기간	1948. 11 여수반란 진압
제13연대	1948. 5. 4 온양	2연대 일부병력 기간	1948. 7. 5 옹진전투 참가
제14연대	1948. 5. 4 여수	4연대 1개 대대 기간	1948. 10. 28 부대해체
제15연대	1948. 5. 4 마산	5연대 1개 대대병력 기간	1948. 11. 3 여수반란 진압

* 출전: 한용원, 『창군』, 박영사, 1984, 96쪽.

위에서 보는 바와 같이 각 연대는 도청소재지별로 창설되었는데, 우선적으로 서울의 제1연대부터 춘천의 제8연대를 창설하였다. 병사층의 모집은 홍보, 가두모집, 행정관서와의 협조 등의 방법으로 활발히 전개되었지만 "경비대는 경찰의 보조기관이며, 정식 군대는 나중에 모집할 것이다"[8]라는 일반인의 인식 때문에 많은 어려움이 따랐다.

1948년 5월 4일에 광주에 이어 전남 여수에는 제14연대가 창설되었다.

---

8) 국방부 전사편찬위원회 편, 앞의 책, 289쪽; 한용원, 앞의 책, 91~93쪽.

제14연대는 광주 제4연대 제1대대를 기간병력으로 하여 여수읍에서 4km
쯤 떨어진 신월리(전 일제의 특공기지)에 자리 잡았다. 14연대의 창설은
일본해군 중위 출신의 李永純 소령이 주도하였다.[9]

이와 같이 미군정이 광주에 4연대와 여수에 14연대를 창설하는 등 국
방경비대를 전국에 배치시킨 의도는 주한미군의 철수에 대비하고 남한을
반공국가로서 안정적인 기반을 다지기 위한 것이었다.[10] 그런데 14연대
의 창설요원 중에는 하사관 출신이 50여 명 포함되어 있었다. 여순사건을
주동한 지창수 상사도 그 중의 한 명이었다. 이들 중에는 상당수의 좌익
성향자가 포함되어 있었다. 더욱이 14연대의 신설 대대장으로 파견된 일
본군 해군 主計 중위 출신의 안영길 대위는 후에 숙군의 대상이 되었던
좌익혐의자였다.

14연대의 신병 모집은 거의 가두 모병을 통해서 이루어졌다. 이 사람들
중에 경찰의 수배를 받고 있던 좌익활동가, 일반 우범자, 실업자 등도 다
수 포함되었다. 수배자들은 경찰의 체포를 피하기 위해서 그리고 실업자
들은 생계유지의 수단으로 국방경비대에 입대하였다.

당시 남로당은 도당 및 군당 조직을 이용하여 좌익성향의 청년, 학생들
을 국방경비대에 입대시켰다. 남로당은 중앙당에 특수부를 설치하고서
장교책과 사병책을 두었으며 그 하부에 육군책과 해군책을 두어 공작을
분담케 하였다.[11]

그리하여 장교들에 대한 침투는 첫째, 실력에 의해 사관학교에 입교하
여 임관하는 방법, 둘째, 추천에 의한 입교, 셋째, 세포를 이용하거나 혹
은 그들을 매수하여 입교하는 방법 등을 이용하였다.

그리고 사병에 대한 침투공작수단은 첫째, 마을에서 당성이 강하고 성

---

9) 유관종, 「여수! 제14연대반란사건」 1, 『現代公論』 1989년 2월호, 421쪽.
10) 『順天市史』 정치·사회편, 1997, 747쪽.
11) 전쟁기념사업회, 『한국전쟁사』 2, 행림출판, 1992, 270쪽.

분이 좋은 분자를 적극적으로 추천하여 입대케 하는 방법, 둘째, 좌익계 활동에서 노출된 자들을 단위당, 즉 리·면·군·도를 거쳐 각부대의 조직책에게 추천하여 침투시키는 방법, 셋째, 경찰과 적대관계나 혹은 반감이 있는 자들을 입대시키는 방법, 넷째, 부대 내에서 조직에 가담하고 있는 장교나 하사관으로 하여금 포섭케 하는 방법, 다섯째, 조직에 직접 가입시키지는 않더라도 접근의 소지를 가지고 있는 사병들에 대해서는 인간적 관계를 형성해서 그들을 감화시켜 동조케 하는 방법 등이 사용되었다. 또한 이들은 우익계 사병들의 세력을 약화시키기 위하여 혹독한 훈련을 강요함으로서 계속 군에 머물지 못하게 하였다. 그리하여 이들 중에서 탈영자가 나올 경우 좌익계로 충당하는 방법을 택하였다.

그런데 장교는 남로당 중앙의 특수부에서 직접 공작책임을 맡았으며, 사병은 남로당 도당의 군사부에서 공작을 위임받아 침투시키는 등 장교와 사병 포섭을 이원화 하였다. 장교의 경우 임관과 배치가 국방경비대의 중앙사령부에서 관할하고 있었다. 또한 근무지도 전국적으로 산재된 데다 근무지의 이동도 잦았기 때문에 남로당 중앙에서 관리하였다. 반면에 사병들은 도 단위로 모병되어 향토연대에서 수용하고 훈련시킬 뿐만 아니라 연대간의 이동도 거의 없었기 때문에 도당에서 관리하였다.[12]

남로당의 군침투 공작은 1948년에 접어들면서 본격화되었다.[13] 전남지방의 경우 광주 4연대와 여수 14연대 사병 가운데 절반 이상을 남로당 전남도당에서 침투시키고 있었다.[14] 당시 남로당은 미·소간의 냉전과 단독정부수립이라는 정치적 전환기였기 때문에 군침투에 역점을 두었다.

한편, 국방경비대는 경찰도 군대도 아닌 애매한 성격이었다. 좌익탄압에 앞장선 경찰은 이들을 사상적으로 불순한 오합지졸로 인식하였다. 이

12) 김남식, 앞의 책, 380쪽; 하성수, 『남로당사』, 세계, 1986, 207~208쪽.

13) 스칼라피노·이정식, 한홍구 역, 『한국공산주의운동사』 2, 돌베개, 1986, 391쪽.

14) 김남식, 앞의 책, 381쪽.

에 반해 국방경비대원들은 대부분의 경찰이 일제하 친일경찰 출신들로서 민족과 국가를 팔아먹은 매국노로 인식하였다. 또한 '군은 경찰의 우위에 있다'는 군국주의적 사고에 젖어 경찰보다 자신들이 우위에 있다고 생각하였다. 하지만 국방경비대원들은 자신들의 열악한 처지에 불만이 높았다. 특히 무기지급, 복장,[15] 급식문제에 있어서 더욱 그러하였다. 이들은 자신들보다 높은 대우를 받고 있으면서 자신들을 멸시하는 경찰을 미워하였다. 그리하여 국방경비대와 경찰 사이의 충돌은 빈번히 발생하였고 좌익세력이 강한 지역일수록 갈등이 심화되어갔다.

이 무렵 여수 14연대에는 제주출동명령이 하달되었다. 요컨대, 14연대는 군경의 대립 · 숙군 · 제주출동 등이 동시에 진행되고 있었다. 결국 여순사건이 발생할 만한 충분한 조건이 갖추어졌다고 할 수 있다.

III. 참가계층의 다양한 유형

여순사건에 참가한 계층들은 매우 다양하다. 그러나 여순사건에 참가한 사람들에 대한 구체적인 조사가 이루어진 적은 거의 없었다. 현윤삼은 여순사건 참가자를 아래와 같이 분류하였다.

叛徒의 正體는 무엇인가 하는 것인데 이것은 세 가지로 分類할 수 있었다. 卽 指導層 行動層 盲目層인데 指導層은 南勞黨幹部級들로써 이들은 政權慾에 날뛰는 分子들인 것이니 (중략) 꾀임에 속은 行動層 외 一部學生들은 私利私慾은 없고 다만 그들은 偏狹한 階級意識에 사로잡히여 民族意識을 沒覺한데서 錯覺을 일으키었든 것이다. (중략) 下部層은 無知한 群衆의 대부분인 것이다. 이

---

15) 경비대의 제복은 처음에는 일본군의 복장을 개조해서 사용하였다. 이러한 복장으로 말미암아 경비대는 경찰들의 우롱대상이 되기도 하였다(한용원, 『창군』, 박영사, 1984.).

들은 謀略에 속고 勸力에 廻附하는 浮動層들일 것이다.16)

즉, 그는 여순사건 참가자를 지도층, 행동층, 맹목층으로 나누었음을 알 수 있다. 이에 대해 황남준은 사건의 주체를 폭동군으로 규정하고, 이 폭동군에는 14연대 반군, 남로당원, 좌익청년, 학생단체원, 노동자, 농민으로 구성되었다고 파악하였다. 그는 여순사건 참가자들을 편의상 지도층, 행동층, 단순가담계층으로 나누고, 지도층은 인민위원회의 6인 의장단, 지하좌익단체의 대표 등으로 행동층은 지하좌익단체·청년단체·학생단체·30세 내외의 장정·날품팔이·행상(청소년)등으로, 단순가담계층은 다수의 읍민으로 파악하였다.17) 한편 사건 당시 여수에서의 광범위한 군중참여 현상에도 주목하였다.

이 글에서는 여순사건 참여자들을 좀 더 구체적으로 살펴보고자 한다. 참가계층을 크게 주도계층, 적극 가담계층, 단순가담계층으로 나누었다. 각각의 유형을 좀 더 세분해서 구체적인 인물들까지 검토하고자 한다. 즉 여순사건 참가자를 각 유형마다 다시 장교, 하사관, 일반병사, 민간인, 학생으로 나누어 그 역할과 특징을 밝혀 보려는 것이다.

1. 주도계층

여순사건의 주도계층은 여수 14연대 좌익계 장병들을 꼽을 수 있다. 이들을 다시 장교층과 하사관층으로 나누어 볼 수 있다. 주도계층으로 보이는 이들을 다음의 〈표 2〉로 작성하였다.

---

16) 玄允三, 「全南叛亂事件의 全貌」, 『大湖』 1948년 12월; 김남식·이정식·한홍구 편, 『한국현대사자료총서』 6, 돌베개, 1986, 325쪽.
17) 황남준, 앞의 글, 466쪽.

<표 2> 여순사건의 주도계층

구분	이름	계급	출신지	연령 (1948년)	출신	14연대 내 직위	여순사건시 역할	전거
장교	金智會	중위[18]	함남 함주	20대[19]	경비사관학교 3기	대전차포 중대장		동광신문 1948년 10월 27일
	洪淳錫	중위[20]	간도 연길현	27세	경비사관학교 3기	순천파견 중대장		「제주 4·3사건과 여순반란사건」
	安永吉	대위						「여순사건의　배경 과 전개과정」
	신형근	소위						『光復 30年』
하사관	池昌洙	상사[21]	전남[22]		제4연대		핵심 주동자	동광신문 1948년 11월 5일
	鄭樂鉉	상사	전남 고흥		제4연대		신호탄(예광탄) 발사	『光復 30年』
	김근배	상사					3대대 담당 잔류부대 지휘	『여순병란』 『順天市史』
	劉昌男	상사	전남 승주 월등		제4연대 (통역)			『여순병란』
	申萬浩	상사			제4연대 사병1기			『光復 30年』
	송○○	상사	전남 고흥 과역면					『보성군사』
	김만섭	중사	전남 나주 영산포		제4연대		잔류부대 지휘	『여순병란』
	李英檜	중사	전남 순천	20세	제4연대		시내로 진입할 때 향도역할	『여순병란』
	李眞範	중사	전남 함평		제4연대		병기고 접수	『여순병란』
	한기범	중사	전남 완도		제4연대			『여순병란』
	金今一	하사	전남 나주 영산포	22세	제4연대		14연대와 합류	『여순병란』
	宋貫一	하사	전남 광양		제4연대→ 14연대로 전출		2대대 담당	『여순병란』
	尹弘奎	(급양계)					지창수와 함께 함	조선일보

	하사				1948년 11월 2일
유하열	하사			취사반장	『여순병란』
김정길					『順天市史』
최철기				1대대 담당	『順天市史』
金興福	전남 완도	21세			『여순병란』
최창수	김금일의 친구		제4연대		『여순병란』
이영식	청주 괴산		국방경비대 제1기	대전 2연대 소속	『여순병란』

① 장교

장교층 중에서는 김지회, 홍순석 등이 대표적으로 알려져 있는 인물들이다. 그들이 처음부터 여순사건을 주도한 것은 아니지만 사건 발생 후 반군의 지휘권 장악과정에서 이들이 등장하였다.

이들을 좀 더 구체적으로 살펴보기로 하자. 金智會[23] 중위는 함경남도 함주 출신이다. 그는 1947년 1월 13일 경비사관학교 3기생으로 입교하여 제1대대의 작전 및 정보장교를 겸직하였다. 그는 1948년 5월 4일자로 14

---

18) 김지회의 계급을 소위로 기록하고 있으나(『光陽郡誌』, 1983, 338쪽.) 대부분의 자료에서는 중위로 기록되어 있다.

19) 김지회의 나이는 22~25세로 다르게 기록되어 있다. 22세설(『조선일보』 1948.10.28), 23세설(『동광신문』 1948.10.27), 24세설(『호남신문』 1948.10.30), 25세설(유관종의 글) 등이 그것이다. 이로써 볼 때 김지회의 나이는 20대 전반으로 추정된다.

20) 홍순석의 계급을 소위(『光陽郡誌』, 앞의 책, 338쪽) 혹은 대위(金奭學·林鍾明, 앞의 책, 134쪽)로 기록하고 있으나 다른 대부분의 자료는 중위로 기록되어 있다.

21) 지창수의 계급을 중위로 기록한(박세길, 『다시 쓰는 한국현대사』, 돌베개, 1988, 153쪽) 경우도 있으나 이는 잘못이다.

22) 유관종은 지창수의 출신을 벌교로(앞의 글 1, 425쪽), 이기봉은 광주로 밝히고 있다. 그의 출신지는 정확하진 않지만, 광주 4연대로 입대한 점으로 보아 전라도 출신으로 추정된다.

23) 일부 신문에서는 '金機會'로 기사화되었다(『조선일보』 1948. 10. 28;『동광신문』 1948.10.27) 이는 '金智會'의 오기이다.

연대 창설 장교로 부임하였다. 그러던 중 그는 좌익계 장교로 지목되어 비교적 한직인 대전차포중대장으로 전출되었다.[24]

김지회는 14연대에서 활동 중인 남로당원이었으나 지창수 상사 등의 폭동계획을 전혀 알지 못했다.[25] 사건이 발생한 후 김지회는 자신이 남로당원임을 밝혔으나, 그 신분이 증명될 때까지 계속 감시를 받았다고 한다.[26]

여순사건이 발생하자 김지회는 반군세력을 직접 지휘하였다. 그는 구례, 남원으로 북상하는 반군 주력부대를 이끌고 백운산으로 입산하였다. 그 후 장수·거창·하동 등지에서 1949년 4월까지 활동하다가 남원군 산내면에서 군경토벌대에 의해 사살되었다.[27]

---

24) 유관종, 앞의 글 2, 425쪽.

25) 노영기, 앞의 논문, 38쪽.

26) 이태·정운창·백선엽에 의하면, 순천에서 김지회가 남로당원이라는 신분을 확인해 준 사람은 이현상이다(백선엽, 「실록지리산」, 고려원, 1992, 168~169쪽; 김점곤, 앞의 책, 250~251쪽). 이태 등은 10월 21~22일경 이현상이 순천에 출현했던 사실에 주목하였다. 이태에 의하면, 남부군 총사령관 (당시 노상명이라는 가명을 사용)은 순천의 반군지휘본부에 나타나 김지회 등 중앙당 파견 장교들을 수소문하였다. 이 자리에서 김지회와 홍순석을 제외한 장교 16명이 사살된 것을 확인한 후 이 사건의 발생에 대하여 "역사적 과오를 저질렀다"고 지적했다. 정운창은 이현상이 나타나 총사령관에 홍순석, 제1부사령관에 김지회, 제2부사령관에 지창수를 임명하여 반군지휘본부의 지휘 계통을 새로이 구성했다고 한다. 이러한 사실을 볼 때 여순사건 주도계층이 산악지대로 퇴각한 이유는 이현상의 출현과 깊은 관련이 있다는 점에서 주목된다. 즉 이현상은 이 사건을 '역사적 과오'라 지적하고, 장기 무장태세를 갖추기 위해 인근 산악지대로의 이동을 지시한 것으로 보인다. 그러므로 여순사건과 남로당 중앙이 연결되는 시점은 바로 이때부터라 할 수 있다. 그리고 백선엽은 이현상이 순천에 22일경 나타날 수 있었던 배경은 인근 산악지대에서 유격전의 근거지를 물색하던 중에 14연대의 반란 소식을 듣고 순천으로 왔던 것으로 보았다.

27) 『광주일보』 1990.10.17 참조.
한편, 김지회의 죽음에 앞서 1948년 11월에 그가 체포되었다는 설이 있었다. 그러나 이는 잘못된 보도임이 밝혀졌다(『독립신문』 1948.11.27; 『동광신문』 1948.11.23).

洪淳錫은 간도 연길현 출신으로 1922년생이었다. 그는 龍井 恩津中學 4
년을 졸업하고 1943년 만주군 특설부대에 입대하여 해방 당시는 軍曹(중
사)였다. 해방 후 춘천 8연대에 입대했다가 1947년 4월 19일에 경비사관
3기로 임관하여 광주 4연대에 배속되었다. 1948년 3월 15일 중위로 임관
하였다가 1948년 6월 1일부로 14연대로 전출되었다.

여순사건 당시 그는 순천 주둔 제9중대의 중대장으로서 14연대내 남로
당 장교책이었다. 그는 순천을 중심으로 한 주요 철도시설에 대한 경비
임무를 수행하고 있다가,[28] 10월 20일 아침에 여수읍을 장악한 후 순천으
로 북상하였다. 이후 홍순석은 김지회와 함께 입산하여 빨치산의 지도자
로 활약하였고, 1949년 4월 8일 지리산에서 토벌대에 의해 사살 당하였
다.[29]

이들 외의 주도계층 장교로 안영길 대위와 신형근 소위[30]가 있는데 이
들의 활동이나 행적에 관해서는 잘 알 수 없다.

② 하사관

이제 하사관 그룹에 속한 인물들을 살펴보기로 하자. 먼저 지창수 1등
상사는 그 누구보다도 여순사건의 핵심인물이었다. 그는 여순사건을 모
의하고 폭동을 일으키기로 주도한 인물이다.

지창수는 전남 출신이다. 그는 보통학교를 마쳤을 뿐 상급학교에 진학
하지 못하고 일제말기 일본군에 지원병으로 입대했다. 8·15 해방과 함께
고향에 돌아온 그는 좌익활동에 뛰어들었다. 지창수는 남로당의 지령에
따라 국방경비대 제4연대 사병1기로 입대하였다.[31]

28) 유관종, 앞의 글 3, 384쪽.
29) 노영기, 앞의 논문, 30쪽.
30) 金奭學·林鍾明, 앞의 책, 143쪽.
31) 이기봉, 「여순군반란사건 스탈린의 지시였다」, 『신동아』 1995년 7월호, 383쪽.

그는 14연대 모병을 실질적으로 주도하였다. 1948년 10월 중순경 정부는 14연대로 하여금 제주 4·3사건을 진압하기 위해 출동명령을 내렸다. 이 사실을 전해들은 14연대내 도당 산하의 40여 명의 하사관을 중심으로 여순사건을 일으켰다.

그런데 사건을 일으킨 지 2~3일 후부터 지창수의 행방은 묘연하다. 알다시피 여순사건은 그의 주도하에 모의와 폭동이 일어났다. 그럼에도 불구하고 그에 대해서는 반군 점령기간 이후의 행적이 알려지지 않고 있다. 아마도 그는 최후까지 여수에 남아 있다가 입산한 후 어느 시기에 소식이 끊긴 것으로 추정된다. 그것은 그가 10월 20일 여수인민대회에 참석하여 열변을 토한 적이 있었고, 그 뒤 인민위원회 의장단들이 중요한 결정을 내릴 때마다 신월리를 오고가곤 했었다. 그러나 지리산이나 백운산에 입산한 이후의 행적을 잘 알 수 없다.[32] 한편, 입산 후 지창수는 부상을 당해 생포되어 복역 중 북한의 6·25남침 시 총살되었다는 설이 있다.[33] 또 다른 주장으로는 입산 활동 중 지리산 범아골에서 체포당하였다[34]는 설도 있다. 하지만 입산 이후의 그의 행적은 거의 남아있지 않다.

다음으로 정락현 1등상사는 고흥 출신으로 광주 제4연대의 사병1기로 입교하였다. 연대에서는 정보과 선임하사관을 맡았다.[35] 연대 세포의 부책인 정락현 상사는 사건 발발 시 예광탄 3발을 쏘았다. 그가 제4연대의 사병 1기생이고 연대 세포의 부책인 것으로 보아 입교 이전부터 지창수와 함께 남로당원으로 좌익활동을 한 것으로 보인다.

그밖에 상세한 기록은 없지만 유창남 상사는 순천 출신으로, 순천중학 재학 때 민주학생동맹에 관계하다 경찰의 수배를 피해 제4연대에 입대하

---

32) 김계유, 앞의 글, 55쪽.
33) 이기봉, 앞의 글, 394쪽.
34) 이태 증언.
35) 유관종, 앞의 글 1, 425쪽.

였다. 국방경비대에 들어와 그는 통역을 맡았는데 프락치로 활약을 하였다. 사건 당시 그는 14연대 순천파견대의 미군 고문관을 구해주었다. 그는 국군에 잡혀 군사법정에 섰으나, 미군 고문관들이 그를 구해주었다. 이로 인해 그는 우익으로 전향하였으나 6·25가 터지자 다시 좌익활동을 하였다. 종전 후 그는 고향인 승주군 월등의 자기 집에 토굴을 파고 15년 동안 숨어 살다가 병사했다.[36]

김만섭 중사의 고향은 전남 나주 영산포이다. 김금일의 친구로 1947년 12월 제4연대에 입대하였다. 김만섭은 김금일과 함께 지창수가 주도하는 남로당 도당 그룹에 참여하였다. 나주파견대에 나가있던 김금일은 4연대에 남고 김만섭은 14연대로 차출되었다. 하사관 그룹 가운데 김만섭과 여순사건 당시 3대대를 담당하였던 김근배 상사 등이 여수에 남아 잔류한 군인들을 지휘하였으나 김만섭은 자살한 것으로 전해진다.

이영회 중사는 순천출신으로 보통학교만 졸업하였다. 구치소에서 김홍복을 만난 이후로 남로당원인 그의 하부 조직원 생활을 시작하였다. 그는 1947년 12월 27일 송관일 하사의 도움으로 국방경비대에 입대하였다. 이영회는 사건이 일어나자 14연대 영문 밖에 대기하고 있는 23명가량의 수산중학생들을 지휘하고 반군이 여수읍내로 진입할 때 향도역할을 맡았다.[37] 그 후 지리산에 입산한 이영회는 1953년 경찰과의 교전 중에 사망하였다.

이진범 중사는 전남 함평사람으로 일본육군 소년전차병학교 출신으로 일본군 하사로 생활하다가 해방을 맞았다. 광주 4연대가 편성 완료된 시점에 일본군 경력을 인정받아 1등중사로 임명되었다. 그 후 14연대로 전

---

36) 이태, 앞의 책, 204쪽.
　　金泰學·林鍾明은 '15년간의 토굴생활을 접고 자수를 하여 교도소에 감금되었다'라고 기록하고 있다(앞의 책, 97쪽). 그러나 그렇게 보기는 어렵고 병사한 것이 맞는 듯하다.
37) 이태, 앞의 책, 164~165쪽.

출된 그는 사건 당시 병기고 접수 임무를 맡았다.

신만호 상사는 광주 4연대 사병 제1기생이다. 그는 일찍부터 좌익활동을 하였으며 그의 형 역시 좌익혐의로 순천경찰서에 구금된 일까지 있었다.[38] 4연대에서 14연대로 전출된 그는 여순사건 중인 10월 22일 광양 옥곡역 근처에서 진압군과 교전을 펼쳤다.

김금일 하사는 1927년생으로 전남 나주 영산포에서 태어났다. 독농가의 4형제 중 막내였던 그는 해방되던 해에 3년제 상업학교를 졸업하였다. 1947년 12월 4연대에 입대하여 연대의 선임하사관이 되었다. 14연대로 차출된 그는 여순사건 당시 지창수를 도왔다. 1952년 봄 지리산 거림골에서 토벌군에 의해 사살되었다.[39]

이영식은 정확한 계급이 밝혀지지 않았지만 이진범이 일본군 경력을 인정받았듯이 그도 일본군 생활을 인정받아 하사관이 된 듯하다. 충북 괴산사람으로 1946년 국방경비대 향토연대 제1기생이다. 특이하게도 그는 대전 2연대 소속이었는데 여순사건 진압차 내려왔다가 14연대 반군에 합류하였다.

김홍복은 확실한 계급은 잘 알 수 없으나 하사관인 듯하다. 그는 완도사람으로 남로당 하부조직원으로 활동하던 중 이영회를 포섭하였다. 사건 이후 그는 지리산에 입산하여 빨치산투쟁을 전개하다가 1953년 12월 하순 26세의 나이로 토벌대에 의해 사살되었다.

주도계층 가운데 하사관층은 대다수가 4연대 출신자들로 14연대 창설과 함께 전출되었다. 이들의 출신지는 각 연대가 지역마다 창설되었기에 전남지역의 젊은이들이 주를 이루고 있다. 대다수가 농촌 출신들이고 저소득 빈농가의 20대 청년층이다. 이들의 학력은 비교적 높지 않으며, 이진범과 같이 일본군 출신도 눈에 띈다. 지창수를 비롯한 14연대 하사관

---

[38] 金奭學·林鍾明, 앞의 책, 267쪽.

[39] 이태, 앞의 책, 19쪽.

그룹의 정락현, 최철기, 김근배, 김정길, 이진범, 김홍복, 이영회, 송관일 등을 중심으로 구체적인 계획을 수립하여 폭동을 모의하고 주도한 것으로 보인다. 지리산 입산 이후에는 이진범(남부군 부사령) 김홍복(승리사단장), 이영회(경남 57사단장), 송관일(승리사단의 부대장), 김금일(승리사단의 연대장) 등을 중심으로 빨치산투쟁에 적극적이었음을 알 수 있다.

2. 적극 가담계층

여순사건에 적극적으로 가담한 층은 민간인, 학생으로 나눌 수 있다. 적극 가담계층은 14연대내 하사관그룹과 밀접한 연계를 가진 것으로 보이는 좌익계 단체 소속의 민간인과 학생들의 적극적인 지지를 받았다. 적극 가담계층으로 보이는 이들을 다음의 〈표 3〉으로 작성하였다.

〈표 3〉 여순사건의 적극 가담계층

구분	이름	출신지	연령 (1948년)	여순사건 전의 역할	여순사건시 역할	전거
민간인	姜大勳	여수				『順天市史』
	김귀영	여수				『順天市史』
	金相烈	여수				『順天市史』
	김재혁	여수		湖南新聞 기자	타블로이드판 신문 제작	『光復 30年』
	金守枰	여수	39	건준 치안부장 初代 여수 경찰서장	보안서장	「전남지방 정치와 여순사건」
	金平順	여수			경찰 및 우익 척결	『光復 30年』
	金炫洙	여수				『麗水麗川發展史』
	문성휘	여수				『順天市史』
	朴基岩	여수	38세	麗水邑 軍事部責		「여수! 제14연대반란사건」
	박창래	여수				『順天市史』
	朴采英	여수			〈麗水人民報〉 발간 만세삼창과 시가행진 주도	「麗順軍亂研究-그 背景과 展開 過程을 중심으로-」 『順天市史』
	朴泰南	여수		14연대내의 민간인 조직책		『실록 남로당』

	徐鍾鉉	여수		'유달산 호랑이' 또는 'OB암살대장'- 깡패 두목	경찰 및 우익 척결	『光復 30年』
	吳萬鳳	여수			경찰 및 우익 척결 빨치산대장[40]	『光復 30年』
	兪穆允	여수				「麗順軍亂研究-그 背景과 展 開 過程을 中心으로-」
	윤기남	여수		남로당 전남 도당조직원	순천군당 조직부 부장	『順天市史』
	李石崇	여수			경찰 및 우익 척결	『光復 30年』
	李石基	여수			경찰 및 우익 척결	『光復 30年』
	李容起	여수		경성일보 여수지사장[41] 남로당 여수 지구당 위원장	여수인민위원장	「麗順軍亂研究-그 背景과 展 開 過程을 中心으로-」
	李昌守	여수		건준 노동부장	읍인민위원장	「전남지방 정치와 여순사건」
	정기덕	여수	18세	민주여성동맹원	탄약을 운반	『麗順事件 實態調査 報告書』
	정충조	여수		순천지역 노동조합 및 건준의 치안대 담당		「麗順軍亂研究-그 背景과 展開 過程을 中心으로-」
	鄭泰中	여수			경찰 및 우익 척결	『光復 30年』
	朱元石	여수				「麗順軍亂研究-그 背景과 展 開 過程을 中心으로-」
	崔昌淳	여수				「여수! 제14연대반란사건」
	김기수	순천		전남 노동동맹 집행위원		「전남지방 정치와 여순사건」
	박만고	순천		오경심의 남편		「麗順軍亂研究-그 背景과 開 過程을 中心으로-」
	박병두	순천		남선농민연맹원		「麗順軍亂研究-그 背景과 展 開 過程을 中心으로-」
	이영민	순천		순천농민연합회 집행위원		「麗順軍亂研究-그 背景과 展 開 過程을 中心으로-」
	이창수	순천		순천농민연합회 집행위원		「麗順軍亂研究-그 背景과 展 開 過程을 中心으로-」
학 생	崔正吉 (가명)			순천사범 5학년	경찰 및 우익 척결	『光復 30年』
	安正洙 (가명)			순천농업학교 4학년	경찰 및 우익 척결	『光復 30年』
	李東必 (가명)			순천농업학교 4학년	경찰 및 우익 척결	『光復 30年』

① 민간인

14연대 좌익계 하사관이 주도한 군폭동에 여수·순천지역 민간인들이 적극적으로 가담했음은 매우 특이한 현상이라 하겠다. 민간인 가운데 여순사건에 적극 가담한 세력은 일제 때부터 좌익 활동을 해왔던 남로당원과 좌익 단체의 대표, 좌익계 청년단체와 학생조직, 여성조직, 노조원, 석방죄수(정치범), 행상인 등을 들 수 있다.

상당수의 단체들이 적극 참여할 수 있게 된 배경은 해방직후의 건준지부와 인민위원회를 주도했던 세력이 거의 온존하고 있었기 때문이다. 이들은 14연대내의 좌익계 하사관 그룹과 긴밀한 연계를 유지하고 있었다. 사건 발발 당시 14연대 부근에 있던 '민간인 23명'이 여수 지리에 익숙한 점을 이용하여 14연대 반군세력을 읍내로 안내하는 역할[42]을 맡았다는 점에서 그러한 관계를 짐작할 수 있다. 당시 정부는 이들 '민간인 23명'의 존재를 내세워 '여순반란'은 민간인이 14연대 반군과 함께 주도한 폭동이라고 주장하였다.[43]

당시 여순사건에 적극적으로 가담한 민간인들을 살펴보기로 하자.

먼저, 박기암은 남로당 여수읍 군사부책이었다. 그는 한국민주당 정치인을 자칭하며 읍내의 각급 기관장 및 유지들과 활발히 접촉하였다. 그는 경찰서에 무상출입할 정도로 정치적 거물로 행세하였다. 하지만 그는 남로당의 공작을 도맡아 수행하였을 뿐만 아니라 김지회와 자주 접촉한 것으로 전해진다. 박기암은 인민대회 시 좌익을 대표하여 축사를 할 정도로 민간인들을 주동하는 데 앞장섰다. 그 후 입산하였다가 5월에 하산하여 서울로 잠입한 후 남대문시장에서 미군물자 장사를 하기도 하였다. 6·25

---

40) 유관종, 앞의 글 3, 391쪽.

41) 이재의, 「여수초대경찰서장 김수평」, 『藝鄕』, 1994년 1월호, 194쪽.

42) 국방부 전사편찬위원회 편, 앞의 책, 455쪽.

43) 金奭學·林鍾明, 앞의 책, 42쪽.

가 발발하자 좌익에 가담한 그는 포로가 되었다가 병사했다.

박태남은 14연대 내의 민간인 조직책으로서 전남도당에서 파견되었다.[44] 그는 도당에서 파악된 조직원을 관리하는 한편, 모든 지시와 지령을 연대 인사계를 맡은 지창수 상사와 정락현 상사에게 알렸다. 그가 어떤 신분으로 연대 내에 침투하여 활동하였는지는 자세하지 않다. 아마도 이발사 또는 연대내 경작지의 경작인 등으로 상주하면서 지창수 상사 등과 접촉했던 것으로 추정된다.

윤기남은 여순사건 후에는 순천군당 위원장을 역임하였으므로 당시 전남지역의 남로당 조직을 상세히 파악하고 있었다.[45]

박만고는 순천지역의 이름난 좌익계 인물이었다. 그는 아무 하는 일 없이 책 속에 묻혀 사는 사회주의자였는데 일본제국주의에 굽히지 않기 위해 취직을 하지 않았다고 한다. 여순사건이 발발하였을 때 그가 구체적으로 활동한 내용을 찾을 수 없었으나 별명이 '3일군수'였다고 한다.

이상과 같이 적극적으로 가담한 민간인들은 대체로 일제강점기 이래 사회주의 활동을 해오던 이들이다.[46] 일제강점기 때 활발한 활동을 하였던 이들의 연령은 대부분 중년층에 속하며, 대체로 좌익계 조직에 참여한 지식인들이었다. 이들이 남로당 전남도당에서 활동하였으므로 14연대내 하사관 그룹과도 밀접한 연계를 가진 것으로 보인다. 이들의 그러한 관계가 군 폭동에 민간인이 적극 참여하게 된 계기가 되었으리라 믿어진다.

---

[44] 김남식, 앞의 책, 449쪽.

[45] 李孝春, 앞의 논문, 25쪽.

[46] 이용기, 이창수, 박창래, 주원석, 유목윤, 박채영, 정충조(여수적색노동조합준비회의 책임자) 등은 일제강점기 때 여수지역 민족해방운동을 지도한 이들로 여수지역에서 여순사건을 주도하였다(김인덕, 「식민지시대 여수지역 민족해방운동에 대한 일고찰」, 『成大史林』 7, 1991, 85쪽).

② 학생

여순사건에서는 좌익계 학생들인 민애청·민주학생동맹을 중심으로 적극 동참하였다. 사건 진압 직후 군·경의 발표에 의하면 여수수산중학의 경우 거의 전교생이 여순사건에 적극 가담하였으며, 이는 순천의 순천사범 40%, 순천농중 30%의 가담률에 비교해 볼 때 여수의 학생참여가 어느 정도 광범위했는가를 알 수 있다.

학생들의 적극적인 활동을 잘 보여주는 다음의 인용문에 주목해 보자.

> 남녀중학생들의 안래로 경관 우익요인 청년단체원 등의 거처를 차저 이들을 살해하엿다. 또 학생들중에는 직접 무기를 가지고 살상에 가담한 자도 만헛다고 한다.[47]

다음의 호남지방의 반란사건에 있어서 가장 주동적 역할을 했던 학생들은 국군의 진주 아래 반란군으로의 가담 여하를 불문하고 일체 등교수업을 중지하고 행방을 감추고 있었는데, 지난 31일 호남지구 경비사령관의 발표에 따르면 순천에 있는 순천중학교와 다섯 개의 중학교 및 네개의 국민학교는 11월 1일부터 수업을 개시하기로 되어 있었으나, 최초의 등교일인 11월 1일의 등교생의 수를 보면 중학교의 전체 학생수 3,450명 가운데 등교한 것은 1,330명이고, 초등학교는 거의 전부 출석했다고 한다. 그러나 이들 초등학교 교원의 대부분이 반란군에 가담하여 현재 행방불명이라고 한다. 이상과 같은 기타 학교를 포함하여 교원총수 112명 가운데 67명이 가담하여 행방불명이다.[48]

여순사건 직전 순천지역은 좌익계 민주학생동맹 소속 학생들과 우익계

---

47) 『자유신문』 1948년 10월 28일자 [哀憐한 遺家族의 哭聲 中學生이 叛軍案內到處서 殺시 참조.

48) 건설통신 1948년 11월 6일; 桶口雄一, 「麗水順天蜂起」, 『朝鮮硏究』 62, 1967, 36쪽에서 재인용.

학생연맹 소속 학생간의 대립이 극심하였다. 일례로 사건 직후 여수 애양원교회 손양원 목사의 장남 동인(순천사범, 24세)과 동신(순천중학, 19세) 등 학련 소속 학생들이 민학계 학생들에 의해 총살된 일을 들 수 있다.[49]

이와 같이 여수·순천지역 중학생층이 적극적으로 가담을 하였다. 민학과 같은 좌익계 단체를 중심으로 한 학생들이 반군들에게 적극적이었다. 이들은 사건이 발생하자 반군의 향도 역할을 자청하였으며 우익계 처단에 앞장섰다. 반군의 대다수가 지리산으로 입산하였을 때도 여수에 남아 방어에 동원되기도 하였다.

③ 일반병사

일반병사들은 적극적으로 가담한 인물이 분명하지는 않다. 그러나 14연대 일반장병들의 도움 없이는 여순사건이 성사되기는 어려웠다. 따라서 여순사건이 발발하자 우익계 인사 및 경찰들을 처단하는 일에 앞장섰던 이들을 적극 가담계층으로 보고자 한다.

지창수 상사의 선동 아래 14연대 사병들은 거의 반군에 휩쓸리게 되었다. 전후사정과 현지실정을 종합하여 보면 제주로 출동하게 되었던 1개 대대, 약 600명은 군부에서 위험분자로 지목되어 분리시키려고 하던 사병들이었다. 일반병사층은 구례사건과 영암사건에 의하여 경찰에 대한 좋지 않은 감정이 상존하고 있었다. 더욱이 상당수의 병사들이 경찰의 추적을 피해 입대하였기 때문에 경찰에 대한 적대감정이 높을 수밖에 없었다. 이와 같은 군·경간에 반감이 존재하였다는 사실은 국회조사단에서도 확인된 바 있다.[50] 그리고 사병에 대한 낮은 대우, 사회적 신분의 수직적 상승기회의 결여 등으로 불만이 누적되어 있었다. 이들은 지연으로 맺어

---

49) 金兩學·林鍾明, 앞의 책, 207~215쪽; 손동희, 『나의 아버지 손양원 목사』, 아가페출판사, 1994, 221~235쪽.

50) 洪漢杓, 「全南叛亂事件의 全貌」, 『新天地』 1948년 11·12합병호; 『한국현대사자료총서』 8, 346쪽.

진데다 자신들의 군대생활을 직접 통제하는 인사계 등의 하사관과 친밀하였기 때문에 하사관의 명령에 잘 따랐다.[51)]

3. 단순 가담계층

단순 가담계층으로는 최남근과 같이 14연대 반군에 합류하지 않고 우유부단 행동을 취하다 자신의 행적이 탄로 난 장교층, 당시 분위기에 휩쓸려서 또는 목숨을 부지하기 위한 일반병사 그리고 민간인 및 학생층으로 나눌 수 있다.

〈표 4〉 여순사건의 단순 가담계층

구분	이름	계급	출신지	연령 (1948년)	출신	여순사건 시 역할	전거	비고
장교	崔楠根	중령	間島 和龍縣		奉天軍官 7기	馬山 제15연대장	『光復 30年』	非14연대 출신
	金應錄	중위				12연대 2대대	『光復 30年』	
	車○○	소위				12연대 2대대	『光復 30年』	
일반 병사	장봉남		전남 순천				증언	
민간인	이기주		전남 순천				증언	
학생	朴○○					여수여중 4학년	『光復 30年』	
	高明信 (가명)					기독교	『光復 30年』	

① 장교

군부 내 좌익계였던 장교로서 자신의 좌익행적만 노출시킨 장교로는 최남근[52)] 중령을 들 수 있다. 만주군이었던 그는 1945년 이전 만주에서부

---

51) 『順天市史』 정치·사회편, 앞의 글, 722쪽.
52) 임건언은 崔楠權 중령으로 표기되어 있는데(앞의 글, 125쪽) 이것은 잘못된 표기로 보인다.

터 공산조직에 깊이 관련되었다.[53] 여순사건이 발발했을 때 그는 마산 제15연대장으로서 10월 20일 오전 부산의 제3여단본부로부터 순천방면으로 진출하여 14연대 반군을 진압하라는 명령을 받았다. 그러나 그는 고의적으로 출동시간을 늦추고 실탄을 늦게 지급하는 등 장병들에게 반군을 진압하러 간다는 목적조차 설명하지 않았다. 반군진압과정에서 그는 의도적으로 포로로 잡혔다가 풀려났다.[54] 그 후 그는 조사과정에서 남로당원이라는 사실이 밝혀짐으로써 군사재판에 회부되었다. 1949년 5월 26일 여수읍 산기슭에서 총살형에 처해졌다.

한편 김응록 중위와 차 소위도 진압 차 왔다가 교전 중 우유부단한 행동을 하다가 좌익임이 탄로나 숙군 때 총살되었다.

이와 같이 이들은 14연대 반군에 합류하지 않았다. 따라서 단순가담장교로 포함시키기엔 애로사항이 있으나 숙군도 여순사건의 연장선으로 보아 장교출신인 이들을 단순가담자로 본다.

② 일반병사

지창수에 의해 연대 내에 집합한 병사들 가운데 이에 반대하는 병사들이 있었다. 그러나 그들은 즉석에서 사살되었다. 이 같은 위협적인 분위기 속에서 어쩔 수 없이 사건에 휘말린 병사들이 없지 않았을 것이다.

일반병사 중에서 구체적으로 단순가담자로 분류할 수 있는 사람으로는 장봉남[55]을 들 수 있다. 그는 '광주에 있던 경비대에 들어갔다가 여수 14연대로 파견이 되었다. 여순사건 때 동네에 들어와서 숨어 지내다가 자수를 한 후 다시 군인에 복귀하였다'고 한다. 장봉남의 사례와 같은 단순가

---

53) 전쟁기념사업회, 앞의 책, 272쪽.
54) 『동아일보』·『서울신문』·『조선일보』 1948년 10월 31일자에 의하면, '二十八일부터 二十九일 야반에 걸쳐 행한 구례군 토지면 문수리 작전에서 제十五련대장(마산) 중령 최남근은 구사일생으로 구출되었다.'는 기사가 보인다.
55) 여순사건 당시 승주군 서면 구만리 개원에 사시던 홍정식씨의 증언.

담계층이 많으리라 추정된다.

진압과정에서 포로[56]나 투항자[57]들이 속출하였다. 한 포로의 말에 의하면 그들이 참가하게 된 동기는 그들은 아무것도 모르고 다만 직속상관의 명령인줄만 알았다고 한다.[58]

③ 민간인

14연대 반군과 지방 좌익세력이 행정을 장악하고 통치하는 상황에서 일반시민들은 그들에게 협조할 수밖에 없었다. 좌익세력이 내세운 정치적·경제적 주장들이 일정하게 시민들의 공감을 얻은 것도 없지 않았지만 그렇다고 시민들 전체가 사건에 가담한 혐의가 있다거나 공산주의자이지는 않았을 것이다.

1948년 초반까지도 대부분의 민간인들은 미군정의 미곡수집정책과 저곡가정책에 시달렸다. 이러한 상황에서 14연대 반란주도계층 및 좌익계가담자들은 '곧 38선이 터져 열망하던 통일이 이루어질 것'이라고 주장하였다. 그러자 민간인들은 그 말을 믿을 수밖에 없었다. 또한 인민위원회는 토지개혁, 식량배급, 은행대출, 기타 물품배급 등을 표방함으로써 민간인들이 마음을 움직였을 것이다. 이에 따라 민간인들은 소극적으로나마 이들에게 동조하는 자들이 많았을 것이다. 인민대회나 여맹원 정기덕의 장례식 등에는 실제로 많은 민간인들이 참여하였다.[59] 물론 이것이

---

56) 十月 二十六日 八時 現在까지 판명된 아군의 전과는 다음과 같다. 1. 순천방면: 포로592명 2. 화순방면: 포로40명 3. 보성방면: 포로140명 4. 벌교방면: 포로40명 5. 광양방면: 포로288명(『동아일보』, 1948년 10월 27일자 [麗水半島掃蕩戰高潮 捕虜千餘 繼續 投降中]).

57) 16일부터 20일까지 투항한 반군의 수는 28명(『자유신문』, 1949년 1월 26일자 [妖雲 사라진 叛亂地區 積雪속에 들리는 平和의 復興聲]).

58) 『서울신문』 1948년 10월 24일자 [今日中完全鎭壓現地視察코 參謀長 丁一權大鈴 談] 참조.

59) 김계유, 앞의 글, 277쪽.

강제 동원의 측면도 부인할 수 없었다. 무장한 청년들이 가가호호 방문을 통해 인민대회가 열리는데 한 집에 한 명씩 나와야지 안 나오면 큰일 난다는 말로 동원을 강요했던 측면이 있었던 것이다. 이와 같이 단순 가담 계층의 민간인들은 반군 측 선동과 선전에 현혹된 자들이 대부분이다. 정부의 미곡정책과 경찰들에 반감을 가진 이들이 많았기에 반군의 입장에 동요되었던 것이다.

④ 학생

여수와 순천지역 여중생 가운데 일부는 우익인사들의 빈집을 정리하여 반군병사들에게 숙식을 제공[60]하거나 취사, 세탁 등 잔심부름을 했다.[61] 순천지역 여중생들의 이러한 활동은 순천사범학교 음악선생 오경심의 영향이 컸다. 광주 수피아여중 출신인 오경심은 전국적으로 이름난 소프라노 가수였다. 순천사범학교 근무 당시 박만고와 결혼을 하였는데 그의 남편은 대표적인 좌익활동가였다. 그녀 역시 남편의 영향으로 좌익활동가로 변모했는데, 그녀를 따르던 여학생들이 이른바 '부역'의 형태로나마 가담하게 되었디.[62]

또한 여수여중 4학년에 재학 중인 박모 여학생은 우익진영이던 그의 아버지가 좌익에게 잡혀가자 아버지를 살리기 위해 좌익에 협조했다.[63] 기독학생이었던 고명신(가명)은 민애청학생들이 기독학생들을 죽이자 '목숨만은 살려 달라'며 좌익으로 전환한 경우도 있었다.[64] 이와 같이 반군세력의 무력과 위협에 의해 좌익에 동조한 경우가 많았다.

60) 金奭學·林鍾明, 앞의 책, 122쪽.

61) 이태, 앞의 책, 223쪽.

62) 金奭學·林鍾明, 앞의 책, 123~124쪽.

63) 金奭學·林鍾明, 앞의 책, 67쪽.

64) 金奭學·林鍾明, 앞의 책, 214쪽.

이처럼 단순하게 가담한 학생들은 자신이 존경하는 선생님에 의해'부역'의 형태로 가담하는 경우도 있다. 또한 당시의 상황 속에서 목숨을 지키기 위해 좌익을 지지하는 형태의 입장 표현을 보여주는 경우도 있다.

Ⅳ. 여순사건 참가계층 요약

여순사건의 참가계층을 분석해 볼 때, 반군의 주도계층은 14연대 좌익계 하사관들이었다. 그리고 적극적으로 동조한 세력은 전남 동부지역의 대표적인 좌익운동가들이었다. 그밖에 일반 민간인들은 당시의 사회·경제적 조건 속에서 심정적으로 동조하는 양상을 보였다.

14연대의 여순사건을 주도한 하사관들은 대부분 전남출신으로 20대의 젊은이들이었다. 이들은 대다수 정치·경제·사회적으로 불만을 품고 광주 4연대에 입대하였다. 이들 중에는 남로당의 군침투공작에 의해 입대한 경우도 있었다. 그러나 숙군작업으로 인해 자신들의 신변의 위협을 느낀 데다 제주도 출동을 막기 위해 여순사건을 일으킨 것이다. 주도계층 가운데 장교층은 20대 청년장교들로서 경비사관학교 3기생들이 중심이 되었다. 이들은 남로당 군부공작에 의해 군대에 입대하였는데 하사관들과는 달리 타지역출신자들이 주를 이루고 있다. 하사관층은 대다수가 4연대 출신자들로 14연대 창설과 함께 전출되었다. 이들의 출신지는 주로 전남지역으로 20대의 젊은이들이다. 이들의 학력은 비교적 낮은 수준으로 보인다. 그리고 이진범과 같이 일본군 출신도 일부 포함돼 있는 것으로 보인다. 적극 가담계층 가운데는 14연대내 사병들이 있다. 사병들이 적극적으로 참여하게 된 배경에는 14연대 사병의 좌익계 성향이 강했고 '반경의식'이 작용하였기 때문이다.

또한 여타의 군인폭동과는 달리 여순사건은 14연대 군인들이 일으켰음에도 불구하고 상당수의 민간인 및 학생들이 가담하였다. 이들 민간인 가운데 여순사건에 적극 가담한 세력은 일제강점기 때부터 좌익활동을 해왔던 남로당원과 좌익 단체의 대표, 좌익계 청년단체와 학생조직, 여성조직, 노조원, 석방죄수(정치범), 행상인 등이었다. 좌익계 민간인들은 남로당 전남도당에서 활동하였으므로 14연대내 하사관그룹과도 밀접한 연계를 가진 것으로 보아 이들이 적극 참여하게 된 계기가 되었으리라 보여진다. 민학을 비롯한 좌익계 단체를 중심으로 한 학생들은 사건이 발생하자 반군의 향도 역할을 자청하였으며 우익계 인사 처단에 앞장섰다. 반군의 대다수가 지리산으로 입산하였을 때에는 여수 방어에 동원되었다.

단순가담계층 가운데 장교들은 여순사건의 진압에 소극적인 행동을 취하였다. 교전 중 잠시 14연대 반군과 접촉하다가 좌익행적이 발각되어 처형되거나 숙군 당하였다. 일반병사들 가운데 14연대 분위기에 휩싸여 가담한 이들도 있다. 진압과정에서 포로나 투항자들이 속출하는데 이들은 단순가담계층으로 파악된다. 민간인들은 반군 측 선동과 선전에 현혹된 자들이 많다. 정부의 미곡정책과 경찰에 반감을 가진 이들이 많았기 때문에 반군의 입장에 동요되었던 것이다. 학생들의 경우는 자신이 존경하는 선생님에 의해 '부역'의 형태로 가담하게 되었다. 또한 당시의 상황 속에서 목숨을 지키기 위해 좌익을 지지한다는 형태의 입장 표현을 보여주었다.

이상에서 여순사건에 참가한 계층은 다양한 유형으로 나타났다. 하지만 여순사건에 대한 자료가 충분히 공개되지 않고 있기에 보다 더 구체적인 유형분석이 뒤따라야 할 것이다.

지금까지 그들의 역할과 참가 정도에 따라 세 가지로 유형화하여 구체적으로 검토하였다. 흔히 여순사건은 14연대 군인들이 일으킨 것으로 이해해 왔으나 지역민의 가담도 적지 않았다. 그것은 14연대 하사관 이하 사병들이 대부분 지역적으로 동일한 기반이었기 때문인 것이다. 따라서 여순사건의 참가계층으로 볼 때, 단순한 군인무장폭동이라기보다는 신생 대한민국의 국가정책에 대한 불만을 가진 민중저항의 일면도 간과할 수 없다.

이 글은 『남도문화연구』 제28집(순천대학교 남도문화연구소, 2015)에 수록된 「여순사건 참가계층의 제유형」을 그대로 실은 것이다.

여순사건, 그들은 누구인가?

주철희

Ⅰ. 그들은 왜 봉기했는가?

1945년 8월 15일에 우리 민족은 해방을 맞이하였다. 해방은 기쁨과 함께 자주적 통일독립 국가 건설이라는 새로운 과제를 떠안았다. 미군정은 친일파를 감싸고 그들의 정치·문화·경제적 기반으로 반공 국가 건설에 매진하였다. 민족의 염원인 통일독립국가 건설은 점점 힘들어지고, 5·10 단독선거를 통해 1948년 8월 15일에 대한민국 정부가 수립되었다. 이승만은 권력을 장악하였지만, 한민당과 결별·반민족행위 처벌법 통과·미군 철수 주장·사회전반에 좌익세력의 준동 등 정치적 위기가 닥쳤다. 특히 정부수립 이전에 발생한 제주 4·3사건은 이승만 정권에게 뜨거운 화두였다. 정부는 4·3사건을 진압하기 위해 육지에 주둔 중인 경찰특수부대와 국군을 증원 파견하기에 이르렀다.

'여순사건'[1]은 1948년 10월 19일 밤 여수 신월리에 주둔 중인 국군 제14연대에서 발발하였다. 여순사건의 직접적인 발발 배경은 제주 4·3사건 진압을 위해 여수주둔 제14연대 1개 대대에 출병 명령을 내렸기 때문이다. 제14연대 일부 군인들은 '동족상잔 결사반대'와 '미군 즉시 철퇴'를 요구하며 제주도 출병을 거부하고 봉기하였다.[2] 여순사건은 새로 출범한 이승만 정권의 정통성을 흔드는 것이었기에 조속한 진압을 통해 통치 능력을 대내외적으로 입증 받으려 하였다.[3] 또 다른 측면에서 여순사건은 이승만 정권의 정치적 위기 상황을 모면할 수 있는 좋은 기회이기도 했다.

여순사건의 연구성과는 대체로 네 가지 시각으로 나누어 설명할 수 있다.[4] 보수·진보·중립적 시각, 그리고 지역주민의 관점과 피해를 강조하

---

1) '여순사건'은 1948년 10월 19일 여수주둔 제14연대에서 발발한 사건의 명칭이다. 사건당시 언론에서 '제14연대 반란사건'이라고 보도하였고, 정부에서는 '여수순천반란사건', '여순반란사건', '전남반란사건'이란 용어를 주요 사용하였다. 이후 '여순반란사건' 또는 '여순반란'으로 고착되어 사용되었다. 전남동부지역 시민사회단체에서는 제14연대 군인들이 일으킨 '반란'에 대해 마치 여수·순천 사람들이 '반란'을 일으킨 것처럼 호도되고 있다며, 정부에 건의하여 '여수·순천 10·19사건'(줄임 여순사건)으로 교과서에 명명하였다. '여순사건'은 연구자마다 '여순군란', '여순병란', '여순항쟁', '여순봉기', '제14연대반란사건' 등 다양한 명칭을 부여하고 있다. 이 논문에서는 사건에 대한 진실규명이 명확하지 않은 점을 고려하여 중립적 시각에서 '여순사건'이라는 명칭을 사용하겠다.

2) 제14연대 군인들이 무장봉기 직후 '제주토벌출동거부병사위원회'가 작성한 "애국 인민에게 호소함"이라는 성명서에는 "우리들은 조선인민의 아들 노동자, 농민의 아들이다. 우리는 우리들의 사명이 국토를 방위하고 인민의 권리와 복리를 위해서 생명을 바쳐야 한다는 것을 잘 안다. 우리는 제주도 애국인민을 무차별 학살하기 위하여 우리들을 출동시키려는 작전에 조선 사람의 아들로서 조선동포를 학살하는 것을 거부하고 조선인민의 복지를 위하여 총궐기하였다. 1. 동족상잔 결사반대 2. 미군 즉시 철퇴" 등을 발표하였다.(『동아일보』, 1948년 11월 30일 「여순잡감」1).

3) 김득중, 「이승만 정권의 여순사건 대응과 민중의 피해」『여순사건자료집』, 여수지역사회연구소, 1999, 20쪽.

4) 정청주는 전통주의적 연구·수정주의적 연구·향토사가의 연구 등 세 가지로 나누어 설명하였다. 홍영기는 보수·진보·중립적 시각, 그리고 현지주민의 피해 등 네 가지로 분류로 하였다. 이 글에서는 홍영기 분류방법을 적용하며, 연구성과는 (홍영기, 「麗順事件에 관한 자료의 성격과 연구 현황」, 『지역과 전망』, 1999) 재인용하였다.

는 등이다. 보수적 시각이란 반공적인 입장과 동일한 의미로 사용하였다. 이른바 우익적인 관점이라 할 수 있는데, 공산주의자들의 선동과 지령에 의해 사건을 일으켜 수많은 만행을 저지른 점이 특히 강조되어 있다. 1950년대 이후 군과 경찰의 공간사 대부분을 차지하고 있으며, 연구 성과도 꾸준히 발표되었다.[5] 정부의 관점과 크게 다르지 않다.

중립적인 시각은 이 사건을 비교적 객관적인 입장에서 검토하려고 시도하였다.[6] 여순사건의 원인이나 성격, 전개과정에 대한 다양한 주장을 모두 소개하고서 그 문제점을 해결하는데 주안점을 둔 것이다. 이러한 연구는 대체로 1980년대 후반부터 시도되었다.

진보적 시각은 이 사건을 편향된 반공주의 시각에서 벗어나 검토하려고 시도하였다.[7] 이 사건의 원인이나 배경을 총체적이며, 반공주의를 구축하기 위한 이승만 정부의 일련 과정을 주안점에 두고 연구가 이루어졌다. 또한 지역과 밀착성을 갖고 연구가 이루어졌다는 점도 시사하는 바가 크다고 할 수 있다. 이러한 연구는 대체적으로 1990년대 후반부터 적극적

---

[5] 정석균, 「지리산공비토벌작전:여·순반란 토벌을 중심으로」, 『군사』 19, 1989; 정석균, 「여순10·19사건의 진상」, 『전사』 제1호, 국방연구소, 1999; 오문균, 「여·순반란과 역사의 시련: 해방 후 3대 무력폭동과 6·25의 성격」, 『향군』 226, 1992.

[6] 황남준, 「전남지방 정치와 여순사건」, 『解放前後史의 認識』 3, 한길사, 1987; 이효춘, 「여순군란연구-그 배경과 전개 과정을 중심으로-」, 고려대 교육대학원 석사학위논문, 1996; 임종명, 「여순 '반란' 재현을 통한 대한민국의 형상화」, 『역사비평』 가을호(통권64호), 2003; 정청주, 「여순사건 연구의 현황과 과제」, 『여수대학교 논문집』 13, 1998; 홍영기, 「여순사건에 관한 자료의 성격과 연구 현황」, 『지역과 전망』, 1999.

[7] 김득중, 「이승만 정부의 여순사건 왜곡과 국회논의의 한계」, 『역사연구』 제7호, 2000; 노영기, 「여순사건과 육군의 변화」, 『전남사학』 제22집, 2005; 서중석, 「이승만과 여순사건」, 『역사비평』 86, 2009; 손태희, 「여순사건 참가계층의 제유형」, 순천대학교 교육대학원 석사논문, 2003; 유재리, 1999, 「여순 군반란사건 연구」, 성신여대 교육대학원 석사학위논문, 1999; 주철희, 「여순사건의 주도인물에 대한 인식변화」, 순천대학교 대학원 석사학위논문, 2010, 주철희, 『불량 국민들』, 북랩, 2013.

으로 시도되었다.

지역사회의 관점과 피해 주민을 강조하는 시각에서 연구도 이루어졌다.[8] 대체로 무고한 양민의 피해가 많았다는 점과 이 사건으로 인해 지역민 전체가 '暴徒'나 '叛徒'로 오해를 받는 억울한 상황을 강조하는 내용이 주류를 이룬다. 아울러 이 사건에 대한 진상규명과 함께 명예회복을 주장하였다.

이와 같은 연구 성과에도 불구하고 여순사건을 규명하기 위해 가장 중요한 주도인물에 대해서 명확하게 밝혀진 바가 없다. 여순사건 발발 당시에 '지창수 상사와 40여 명의 사병'이 주도했다는 것이 통설이다. 즉, 반란을 계획하고 실행하는 총지휘자로 지창수로 인식하고 있지만, 지창수의 행적이나 신상에 대해 밝혀진 바가 없으며, 40여 명의 사병에 대해서도 구체적인 연구가 없었다.

이 논문은 정부 발표에 따른 주도인물의 인식 변화과정에 어떤 의도가 있었는지 살펴보고자 한다. 또한, 통설적으로 인식하고 있는 주도인물에는 어떤 문제점이 있으며, 주도세력은 누구인지 확인하고자 한다. 여순사건 주도인물을 주목한 것은 어떤 사선이 발생하면 '누가·언제·어디서·무엇을·왜·어떻게'라는 육하원칙을 통해 사건의 본질을 규명하는 것이 일반적이다. 하지만 여순사건은 '누가·왜'라는 가장 핵심적인 사실이 명확하게 규명되지 않았다. 그러므로 주도인물을 밝히는 것은 여순사건 진실 규명에 중요한 의미를 갖는다고 할 수 있을 것이다.

---

8) 선휘성, 「여순사건의 발생배경과 피해실태에 대한 인식」, 순천대학교 교육대학원 석사논문, 2004; 여수문화원, 『14연대 반란 50년 결산집』, 1998; 여수문화원, 『여수문화』 제5집, 1990; 여수지역사회연구소, 『여순사건 실태조사보고서』 제1집-3집, 1998-2000; 고흥군 여순사건조사위원회, 『여순사건과 고흥의 민간인 피해』, 2005; 여순사건화해와평화를 위한 순천시민연대, 『여순사건 순천지역 피해실태 조사보고서』, 2006, 주철희, 「여순사건과 지역의 기억」, 『역사학연구』 제56호, 2014.

II. 여순사건에 대한 정부의 첫 발표는?

1. 정부의 첫 발표

여수주둔 제14연대의 봉기가 상급부대인 제5여단(광주 4연대)에 보고된 시간은 10월 20일 새벽 01시 경이었다. 반란[9] 첩보를 입수한 제4연대 부연대장이었던 박기병 소령은 부대 비상조치를 내리고, 서울 육군 총사령부와 미 군사고문단에 보고하였다.[10] 정부와 주한미군은 10월 20일 임시군사고문단장 사무실에서 미군과 한국군 참모들이 모여 비상회의를 열었다.[11] 이범석 장관은 채병덕 총장에게 "조사단을 인솔해 현지로 내려가 사태를 파악하고 필요한 조치를 취하라"고 지시하였다. 이에 따라 채병덕 참모총장, 정일권 참모부장, 백선엽 정보국장, 하우스만 대위, 리드 대위, 통역장교 고정훈 중위로 구성된 조사반이 미군특별기편으로 즉시 광주로 갔다.[12]

이즈음에 서울 중앙청 기자들도 여순사건에 대한 소식을 접하였다. 당시 조선일보 기자였던 유건호는 "'여수에서 국군부대가 반란을 일으켜 순천 쪽으로 올라오고 있다'는 소문이 중앙청 기자실에 흘러 들어왔다. 몇몇 기자가 내무부장관실로 뛰어올라갔다. 좀 더 자세한 내용을 알아보려고 무진 애들을 썼으나 도무지 쉬쉬하고 있어 다른 정보는 그 이상도 이하도 얻어내지 못했다"[13]고 사건을 처음 접하게 된 상황을 기록하고 있다.

---

9) 이 글에서 '반란'이라는 단어는 인용문과 정부와 군의 관점에서 발표된 내용과 문맥상 필요할 때 쓰고자 한다. 봉기는 제14연대 군인들의 행동을 지칭하는 단어로 쓰고자 한다.

10) 김득중, 「여순사건과 이승만 반공체제의 구축」, 성균관대학교 대학원 박사논문, 2004, 103쪽.

11) 노영기, 「여순사건과 육군의 변화」 『전남사학』 22, 2005, 263쪽.

12) 백선엽, 『군과 나』, 대륙출판사, 1989, 340쪽.

13) 유건호, 「여순반란사건」 『전환기의 내막』, 『조선일보사』, 1982, 146쪽.

여수에서 국군부대 반란이라는 것을 소문으로 전해 들었지만, 기자들도 자세한 내용을 파악할 수 없었다. 정부는 국군부대 반란을 보고 받고 언론보도 일체를 금지하였다. 공보처는 10월 21일에 일체 신문기사를 보류하는 기재유보조치를 단행하면서, 정부에서 발표한 내용만 게재할 수 있다고 하였다.[14] 이리하여 여수·순천지역은 다른 지역과의 정보와 교통이 차단된 고립된 섬으로 남았다.[15] 여순사건을 보도한 각 신문의 기사 끝에는 군검열제라는 꼬리표가 달려 있었다. 그러므로 당시 언론보도는 정부의 공식적 입장이라고 해도 과언이 아닐 것이다.

정부의 언론 통제 속에서 여순사건에 대한 공식적인 첫 발표는 이범석 국무총리 겸 국방부장관의 1948년 10월 21일 기자회견이었다. 이 총리는 '사건진상을 철저규명'이란 제목으로 여수에서 국군 제14연대가 반란을 일으켰다고 발표하였다.

> **전남 여수에는 국군 제14연대**(이하 진한 표시는-인용자)가 주둔하고 있는 바, 돌연 20일 오전 2시경 공산계열의 오래동안 책동과 음모로서 반란이 발생하였다. 처음엔 약 40명 가량의 사병이 무기창고를 점령하고 있어서 교묘한 선동과 위협으로 일부 병사들은 선동시켜 가지고 밤중에 다른 병사들을 무기로 위협하고 장교들 대부분을 살해했다.[16]

이 총리는 전남 여수에 주둔하고 있는 국군 제14연대에서 공산계열의 책동과 음모로 반란이 발발하였으며, 약 40여명의 사병이 주도하고 있다고 발표하였다. 이 총리 기자회견으로 여순사건에 대한 언론 기재유보조치는 일시적으로 해제되었다.[17] 10월 21일 광주에서 발행된 『동광신문』

---

14) 『자유신문』 1948년 10월 22일.

15) 김득중, 앞의 논문, 228쪽.

16) 『동아일보』 1948년 10월 22일.

17) 20일 정부당국에서는 전남사건에 관한 신문보도를 보류하여 주기를 각 사에

은 호외를 발행하여 광주·전남지역에 살포하였다. 여순사건과 관련한 유일한 호외로써, "국군 제14연대반란! 여수서 발단 순천을 점령"이라는 제목 하에 이 총리 발표문과 함께 제5여단 여단장 김상겸[18] 대령의 인터뷰 기사도 같이 보도하였다.[19] 기자의 사태 원인에 대한 질문에 제5여단 장은 "모방면의 출동예정의 일개 대대가 주동이 된 것 같다"고 했으며, 반란군의 수효에 대해서는 "8백명 내지 2천명으로 추산되나 정확한 인원은 알 수 없다"고 했다. 김상겸 여단장은 당시 제주도에서 급거 복귀하다보니 사건 발단이나 상황을 정확하게 파악하고 있지 못하고 있음이 그의 인터뷰에 나타났다.

정부와 국방부 발표에 의존할 수밖에 없었던 언론에서는 사건의 주체로 '국군 제14연대 반란' 또는 '국군 반란'이라는 제목으로 대부분 보도하였다.[20] 이날 조선일보는 '국군 일부 전남서 반란'이라고 표제를 붙였다. 당시 진압 지휘관은 거의 모든 신문이 '국군 반란'이라고 제목을 붙였는데 조선일보에서는 일부를 강조한 것이 좋다면서 조선일보를 칭찬하고 유건호 기자에게 호의를 베풀기도 하였다.[21] 일선 군인들도 국군이 반란을 일으켰다는 것에 대해 적지 않은 부담감이 작용했던 것으로 예측할

요청하였던 바, 다음날 21일 정오 정부에서 발표하는데 한하여 보도하기로 되었다(『자유신문』 1948년 10월 22일).

[18] 호외에 나온 제5여단장을 김백일 중령으로 기록하는 경우가 있다. 그러나 기자와 제5여단장의 일문일답은 10월 20일 하오 7시 반에 이루어졌다. 이는 아직 반군토벌전투사령부가 설치되기 이전이므로 김백일 중령은 토벌작전에 참가한 시기가 아니다. 10월 21일 반군전투사령부가 설치된 이후 김상겸 제5여단장은 즉시 해임되고 김백일 중령이 후임으로 들어와 토벌작전에 나섰다.

[19] 정운현, 『호외, 백년의 기억들』, 도서출판사 삼인, 1997, 102쪽.

[20] 각 신문의 주요 제목을 살펴보면 자유신문은 "국군 제14연대 내서 반란", 서울신문은 "20일 여수에서 국군 반란", 조선일보는 "국군 일부 전남서 반란 좌익과 합세 2천여 명", 국제신문은 "여수·순천에 국군 반란 21일 정오 현재 교전 중" 등으로 보도하였다. 또한 지방 신문인 호남신문에서는 "국군 제14연대 반란, 여수 점령 후 점차 북진" 등 제목을 달았다.

[21] 유건호, 앞의 책, 146쪽.

수 있는 대목이다.

10월 21일 이 총리 첫 발표에는 여순사건의 주도인물에 대해서도 언급
이 있었다. 10월 22일자 『자유신문』에는 '극좌극우공모 폭동의 성질'이라
는 제목으로 주도인물을 보도하였다.

본래 수개월전에 공산주의자가 극우의 정객들과 결탁하고 반국가적 봉기군
을 책동하여 일으킬 책동을 하였다. 불행이도 군정이양 전이어서 그 가운데
그중 吳東起(기자주=최능진과 함께 불구속 송청되었다)란 자가 가장 교묘한
방법으로 소령으로 승진하여 여수연대장에 취임하였다. 이자는 여수에 가서
소위 하사관 훈련의 기회를 포착하여 단순한 하사관들을 선동하고 공산주
의를 선전하는 한편 극우 진영인 해외와 국내의 실의 정객들과 직접간접으
로 연락하여 가지고 로서아 十월혁명기념일을 계기로 전국적인 기습 반란을
책동하였다. 이것이 군정이양을 시작하면서 약 20일 전에 吳와 관련자를 검
거하게 되었다. 이것이 그 음모가 성장해 온 배경이다. 吳와 관계자들을 잡
자 군내에 吳와 통하는 자들은 공포심이 일어난 모양인데…22)

대한민국 수립 이전부터 공산주의자와 극우 정객이 결탁하여 봉기를
계획하고 있었다는 것이다. 이에 吳東起는 여수연대장으로 취임하여 하
사관 훈련을 명목으로 공산주의를 선전하면서 하사관들을 포섭하였다는
것이다. 그러면서 기자가 덧붙인 것이지만 崔能鎭이라는 인물이 등장하
고, 그도 불구속 송치되었다는 것이다. 그렇지만 정부가 말하는 극우정객
이 최능진인지 아니면 다른 인물인지, 또한 공산주의자가 누구인지는 명
확하지 않다. 훗날 정부는 극우정객으로 김구를 지목했고, 김구는 이에
대한 해명 기자회견23)을 하기에 이르렀다.

---

22) 『자유신문』 1948년 10월 22일.
23) "우리는 일찍부터 폭력으로써 살인·방화·약탈 등 테러를 행하는 것을 배격
하자고 주장했다. 금번 여수·순천 등지의 반란은 대규모적 집단테러 행동인
바, 부녀 유아까지 참살했다는 보도를 들을 때에 그 야만적 소행에 몸서리

이들은 러시아 10월 혁명 기념일을 계기로 전국적인 기습 반란을 계획하고 있었으나, 오동기가 9월 28일 체포되면서 실패하고 말았다는 것이다. 그리고 오동기 체포에 공포심을 느낀 제14연대 병사들이 이번 반란을 일으켰다는 주장이다. 결과적으로 정부는 공산주의와 극우정객과 제14연대 군인이 공모해서 시작한 반국가적 반란으로 출발하였다는 것이다.

오동기는 9월 28일 국방부에 소환되었으며, 이후 최능진을 비롯한 민간인 3명이 10월 1일 경찰에 체포되면서 드러난 책동이 여순사건과 밀접한 관련이 있다는 주장이다. 혁명의용군사건을 의미한다. 오동기가 체포되자, 그에게 포섭된 제14연대 추종세력이 공포심을 느끼고 행동을 개시한 것이 여순사건이라는 것이다. 정부 발표의 핵심은 여순사건의 직접적인 원인에는 혁명의용군사건이 있다는 것이 정부의 주장이다.

이렇게 정부는 여순사건이 발발한지 하루 만에 제14연대 전 연대장 오동기 소령을 여순사건 주도인물로 발표하였다. 그리고 민간인 최능진도 관련되었다고 했다. 정부는 여순사건을 혁명의용군사건의 연속적인 상황이며, 이미 오랜 전부터 계획되었다고 발표하였다. 혁명의용군사건은 어떤 사건이었기에 여순사건의 직접적인 원인이었다고 정부는 발표한 것이었을까.

2. 혁명의용군사건

여순사건이 발발하면서 세간의 관심으로 떠오른 사건이 혁명의용군사건이다. 여수 제14연대 연대장이었던 오동기 소령은 9월 28일에 육군총사령관 송호성으로부터 소환 명령을 받고 서울에 상경하였다. 그는 즉시 육군 정보국으로 구금되었다.[24] 그리고 정부는 혁명의용군사건과 관련하여

처지지 아니할 수 없다"(『서울신문』 1948년 10월 31일).

[24] 국방부 전사편찬위원회, 『한국전쟁사-해방과 건군』 1, 1967, 485쪽.

10월 1일에 민간인 최능진, 서세충(徐世忠), 김진섭(金鎭燮) 등을 체포했다고 발표하면서, 혁명의용군사건의 실체가 드러난 것이다. 10월 5일자 조선일보에 다음과 같이 보도되었다.

전수사국장이며 5·10 선거 당시 동대문 갑구 입후보로서 이대통령의 낙선을 꾀한 것으로 이름있는 崔能鎭(51)씨는 종로구 누상동 166-14 徐世忠(61), 후암동 105-65 김진섭(36) 양씨와 더불어 내란음모의 혐의로 지난 1일 오후 3시경 태평로 民友社 사무실에서 수도청 형사대에 검거되어 종로서에 구금당하고 있다. 구속영장에 나타난 검거 혐의 내용을 보건대 전기 3싸는 작년 12월 이후 육군경비대 오동기 소령 등 국군소속의 젊은 장교 다수와 공모하여 국방경비대로 하여금 혁명의용군을 조직하고 기회가 도래하면 대한민국 정부를 전복시킴으로서 정부를 차지하려는 일종의 쿠데타를 음모했다는 것인데 그 동안 이 활동의 군자금으로서 지난 9월 20일과 24일 이틀에 걸쳐 90만원 예산 중 우선 15만원을 지출하였다는 것이다. 이로 해서 수도청을 비롯하여 경찰당국에서는…. 이에 관하여 국방부 모 고급장교는 "일종의 반란적 성격을 띤 사건인데 이것이 어느 정도 근거가 확실하다면 국군은 다만 일반에게 이용당했을 것이고 앞으로 관련된 군인이 드러나는 대로 엄중 처단하겠다"고 말했다.25)

5·10 총선거에 서울 동대문 갑구에 입후보한 이승만을 낙선시키기 위해 미군정청 경무부 전 수사국장이었던 최능진이 이승만의 지역구에 출마하였다. 최능진은 이승만을 낙선시키려고 했지만 실패하자 서세충·김진섭 등과 정부 전복 쿠데타를 음모하였으며, 제14연대장 오동기 소령을 통해 국군소속의 젊은 장교를 중심으로 혁명의용군을 조직하여 대한민국 정부 전복을 꾀하였으나 체포되었다는 것이다.

---

25)『조선일보』 1948년 10월 5일.

이러한 계획은 작년(1947년) 12월부터 차근차근 준비되었으며, 9월 20일과 24일 양일에 거쳐 군자금을 제공하여 10월 러시아 혁명 기념일에 '반란'을 일으키려고 하였다는 것이다. 그런데 오동기가 9월 28일 소환명령을 받으면서 혁명의용군사건은 실패하고 말았다. 이번 사건의 핵심은 최능진 등의 민간인이었고, 오동기를 비롯한 군인은 이들 민간인에게 이용당했다는 것이 국방부 관계자의 말이다. 여순사건 발생을 미리 예견이라도 하고 있는 듯한 20일 전 정부 발표는 강한 인상을 남기고 있다. 정부 발표에서 나타난 중요한 것은 여순사건 발발이전에 국군과 민간인이 결합된 일종의 반란적 성격을 정부에서는 이미 수사하고 있었고, 거기에 제14연대장이 관련된 것으로 파악하였다.

체포된 이들은 내란음모죄 등으로 검찰청에 송치되었는데 민간법정에서는 최능진·서세충·김진섭 등 3명이 구속되어 재판이 진행되었다. 군법정에서는 오동기 외에 9명이 불구속으로 재판을 받았다.[26] 혁명의용군사건 제1회 공판은 1949년 1월 21일에 서울지방법원 제4호 법정에서 개최되었다. 이날 재판에서는 각자 역할이 드러났는데, 최고책임자는 서세충이며, 재정책임자는 최능진, 국방경비대의 최고책임자는 오동기, 경비대 외곽은 김진섭, 강원도 원주부대 동원책임자는 안종옥 외 3명, 춘천부대 동원책임자는 박규일 외 2명이었다.[27]

이날 재판에서 최능진은 "그 사람들은 자기들에 아첨하는 사람이면 채용하고 내가 탐관오리를 적발하여 보고하면 어느 사이에 그 사람들과 결탁하고 만다. 이에 대하여 나는 민족정기를 위하여 당시 러치 장관하고 격론까지 하였다"[28]고 미군정에 대한 불평불만이 있었으며, 군정장관 러치(Archer L. Lerch) 소장과도 격론이 있었음을 진술하였다. 또한, 김진섭

---

26) 『서울신문』 1948년 10월 21일;『국제신문』 1948년 10월 21일.
27) 『동아일보』 1949년 1월 23일;『조선중앙일보』 1949년 1월 22일.
28) 『경향신문』 1948년 1월 22일.

은 국방부와 수도청에서 자백한 것은 전혀 허위사실이며, 고문에 못 이겨 되는대로 진술하였다고 하면서 "도대체 2, 3백 명의 병력으로 중앙을 포위하여 쿠데타를 한다는 것은 어린애 장난이냐"[29]며 '반란'을 전면 부인하였다.

오동기는 여수주둔 제14연대 연대장이었으며, 이전에 제8연대 소속인 원주부대와 춘천부대에서 근무한 적이 없다. 그런데 그와 어떤 연관도 없는 원주부대와 춘천부대의 200여명 병사를 중심으로 혁명의용군이 조직되어 있었다는 것이다. 책임자는 안종옥과 박규일이었다. 정부가 혁명의용군사건을 처음 발표할 당시 "오동기 소령 등 국군소속 젊은 장교 다수가 공모하였다"고 했다. 그런데 원주부대와 춘천부대 동원책임자인 안종옥과 박규일의 계급은 이등병과 일등병이었다. 하사관도 아닌 이등병과 일등병에 불과한 계급의 군인이 혁명을 일으키기 위한 군부대의 동원책임자로 드러난 것이다. 이후 국군에서는 오동기 이외의 장교를 이 사건으로 수사하거나 재판에 회부한 군인은 한 명도 없다. 특히 이 사건으로 연루된 군인들 중 오동기를 제외하고는 여수 주둔 제14연대 소속 장교와 병사 또한 한 명도 없다.

오동기 소령을 비롯한 군인들은 1949년 1월 29일 군사재판 고등군법회의에서 오동기 전 육군소령 10년, 안종옥 전 이등병 5년, 박규일 전 일등병 3년, 김봉수 전 일등병 3년, 김용간 전 일등병 2년, 전 일등병 오필주 1년 등으로 징역형이 선고되었다.[30] 국가를 전복시키고자 혁명의용군을 조직한 군인이라는 신분을 감안한다면 상대적으로 형량은 그다지 높지 않았다. 여순사건 진압이후 부역자 색출과정에서 혐의 의심만으로 즉결처분했던 것과 비교하면 상당히 낮은 수준의 형량이었다.

이날 재판관이었던 김완룡 중령은 판결문에서 "피고들은 탐관오리·모

---

29) 『경향신문』 1949년 1월 23일.
30) 『동아일보』 1949년 1월 29일.

리배 때문에 남한정부가 부패되어가고 있어 정부를 전복하려고 했다"면서 "좌익사상에서 나온 좌익혁명이 아니고 민족주의자 사상에서 나온 민족혁명이었다"고 말하였다. 이범석 총리가 밝혔던 공산주의와 극우정객의 공모는 거짓으로 드러난 것이다. 그런데도 여전히 혁명의용군 사건은 공산주의와 극우정객의 공모라고 정부와 보수우익단체의 발간물에는 기록하고 있다. 또한, 김 중령은 직·간접적으로 호남방면사건과 관련성이 있다고 하였지만, 재판부는 이에 대해서 밝히지 못하였다. 즉, 여순사건과 혁명의용군사건의 관련성이 무엇인지 정확하게 언급하지 않으면서 실형을 선고한 것이다.

최능진은 1949년 2월 8일 제2회 공판에서 김구와 김규식의 남북협상은 지지하였지만, 혁명이라는 혐의사실은 부인하였다. 특히 여순사건과 관련하여 "내가 강조하고 싶은 것은 동족상잔을 나는 절대로 원치 않는 사람이다. 그런데 여수·순천 반란사건의 동기를 나에게 전가하는 것은 천만부당이다"[31]고 자신의 관련성을 강력하게 부인하였다. 최능진이 5·10 선거에 출마한 이유도 이승만의 집권은 남북분단과 동족상잔의 아픔이 발생할 수 있음을 예측했기 때문이라고 하였다.

최능진·김진섭·서세충에 대한 제1심 선고공판은 1949년 5월 31일에 개최되었는데, 법령 제15호 4조 나항 및 형법 60조(정부계획방해기도죄)를 인용하여 최능진 징역 3년, 김진섭 징역 3년 6개월, 서세충 무죄를 각각 선고하였다.[32] 검찰청 송치기록과 제1회 재판과정에서 혁명의용군사건의 최고책임자는 서세충이었다. 그런데 정작 사건의 최고책임자인 서세충은 무죄로 판결되었다. 최고책임자는 무죄인데, 그를 따랐던 사람들은 유죄이다. 납득되지 않은 판결이라고 할 수 있다. 제1심에 불복하여 최능진·김진섭은 항소하였다. 제2심 선고공판은 1949년 11월 2일에 개정

---

31) 『연합신문』 1949년 2월 9일.
32) 『동아일보』 1949년 6월 1일.

되어 내란음모죄와 정부계획방해기도죄를 각각 적용하여 최능진 징역 5년, 김진섭 징역 6년을 선고하였다.[33] 1심 선고에 비하여 내란음모죄가 추가되면서 형량도 가중되었다.

2심 재판과정에서 최능진이 "여순사건의 주모자 이재복이 사형 집행을 당했으니 추도식을 하라고 지시하였다"[34]는 증언이 나온 것이다. 서울형무소에 최능진과 수감 중인 이영개는 5월 27일 형무소 면회대합실에서 최능진이 몇몇 청년죄수에게 이러한 지시를 했다고 증언하였다.[35] 당시 이영개는 반민특위 혐의자로 수감 중이었다.[36] 이영개의 증언에 대해 서울형무소 간수장 정연과 간수 강중화·김재선은 그러한 지시를 모른다고 하였다. 이영개는 미군정시절에 법령 33조 위반혐의로 최능진에게 체포되어 경찰서에 구금당한 적이 있었다. 이에 따른 사적감정이라는 비판이 이어졌다. 최능진도 이영개의 증언은 전혀 허위이니 증인될 자격이 없다고 재판부에 각하를 요청하였다. 재판부는 이를 사적감정이 아닌, 사실 증거로 인정하고 내란음모죄를 추가하였다. 이영개는 법정 증언에서 최능진에 대해서만 언급하였다. 그렇지만 재판부는 최능진 뿐만 아니라 김진섭까지 내란음모죄를 적용하여 형량을 선고하였다. 이는 혁명의용군사건의 실체가 존재하며 여순사건과 관련이 있는 반란이라는 이미지를 확고하게 하기위한 의도였다고 할 수 있다.

최능진·김진섭은 상고하였으나, 1950년 6·25전쟁으로 재판은 중단되었다. 인민군이 서울을 점령하면서 서대문형무소에서 출옥한 최능진은 조속한 전쟁 중단을 촉구하는 정전·평화협정운동을 전개하였다. 그의 활동은 1950년 9월 28일 서울이 수복된 이후 내란혐의로 체포되어 육군

---

33) 『국도신문』 1949년 11월 3일.
34) 『동아일보』 1049년 10월 25일.
35) 『동아일보』 1049년 10월 25일.
36) 『동아일보』 1049년 8월 31일.

270 · 지리산의 저항운동

중앙고등군법회의에서 국방경비법 제32조 이적죄로 사형을 선고 받았다. 그는 1951년 2월에 경북 달성군 파동의 산골짜기에서 총살되었다.[37] 혁명의용군사건과 관련하여 가장 높은 형량은 받은 사람은 김진섭이다. 하지만 이후 혁명의용군사건과 관련한 정부기록물에는 최능진과 오동기를 주로 언급하고 있다. 김진섭은 신상이나 행적이 알려진 것이 없다.

혁명의용군사건은 공산주의자 민간인과 국군이 결합한 국가 전복사건이었다고 정부는 발표하였다. 국가 전복사건의 핵심 군인이었던 오동기는 10년형을 선고받았다가 6·25전쟁이후 여러 정황이 참작되어 5년으로 감형되었다. 그는 죽는 날까지 혁명의용군사건을 부인하였으며, 여순사건과도 무관하다고 항변하였다.[38] 최능진도 동족상잔의 반란에 대해 적극적으로 부인하였다. 그럼에도 불구하고 혁명의용군사건과 여순사건은 아직까지도 하나의 연장선상으로 정부는 보고 있다. 이는 여순사건이 오랫동안 계획된 공산주의자 반란이라는 것을 각인시키기 위한 정부 의도였다고 할 수 있을 것이다.

최능진을 제거하기 위해 이승만 추종세력과 경찰의 무리한 수사로 만들어진 사건이 혁명의용군사건이다. 정치적 조작이 내포되다보니 법정에서는 국가를 전복할 반란의 최고책임자에게 무죄를 선고하였다. 군인이며 반란의 핵심 인물에게도 상대적으로 가벼운 징역형에 머물렀다. 반역을 가장 큰 범죄로 다루었던 역사적 사실에 비추어보면 이 사건은 정치적으로 조작되었음을 미루어 짐작할 수 있다.

---

37) 『동아일보』 1960년 9월 20일.
38) 오승운 증언(오동기의 큰 딸).

III. 주도인물의 변화와 정부의 의도는?

1. 공산주의자의 오랜 계획된 '반란'

혁명의용군사건은 정부수립 이전부터 공산주의자와 극우정객이 정부 전복을 도모하기 위해 조직적으로 움직인 오랜 계획된 '반란' 세력이라고 정부는 발표하였다. 오랜 계획된 '반란'의 핵심 인물은 제14연대장을 역임 한 오동기 소령과 전 경무부장을 역임한 최능진이었다.

吳東起[39] 소령은 1948년 7월 15일경 김익렬 연대장 후임으로 제14연대 에 부임하였다. 앞서 살펴보았지만, 그는 여순사건이 발생하기 전에 이미 대한민국 정부를 전복시키고자 한 주요인물로 여순사건 발발 20여 일전 인 9월 28일 체포되어 서울 육군본부에 수감되었다. 혁명의용군을 조직 하기 위해 젊은 장교와 하사관을 포섭했다는 혐의였다. 그렇다면 정부가 가장 먼저 취해야 하는 조치는 그가 연대장으로 있었던 제14연대를 조사 하여 공모세력을 색출하는 것이 되어야 할 것이다. 그런데 1948년 10월 11일에 본부중대 재정담당 하사관 김영만이 남로당 세포 조직원으로 제 5여단 정보국에 체포된 것 이외에는 제14연대에 취한 조치가 전혀 없었 다. 김영만 체포는 혁명의용군사건과 무관하다. 여순사건에 대한 정부 첫 발표에 나타난 주도인물에 대한 내용은 다음과 같다.

---

[39] 오동기(1901~1977, 경기도 이천 출생, 호적명 吳重煥, 군번 10360)는 낙양군관 학교 전신인 講武堂 출신으로 1946년 2월에 귀국하여 경비사관학교 3기 특별 반을 마치고 대위로 임관하였다. 1948년 7월 15일에 김익렬 연대장 후임으로 제3대 제14연대 연대장으로 부임하였다. 동년 9월 28일에 혁명의용군사건 혐 의로 소환되어 10월 1일에 정식 구속 심문을 받았다. 그는 군사재판에서 10 년 징역형을 선고받고 서대문형무소에 수감 중 6·25전쟁이 발발하자 서울에 진주한 인민군에 의해 감옥 문이 열리면서 출옥하여 고향 이천 집으로 돌아 왔다. 수복 직전에 경찰에 자수하여 징역 5년으로 감형되어 대구형무소에서 출옥했다(주철희,『불량 국민들』, 북랩, 2013).

20일 오전 2시경을 기하여 전남 여수를 중심으로 한 국군의 일대 반란 사건이 돌연히 발생하였는 바, … 吳東起란 자가 가장 교묘한 방법으로 소령으로 승진하여 여수 연대장에 취임하였다. … 이 자는 여수가서 소위 하사관 훈련의 기회를 포착하여 선동하고 공산주의 선전하는 한편 … 吳와 통하는 자들이 이번에 모종임무(제주4·3진압, 인용자)를 주어 혐의농후한 이들을 딴 곳으로 분리할 때 공포를 느낀 자들이 행동을 개시했다.[40]

　정부에서는 좌익세력을 분리하고자 모종의 임무. 즉 제주 4·3사건 진압에 투입시키고자 하였는데, 이에 공포를 느낀 오동기 추종세력이 행동을 개시한 것이 여순사건의 시작이라는 것이다. 여순사건이 발발하자 국방부를 비롯한 정부는 두 사건을 하나로 취급하기 시작하였다. 오동기를 20여일 전에 검거했지만 제14연대 군인들에게는 어떠한 조치도 없었다. 이러한 정부의 안이한 대책은 국회에서 이청천 의원에 의해 제기되기도 하였다.[41] 정부는 오동기와 그의 추종세력을 여순사건 주도세력으로 규정하였다. 그렇지만 사주 받은 추종세력이 검거되거나 조사받은 사례가 없다. 그 실체도 없다. 정부 주장은 오랫동안 계속되어 각종 문헌[42]에 오동기를 여순사건과 관련된 주요인물로 언급하였다. 즉, 여순사건을 오동기에게 포섭된 자들이 일으킨 '반란'으로 규정하였다.
　오동기가 여순사건과 관련 없다는 주장이 나온 것은 1967년이다. 국방

---

40) 『자유신문』 1948년 10월 23일; 『서울신문』 1948년 10월 23일.

41) "여수 등지에서 반란이 난 것은 사전에 오동기 연대장과 최능진·서세충이 반란 행동한 것을 알았으면 그때에 그 군대를 해산할 것입니다. 여수 14연대를 단연 해산해야 할 것입니다. 그랬던들 오늘 이 일이 없을 것입니다. 이 군대를 해산해 놓으면 감히 대가리를 들지 못합니다. 그냥 뒀다가 오동기를 잡아다가 가둔 날이 언제입니까?"(『제헌국회 속기록』, 제1회 제91차 국회본회의 1948년 10월 29일).

42) 육군본부, 『6·25사변육군전사』, 1952; 내무부치안국 대한경찰전사, 『대한경찰전사-민족의 선봉』, 1952; 육군본부, 『공비토벌사』, 1954; 육군본부, 『6·25사변사』, 1959.

부 전사편찬위원회에서 발행한 『한국전쟁사 1 : 해방과 건군』이었다. 이 책은 여순사건과 관련하여 가장 자세하게 발발당시 부대의 상황에서부터 진압과정까지를 기록한 국방부의 간행물이다. 이 책에서 "前 제14연대 연대장 오동기 소령에 대한 是非"라는 제목 하에 오동기의 신상과 행적 그리고 제14연대 연대장 재임시절 활동 등에 대하여 밝히고 있다. 먼저 혁명의용군사건의 최능진과의 관계를 소개하고 있는데, "오동기 소령은 최능진을 한 번도 만나본 사실이 없기 때문에 모른다고 하였다가 朴駬遠(수도청 사찰과 정보주임)에게 형용할 수 없는 고문을 당하였다"[43]는 것이다. 군인 범죄에 경찰이 나서서 조사를 했다는 당시 상황을 납득하기란 쉽지 않다. 오동기와 최능진의 첫 대면은 법정에서 이루어졌다.[44]

또한, 이 책에서는 제14연대장으로 부임하여 부대 운영을 개선하기 위한 노력을 자세히 소개하고 있다. 연대장으로 부임한 오동기는 가장 먼저 사병과 장교의 불평등한 처우와 부대 운영을 개선하였다. 종합훈련을 실시하여 부적격자를 차출하여 귀향조치 하였다. 또한 좌익세력 척결에 힘쓴 일례로 김지회 작전주임 보좌관을 주요 감시 인물로 정하고 한직인 대전치포 중대장으로 보직 변경하였으며,[45] 그의 체포를 상부에 보고하였으나 결정적인 물증이 없다는 이유로 허사가 되기도 하였다.[46] 여러 정황으로 보아 그는 반란과 무관하며, 혁명의용군사건과도 무관한 인물이라고 이 책에서는 주장하였다.

여순사건 당시 제14연대 부연대장이었던 이희권 소령을 비롯하여 당시 제14연대 장교와 사병의 증언에서도[47] 오동기 소령이나 혁명의용군사건

---

43) 국방부 전사편찬위원회, 앞의 책, 484~488쪽.

44) 최만립 증언(최능진의 3남).

45) 오동기가 김지회를 대전차 중대장으로 보직을 변경하였다고 증언하고 있으나, 제주도 출병당시 김지회는 1대대 2중대 중대장이라는 보직을 맡고 있었다(서형수의 증언).

46) 국방부 전사편찬위원회, 앞의 책, 486~487쪽.

에 대한 언급은 전혀 없었다. 그러나 발발 초기 정부에 의해 오동기 소령은 여순사건 주도인물로 발표되었고, 이후 정부 보고서나 보수·우익의 문헌에서는 주요하게 언급되고 있다. 결과적으로 오동기 소령의 등장은 여순사건이 공산주의자의 오랜 계획적 반란이라는 사실을 뒷받침하는 증거로 이용되었으며, 이승만의 정적을 제거하는 데 의도적으로 활용된 측면이 강하다.

2. 민중 주도아래 일부 군인이 결합된 '반란'

여순사건은 전남동부지역[48]으로 빠르게 확산되어 여수와 순천을 비롯한 인근지역까지 좌익세력과 봉기군의 활동 근거지가 되었다. 민간인까지 결합된 상황에서 정부는 주도인물에 대한 인식에 새로운 국면을 맞이하였다.

10월 26일에 육군참모장 丁一權 대령은 국방부 출입기자단에게 새로운 인물을 등장시켰다. 여수여중학교 교장 宋郁[49]이다. 정일권은 구사일생으로 탈출한 제14연대 연대장이었던 朴勝勳 중령의 증언을 토대로 "10월 19일 21시 여수폭동발생의 실정은 14연대 내 봉기군 장교는 병영에서 일부 경찰 및 청년단은 경찰서와 시내에 동시에 계획적으로 폭동을 일으켰음. 여수 반란 총지휘자는 여수여중 교장 ○○임"[50]이라고 발표하였다.

---

47) "또 하나는 여순사건의 주도인물라고 하는 김지회가 작전회의를 했습니다"(이 희권 증언, 1964년 12월 17일 신라호텔에서 유관종과 대담).

48) 현재 지명으로 여수시, 순천시, 광양시, 보성군, 고흥군, 구례군을 통칭하여 전남동부지역이라 칭한다.

49) 송욱(1914~1948, 전남 화순출생, 아명 송옥동)은 고창중학교와 보성전문 법과를 졸업하였다. 1938년 서울 상명여학교에서 교사를 지냈고, 조선어학회사건에 연루되어 서대문형무소에 복역하던 중 해방을 맞았다. 상명여학교에 복직한 그는 고향에 처음으로 설립된 영산포중학교 교장으로 초빙되었고 1946년 광주서중 교감을 거쳐 여수여중 교장으로 재직했다(반충남, 「여수14연대 반란과 송욱 교장」『말』6월호, 1993; 『세계일보』1948년 10월 27일, 주철희, 앞의 책).

그리고 신빙성을 높이기 위해 보성전문학교 동창생 이군혁의[51] 말을 인용하여, 송욱이 학창시절에 공산주의자로 활동했음을 소개하였다.[52]

한편,『평화일보』에는 또 다른 동기생인 安錫燦의 인터뷰가 실렸다. 안석찬은 "우등생은 아니었으나 공부는 잘하였으며, 스포츠에는 별달리 뛰어난 것은 없었고 평범한 인간이었다.… 송군이 그런 행동을 하였다는 것은 의외 일이며 민족을 위해 대단히 유감되는 일이라고 생각한다"고 했다.[53] 이날『평화일보』에는 송욱의 얼굴이 공개되었는데, 이는 송욱의 얼굴이 공개된 유일한 사진이다. 동기생의 증언이 엇갈렸다. 한 사람은 송욱을 공산주의자로 몰았고, 다른 한 사람은 의외라는 반응을 나타냈다.

〈사진〉 송욱 얼굴이 공개된 유일한 보도이다.

---

50) 『자유신문』1948년 10월 27일;『세계일보』1948년 10월 27일;『경향신문』1948년 10월 27일.

51) 이군혁은 1949년 4월 33일 학도호국단 결성에 주도적으로 참여하였으며, 이후 문교부장관 안호상의 비서실장 대리를 역임하기도 하였다.

52) "宋군은 재학 중에 공산주의자로 학생들 간에 이름이 떠돌았다. 일제 관헌에 체포된 일은 없었으나 괴로움을 많이 받았는데, 가족 관계는 그 후 어찌 되었는지 잘 알 수 없다"(『경향신문』1948년 10월 27일).

53) 『평화일보』1948년 10월 28일.

박승훈은 증언에서 "이번 폭동을 경찰서에서는 경찰이 시내에서는 청년단체가 그리고 14연대 군인은 병영에서 폭동을 일으켰다"고 하였다. 즉 경찰과 군인과 청년단체가 손을 잡고 계획적으로 폭동을 일으켰다는 것이다. 당시 군과 경찰의 갈등은 매우 컸다. 그런데 경찰과 군인이 손잡고 반란을 일으켰다고 주장한 것이다. 이러한 주장은 제14연대 연대장으로서 자신의 부하를 중심으로 '반란'이 발발했다는 책임을 모면하기 위함이라고 할 수 있다. 당시 연대장 박승훈은 부대 상황을 제대로 파악하지 못했으며, 부대 내의 좌익활동에 대한 이상한 징후도 발견하지 못하였다. 이러한 과정에서 제14연대 군인이 저지른 반란에 대한 연대장으로서 책임을 의식할 수밖에 없었을 것이다.

이범석 총리도 10월 26일자 국회보고에서 "여수 봉기군의 민중을 총연합 지휘하는 최고사령관은 여수여중학교 교장이던 자"[54]라면서 송욱을 주도인물로 단정하였다. 사건 발생 일주일 만에 정부는 주도인물을 군인에서 민간인으로 변화시켰다. 정부도 군대조직에서 반란이 일어났다는 책임을 면하고자 반란의 주도세력을 지방 민중과 학생들에게 전가시켰다. 이런 의도로 지역에서 신망이 높았던 송욱 교장을 지목하게 된 것이다.

송욱 교장이 정부의 표적이 되었던 것은 크게 두 가지로 볼 수 있다. 첫째는 10월 20일 중앙동 여수 인민대회 의장으로 5명을 선출하였는데,[55] 일부에서 송욱 교장이 포함되었다는 유언비어가 있었다. 둘째는 10월 22일에 여수군 인민위원회가 주최하는 대강연회 연설자로 송욱 교장과 인민위원장 이용기가 나온다고 포스터 광고가 거리에 부착되었다.[56] 이를 바탕으로 송욱 교장을 좌익으로 몰았고, 학생들의 참가도 이를 뒷받침하

---

54) 『제헌국회 속기록』, 제1회 제90차 국회본회의 1948년 10월 26일.

55) 여수인민위원회 의장단은 이용기, 박채영, 송욱, 유목윤, 문성휘, 김귀영 5인이라고 조선일보에 기사화되었다. 거명된 이름은 6인인데 5인이라고 기록하였다.(『조선일보』 1948년 11월 2일).

56) 김득중, 앞의 논문, 182쪽.

는 역할로 작용하였다.

송욱이 체포되어 있는 동안 후배인 양회종은 그를 구명하기 위해 당시 호남신문사 사장이었던 이은상을 찾아 갔다. 평소 송욱과 가까이 지냈던 이은상도 제5여단 사령부로 연행되어 김지회와의 관계를 추궁 받고 있어 더 이상 도와줄 수 없다고 하였다.[57] 여하튼 송욱 교장은 "나 보고 반란의 주동자라고 하는데 나는 반란군측의 연설요구를 거절하고 밖으로 나가지도 못하고 줄곧 학교 안에만 있었다"고 후배 양회종에게 말하였다.[58] 이를 뒷받침할 수 있는 근거로 당시 제14연대 12중대 중대장이었던 김형운은 사건당시 아는 사람의 소개로 몸을 피했는데 그곳이 여중학교 교장 관사였다고 한다. 김형운은 고흥으로 탈출할 때(25일 새벽)까지 그곳에서 숨어 있었다. 김형운은 송욱이 제12연대 3대대 대대장으로 진압에 참가한 이우성 대위의[59] 매형임으로 안심해도 된다는 소리를 들었으며, 송욱은 김형운이 숨어 있는 동안 처남이라고 부르면서 부인에게도 그렇게 일렀다고 한다. 김형운은 송욱이 아주 잘 해주었고, 참 양순한 사람이었다고 기억하고 있다.[60]

여순사건 당시 여수여자중학교 국어교사이며, 훗날(1960년) 여순사건 관련 최초 장편소설 『절망 뒤에 오는 것』을 쓴 작가 전병순은 1987년 개정판을 발행하면서 「작가의 말」에서 "사실이 아닌 이야기들이 꽤 권위 있

---

57) 이은상이 김지회의 제4연대 입대에 신원보증을 서서, 본인도 곤경에 처해 있음으로 송욱 교장의 구명에 나설 수 없다고 한다. 그런데 김지회는 경비사관학교를 3기로 졸업하고 장교로서 첫 부임지가 제4연대였다. 경비사관학교에 입대하기 위해 신원보증을 서는 경우는 있었지만, 장교가 부임하는데 신원보증이 필요한 경우는 없었다. 그리고 김지회가 경비사관학교 입학에 신원보증은 선 사람은 1연대 C중대의 이병주 중대장이었다. 이은상이 당시 여러 정황상 송욱을 도울 수 없기에 회피하기 위한 수단으로 만들어낸 말이 아닌가 한다.

58) 반충남, 앞의 논문, 219~220쪽 재인용.

59) 김형운은 이유성 대위라고 했는데, 잘못 알고 있거나 발음상의 문제인 것 같다.

60) 김형운의 증언(대담자 선휘성).

는 간행물 등에서 자주 예문으로 인용되고 하는 것을 보면 나는 혼자서 가슴을 치고 싶은 기분이 되어 한숨을 내쉬고 했다"면서 송욱 교장의 죽음에 대해 부채의식이 남아 있었다고 하였다.[61]

정부에서는 송욱이 반란의 총지휘자였다는 정황이나 뒷받침할 만한 증거를 발표한 사실이 없다. 그는 단지 떠도는 허위사실 때문에 반란 총지휘자라는 죄목으로 진압군에 체포되어 억울하게 생을 마감하였다. 정부는 여순사건을 학생과 지역 민중에게 전가시키기 위해 10월 28일에 공보처 차장 김형원의 기자 간담회에서 전남반란사건의 성격을 규정하였다. 그는 여순사건은 "민간 좌익분자들이 계획적으로 조직하여 군대가 합류한 사건이다"고 정의하였다. 민간과 지방좌익이 결합되어 반란을 일으켰음을 국민에게 인식시키고자하는 의도가 그대로 드러난 발표였다.

> 이번 반란사건의 성격은 여수 14연대의 군대가 반란을 일으킨데 민중이 호응한 것 같이 일반은 인식하고 있는 모양이나 사실은 그렇지 않고 전남 현지에 있는 좌익분자들이 계획적으로 조직적으로 소련의 10월혁명 기념일을 계기로 일대 혼란을 야기시키려는 음모에 일부 군대가 합류한 것이 되는데…[62]

여수 제14연대가 반란을 일으킨데 민중이 호응했다는 것은 사실이다. 그러나 김형원은 '반란'의 시작을 국군에서 발생했음을 부인하고 있다. 이는 당시 김형원을 비롯한 정부 각료가 여순사건을 바라보는 인식이 어떠했는지를 미루어 짐작할 수 있다. 이범석은 국무총리도 국회에 출석하여 "지방 민중이 주동되어 군 내부에서도 반란분자가 있는 것을 기반으로 하여 민중이 주체성적 권력을 취해서 사건을 폭발시켰다"고[63] 반란의 성질

---

61) 전병순, 『절망 뒤에 오는 것』, 중앙일보사, 1987.
62) 『서울신문』 1948년 10월 29일.

을 지방 민중으로 전가하고 있다.

정부는 군인 반란이라는 책임을 모면하기 위해 국군의 내부적 요인보다는 외부적 요인에 의해 반란이 발생했음을 국민에게 전달하였다. 이러한 정부의 끊임없는 노력은 송욱을 '반란'의 연합 총지휘자로 만들었으며, 지금까지도 '여순반란사건'으로 이미지를 고착화시키는 결과를 낳았다.

3. 제14연대 장교 주도아래 '반란'

진압작전이 한창이던 10월 25일에 전투사령관 제5여단장 金白一 중령은 순천에서 전투경과를 '현지시찰 재광기자단'에게 발표하였다. 김백일은 반란의 주도인물로 제14연대 소속 김지회[64] 중위를 적군의 수괴로 지목하였다. 군 수뇌부는 사건 발생 6일이 지난 후 처음으로 제14연대 장교를 수괴로 지목하였다. 그리고 김지회가 백운산에 잠복하고 있다고 하였다.

김백일의 전투경과와 국회 보고 등을 종합적으로 검토하면, 정부가 인식하고 있는 반란의 주도인물은 김지회를 비롯한 홍순석(洪淳錫), 이기종(李祈鍾) 등 제14연대 장교에 초점이 맞춰져 있다. 이후 김지회는 제14연대 군인으로 적군의 수괴, 반란의 참모장, 총사령관으로 불리면서 보도되

---

63) 『제헌국회 속기록』, 제1회 제90차 국회본회의 1948년 10월 28일.

64) 김지회(1925년 3월 25일~1949)의 본적은 함남 함주군 삼평면 삼태리 137번지이며, 함흥농업학교를 졸업하였다. 일제 하사관 출신으로 소년 비행학교와 비행정비학교를 수료하고(일부는 중국 팔로군 출신이라고도 함) 해방 후 월남하여 1946년 8월-9월 사이 1연대 C중대에 하사관으로 입대하였다. 당시 C중대 중대장은 동향 출신의 李炳胄중위였다. 김지회는 이병주의 권유로 1947년 1월 13일 경비사관학교 3기생으로 입교하였다. 동년 4월 19일에 소위로 임관(군번 10505)하고 제1연대 2대대장(이병주) 부관으로 부임하였다. 광주 제4연대에 전속되어 1대대 4중대 중대장에 부임하였으며, 1948년 6월 1일자로 제14연대 창설 장교로 전속되었다.(주철희, 『불량 국민들』, 북랩, 2013), 일부에서는 김지회가 강동정치학원 전신인 평양학원 대남반 출신이라는 주장도 하지만(안재성, 『이현상 평전』, 실천문학사, 2007, 232쪽) 확실하지 않다.

었다. 그는 여순사건 진압이 본격화되면서 주도인물 핵심자로 지목되었다. 1948년 10월 23일-25일 사이 지리산으로 입산한 것으로 알려진 김지회는 1949년 4월까지 6개월 동안 여순사건 주도인물로 주목받으면서 군의 토벌대상 일순위에 올랐다.

> 19일 하오 9시경 제주도 사건 진압의 책임을 지고 출동할 예정이었든 여수시외 신월리에 있는 제14연대 중 1대대의 병사 약 40명이 김지회라는 중위 지도하에 장교 5인을 살해하고 무기고를 점령하는 데서 불꽃은 번지기 시작하였다.[65]

김지회를 중심으로 병사 40명이 장교 5인을 살해하면서 여순사건이 발발했다는 것이다. 정부는 사건 초기부터 김지회 신상을 어느 정도 파악하고 있었으며, 그의 애인(처) 조경순에 대한 신상까지 언론에 알리기도 하였다.[66] 여순사건 이후 진압과정에서 정부는 김지회를 주도인물로 집중발표하고, 언론에 보도하였다. 진압이후 여수·순천지역에 특별취재단 및 종교위문단으로 파견되었던 이들과 각종 문헌에서도 주도인물로 김지회를 언급하고 있다. 그러나 대부분 직접 목격하거나 사실관계를 확인하지 않고 전달하다보니 여러 부분에서 오류를 범하고 있다. 예를 들어 김지회가 육군사관학교 2기 졸업자라든가,[67] 김지회의 계급을 소위로 언급

---

[65] 이재한, 『전남반군의 진상』, 『개벽』 80, 1948년 12월.

[66] "본적을 제주도 조천면 1618번지에 두고 호적상으로는 서기 1930년 6월 21일 생 금년 19세의 처녀인 조경순이라는 자가 장본인이다. 그는 일본 大阪燈影高女 2년을 중퇴하고 해방이 되던 해 광주의과대학 부속병원 간호부 양성소를 마치고 역도 김지회가 반란을 일으키기 1개월 전인 8월 중순까지도 동병원 수술실에 근무하고 있었던 여인이다. 조경순의 아버지는 목사이였기에 기독교인 아니면 절대로 결혼시키지 않겠다고 거절한 사실도 있었다고 합니다"(『동광신문』 1948년 11월 23일).

[67] "총 두목인 육군중위 김지회(당시 26세)는 육군사관학교 제2기 졸업자로서…"(오제도, 『추격자의 증언』, 희망출판사, 1967, 80~81쪽).

하거나(68), 나이도 기록마다 차이를(69) 나타내는 것 등이다.

김지회는 유격전과 심리전으로 국군을 괴롭혔다. 지리산으로 입산한 김지회는 10월 25일 구례읍을 공격하였는데, 이 과정에서 경찰과 군인을 속이고 반대방향으로 진격하여 총 한방 쏘지 않고 구례읍을 장악하였다.(70) 또한 11월 3일에는 제12연대 1대대 하사관교육대(대장 김두열 소위) 약 100명이 구례군 간전면 국민학교에 배치된 것을 알고, 직접 지휘하여 교육대원 전원을 포로로 잡아 산으로 데리고 갔다. 김지회는 이들을 3일 만에 석방시키면서 "동무들은 본대로 가지 말고 각자 고향으로 돌아가서 공산주의 활동을 하라"(71)고 하면서 여비를 개인당 400원씩 주어 돌려보냈다.

제12연대 1대대 하사관교육대 기습으로 호남지구전투사령부 남원 북부지구사령관 원용덕은 배속된 부대장의 지휘관 회의를 11월 4일 남원에 소집하였다. 위 사실을 도청한 김지회 부대는 구례군 산동면에 매복하고 있다가 제12연대 백인기 연대장과 호위 헌병 1개 분대를 급습하는(72) 등 유격전으로 국군을 괴롭혔다. 국군은 김지회를 반군의 사령관으로 인식하고 그를 체포 또는 사살하기 위해 많은 노력을 했다. 일련의 과정에서 '김지회 부부를 체포하는 자에게는 일금 50만 원, 사살하는 자에게는 25만 원의 현상금'을 내걸었다.(73)

윤치영 내무장관은 "지리산 포위전에서 19일 반도 300명을 체포하였는

---

68) 서병조, 『주권자의 증언: 한국 대의 정치사』, 모음출판사, 1963; 김정호, 『조국과 민족의 앞날』, 갱생회, 1963.

69) 김지회의 나이에 대해서 당시 26세, 25세, 23세 등 다양하게 거론하였다. 또한 이름도 金機會 등으로 기록하기도 하였다.

70) 이태, 『실록 여순병란』 하(청산, 1994), 66쪽.

71) 국방부 전사편찬위원회, 앞의 책, 475쪽.

72) 국방부 전사편찬위원회, 앞의 책, 476쪽.

73) 『호남신문』 1948년 11월 5일.

데, 그 당시 주도인물 김지회도 잡혔다"[74]는 허위발표도 있었다. 이와 같
이 정부와 국군에서는 김지회를 체포하기 위해 혈안이 되었다. 이는 여순
사건의 핵심적 인물이 김지회라는 반증이다.

홍순석[75]은 김지회와 같이 경비사관학교 3기생으로 광주 제4연대에서
여수 14연대로 1948년 6월 1일 전출되었다. 그는 여순사건 발발당시 순천
철도 경비를 위해 파견된 1개 중대를 지휘하는 선임중대장이었다. 그는
봉기군이 순천역에 도착하자 부대원들과 함께 봉기군에 합세하였다. 그
는 김지회와 함께 지리산으로 입산하였으며 토벌군에 의해 사살되었다.
김지회가 국군을 비롯한 정부당국의 수괴로 인용되며 발표된 것과 다르
게 홍순석은 그다지 노출되지 않았다. 그렇지만 입산하여 사령관으로 역
임한 사람은 홍순석으로 알려져 있다. 일부에서는 김지회가 의도적으로
홍순석을 사령관으로 내세웠으며, 실질적인 지휘는 부사령관인 김지회가
했다는[76] 증언도 있다.

홍순석에 대한 기록은 그렇게 많지 않다. 김지회와 같이 그가 사살되
었다는 보도가 한 차례에 있었는데[77], 이는 해프닝이었다. 김지회와 홍순
석은 약 6개월간 지리산을 중심으로 무장유격투쟁을 벌이다가 1949년 4

---

74) 『동광신문』 1948년 11월 27일.

75) 홍순석(1922년 1월 26년-1949년)은 간도 연길현, 경기도 이천, 강원 강릉 등으
로 출신지가 알려지고 있으나, 당시 그의 본적은 서울 중구 길야정 일정목 121
번지였다. 홍순석은 14연대에서 홍창표라는 이름으로 불렸다고 한다. 중국 연
길현 용정思津중학 4년을 졸업하고 1943년 만주군 특설부대에 입대하여 해방
당시는 군조(중사)였다. 해방 후 춘천 8연대에 하사관 입대하였다가 1947년 4
월 19일 경비사관학교 3기로 임관(군번 10583)하였다. 광주 4연대에 배속되었
다가 1948년 3월 15일 중위로 진급하였다(손태희, 앞의 논문; 김득중의 앞의
논문; 박윤식, 『대한민국 근현대사 시리즈』 3, 도서출판 휘선, 2011 참조).

76) 서형수 증언.

77) "위대선 중령은 23일 기자단과 회견에서 … 지난 5일에는 보성군벌교면 증광산
에서 폭도 16명과 함께 김지회의 동료인 인민군총사령관 홍순석(원14연대 순
천파견 중대장 중위)을 사살하였는데 아방도 전사 5명의 피해가 있었다"(『동
아일보』 1949년 1월 29일).

월 8일-13일 사이 지리산 반선골에서 국군에 의해 사살 당하였다. 그들의 시신은 효수되어 광주 제5여단에서 제14연대 출신 장교들에게 신원 확인 작업이 이루어졌으며,[78] 이승만 대통령이 참석한 1949년 4월 27일 지리산 지구전투사령부 주최 군경민 합동 환영대회에 전리품으로 전시되기도 하였다.[79]

이기종은 김지회·홍순석과 함께 경비사관학교 3기 동기생이다. 초기에 여순사건 주도인물로 김지회, 홍순석과 함께 보도되었으나, 그가 어떤 역할을 하였는지는 알 수 없다. 그는 여순사건이후 토벌 과정에서 체포되어, 총살된 것으로 알려져 있다.[80]

4. 남로당의 지령아래 '반란'

현재 여순사건 주도인물에 대한 통설은 연대 인사계 하사관 池昌洙와[81] 핵심인원 40여명이 반란을 일으켰다는 것이다. 그럼에도 불구하고 지창수 상사에 대한 신상이나 행적에 대해서 알려진 것은 별로 없다. 사건 발발당시 지창수에 대한 정부 발표나 언급은 없었다. 지창수가 처음 거론된 것은 1948년 11월 5일자 지방지인 『농광신문』에 단 한 자례 보도였다.

麗水事件發端 指揮者 池昌洙

모 대위의 말에 의하면 지난 19일 심야에 여수14연대에서 반란을 일으킬 때 최선두에서 사병을 독려하고 병기고 등의 파괴를 선동한 자는 바로 대위 자신이 광주 4연대에 재임시에 부하로 있었든 池昌洙라는 애라고 한데 그의

---

78) 김형운의 증언.

79) 『동아일보』 1949년 4월 29일.

80) 국방부 전사편찬위원회, 앞의 책, 496쪽.

81) 지창수(전남 광산군 서창면)는 일본군 지원병에 입대하였으며, 해방이후 국방 경비대 제4연대 1기생으로 입대하였다. 1948년 6월 1일에 제14연대 창설요원 으로 전출되었다(주철희, 『불량 국민들』, 북랩, 2013).

연령은 23세 계급은 特務上士이며 지극히 온순하고 때로는 감격하기 쉬운 단순한 성격의 소유자였다 한다.[82]

이날 신문은 정부나 국방부에서 정식적으로 발표한 내용이 아닌, 기자가 취재 중 모 대위의 말을 인용하여 보도하였다. 모 대위의 말에 따르면 지창수는 19일 반란 당시 최선두에서 사병을 독려하고 병기고 등을 파괴 선동하였다는 것이다. 모 대위는 지창수를 최선두에 섰던 인물로 표현했지 지휘자라고 하지는 않았다. 이 취재를 통해 지창수에 대한 몇 가지 신상을 확인할 수 있는데, 지창수는 광주 4연대에서 근무했으며 나이는 23세, 계급은 특무상사라는 것이다. 성격은 지극히 온순하면서 단순하다는 것을 덧붙이고 있다.

진압부대 모 대위가 지창수 상사의 역할을 알고 있다는 것은 토벌사령부를 비롯한 국방부와 정부당국에서는 더 자세히 반란상황과 주도인물이 누구인지 알았다고 보는 것이 타당할 것이다. 이로 보아 주도세력들과 그들의 각자 역할도 파악했으리라고 짐작할 수 있다. 그런데도 지창수는 이후 군당국의 발표나 신문 등에서 전혀 언급되지 않았다. 만약 지창수가 여순사건 발발의 지휘자였다면 김지회나 홍순석처럼 국군의 주요 목표가 돼야하는 것이 상식일 것이다.

그러나 지창수의 행적에 대한 정부와 국방부 발표가 전혀 없다. 현재까지도 죽었는지 살았는지 알 수 없으며 행적도 묘연하다. 지창수라고 추정한 기록은 이후 1952년 육군본부에서 발행한 『6·25사변 육군전사』제1권에 "제14연대의 1개 대대가 제주도에 출정코저 수송선에 적하작업을 실시 중 때마침 연대 인사계 모하사관을 주도한 출동부대의 일부인 약40명이…"[83]라면서 직책과 계급을 언급했지만 실명은 거론하지 않았다.

---

82) 『동광신문』 1948년 11월 5일.
83) 육군본부, 『6·25사변육군전사』 1, 1952, 108쪽.

지창수가 여순사건의 지휘자 내지 주도인물라고 알려진 것은 1967년이다. 국방부 전사편찬위원회의『한국전쟁사 1 : 해방과 건군』이 발행되면서 장교 중심의 총지휘자에 변화가 생겼다. 이 책의 발발당시 상황과 주도인물에 대한 기록은 아래와 같다.

제14연대의 1개 대대가 마침 제주도에 증원부대로 출동하게 된 기밀을 탐지한 지하남로당에서는 동 연대의 조직책인 지창수 상사에게 출동하기 직전의 기회를 포착하여 반란을 일으킬 것을 지령하였고…동 연대 조직책인 지창수 상사, 김지회 중위, 홍순석 중위가 주동이 되어 출동직전에 반란 쿠데타는 차질없이 계획대로 성공하였다. 20:00시경 연대인사계 지상사는 대내 핵심세포 40여 명에게 사전이 계획대로 무기고와 탄약고를 점령케 하고 비상나팔을 불게 하였다. 출동부대는 지체없이 연병장에 집결하였다. 연대 병력을 반란으로 조성시키는데 성공한 지상사는 자신이 해방군의 연대장임을 선언하고 여기서 그들이 계획한 대로 대대장, 중대장, 소대장 등의 반군 지휘체계를 편성하였다.[84]

남로당에서는 제주도 출병을 탐지하고 연대 조직책인 지창수 상사에게 지령을 내렸고, 지창수와 김지회, 홍순석이 주동이 되어 출동직전에 반란을 일으켰다는 것이다. 지창수가 해방군 연대장을 선언했다는 것은 자신이 반란을 총지휘했으며, 이후에도 주도적으로 부대를 이끌었다는 것을 의미할 것이다. 사건이 발발한지 19년 만에 반란의 지휘자가 지창수 상사로 바뀐 것이다. 국방부 전사편찬위원회에서 발간한 이 책은 국방부의 공식적인 견해라고 해도 과언은 아닐 것이다.

국방부에서는 어떠한 근거로 지창수를 주도인물로 지목하게 되었을까. 이 책에서는 지창수를 해방군 연대장으로 서술하였지만, 그에 대한 신상에 대해서는 언급이 없다. 이 책이 발행된 이후 지창수 상사는 여순사건

---

84) 국방부 전사편찬위원회, 앞의 책, 451~454쪽.

을 일으킨 총지휘자로 확고하게 자리하였다. 김지회를 비롯한 장교그룹을 총 사령관, 수괴 등으로 발표했던 기존 결과와 다른 기록이다.

여순사건 진압에 고문 역할을 하였던 주한 미군사령관 쿨터 소장은 1948년 10월 23일에 공보처를 통하여 "폭동은 10월 19일-20일간 야반에 남한 남안(南岸) 여수에서 제주도 임지로 향하여 승선을 대기 중이던 경비대원 40명이 임명되지 않은 장교 지휘 하에 반란을 야기한데서 시작되었다"고 발표하였다.[85] 임명되지 않은 장교란 계급상으로 장교가 아닌 사병을 의미하는 것인지, 아니면 제주 4·3사건 진압에 출동할 부대가 아닌 장교를 의미하는지는 확실하지 않다. 미군의 여순사건 최고지휘자에 대한 기록은 1948년 11월 10일자 미군 제24군단 작전보고서(G-3 Section, XXⅣ Corps:1948.11.10.)에서 나타난다.

> 1948년 10월 19일 19:00부터 24:00사이 여수를 향한 군대 집결지인 앤더슨 기지에서 지창수 특무상사가 지도하는 전라남도 여수에 있는 제5여단 14연대 7명의 한국 군인들은 다수의 경비대원들에게 전 연대를 통제하는데 참여하라고 연설하기 시작하였다. … 이런 움직임은 반란의 최고지휘자로 알려진 김지회 중위 지휘하에 이루어졌다.[86]

지창수 특무상사를 중심으로 7명 군인들이 반란을 선동내지 참여하라고 연설했다는 것이다. 그렇지만 반란의 최고 지휘자는 김지회 중위라고 기록하고 있다. 이 기록으로 보면 지창수 역할은 부대원을 선동 또는 참여시키는 그룹에서 우두머리였다고 볼 수 있다. 미군 작전보고서는 앞서 살펴본 1948년 11월 5일자 『동광신문』의 모 대위를 취재한 보도와 크게 다르지 않다. 여순사건이 발생하자 비상대책회의에서부터 작전수립과 진

---

85) 『서울신문』 1948년 10월 23일.
86) 여수지역사회연구소, 『여순사건자료집』 2, 여수지역사회연구소, 1999, 101~115쪽 재인용.

압하는 과정 등 미군은 군사고문관으로 역할을 수행하였다. 또한 진압 이후에도 좌익혐의자 조사와 숙군 과정에도 깊이 개입하였다. 미군에서는 사건을 진압하고 조사하는 과정에서 사건의 총지휘자를 파악했다고 볼 수 있는 보고서이다.

『한국전쟁사 1 : 해방과 건군』과 함께 지창수를 지휘자로 규정하는데 중요한 역할을 한 사람이 향토사학자 김계유의 증언이나 글이다.[87] 김계유는 "연대 선임하사관인 지창수 특무상사가 연단에 올라 연설을 하였다. 지금 경찰이 쳐들어온다…"고 등 제14연대의 봉기 상황을 상세하게 기록하였다. 하지만 그는 제14연대 군인이 아니었다. 또한 그가 기록한 제14연대 내의 사정도 친구 후배로부터 들었으며, 친구 후배는 또 다른 친구에게 들었다. 즉 몇 차례 건너들은 이야기를 직접 경험한 것처럼 증언하고 기록한 것이다.[88] 김계유는 국사편찬위원회의 구술사 사업과정의 선휘성과 인터뷰에서,

> 면담자 : 여순사건 주동 세력은 누구라고 생각하셨습니까?
> 구술자 : 보동 일반인들이 알기로는 김시회로 아는데, 사실은 지창수 상사 아닙니까?

---

[87] 김계유, 『여수여천 발전사』, 반도출판사, 1988; 여수문화원, 『14연대 반란 50년 결산집』, 1998; 김계유, 「1948년 여순봉기」 『역사비평』 15, 1991.

[88] 김계유의 여순사건에 대한 기록 중 초기 기록은 1988년에 발행된 『여수여천 발전사』이다. 이 책에는 14연대 당시 상황에 대해서는 언급이 없이, 20일 중앙동 로터리에서 진행된 인민대회를 광경을 기록하고 있다. 김계유는 중앙동 인민대회를 직접 목격했다고 하면서, 500명이 집결했으며, 이용기가 군인민위원장, 김수평이 보안서장으로 호천되었다고 기록하고 있다. 그렇지만 이후 기록이나 증언에서는 집결한 사람은 천명에서 오천명, 만명 등으로 상이하게 기록·증언하고 있다. 또한 당일 보안서장으로 임명된 사람은 김수평이 아니고 유목윤이었다. 이는 당시 마이크 사정 등으로 진행상황을 잘 알 수 없었다는 것이 대부분 사람들의 증언이다. 그럼에도 불구하고 당일 지창수가 등장했으며, 지창수가 연설했다는 내용을 자세히 기록(「1948년 여순봉기」 『역사비평』 겨울호, 1991년)하면서 지창수를 주도인물로 확증하였다.

면담자 : 확언할 수 있는 증거는 있습니까?

구술자 : 증거야 없죠. 증거야 없지마는 지역이나 향토사에 관심있는 사람
은 다 아는 사실입니다. 천하공지의 사실입니다.[89]

김계유는 지창수가 주동자라고 확언하였지만 증거는 없다. 김계유는
1985년부터『여수·여천 발전사』를 집필하기 위해 여수와 관련된 자료를
수집하였다. 이 과정에서 누구보다 빨리『한국전쟁사1:해방과 건군』을 습
득하였을 것으로 짐작된다. 대표적으로 지창수를 인민해방군 사령관으로
묘사한 것과 부대 내에서 지창수가 선동하며 연설했다는 내용은 이 책을
바탕으로 한 것으로 볼 수 있다. 즉 이러한 기록은 어느 기록이나 증언에
도 없었다. 그럼에도 불구하고 김계유는 당시 부대상황을 마치 자신이 직
접 본 것처럼 기록을 남겼고 이것이 사실화되었다.

지창수는 여수에 남아 있었으며, 10월 24일 송호성 토벌사령관이 이끈
진압부대를 여수 잉구부에서 패퇴시킨 이후 24~25일 사이에 여수 묘도를
거쳐 광양 백운산으로 입산한 것으로 알려졌다.[90] 이때 여수 보안서장이
었던 유목윤도 같이 입산한 것으로 알려지고 있다. 백운산에서는 여수 제
14연대 군인을 중심으로 여수 백운산부대(일명 유목윤[91] 부대)가 창설되
었는데, 이때 사령관이 유목윤이다.[92] 봉기를 지휘하고, 인민해방군까지
역임한 군인인 지창수가 아닌 민간인 유목윤이 부대를 창설하였으며 사
령관을 맡은 것이다.

지창수를 주도인물로 규정했지만, 사건 발발이후 10월 24일부터의 행

---

89) 김계유의 증언(2006년 6월 24일 선휘성과 대담).

90) 이태,『여순병란』, 청산, 1994; 김계유, 앞의 논문, 1991; 국방부 전사편찬위원회,
『한국전쟁사 : 해방과 건군』1, 1967 등.

91) 10월 20일 여수인민대회에서 의장의 뽑힌 다섯 명 중 한 명이면, 보안서장까지
겸임하였다.

92) 광양시지편찬위원회,『광양시지』2, 2005, 747쪽.

방·행적은93) 묘연하다. 그는 개인 신상도 밝혀지지 않았으며, 죽음에 대해서도 여러 설들이 난무하다. 지리산 범아골에서 토벌군에 사살되었다는 설과 보성에서 토벌군에 사살되었다는 설, 체포되어 6·25전쟁 때 형무소에서 처형되었다는 설이 있다. 지창수의 행적과 관련하여 특별히 주목할 만한 것은 정운창의 증언이다.

> 여순사건 후에 지창수와 보름정도 구례 문척면에서 함께 생활했다. 지창수가 지리산 칠불암에서 잠자다가 진압군에 의해 체포되었으며, 지창수가 광주의 부자집 아들이었으며 친척 중에서 경찰 간부나 고위 군인이 많아서 사형을 면하고 무기징역으로 감해졌으며 그 후로 행방불명되었다. 그리고 최근에 지창수를 확인하러 안기부 직원과 함께 서울에 갔으나 동명이인이었다.94)

지창수가 광주 출신인 것은 사실이나 부잣집 아들은 아니었으며, 그의 형(지홍수)이 전남 도경에서 경찰을 역임한 것으로 알려지고 있다.95) 정운창이 증언을 할 당시(2002년 3월 31일)까지도 안기부 직원이 찾아와 서울동행을 요청하며 지창수의 확인여부를 부탁했다는 것이다. 이는 정부나 국방부에서도 지창수를 찾고 있다는 것이다. 국가를 혼란으로 빠뜨리고 반란을 일으킨 주도인물을 50년이 훨씬 지난 시점에서도 찾고 있다는 것은 당시에 핵심적 인물로 보지 않았거나, 정부의 다른 의도가 있지 않는지 의문이 가는 대목이다.

결과적으로 지창수 등장은 남로당 지령아래 지방좌익과 좌익군인들의

---

93) 지창수 상사에 대해서는 진압과정에서 지리산 또는 보성에서 사살되었다는 설이 있다. 이와 다르게 체포되어 재판을 받고 대구형무소에 수감 중 6·25 전쟁 때 총살되었다는 설과 집이 부유하여 풀려났다는 설도 있다.

94) 선휘성, 「여순사건의 발생배경과 피해실태에 대한 인식」, 순천대학교 교육대학원 석사논문, 2004, 7쪽.

95) 지정익의 증언.

합작으로 봉기를 일으켰으며, 제14연대는 반란이 일어날 수밖에 없는 빨갱이 소굴이라는 인식이 지배적으로 각인된 계기가 되었다.

VI. 주도세력 40여 명과 총지휘자는?

1. 주도세력 40여 명

여순사건의 공식적인 첫(1948년 10월 21일) 발표에서 이범석 국무총리는 "처음에 약 40명에 가까운 사병"이 주도했다고 밝혔다. 이후 모든 문헌에서 불변의 법칙처럼 인용하고 있다. 그러나 국회 보고와 미24군단 작전 보고서와는 다소 차이가 있다. 두 보고서에는 7명의 병사들로부터 시작했다고 되어 있다. 그럼에도 불구하고 현재까지 여순사건은 40여명의 주도세력으로부터 시작되었다는 것이 통설이다. 사건 발생 이틀 만에 설정된 약 40명이라는 숫자는 어떻게 파악되었으며, 이들이 누구인지 확인되지 않고 있다. 먼저 주도세력과 관련된 기사를 살펴보고자 한다.

○ 여수시외 신월리에 있는 제14연대중 1대대의 병사 약 40명이 김지회라는 중위 지도하에 장교 5인을 살해하고 무기고를 점령하는 데서 불꽃은 번지기 시작하였다.96)

○ 제14연대의 일개대대가 제주도에 출정코저 수송선에 적하작업을 실시중 때마침 연대 인사계 모하사관을 주로한 출동부대의 일부인 약 40명이…97)

---

96) 이재한, 「전남반군의 진상」, 『개벽』 80, 1948년 12월.
97) 육군본부, 『6·25사변육군전사』 1, 1952, 53쪽.

ⓒ 이들은 반란 기획하고 있던차 통위부에서 여수항을 경유하여 제주도에 보급할 군용품(무기) 집적을 기화로 10월 19일 오전 9시경 약 40명의 반란분자가 주동이 되어 횡단적으로 반란을 야기하는…98)

ⓓ 당시 여수에 주둔하고 있던 제14연대의 1개대대가 수송선에 적하작업을 실시중 단기4281년 10월 19일 출동부대의 일부 약40명이 주동이 되어 비상소집이라는 명분하에 출동준비중이었다.99)

ⓔ 제주도 출동을 준비하고 있던 여수 주둔 제14연대내의 공산주의 공작원 약 40명이 당의 지령에 따라 사병들의 출동기피심리를 이용하여 1948년 10월 19일 밤 반란을 일으켰다.100)

ⓕ 제14연대의 1개 대대가 마침 제주도에 증원부대로 출동하게 된 기밀을 탐지한 지하 남로당에서는 동 연대의 조직책인 지창수 상사에게 출동하기 직전의 기회를 포착하여 반란을 일으킬 것을 지령…101)

ⓖ 이번 반란의 주동분자 14연대 반란병 40명중의 하나가 31일 오전 12시경 호남선 서부 해방자호 차중에서 잡혔다. 그는 14연대 給糧係의 하사이고 수괴 김지회와 함께 반란을 일으킨 尹弘奎인데…102)

ⓐ은 여순사건 진압이후 특별취재단 기사이다. 이 기사에서는 병사 약 40명을 지휘하는 인물이 김지회라고 밝히고 있다. ⓑ은 1952년에 육군본부에서 발행한 『6·25사변 육군전사』 제1권이다. 정부 기록물로는 처음

98) 내무부 치안국, 『대한경찰전사 민족의 선봉』, 1952, 67쪽.
99) 대한민국 국방부, 『국방부사』, 1954, 34쪽.
100) 임동원, 『혁명전쟁과 대공전략-게릴라전을 중심으로』, 양서각, 1967.
101) 국방부 전사편찬위원회, 앞의 책, 451쪽.
102) 『조선일보』 1948년 11월 2일.

으로 장교가 아닌 하사관을 주도인물이라고 언급하였다. ㉢은 1952년에 발행한 경찰 기록으로, 40명이라고 했지만 지휘하는 인물에 대해서는 언급이 없다. ㉣은 1954년 국방부 자료로 출동부대 일부 약 40명이 주동이 되어 반란을 일으켰다고 했지만, 주도인물에 대해서는 언급하지 않고 있다. ㉤은 1967년에 발행된 문헌 내용으로, 약 40명 인원에 대하여 공산주의 공작원이라고 규정하면서, 이들은 남로당의 지령에 따라 움직였다는 것이다. ㉥은 지창수가 처음 거론된 자료로 1967년 국방부 전사편찬위원회에서 발행한『한국전쟁사 1 : 해방과 건군』이다. 이 책에서는 지창수 상사가 40명의 주도세력이라고 밝혔다.

　가장 주목할 부분이 ㉦으로 발발당시와 가장 근접한 언론보도로, 주동분자 40명 중 한명인 윤홍규를 체포했으며 수괴는 김지회라는 것이다. 또한 윤홍규를 40명 중 한명이라고 보도했다는 것은 정부에서 주도세력 40명을 파악하고 있음을 간접적으로 증명하고 있다.

　대부분의 문헌에서 주도세력은 40여명이라는 것이 정설이다. 그렇다면 40여 명이라는 인물들은 누구일까. 정부 발표로 확인된 제14연대 군인은 오동기 · 김지회 · 홍순석 · 이기종 등 4명이며, 1967년에 지창수가 등장하였다. 오동기는 사건 발발이전에 이미 구속된 상태였다. 그리고 지창수를 제외한 김지회 · 홍순석 · 이기종은 장교이다. 사병에서 밝혀진 유일한 인물이 지창수이다. 이틀 만에 40여명이라고 발표했던 정부의 민첩한 순발력에 비하면 밝혀진 사병은 한 명뿐이었다. 그렇지만 앞서 살펴본 윤홍규(尹弘奎)[103] 체포와 정금모(鄭琴模)[104]의 사례를 보듯이 정부는 40명에 대

---

[103] "이번 반란의 주동분자 14연대 반란병 40명중의 하나가 31일 오전 12시경 호남선 서부 해방자호 차중에서 잡혔다. 그는 14연대 給糧係의 하사이고 수괴 김지회와 함께 반란을 일으킨 尹弘奎인데, 이리역 부근을 통과시 대전서 근무 姜昌淵 형사에게 검거되어 문초를 받았으나, 부인하든 중 때마침 14연대 장교이고 반란군에게 살해당할 번하다가 탈출하야 같은 열차로 서울로 향하든 김철조(金喆祚=二三) 소위와 마주치어 40명의 한 사람인 것이 판명된 것이다"(『조선일보』 1948년 11월 2일).

한 명단을 이미 알고 있었던 것으로 짐작할 수 있다. 다음 〈표 1〉은 주도
세력으로 추측된 인물이다.[105]

〈표 1〉 여순사건 주도세력으로 추측된 인물

이름	계급	직책/임무	이름	계급	직책/임무
고송균	사병		유화열	사병	
김근배	상사	3대대 담당	이영회	하사관	시내진입 향도역할
김만섭	하사관	잔류부대 지휘	이진범	하사관	
김원기	중사		전선오	사병	
김정기	하사관		정낙현	상사	예광탄신호
김정길	하사관		정정기	하사관	
김정만	하사관		정현종	사병	
김환영	하사관		조용식	하사관	
김흥복	하사관		지창수	상사	사령관
송관일	하사관	2대대 담당	최일주	일등병	
신만호	상사		최철기	하사관	1대대 담당
심재호	상사		최헌	사병	
유창남	상사		한기범	하사관	
남태준	?		한월수	하사관	비상나팔
서기주	?		우병철	?	
김달룡	?		김영기		
윤홍규	하사	급양계	정금모	하사	정보선임 26세
김동진	이등병	대전차포, 21세	최효래		19세
이봉삼					

〈표 1〉은 지금껏 선행 연구와 빨치산으로 활동했던 증언 등을 통해 정

---

[104] "지리산 제1병단 정치사령부 鄭琴模(28세)는 국군 제286부대에 사살되었는데 전기 정은 재작년 여순반란의 주동이 된 전 제14연대 정보선임하였으며 반란 이래 광양·거창 등 각지의 소관사건을 지휘한 것이다"(『경향신문』 1950년 2월 16일).

[105] 이 명단의 출처는 한림대학교 아시아문화연구소, 『빨치산 자료집』; 박찬모·한정훈, 『백발의 '소년 빨치산' 김영승』; 정관호, 『전남 유격투쟁사』; 주철희 앞의 논문; 이태 앞의 책과 보도를 통해 작성하였다.

리한 주도세력 40여 명의 추정 명단이다. 이들 하사관 그룹에서 선도적으로 계획하고 모의한 인물로는 지창수, 정낙현, 신만호 상사로 알려져 있다.[106] 그러나 이들 모두의 행적을 알 수 없으며, 윤홍규 · 정금모 · 김동진[107] · 최효래[108]는 체포 상황이 보도된 인물이다.

위의 〈표 1〉의 명단 중 제14연대 출신이며 빨치산 활동으로 훈장을 받은 인물은 고송균 · 김환명 · 김흥복[109] · 송관일 · 유화열 · 이영회 · 이진범 · 전선오[110] · 정정기 · 정현종 · 한월수 등 11명이다. 유화열 · 고송균 · 김환명 · 정현종은 지리산에서 열린 '려순병란 3주년 좌담회'[111]에 참석하였으며 여순사건 당시의 증언이 남부군 기관지인 『승리의 길』에 기록되어 있다. 또한 정정기도 전북도당 기관지인 『덕유산 승리의 길』에 '려수병란 3주년'[112]이라는 제목으로 사건 당시 회고록을 남겼다.

남태준은 1948년 10월 24일에 여수 잉구부 전투 이후 여수에 남아있던 400여 명의 잔여병력과 백운산에 같이 입산한 인물로 알려지고 있다.[113] 남태준은 총사령부 제1연대장으로 천재적 지휘 능력을 발휘하여 영웅 칭호를 받았으며, 백운산지구 유격대(남태준 부대, 일명 외팔이 부대) 사령관으로 활동하다가 생포되어 1954년 12월 24일에 총살되었다.[114] 이영회

106) 이태, 앞의 책; 정지아, 『빨치산의 딸』, 실천문학사, 1990.
107) "포로 김동진(金東鎭, 21)은 제14연대 대전차포 이등병이었던 그는 여순반란 사건당시 김지회와 함께 지리산에 들어가서 만 1년 동안 지내다가 10월 7일 마천전투에서 부상을 입은 채 포로되어…"(『동아일보』 1949년 10월 23일).
108) "벌교읍내에서 전14연대 반도 최효래(崔曉來, 19)를 체포 취조한 결과, 여수군 삼일면 묘도에 무기가 은닉되고 있다는 것이 판명되어…"(『동아일보』 1949년 7월 13일).
109) 본적 전남 여수시 1929년 11월 21일생.(빨치산자료집1권, 126쪽).
110) 본적 전남 광양군 신월면 선소리 1930년 12월 14일생(빨치산자료집1권, 128쪽).
111) 한림대학교 아시아문화연구소, 『빨치산 자료집』 7, 1996, 42쪽.
112) 한림대학교 아시아문화연구소, 위의 책, 288쪽.
113) "남태종, 남태군으로 기록하고 있는데 남태준에 대한 기록이 잘못된 것이다" (광양시지편찬위원회, 『광양시지』 2, 2005, 747-748쪽).

는 1947년 5월 국방경비대에 입대, 광주 제4연대 1대대 2중대 중대야포를
맡고 있었다. 그는 여수 제14연대에 전속한 뒤 1대대 2중대를 인솔하여
여수경찰서를 습격하고 순천으로 진격한 정찰중대장으로 알려져 있다.
지리산에 입산한 뒤 1949년 7월 인민유격대 제2병단(사령관 이현상)에 합
류하여 부사령관 겸 제5연대장을 지냈으며,[115] 57사단(불꽃사단, 이영회
부대)의 총사령관으로 활동하다가 1953년 12월 2일 토벌군에 사살되었
다.[116]

송관일은 경남 산청군 일대에서 진격필승부대 투쟁부장으로 활동하였
다. 송관일은 1953년 8월 20일 서남지구경찰전투사령부 예하부대에 의하
여 경남 산청군 삼장면 부근에서 사살되었다.[117] 김홍복은 경남 함양군
일대에서 삼성부대 부대장으로 활동하였다. 김홍복은 빨치산의 가장 늦
은 시기인 1955년 1월 23일 서남지구경찰전투사령부 예하부대에 의하여
그의 처 서정희와 함께 사살되었다.[118]

주도세력의 특징 중에 하나가 대부분 제주도 출병 부대인 1대대로 편
성되었다는 것이다.[119] 정부에서는 사건 당시 발표에서 "이번에 모종임무
를 주어 혐의농후한 이들을 딴 곳으로 분리할 때 공포를 느낀 자들이 행
동을 개시했다"고 발표했는데, 이 발표와 어느 정도 일치하고 있다. 여기
서 '모종임무'는 제주 4·3을 진압하기 위한 출병이었으며 혐의 농후한 이
들은 좌익세력을 의미한다. 1대대 소속으로 밝혀진 인물은 유화열(1대대

---

114) 박찬모·한정훈 편저, 『백발의 '소년의 빨치산' 김영승』, 디자인 흐름, 2010,
    290쪽.
115) 김남식, 『남로당 연구』, 돌베개, 1984, 460쪽.
116) 주철희, 「빨치산 사령관 '이영회'의 삶과 투쟁」, 『남도문화연구』 제28집, 2015년
    을 참조 바란다.
117) 『동아일보』 1953년 8월 24일.
118) 『경향신문』 1955년 1월 25일.
119) "출동부대 일부 약 40명이 주동이 되어 비상소집이라는…"(대한민국 국방부,
    『국방부사』 1, 1954, 34쪽).

1중대), 이영회(1대대 2중대), 정현종(1대대 4중대), 정정기(1대대 3중대), 최철기(1대대) 이다.

여순사건 발발 당시 주도세력 40여명이라는 인원은 구체적인 숫자이다. 이러한 구체적인 숫자가 갖는 의미는 크게 두 가지로 해석할 수 있다. 첫째, 국방부를 비롯한 정부에서는 주도세력을 파악하고 있었다는 것이다. 국방부 1948년 10월 25일 발표에 의하면 여수를 제외한 곳곳에서 포로를 생포하였다.[120] 포로들은 곧바로 광주로 압송되어 조사가 이루어졌다. 여순지구 숙군은 육군본부 정보국 소속 빈철현 대위(경비사관학교 2기생)가 지휘하는 조사반으로 이세호 · 김창룡 · 박평래 · 양인석 · 이희영 등이 활동하였다.[121] 이들의 조사결과를 토대로 윤홍규와 지창수 등 40여명의 주도세력을 파악하고 있었을 것이다.

둘째, 주도세력 40여명이 봉기를 모의하였다면 각자 역할이 있었을 것이고, 정부는 이들의 역할을 파악하고 있었다고 볼 수 있다. 제14연대 반란은 남로당 중앙당이나 도당의 지령을 받지 못한 상황에서 발발하였다. 제주도 출병 날짜는 점점 다가왔으나 상부와는 연락이 닿지 않았다. 이들은 스스로 동족상잔을 반대하는 봉기를 모의하게 되었으며, 봉기의 방법에 대해서는 세 가지[122]가 논의되었다. 여러 돌발적 상황에서 제14연대 내에서 봉기로 결정되면서 주도세력 40여명에게도 각자 역할이 부여되었을 것이다. 그들의 역할[123]은 봉기의 정당성과 기세를 앙양시킬 선전해

---

120) 순천방면 : 포로 592명 소총 450정, 화순방면 : 포로 40명 소총 52정, 보성방면 : 포로 140명 소총 230정, 벌교방면 : 포로 40명 소총 52정, 광양방면 : 포로 88명 소총 252정 등(『서울신문』 1948년 10월 27일).

121) 김석학 · 임종명, 『광복 30년-여순반란편』 2, 전남일보사, 1975, 376쪽.

122) ① 제주도로 향하는 함정에서 선상반란을 일으켜 월북하는 안이었다. ② 제주도에 출병하여 무장유격대에 합세하는 방안이었다. ③ 14연대 부대내에서 반란을 일으키는 안이었다(김득중, 앞의 논문, 52쪽).

123) 「려수병란 3주년 기념 좌담회」, 『빨치산 자료집』 7, 한림대학교 아시아문화연구소, 1996, 42쪽.

설반, 부대내 중요부서(위령사령부)를 점령하는 공격조, 통신망과 연락처를 점령하는 공격조, 악질장교를 처단 체포할 분조, 무기고를 점령하는 또 하나의 분조, 중요 교통 요소의 매복조, 시내를 공격조(향도역할) 등으로 조직되었을 것을 예측된다.

여러 가지 정황으로 보아 지창수는 최선두에서 사병을 선동하는 역할을 수행했던 인물로 보는 것이 타당하다. 즉 조직에서 선전선동을 담당한 선전해설반 역할을 한 것이다. 당시 제주도 출동부대인 1대대 1중대 소속이었던 서형수도 이를 뒷받침하는 증언을 하였다. 당시에 총소리가 요란하게 나고 조금 후에 휴대용 메가폰을 들고 연병장과 부대를 돌아다니면서 "제주도에 파견 나가면 미 제국주의자 헬리콥터가 떠서 배 폭파시킨다. 가면 안된다. 그러면 다 죽는다"[124]고 계속적으로 선동한 사람이 있었다는 것이다. 그가 지창수인지는 확실하지 않으나 부대 내에서 선동을 하고 다닌 사병은 있었다는 것이다.

2. 사건의 총지휘자

정부는 수괴, 두목, 총 사령관 등으로 부르면서 주도인물에 대한 인식의 변화를 나타냈다. 주도인물에 대한 인식의 변화에는 정부 의도가 숨겨져 있었다. 첫째 등장한 인물은 제14연대 전임 연대장이었던 오동기 소령이었다. 민간인과 군인의 공모로 정부를 전복시키려는 계획적 음모가 혁명의용군사건이었으며, 여순사건까지 영향을 미쳤다는 것을 의도하기 위해 오동기를 주도인물로 간주하였던 것이다. 한편 오동기 등장은 이승만의 정적제거에 활용하고자 했던 의도도 있었다고 할 수 있다. 여순사건이 전남동부지역으로 확산되면서 정부와 군대의 책임을 면하기 위해 민간인에게 책임을 전가하였다. 당시 지역에 신망이 있었던 여수여중 교장 송욱

---

124) 서형수 증언.

을 총지휘하는 인물로 간주하였다. 송욱의 등장은 제14연대 군인반란을 여수·순천 사람들이 일으킨 민중반란으로 인식시키기 위한 정부의 의도였다.

제14연대 병력이 지리산과 백운산에 입산하여 군사행동을 하면서 군인에게 주목할 수밖에 없었을 것이다. 탄약고와 병기고를 점거하는 등 군사작전과 2천 명 정도 병력을 지휘한다는 것은 군사전략과 지휘체계를 알고 있는 사람이어야 가능한 일이었다. 처음에는 장교인 김지회 중위를 지목하였으나, 남로당 지령과 빨갱이 소굴로서 지방좌익들과 교감을 갖고 있었다고 하기에는 중앙당부 소속 장교로는 부족하였다. 그래서 등장한 인물이 지창수 상사였다. 즉 남로당 지령에 의한 계획적이면서, 전남도당부의 지방좌익들과 연락체계를 갖고 있는 인물이 필요하였다. 특히 제14연대가 반란이 일어날 수밖에 없는 빨갱이 소굴이라는 것을 의도하기 위해서는 모병에 주도적으로 참여했던 지역출신의 하사관 그룹에서 인물을 찾을 수밖에 없었을 것이다. 이러한 필요충분조건을 갖춘 인물로 연대 인사계였던 지창수만한 인물이 없었던 것이다.

현재까지 봉기의 계획과 발발 당시 총지휘는 지창수 상사였으며, 여기에 40여명의 사병이 함께 모의하였으며, 거사에 성공한 이후 김지회 중위가 부대를 지휘했다는 것이 통설이다. 그렇지만 지창수 상사가 계획하고 총지휘 했다는 주장에는 여러 가지 문제점을 파악할 수 있다. 이러한 문제점과 함께 김지회를 총지휘자로 규정하는 이유까지 포함하여 살펴보면,

첫째, 1948년 11월 5일『동광신문』에 의하면 지창수가 부대원을 최선두에서 선동했음을 모 대위가 알고 있었다. 이는 상부에서는 반란의 계획, 발발당시의 상황, 각자의 역할 등을 더 자세히 알고 있었음을 미루어 짐작할 수 있다. 그럼에도 불구하고 발발당시 정부발표와 국방부 특별취재단 기획보도와 언론 등에서 지창수 상사를 주도인물로 언급한 보도는 한

차례도 없었다. 이후 발행된 정부 기록에서도 김지회를 주도인물로 거론하지만, 지창수는 1967년 이전까지 전혀 언급되지 않았다. 반란을 총지휘한 인물이며 군인이라는 신분을 갖고 있는 지창수에 대해 신상이나 행적을 모르고 있었다는 것은 그가 어떤 특정의 역할을 했을지언정 총지휘자는 아니라는 것을 역설적으로 말하고 있다. 반면에 김지회에 대해 자세하게 보도한 사실에서 김지회를 총지휘로 규정하였던 것이다.

둘째, 미군은 여순사건이 발발하자 비상대책회의를 주관하고 작전수립과 진압 이후에 좌익혐의자 조사 등 군사고문관으로서 상당한 역할을 하였다.[125] 1948년 11월 10일자 미군 제24군단 작전보고서에서는 지창수 특무상사는 부대원을 참여시키는 연설을 담당하는 역할에서 우두머리였으며, 반란의 최고 지휘자는 김지회 중위라고 밝히고 있다. 또한 1949년 5월에 '국군의 방위 태세는 완벽 : 국방부 수뇌부와 본사 좌담회'가 연합신문 주최로 열렸다. 이날 좌담회에서 육군총참모부장 정일권 준장은 "작년 10월 여순반란에 있어 반군 수괴 홍순석·김지회 등은···"[126]이라고 봉기군의 지휘자를 지목하고 있다.

셋째, 여순사건 진압이후 14연대 상교뿐만 아니라 많은 사병들이 소사를 받았다. 제14연대 부연대장 이희권을 비롯하여 장교 및 사병의 증언에서 지창수를 언급한 증언자가 한 명도 없다. 지창수가 부대 내 남로당 핵심이었다면, 오동기가 연대장으로 취임하여 김지회를 특별 관리하듯이 어떤 조치가 있었을 것이다. 오히려 김형렬 선임하사관이 장교로 경비사관학교에 입대하자 지창수가 연대 인사계라는 중요한 보직을 맡았다. 또

---

125) "정부와 주한미군은 10월 20일에 임시군사고문단장 사무실에서 국무총리 겸 국방장관 이범석, 육군총사령관 송호성 준장, 임시군사고문단장 로버츠(William L. Roberts) 준장, 참모총장고문관 하우스만(Hausaman) 대위, 정보국 고문관 리드(John Reed) 대위 등 미군과 한국군 참모들이 모여 비상회의를 열었다"(노영기, 「여순사건과 육군의 변화」, 『전남사학』 22, 2005, 263쪽).

126) 『연합신문』 1949년 5월 26일.

300 · 지리산의 저항운동

한 10월 11일에 고봉규 밀고로 남로당계 세포원이었던 김영만이 체포되었다는데, 이때 고봉규는 본인이 알고 있는 연대 내 모든 세포를 불었다고 한다.[127] 그런데도 지창수는 남로당 제14연대 조직책에도 불구하고 아무런 제재나 조치가 이루어지지 않았다.

넷째, 발발당시 정부의 발표나 특별취재단, 종교위문단[128] 등에서 한결같이 김지회를 수괴, 총지휘자로 지목하고 있다. 국방부에서는 김지회를 그의 처와 함께 현상금을 내걸고 체포하려고 했다.[129] 또한, 윤홍규 체포(1948년 11월 2일)와 김동진 체포(1949년 10월 23일)에서 김지회를 '수괴'로 직접 거론하고 있다. 반면, 지창수에 대해서는 언급이나 조치가 없었다.

다섯째, 봉기를 일으키고 빨치산 활동을 한 사병들의 증언이나 기록이라고 할 수 있는 빨치산의 기관지인 「승리의 길」에 '려수병란 3주년 기념 좌담회',[130] '여순병란 3주년 22사단 작전과장 정정기 동무의 회고기'[131]에서도 김지회와 홍순석은 거론되지만, 지창수 이름은 전혀 언급되지 않았다. 특히 정현종은 "여수의 적을 완전소탕하고 우리는 김지회 동지의 능난한 지휘아래에 다시 순천으로 밀고가 이곳 원수들을 소탕하고 모든

---

127) 김득중, 앞의 논문, 52쪽.
128) 종교위문단의 활동 보고서에는 "종전부터 내통하고 있던 金智會의 지휘 하에 약 40명이 행동을 개시한 것"이라고 김지회를 지휘자로 규정하였다.(『대동신문』 1948년 11월 14일).
129) "지난 31일 호남지방작전 사령부 북지구전투부대 참모장 魏大善소령 발표에 의하면 여수등지 반란사건 주동자 육군중위 金智會는 방금 부인 동반 지리산에 도피 중에 있는데 전기 김지회 부부를 체포하는 자에게는 일금 50만 원, 사살하는 자에게는 25만 원의 현상을 걸었다 한다"(『호남신문』 1948년 11월 5일).
130) "여수의 적을 완전소탕하고 우리는 김지회 동지의 능난한 지휘아래에"(한림대학교 아시아문화연구소, 「승리의 길」, 『빨치산 자료집』, 1951년 11월 3일).
131) "홍순석 김지회 외 여러 동무들의 명복을"(한림대학교 아시아문화연구소, 「전북 승리의 길」, 『빨치산 자료집』, 1951년 10월 20일).

정권기관과 사회단체들을 보호하고 만반의 군사적 준비를 갖춘 후 광양, 구례를 치고 조직적 입산하에"라고 증언하는바, 김지회가 처음부터 주도하였으며, 총지휘했다고 할 수 있다.

여섯째, 김지회와 동향 출신으로 육군 병기검사원으로 여순사건 당시 제14연대에 왔던 김응선 특무상사 증언, 당시 제주출동부대 1대대 1중대 소속이었던 서형수 증언, 여수 신항에 파견되어 경비를 맡고 있었던 허종범 증언, 순천 철도청에 근무하면서 10월 20일 새벽에 김지회를 목격했다는 김용익 증언, 여수 봉산지서 지서주임을 대행하면서 제14연대 동향을 살폈던 신영길 증언 등을 종합해도 지창수란 이름은 찾아 볼 수 없으며, 모두가 김지회가 봉기를 지휘하고 있었음을 증언하고 있다.

일곱째, 여순사건 진압 후 육군본부 작전교육국에서는 「지리산 작전」이란 기록영화를 직접 제작하여, 1949년 7월부터 상영하였다. 이 영화의 광고에는 "보라! 잔인무도한 폭도 김지회·홍순석의 말로를…… 국군에 포로된 김지회의 처 조경순의 모습"으로 표현하고 있다.[132] 즉 육군에서 제작한 영화에서까지 김지회와 홍순석의 이름을 거론하였다는 것은 김지회를 총지휘자로 인식하였다는 것을 의미한다.

여순사건의 주도인물 또는 총지휘자를 바라보는 인식에서는 이 사건이 우발적 발생이냐 아니면 남로당 지령설이냐는 문제와 연관 지어 보는 경향이 있다. 장교는 남로당 중앙당부에서 관리하고 있었음으로 장교에 의해 주도적으로 이루어졌다면 지령에 의한 계획적인 반란이며, 사병은 도당부에서 관리하였음으로 사병이 주도했다면 남로당 중앙당부과 무관한 우발적으로 발생한 반란이라는 것이다. 이런 관리체계의 이원화로 인하여 장교와 사병은 서로 모르고 있었다고 주장하고 있다.

하지만, 오동기 소령이 연대장으로 부임 후 김지회를 핵심 감시인물로

---

[132] 『경향신문』 1949년 7월 17일; 『동아일보』 1949년 7월 18일.

간주하여 정보주임에서 대전차포중대장이라는 한직으로 전보시켰다. 또한 김지회를 구속시켜야 한다고 정일권 참모부장과 송호성 준장에게 건의 하였으며, 이희권 부연대장과 정보주임에게 증거를 잡으라고 지시하였다. 헌병대장 이갑수 대위를 다시 서울로 올려 보내 김지회 구속을 승인받도록 하였다. 이러한 일련의 조치가 부대 내에서 벌어졌다면 부대원들도 김지회가 좌익 장교라는 것쯤은 충분히 알고도 남았을 것이다. 또한 서형수·허종범·김형운 등이 부대에서 반란 소식을 듣고 직감적으로 "김지회가 일을 벌였구나"고 생각했다는 것에서도 김지회가 좌익이었음을 부대원들이 이미 알고 있었다고 할 수 있다. 그러므로 관리체계 이원화로 장교와 사병은 서로 모르고 있었다는 주장은 설득력이 낮다고 할수 있다.

여순사건의 직접적인 배경이 된 제주도 출병은 부대편성에서부터 출동명령까지 급박하게 이루어졌다. 남로당이 비합법화되고 명맥 유지하기도 어려운 상황에서 중앙당부나 도당부와 연락을 취할 만한 시간적 여유는 없었다. 당시 남로당 여수지역의 중심 활동가인 유목윤이 10월 20일 아침 여수일보사에 나타나 "밤사이에 일어난 난리가 무슨 영문인지 모르겠다. 신문사에 무슨 정보 없느냐?'고 물었다. 여수일보사는 합동통신과 같은 사무실을 이용하였는데, 그는 합동통신의 통신문이 평소와 다름없음을 확인하고, 전국적인 상황은 아님을 파악하고 돌아갔다는 사실이 이를 뒷받침한다.[133] 이러한 상황에서 부대 내의 좌익세력들은 스스로 어떤 결정을 해야 했고, 각자의 역할이 주어졌을 것으로 판단된다.

그러므로 김지회 중위가 여순사건의 총지휘자나 주도인물이라고 하여 남로당 지령아래 계획적으로 여순사건이 발발했다는 주장은 다소 무리라고 할 수 있다. 여순사건은 당시 제14연대의 급박한 상황에서 우발적으로

---

133) 신양남, 「그날의 회상」『여수 문화』5(여수문화원, 1990), 100-105쪽; 반충남, 「여수 14연대 반란과 송욱교장」『말』9월호, 1993, 226쪽.

발생하였으며, 이들 나름의 봉기를 위한 준비와 역할도 급작스러울 수밖에 없었을 것으로 보는 것이 타당하다.

이와 같이 여순사건의 총지휘자를 종합적으로 검토하면, 현재까지 대다수 연구는 지창수 상사의 주도하에 40여 명이 봉기를 주동했다는 주장이다. 이러한 주장의 기조에는 1967년에 발행된『한국전쟁사 1 : 해방과 건군』과 지역 향토사학자인 김계유의 증언이 크게 영향을 미쳤는데, 이에 대해서 구체적으로 접근하지 못하고 수용한 측면이 있었다.

사건 발발당시 지창수는 주도세력 중에서 특정 역할을 수행했던 한 사람이었을지언정 여순사건을 계획하고 지휘한 총지휘자라고 단정하기에는 문제가 많다고 할 수 있다. 그러므로 여순사건 전반적인 정황과 자료를 점검해봤을 때, 김지회 중위가 가장 핵심적인 역할을 주도했던 총지휘자라고 보는 것이 타당하다고 할 수 있다.

V. 빨갱이 등장의 의미는?

여순사건은 10월 19일부터 27일까지 7일간의 전남동부지역에 국한한 소규모 점령으로 끝나지 않았다. 지리산·백운산·조계산 등에서 무장유격투쟁을 이어갔으며, 이곳을 터전으로 살아가는 사람들에게 커다란 영향을 미쳤다. 아직도 빨갱이라는 섬뜩한 단어가 사람들에게는 응어리로 남아있다. 아직도 정치적 이데올로기로 인한 정국혼란이 있을 때마다 빨갱이라는 단어는 여지없이 등장하여 이 지역 사람들을 옥죄이면서 자기검열을 요구하고 있다.

지금까지, 1948년 10월 19일 국군 제14연대 군인의 봉기로 시작된 여순사건에 대하여 정부의 발표와 문헌을 통해 여순사건 주도인물의 인식 변화와 정부의 의도 그리고 여순사건 총지휘로 규정된 지창수 상사에 대한 문제점과 총지휘자가 누구이며, 주도세력들은 어떤 인물들인지 살펴보았다.

여순사건 발발당시 정부의 주도인물에 대한 첫 발표는 국군 제14연대가 여수에서 봉기를 일으켰다는 것이다. 각 언론에서는 '국군 14연대 반란', '국군 반란' 등 군인을 반란의 주도세력으로 보도하였다. 이러한 발표는 혁명의용군사건과 여순사건이 하나로 묶여지면서 극우세력과 공산주의가 결탁하여 계획적으로 봉기를 일으킨 걸로 인식되었다. 이는 여순사건을 통해 이승만의 정적 제거를 위한 의도와 남로당 지령에 의해 계획적으로 이루어졌다는 정부의 의도에 기인한 것이다. 여순사건 발생 19년만에 오동기 소령은 여순사건과 전혀 무관하며, 혁명의용군사건도 실제 존재하지 않는 조작된 사건임을 국방부 간행물에서 확인하였다.

여순사건이 전남동부지역으로 확대되면서 정부는 군대 내의 봉기를 민간인으로 시선을 돌렸다. 군의 책임을 회피하기 위해 지방 민중과 학생에게 책임을 전가하면서 여수여중 송욱 교장을 총연합지휘자로 지목하였다. 이는 여순사건을 지역민들이 일으킨 반란으로 고착화 시킨 결과를 낳았다. 진압이후 봉기군이 지리산 등으로 입산하면서 정부는 제14연대 내의 장교와 사병을 주목하였는데, 초기에는 남로당 지령에 의한 김지회 중심의 장교 그룹을 언급하였다. 하지만 1967년을 기점으로 연대 인사계였던 지창수 상사를 주도인물로 지목하였다. 이로써 지창수가 병사들을 선동하여 봉기를 일으켰다는 것이 통설로 이어졌다.

지창수 상사가 발발당시 40여명의 사병을 이끌고 봉기를 주도했다고 규정하고 있는 현행 통설과 정부의 발표에는 많은 문제점이 있음을 확인하였다. 여순사건의 전반적인 정황과 자료를 검토한 결과, 김지회 중위를 여순사건을 총지휘했던 주도인물로 보는 것이 타당하다고 할 수 있다.

상황에 따른 주도인물에 대한 정부의 발표는 국군 반란을 민중 반란으로 조작하였으며, 이러한 바탕으로 협력자 색출과정에서 많은 민간인 피해를 양산하였다. 또한 사회 전반에 빨갱이라는 이분법적 등식을 적용하여, 이웃과 이웃이 서로를 감시하고 통제하는 구조를 만들었다. 국민 스스로가 반공을 실천하고 활동하는 것이 의무로 인식되었다. 이러한 인식은 여순사건의 직접적인 영향에 있었던 전남동부지역에서 더욱 공고화되고 일반화되었다. 여순사건은 군 내부의 문제에서 출발했던 반란이 어느 시점에선가부터 정부와 국군은 심판자가 되어 있었다. 지역사회와 지역주민은 '빨갱이'·'반란'·'폭도'의 굴레를 모두 떠안았다.

자료의 한계로 인하여 새로운 사실을 파악하는데 다소 무리한 주장도 있다. 아무쪼록 이 연구가 여순사건의 새로운 연구가 시작되는 계기와 함께 지역사회와 지역민에게 오랫동안 인식되어 있는 '반란의 도시'·'빨갱이'·'폭도'라는 이미지에서 벗어날 수 있는 작은 출발점이 되길 바란다.

이 글은 『전북사학』 제43집(전북사학회, 2013)에 수록된 「여순사건 주도인물에 관한 연구」를 보완하여 실은 것이다.

빨치산 사령관 '이영회'의 삶과 투쟁

주철희

Ⅰ. 빨치산의 등장

빨치산 이야기가 세상에 나온 것은 1987년 6월 민주항쟁의 결과물이다. 빨치산의 증언과 실록 등 이른바 빨치산 문학이 봇물 쏟아지듯 출판되면서 그동안 금기되었던 빨치산에 대한 관심도가 높아졌다. 빨치산 하면 떠오르는 인물로 李鉉相이 독보적이다. 이현상이 언제 지리산에 입산했는지 다소 논란이 되고 있지만,[1] 1949년 4월경 입산하여 1953년 9월 빗점골에서 사살될 때까지 지리산을 중심으로 '이현상'이라는 이름은 수많은 이

---

[1] 『이현상 평전』의 안재성과 『여순병란』의 이태는 이현상이 여순사건 당시 1948년 10월 22일-23일 순천에 나타나 반군을 이끌고 지리산에 입산하여 빨치산을 지휘했다고 한다. 반면, 국방부에서 발간한 자료에는 "1949년 5월 9일 지리산지구전투사령부가 해체되자, 남로당은 이 지역에 이현상을 사령관으로 하는 이른바 인민유격대 제2병단을 창설하였다"고 기록하고 있다(국방부전사편찬위원회, 『대비정규전사(1945-1960)』, 1988, 49쪽). 여러 정황으로 보아 1949년 4월-5월경에 지리산에 입산한 것으로 보는 것이 타당하다.

야기를 쏟아냈다.

남한지역의 '빨치산 탄생'은 1948년 10월 19일 발발한 여순사건이다. 14연대 반군이 입산하면서 그들이 지닌 신무기와 군인으로서 경험은 소규모 활동이나 은거 수준에 머물렀던 지역별 野山隊와는 비교할 수 없었다. 즉, 14연대 반군의 입산은 전면적인 무장유격 투쟁으로 전환을 의미한다. 한편 14연대 봉기는 남로당에 대한 대대적인 검거령으로 이어졌다. 특히 전남 도당 지도부는 큰 타격을 입었으며 14연대 반군을 따라 입산할 수밖에 없는 처지가 되었다. 지리산 · 백운산 · 백아산 · 화학산 · 모후산 등에는 빨치산이 급증했다.

남한지역의 '빨치산 탄생'에 직접적인 연관을 맺고 있는 여순사건 그리고 14연대 병사들. 그렇지만 14연대 출신 빨치산이나 빨치산 활동에 관한 연구는 거의 이루어지지 않았다. 여순사건이 발발하면서 '총지휘자' 또는 '수괴' 등으로 국군의 주요 검거 대상자였던 김지회와 홍순석이 그나마 알려진 인물이다. 당시는 모병제로 14연대 병사의 대다수가 전남지역 출신이었다. 그에 비하면 지역 출신 빨치산으로 알려진 인물은 거의 없다. 1987년 이후 이른바 빨치산 문학에서 몇몇 인물이 거명되었지만, 이름을 언급하는 수준에 머물렀다.

이처럼 연구가 부진한 것은 빨치산으로 활동했던 그들 자신도 토벌군에게 노출될 것을 염려하여 신분과 얼굴을 숨겼으며, 자신을 드러내고 증언해 줄 사람도 많지 않다. 정부 보존 기록물도 공개되지 않는 것이 많다.[2] 기존에 출간된 빨치산 수기나 증언도 6 · 25전쟁 이후에 입산한 빨치산들과 관련된 것이 대부분이라 14연대 출신 빨치산의 기록을 찾기란 더욱이 쉽지 않다.

이 논문은 14연대 반군으로 빨치산 활동을 했던 인물 중에서 전남동부

---

[2] 「남도부사건기록」, 「이영회사건기록」 등 빨치산 관련 기록물이 있으나 공개되지 않고 있다.

지역 출신인 '빨치산 이영회'를 살펴보고자 한다. 해방 이후 남한지역 빨치산의 본격적인 투쟁은 14연대 반군이 입산하면서부터였다. 또한, 빨치산 토벌작전의 전투사령부가 해체된 것도 14연대 출신 빨치산이 모두 사살된 1955년 시점이다. 즉, 남한지역 빨치산의 '탄생'과 '종막'에는 14연대 출신 빨치산이 있었다. 그런데도 남한지역의 빨치산은 이현상으로 귀결되었으며 14연대 출신 빨치산의 경우에는 1949년 4월경 김지회와 홍순석이 사살되면서 빨치산 투쟁이 마치 끝난 것처럼 인식된 경향이 없지 않다. 하지만 14연대 출신 빨치산은 신빨치산이 유입된 6·25전쟁 이후에도 빨치산 주력부대를 이끄는 주요한 인물들이었다.

이와 같은 맥락 속에서 이 논문은 두 가지의 의의를 가진다. 먼저 14연대 출신 빨치산 중에서 유격대 사령관 등 활약이 가장 두드러졌으며, 군경의 토벌작전 마지막 시기까지 투쟁했던 이영회란 인물의 통해 남한지역 빨치산 '탄생'과 '종막'의 과정을 조망할 수 있다는 것이다. 둘째는 14연대 반군이 입산하여 이현상이 지리산에 등장하기 전후로 지리산 빨치산은 남로당과 어떤 관계를 형성하였는지 파악하는 것이다. 여순사건이 남로당의 지령으로 발발했다는 일부 주장이 사실과 다르다는 것을 밝히는 또 하나의 단서로서 14연대 출신 빨치산, 특히 이영회의 구체적인 활동을 시기별로 조망하는 것이다.

II. 지리산 입산과 경남 인민유격대

1. '이영회'는 누구인가?

李永會는 1926년 전남 순천시 해룡면 도롱리에서 태어났다.[3] 아버지

---

[3] 『여순병란』에서는 이영회의 태어난 곳을 순천시 가곡동으로 묘사하고 있다.

이경복과 어머니 배씨 사이에서 3남 2녀의 둘째 아들이었다. 형 이영순과는 연년생이며, 동생 이영기와는 세 살 터울이다. 집안은 넉넉하지는 않았지만, 아버지는 몇 마지기의 전답과 방물장수(일명 쪽쟁이, 옷, 채, 신발 행상)를 하면서 가족을 부양하였다. 이영회가 태어난 해룡면 도롱마을에는 조카(이○○)가 살고 있다.

이영회의 어린시절 마을에는 천도교 교리강습소와 도롱교회(현재 영흥교회)가 있었다. 영흥교회는 1913년 3월 1일 첫 예배를 시작했다. 교회 설립이전 천도교 교리강습소가 활동하였다고 한다. 작은 마을에 천도교와 기독교의 존재는 갈등의 시작이었다.

이영회는 해룡공립보통학교를 다녔던 것으로 보인다. 이태의 『여순병란』에서는 보통학교를 졸업했던 것으로 기록하고 있다. 도롱교회 기념관에는 1939년도 주일학교 사진이 남아 있다. 이 사진 속에는 검정 교복에 까까머리 모습의 이영회도 있다. 사진의 촬영 일자로 보아 보통학교 6학년 때로 추측된다.

어릴 적 이영회는 도롱교회를 다녔다. 교회의 관계자 증언에 의하면 이영회는 교회를 오래 다니지는 않았다고 한다. 다른 마을주민은 천도교 교리강습소에 자주 왕래했으며 그곳 사람들과 가까이했다고 전한다. 즉, 마을 아이들이 산에 땔감을 할 때 교회파와 천도교파가 나뉘어 어울렸는데, 이영회는 천도교파에 속했다고 한다.

이영회는 어려서 특별한 행동을 하거나 성격이 모나지 않았다고 한다. 대범한 구석이 있었으며, 억울함을 당하거나 잘못된 것을 보고는 다른 아이들보다는 앞장서는 기질이 있었다고 한다. 『여순병란』에서는 이영회를 "가무잡잡한 근육질의 얼굴이 다부진 인상을 주었다"고 묘사했다.

이영회는 1945년 7월경에 마을 청년 3명(송기섭, 강봉열, 서동석)과 함께 강제 징집되어 순천남국민학교에 집결하였다.[4] 일제는 태평양 전쟁의 마지막 발악으로 젊은 청년들을 전쟁터로 내몰고 있었던 시기이다. 순천

남국민학교에 징집된 청년들은 전남 장성군 모처의 부대에 입대하였다. 당시에 이 부대는 짧은 기간에 훈련을 마치고 일본으로 간다는 소문이 파다하였다고 한다.

이영회와 마을청년들은 도망을 모색하던 중, 훈련이 시작되고 20여 일이 지난 8월 초순 부대를 탈출하였다고 한다. 같이 탈출한 송기섭은 처가인 여수 율촌면 청대마을로 피신하였으며, 이영회는 여수로 갔다는 말을 들었다고 한다. 이영회의 외가가 여수 소라면 덕양리였다. 이영회가 외가로 피신했는지는 확실하지 않으나 정황상 외가로 피신한 것으로 보인다. 해방 이후 이영회의 행적은 알려진 것이 없다. 『여순병란』에서는 "1946년 11월에 돈을 벌기 위해 서울로 올라갔다"고 묘사되어 있으나, 사실 여부는 정확하지 않다.

이영회는 1947년 5월 국방경비대에 입대하여,[5] 광주 4연대 1대대 2중대 중대야포를 맡았다.[6] 1948년 5월 4일 여수읍 신월리에 14연대를 창설하면서 배속되었다. 10월 19일 밤 10시경에 봉기를 거사한 반군은 부대를 장악하고 여수 시내로 진격하여 점령한 후 곧바로 순천으로 진격했다. 李永會는 반군의 1대대 2중대를 인솔하고 여수경찰서를 습격하고 순천으로 진격할 때 정찰중대장으로 알려졌다. 그의 출신지가 순천 해룡면이었으며 외가가 여수 소라면이었던 것으로 보아 지리를 잘 파악한 인물로 정찰중대장이라는 직책은 타당성이 있어 보인다.

10월 20일 오전 9시경에 순천역에 도착한 반군 지도자 김지회는 장교 1명과 하사관 1명을 대동하고 순천역사무소에 들려 동순천역까지 기차를 제공할 것을 요구하였다고 한다.[7] 이때 하사관 1명이 정찰중대 임무를

---

4) 송기섭의 증언.
5) 『여순병란』에는 "광양출신 송관일의 도움으로 광주 제4연대에 1947년 12월 27일 입대했다"고 기록되어 있다.
6) 김남식, 『남로당 연구』, 돌베개, 1984, 460쪽.
7) 김용익의 증언.

부여받은 이영회가 아닐까 싶다.

반군이 순천에 점령한 21일 저녁 무렵에 이영회는 지프차를 타고 고향 동네를 잠시 찾았다.[8] 이영회가 태어난 도롱마을은 일명 '해룡면의 모스크바'였다. 해룡면 인민위원장인 강인수는 일제강점기에 천도교 교리강습소를 통해 문맹퇴치운동을 했으며, 해방 이후에는 사회주의 운동을 활발하게 전개한 인물이다. 그는 순천이 점령된 10월 20일 해룡면 인민위원회를 조직하여 마을 치안을 담당했다. 도롱마을은 천도교 교리강습소와 도롱교회가 양립하면서 종교적 갈등이 심하였다. 이는 여순사건 과정에서 보복으로 이어져 해룡면에서 가장 많은 민간인 학살이 있었다.[9] 이영회가 여순사건 당시 고향마을에 나타나 우익인사를 처단했다는 증언은 없다.『여순병란』에는 고향 처녀 옥순이를 찾았다고 하는데, 가족과 마을 주민은 부모를 만나고 돌아갔다고 전한다.

2. 지리산 빨치산이 된 '이영회'

10월 21일 오후 순천 서면 학구리를 장악한 토벌군에 밀려 반군 주력부대는 22일-23일 사이에 광양방면으로 후퇴하여 지리산으로 입산하였다. 이때 김지회·이영회도 입산하면서 남한지역 빨치산 활동이 본격적으로 시작되었다. 남한지역의 빨치산 '탄생'과 이영회의 5년간 빨치산 삶이 시작된 것이다.

순천에서 퇴각한 반군이 지리산에 터를 처음 잡은 곳은 전남 구례군 토지면 문수골이었다. 문수골은 지리산 주능선을 타면 심원골, 뱀사골, 피아골, 삼도봉(일명 날나리봉), 세석평전, 천왕봉을 자유자재로 왕래할 수 있었고, 전남·북과 경남을 오고 가기에 쉬운 곳이었다.

---

8) 송기섭의 증언; 조카 이○○의 증언.

9) 주철희·홍영기, 「여순사건과 해룡면」, 『해룡면지』, 순천시해룡면지편찬위원회, 2012, 183~213쪽을 참조 바란다.

지리산에 터를 잡은 빨치산은 게릴라 전법으로 토벌군에 맞섰다. 10월 27일에 여수 진압작전이 끝나자 국방부는 호남방면 전투사령부를 설치하고 지리산 주변에 집중하였다. 주력부대는 군산 12연대(연대장 백인기, 부연대장 백인엽 소령)였다. 11월 3일 12연대 1대대의 하사관교육대(대장 김두열 소위) 약 100명이 구례 간전면 간문국민학교에 숙영하였다. 마을에서는 국군을 환영하는 뜻에서 소를 잡고 저녁을 대접하면서 국군은 경계심이 이완되었다. 김지회부대는 간문지서를 점령하고, 하사관 교육생을 전원 생포하여 산으로 들어갔다.[10] 김지회는 4일 만에 이들 전원을 석방해 주면서 "동무들은 본대로 가지 말고 각자 고향으로 돌아가서 공산주의 활동하라"고 하며 여비를 개인당 400원씩 주어 전원 돌려보냈다고 한다.

12연대 하사관 교육생 납치 등으로 호남방면 전투사령부 북부지구는[11] 어수선하였다. 사령관 원용덕 대령은 배속 부대의 지휘관 회의를 남원에 소집하였다. 12연대장 백인기 중령은 헌병 1개 분대를 대동하고 남원사령부로 출발하였다.[12] 백인기 연대장 일행이 구례군 산동면 시상리에 이르렀을 때 매복해 있던 빨치산의 급습을 당하였다. 백인기 중령은 주변 시상마을로 몸을 피신했으나 더는 추격을 따돌릴 수 없게 되자 자살하였다.[13]

10) 전사편찬위원회, 『한국전쟁사 1 : 해방과 건군』, 1967, 475쪽.

11) 10월 30일 호남방면 전투사령부를 설치하여 남부지구는 광주에 두고 김백일 중령이 지휘하였으며, 북부지구는 남원에 사령부를 두고 원용덕 대령이 지휘하였다.

12) 전사편찬위원회, 앞의 책, 475~476쪽. 11월 4일 소집했다는 것은 백인기 죽은 날짜와 맞지 않는다.

13) 백인기 죽은 날짜에 대해 11월 4일(『경향신문』, 1948년 11월 18일)와 11월 13일(『강원일보』, 1948년 11월 19일)와 11월 14일(국방부 전사편찬위원회, 『호국전몰용사공훈록』 3권, 566쪽) 등 각각 다르다. 『여순병란』에서는 11월 4일에 자살한 것으로 묘사했다. 그러나 순천여수지구 사령부 참모장 위대선 소령이 11월 8일 전과발표 기자회견에서 소탕전에 참가한 부대 '백인기부대(12연대)'

연대장의 행방불명을 알게 된 12연대는 병력을 총동원하여 수색작전을 시작하였다. 김지회는 수색대가 올 것을 미리 예견하고 매복전에 탁월한 능력을 보인 이영회에게 1개 중대병력으로 수색대를 기습토록 하였다. 이영회는 행동이 날렵하고 대담했다. 그리고 지형지물을 파악한 매복과 기습, 신속한 후퇴라는 게릴라전의 중요한 전법에서 특별한 능력을 보였던 것으로 보인다.[14]

이날 전투에 대해 국방부는 "11월 5일 04:00 제2대대 김희준 대위 지휘 하에 구례를 출발하여 5중대 선두차량이 산동 서남방 5미터 지점의 언덕에 이르렀을 때 기습사격을 받았다. 작전주임 이하 5중대는 거의가 포로가 되었다. 반군은 포로 70~80명 중 무기만 빼앗아 퇴각하였다. 我측의 전사자가 43-50명, 부상자가 약 50명에 달하는 막대한 희생을 당하였다"고[15] 기록하였다.

이영회는 후퇴하면서 80명의 포로를 데리고 갈 수 없어 무장만 빼앗고 "돌아가서 혁명 대열에 동참하라"는 훈시를 하고 전원 돌려보냈다고 한다. 이영회의 훈시는 12연대 하사관 교육생을 돌려보낸 김지회의 훈시와 유사하다. 이는 구례 간문국민학교의 하사관 교육생 기습작전에 이영회도 참여했음을 짐작할 수 있는 대목이다. 이영회가 5년간 빨치산 '유격전 귀신'이라는 타이틀을 거머쥔 서막은 이렇게 시작되었다.

김지회 지휘 빨치산은 11월 19일 또 한 차례 구례읍을 대대적으로 습격했다. 토벌대 본거지를 습격해서 대단위의 병력을 포섭할 요량이었으나 토벌대의 반격에 큰 성과를 이루지 못했다. 크고 작은 전투로 많은 빨치

등을 거론한 것으로 보아 11월 4일은 아닌 것으로 보인다. 이와 관련하여 노영기, 「여순사건과 구례 : 여순사건 직후 군대의 주둔과 진압을 중심으로」(『사회와 역사』 68, 2005)를 참조 바란다.

14) 『여순병란』은 상권, 하권으로 이루어져 있다. 이후 권수와 쪽수만 표기하겠다 (이태, 『여순병란』 하권, 청산, 1994, 81~85쪽).

15) 전사편찬위원회, 『한국전쟁사 1 : 해방과 건군』, 1967, 477쪽.

산이 죽거나 전열을 이탈하였다. 혹한기에 접어들면서 이탈자는 더욱 늘어났다. 군경은 청년단을 앞세워 산간마을에 대한 핍박과 감시를 보다 강화하면서 보급투쟁도 여의치 않았다.

1949년 봄, 김지회부대는 하동 화개장을 습격하는 등 함양, 산청, 안의, 서하 등의 지서를 습격하면서 3월 중순께 덕유산에 이르렀다. 1949년 3월 1일 해빙기를 맞은 국군도 토벌사령부를 전면 개편하여 지리산지구 전투사령부[16](사령관 정일권 대령)와 호남지구 전투사령부(사령관 원용덕 대령)를 설치하였다.

김지회부대가 지리산에 다시 모습을 나타낸 것은 1950년 4월 9일이었다. 남원군 산내면 반선골 주막에 들러 시장기를 해결하고 쉬고 있었다. 첩보를 입수한 토벌대 3연대 3대대가 급습하여 홍순석은 즉사하고 김지회는 중상을 입고 인근 야산으로 피했으나 며칠 뒤 시신으로 발견되었다.[17] 김지회의 처 조경순은 이때 생포되었다. 여순사건 발발 6개월 만에 지휘부가 전멸되는 상황에서 남은 부대는 혼란에 빠질 수밖에 없었다. 뒷날 빨치산 유격대는 김지회의 영웅적 투쟁을 기리기 위해 그의 이름을 딴 '김지회부대'를 편제하기도 했다. 김지회부대의 마지막 부대장은 14연대 출신 김흥복이었다. 김흥복의 사살은 남한지역 빨치산의 종말이라고 할 수 있다.

이현상이 언제 지리산에 들어왔는지 정확하게 알 수 없으나, 이때 혼란에 빠진 빨치산을 개편하여 지리산유격대를 발족시킨 것으로 추측된다. 지리산유격대는 총사령관 이현상, 부사령관 이영회, 3연대 연대장 박종

---

16) 지리산지구 전투사령부는 1949년 3월 1일-5월 9일까지 정일권 대령이 사령관으로 작전을 펼쳤으며 큰 전과를 거두고 해체되었다. 이후 인민유격대의 계속적인 침투와 지방 좌익의 세력이 확장되자 1949년 9월 28일 재설치하여 1950년 3월 15일까지 토벌작전을 전개했다. 이때 사령관에 김백일 대령을 임명하였으며, 치안국에서도 지리산지구 전투경찰대(사령관 최치환 총경)를 설치하여 군경 합동작전을 펼쳤다.

17) 전사편찬위원회, 앞의 책, 480~482쪽.

하, 5연대 연대장 이영회, 7연대 연대장 대행에 조용식이었다. 이영회는 5연대 연대장 겸 부사령관을 겸직하였다. 3연대는 1대대장에 김홍복, 2대대장에 김환명이 임명되었다.[18] 지리산유격대는 14연대 출신이 주축을 이루었다.

1949년 7월 '조선인민유격대' 창설로 남한지역 유격대는 전면적으로 개편했다.[19] 오대산지구 유격대를 '인민유격대 제1병단'으로, 지리산지구를 '제2병단'으로, 태백산지구를 '제3병단'으로 명명하여 세력 확장을 도모했다.[20] 공식적인 이름이 지리산유격대에서 제2병단으로 바뀌었지만, 조직은 3연대, 5연대, 7연대 편제가 그대로 유지되었다.[21] 이후 빨치산 활동의 특징은 '牙城攻擊'으로 불리는 대규모 공세였다.[22] 경찰지서·면사무소·금융조합·열차 등에 습격을 감행했으며, 전신주를 절단하기도 했다. 통상적인 빨치산 활동의 수위를 넘어서는 전투형태는 자신들의 전력 노출과 토벌대에 반격의 기회를 주었다. 이를 빨치산들은 '기동투쟁'이라 불렀다.

1950년 1월에서 3월에 걸친 대대적인 소탕작전으로 빨치산의 숫자는 기하급수적으로 약화하였다. 지리산유격대는 토벌세력을 분산시킬 목적으로 전남지역 순회작전을 강행했다. 박종하가 이끄는 3연대는 백아산을 거쳐 무등산과 유치산 일대에서 활동했으며, 이영회가 이끄는 5연대는

---

[18] 부대 재편시기를 5월 중순과 5월 하순이라고 기록하고 있다(이태, 하권, 118쪽; 안재성, 앞의 책, 313쪽).

[19] 1946년 6월 25일부터 28일까지 평양에서 '남조선민주주의민족전선과'과 '북조선민주주의민족전선'이 '조국통일민주주의전선'으로 통합되었고, 남로당과 북로당이 조선로동당으로 합당함으로써 남한지역의 빨치산의 권한은 조선로동당으로 넘어갔다.(조선중앙통신사, 『조선중앙연감』, 1950, 257쪽).

[20] 이태, 하권, 121쪽.

[21] 국방부에서는 제2병단은 사령관 이현상, 제6연대 이현상이 연대장 겸임, 제7연대 연대장 박종하, 제8연대 연대장 박동무, 제9연대 연대장 정금모로 편제되었다고 기록하였다(국방부전사편찬위원회, 『대비정규전사(1945-1960)』, 1988, 102쪽).

[22] 이선아, 「한국전쟁 전후 빨찌산의 형성과 활동」, 『역사연구』 제13호, 2012, 166쪽.

담양 추월산 쪽으로 진출했다.[23] 이영회의 5연대가 진출한 추월산은 전남·북 접경인 쌍치 가마골[24]과 연결되며 전북유격대의 본거지라고 할 수 있는 곳이다.

국군의 대공세로 6·25전쟁 이전까지 지리산유격대는 겨우 명맥만을 유지하였다.[25] 전쟁이 발발하면서 인민군이 장악한 지역에는 인민위원회가 조직되었다. 각 마을에서 자원한 청년들, 피난민, 인민군 낙오자들이 입산하면서 빨치산의 숫자도 급증하였다.

이영회가 제2병단 본대에서 낙오된 것은 1950년 9월쯤으로 보인다. 전선이 낙동강에서 교착상태로 접어들면서 제2병단은 경북 청도지구로 진출하여 인민군 부대와의 합동작전 등 낙동강 주변에서 활발한 전투를 전개했다. 전선지도부는 제2병단에 대구 후방 비슬산에 근거지를 마련하고 있는 미군을 게릴라 공격하여 인민군의 낙동강 도하를 지원하라는 명령을 하달하였다. 이현상과 박종하 참모장이 이끄는 3연대가 선두를, 이영회의 5연대가 후미를 맡았다. 후미의 5연대는 국군의 쏟아지는 포탄에 전멸하다시피 하면서 산산이 흩어졌다. 이영회의 곁에는 14연대 출신인 유화열만이 같이하고 있었다.[26]

이영회가 6·25전쟁 중에 마을에 다녀갔다는 마을 사람들의 증언은 아마도 이 시기로 짐작된다.[27] 『여순병란』에서도 이영회가 이때 고향마을을 찾았다고 하였다. 『여순병란』에서는 어머니가 이미 죽었다고 하지만 사실이 아니다. 그의 가족들은 이영회의 입산으로 경찰과 청년단원들로

23) 정관호, 『전남 유격투쟁사』, 선인, 2008, 32쪽.
24) 순창군 쌍치면은 유격대에 동조적인 분위기가 강한 이른바 '민주부락'으로 군경의 토벌공세로 피해가 컸던 지역이다.
25) 6·25전쟁 개전 직전 남한지역내의 빨치산은 대략 460명 정도였다(국방부전사편찬위원회, 앞의 책, 149쪽).
26) 이태, 하권, 144~147쪽.
27) 송기섭의 증언; 이○○의 증언(이영회의 조카).

부터 모진 고문과 감시를 받았다. 그의 어머니는 고문으로 인해 정신착란 증으로 고생하다가 1960년대에 비명횡사하였으며, 형은 시국이 시끄럽거나 수상하면 경찰서와 청년단원들에게 끌려가 모진 고문에 시달렸다.[28] 그의 형과 형수도 고문 후유증에 시달리다 일찍 생을 마감했다. 이영회가 다시 산으로 들어갈 때 남동생 이영기도 같이 입산했다.

1950년 9월 15일 인천상륙작전 이후 유엔군의 공세는 더욱 거세졌다. 인민군은 후퇴를 거듭하였다. 10월 초순, "지리산 빨치산 후속부대는 본대를 따르라"는 인민군의 지령에 따라 북상 길에 올랐다.[29] 강원도 세포군 후평리에 도착한 것은 11월 초순이었다. 이현상 부대는 이승엽을 만났다. 이승엽은 '조선인민유격대 남부군'[30], 약칭 남부군(제4독립지대)으로 통일하고, 남한에 구성된 3개 병단을 포함해 10개의 유격병단을 재편하여 이현상에게 총사령관을 맡기겠다고 제안하였다. 1950년 11월 10일 남부군이 창설되었다.[31]

남부군은 총사령관 이현상, 총참모장 박종하, 정치위원 김일성대학교 교수 차일평이 맡았다. 부대는 4개로 나누어 승리사단 400명에 사단장 이진범과 정치위원 유주묵, 인민여단 150명에 사단장 김재언과 정치위원 김삼홍, 혁명지대 60명에 서홍석, 본부대에 60명과 이현상이 맡았다.[32] 승리사단에는 홍복부대(부대장 김흥복) 병력 약 200명, 관일부대(부대장 송관일) 병력 약 200명으로 편제되었다.[33] 이들은 14연대 출신이었으며, 실질적으로 남부군의 중심부대였다. 남부군은 11월 16일 다시 남하하는 장

---

28) 이○○의 증언(이영회의 조카).

29) 이태, 하권, 153쪽.

30) 명칭에 대해서는 '남반부 인민유격대', '남조선 인민유격대' 등 다소 차이가 있다.(정관호, 앞의 책, 95쪽; 이태, 앞의 책 하권, 162쪽).

31) 김남식, 앞의 책, 457쪽; 안재성, 『이현상 평전』, 실천문학사, 2007, 377~378쪽.

32) 김남식, 앞의 책, 458쪽; 안재성, 앞의 책, 378쪽.

33) 이태, 하권, 161쪽.

도의 길에 나섰다.

남부군 편제에서 이영회는 제외되었다. 낙동강 도하 중 본대와 선이 끊겼음을 알 수 있다. 이때 이영회는 유화열과 전남도당을 찾아갔다. 전남도당 박영발 위원장은 그에게 당직을 맡겼으나 당 사업은 도무지 흥미도 없고 적성에도 맞지 않아서 다시 지리산으로 들어갔다고 한다.[34]

1950년 10월 5일 전남도당 조직위원회는 백아산 새목에서 무장유격투쟁으로 개편을 선언하였다. 전남유격대 총사령관으로 김선우 도당 부위원장을 선임하고 한강부대와 백두산부대로 직속연대를 편성하여 10월 10일경 무장유격부대 체계를 갖추었다. 동년 12월 한강부대는 1연대로 재편하여 명실공히 전남유격대 선봉부대였다. 1연대 부대장은 인민군 출신 중위가 맡았으나, 이듬해 1월에 남태준으로 교체되었다.[35] 14연대 출신인 남태준은 이때부터 전남 빨치산의 영웅적 존재로 주목받았다. 전남도당에서도 무장유격 투쟁으로 전환하면서 유능한 부대원이 절실했다. 그런 점에서 지리산유격대 5연대 연대장 출신인 이영회에게 당직임무를 부여했다는 것과 그냥 떠나게 했다는 것은 다소 설득력이 부족하다고 본다.

3. 경남 인민유격대 '이영회'

이영회가 지리산에서 다시 등장한 곳은 경남도당 인민유격대였다. 경남 인민유격대[36]는 중앙당의 지시에 따라 1950년 9월 29일 경남 함양군 휴천면 문정리에서 조직되었다. 경남유격대는 크게 세 차례로 활동 시기를 나눌 수 있다. 첫 번째 시기는 1950년 9월부터 1951년 6월까지 도당에 소속되어 경남 인민유격대로 독립적으로 활동한 시기이다. 두 번째 시기

---

34) 이태, 하권, 146쪽.

35) 정관호, 앞의 책, 46~47쪽.

36) 경남 인민유격대와 관련해서는 김종준, 「한국전쟁기 서부경남지역 빨치산의 조직과 활동」(『제노사이드연구』 제2호, 2007)을 참조함.

는 남한 지역의 유격대가 사단 편제로 개편되면서 남부군 사령부의 지휘 하에서 활동하던 1951년 7월부터 1952년 10월까지로 57사단으로 활동한 시기이다. 세 번째 시기는 1952년 10월에 5지구당 결성회의부터 1954년 말까지 경남도당이 전멸되는 때까지로 57사단으로 독립적으로 활동한 시기이다.

경남 인민유격대의 독립적인 활동 기간(1950년 9월-1951년 6월)에만도 다섯 차례 편제가 개편되었으며[37], 편제 시기마다 조직체계는 〈표 1〉과 같다.[38]

<표 1〉 경남 인민유격대 편제별 조직체계

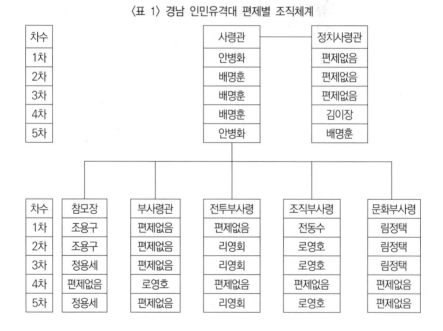

차수	사령관	정치사령관
1차	안병화	편제없음
2차	배명훈	편제없음
3차	배명훈	편제없음
4차	배명훈	김이장
5차	안병화	배명훈

차수	참모장	부사령관	전투부사령	조직부사령	문화부사령
1차	조용구	편제없음	편제없음	전동수	림정택
2차	조용구	편제없음	리영회	로영호	림정택
3차	정용세	편제없음	리영회	로영호	림정택
4차	편제없음	로영호	편제없음	편제없음	편제없음
5차	정용세	편제없음	리영회	로영호	편제없음

---

[37] 1차 : 1950년 9월 29일, 2차 : 1950년 11월 7일, 3차 : 1950년 11월 14일, 4차 : 1951년 1월 25일, 5차 : 1951년 5월 15일

[38] 한림대학교 아시아문화연구소, 『빨치산 자료집』 2권, 1996, 112~122쪽(김종준, 앞의 논문, 27쪽).

이영회는 경남 인민유격대의 2차로 편제를 개편할 때 전투부 사령을 맡았다. 전투부 사령은 예하 부대의 전투를 지휘하는 부서이다. 지리산유격대의 5연대 연대장 등 그동안 빨치산 활동을 고려하여 배치한 것으로 보인다. 이영회가 경남 인민유격대에 합류한 시점은 1950년 11월 7일 이전이었다는 것을 알 수 있다. 경남 인민유격대가 독립적으로 활동한 이 시기의 전투 통계는 다음과 같다.[39)

〈표 2〉 경남 인민유격대 1950년 10월–51년 6월까지 전투 통계

구분	특수투쟁					보급투쟁	기타
	전투	적사살수	적부상수	무기노획	노획실탄		
자료통계	1,213건	5,096명	7,187명	555정	266,509발	568건	757건
재산정통계	1,233건	5,026명	7,187명	565정	266,709발	788건	757건

8개월 동안 전투횟수가 1,200회를 웃돌고 있다. 기타는 교량·도로·전신주 파괴 등이다. 전체적으로 소규모 전투가 많았던 것으로 짐작된다. 이 기간에 경남 인민유격대의 손실은 전사자 311명, 부상자 242명, 이탈자 156명, 포로 43명 등이었다.[40) 빨치산의 전투 보고는 국방부의 전투보고와는 다소 차이가 있다. 한편, 국군 제11사단은 1950년 10월 4일부터 1951년 3월 30일까지 토벌작전에서 전사자 531명, 실종자 85명, 부상자 843명의 인명피해가 있었다.[41)

이 시기에 경남 인민유격대의 주요 전투 중에 하나가 1950년 12월 5일 거창군 신원면 경찰지서를 점령하고 2개월 동안 해방구를 만든 것이었

---

39) 전투횟수, 적사살수 등이 월별로 작성되었는데 이를 합산하여보니, 자료의 내용과 차이가 있었다. 이 전투 통계는 자료의 내용을 그대로 인용한 것이다 (한림대학교 아시아문화연구소, 앞의 책, 125쪽).
40) 한림대학교 아시아문화연구소, 앞의 책, 123쪽.
41) 국방부전사편찬위원회, 『대비정규전사(1945-1960)』, 1988, 174쪽.

다.[42] 국군 제11사단[43] 9연대 3대대(대대장 한동석 소령)는 주민들을 공비와 내통한 '빨갱이'로 간주하여 1951년 2월 10일-11일 집단학살하였다. 이른바 '거창양민학살사건'이다.[44]

불꽃사단은[45] 1950년 10월에 김천시 증산면 수도리 증산지서를 습격하여 경찰관 6명을 사살하였으며, 1951년 2월 증산지서를 재차 공격하는 과정에서 피아간에 격렬한 전투가 벌어졌다. 이때부터 국군과 경찰은 증산지역에 주둔한 빨치산에 대한 대대적인 토벌 작전을 수행하였다. 7월 14일 증산면 임시 면사무소로 사용 중이던 쌍계사를 습격하였으며, 11월 18일에는 증산지서를 재차 기습 공격했다.[46]

III. 57사단 사령관 이영회의 기동투쟁

1951년 7월 덕유산 송치골에서 '6개 도당회의'가 열렸다. 이 회의에서 남한지역 각 도당유격대를 하나로 통괄하는 '남부군단'으로 개편이 결정되었다. 남부군단 사령관에 이현상, 부사령관은 이영회였다.[47] 남부군단 직속부대는 81사단(사단장 김흥복), 92사단(사단장 김재연), 602사단으로

---

42) 한림대학교 아시아문화연구소, 「경남 로동신문」 제5호(50.12.25), 『빨치산 자료집』 7권, 1996, 178쪽.

43) 제11사단(사단장 최덕신)은 1950년 10월 4일-51년 3월 30일까지 지리산을 중심으로 백운산·덕유산·회문산·백아산 등에서 토벌작전을 수행했다.

44) 1960년 6월 국회조사단이 확인한 사망자 수는 남자 331명, 여자 388명 합계 719명이었다. 이중 14세 이하 어린이가 359명, 60세 이상 노인 60명이 포함되어 있었다.

45) 불꽃사단은 6·25전쟁 이전부터 지리산 하봉의 함양군 휴천면에서 활동한 경남지역 빨치산으로, 인민군 패잔병 부대가 합세한 경남지역 빨치산이었다(이인모·신준영, 『이인모』, 월간 말, 1992, 88쪽).

46) 디지털김천문화대전(http://gimcheon.grandculture.net/).

47) 도당유격대를 통합한 관계로 각 도의 군사책임자를 부사령관으로 했다는 설도 있다(이태, 하권, 91쪽).

편성되었다. 경남지구의 불꽃사단과 각 지방유격대를 통합한 57사단은 남부군단 지휘아래 배치하였다.[48] 57사단 사령관은 이영회였으며 참모장은 노영호, 정치위원은 안병화였다.[49] 기존 경남 인민유격대의 주요 지도급이 그대로 57사단을 이끌었다.[50]

이영회의 활동 중에서 주목할 시기가 57사단 사령관이었던 1951년 7월부터 그가 사살된 1953년 11월 말까지이다. 57사단이 남부군단 직속부대로 편입은 되었지만 이영회는 여전히 독자적인 투쟁을 고집했다. 국군과 경찰에서는 남부군단 57사단을 일명 불꽃사단으로 또는 이영회부대로 부르며, 주요 표적으로 삼았다.

이영회의 57사단(아래 이영회부대)은 1951년 8월 6일 약 400명의 병력으로 단성면 방목리 석대부락으로 내려와서 단성지서를 완전히 포위하고 공격을 가했다. 이영회부대는 우수한 병력과 화력에도 불구하고 전력을 다하지 않고 이틀 동안이나 접전을 벌이면서 시간을 끌었다. 산청경찰서 본대의 지원대를 습격하기 위한 전술이었다. "8일 새벽에 지원하겠다"는 도청에 성공한 이영회부대는 산청읍 자신부락 부근에 350여 명을 배치하고 산청경찰서 본대를 기다렸다. 8월 8일 오전 6시 30분 새고개(깊은골재)에 도달하자 기습을 감행했다. 산청경찰서 지원대 대항도 해보지 못하고 경찰 14명과 사찰유격대 18명 등 전사자 32명과 중경상자 24명, 무기 24정과 탄환을 탈취당하는 등 큰 피해를 봤다. 이날 유인 기습작전을 경남경찰 작전사상 가장 뼈아픈 전투로 기록하고 있다.[51] 경찰에서는 '88사건'이라 칭했다.

---

48) 김남식, 앞의 책, 460쪽.

49) 육군본부, 『공비토벌사』, 1954, 183쪽.

50) 경남 독립8지대에서 57사단으로 개편된 시점을 1951년 11월 말이라는 주장도 있다(정충제, 『지리산은 통곡한다』, 대제학, 1990, 266쪽).

51) 산청경찰서, 『지리산의 포성: 산청지역경찰전사』, 1989, 63~65쪽; 이용하, 『섬진강 별곡』, 한국참전단체총연합회, 2000, 190·192쪽.

여세를 몰아 이영회부대는 9월 13일 12시경 야음을 틈타 신등면 생비량지서 공격을 감행했다.[52] 400여 명의 병력에 중대별로는 60mm 박격포 2문씩과 소대별로는 기관총 2-3정씩 그리고 개인화기를 모두 갖춘 화력이었다. 일명 '생비량전투'에서 이영회부대는 경찰 5명과 의용경찰 15명 등 20명을 살상하고 총기 20정을 탈취하였으며, 피해는 사망자 1명이었다. 경남경찰국에서 1958년에 발행한 『경찰연혁사』에는 "적(빨치산) 사살 25명, 아군피해 경찰 5명 전사에 총기 20정 탈취당했다"고 기록하고 있다. 이곳에는 위령탑이 세워져 있는데 경찰의 사망자 20명 명단이 새겨져 있다. 경찰 보고가 허위로 이루어진 것을 알 수 있다. 이후 삼가지서와 가희지서 황매산 동쪽의 대병지서 등 이영회부대의 기동투쟁[53]이 계속되었다.

10월 15일 이영회부대는 덕유산이 위치한 무주군 설천면까지 진출했다.[54] 전라북도 전투경찰 18대대는 무주경찰서 의용경찰대 등 약 200명 병력을 앞세워 무풍면에서 현내리를 거쳐 제2덕유산 능선을 타고 심곡리로 전진하였다. 곳곳에 잠복한 이영회부대는 이들을 급습하여 68명을 사살하고, 90여 명을 생포하였다. 선북 경찰이 단일 전투에서 가장 많은 희생자를 낸 급습이었다. 행방불명된 무주경찰서 의경 24명이 19일 만에 무주 안성지서로 돌아왔다. 이영회부대는 의경과 정식경찰을 구분해 의경들에게는 정치학습을 하고 방면한 것이다. 그리고 이틀 후인 21일 18대대 소속 문채규 순경이 극적으로 살아온 것이다. 문채규 순경의 손에는 한

---

52) 정충제, 상권, 229~231쪽; 이용하, 앞의 책, 219쪽을 정리했다.

53) 집단병력으로 소도시와 경찰관서를 습격하고 마을을 일정기간 점령하는 등의 대담한 투쟁을 일컫는다. 반대로 캄파니아투쟁은 소수 인원을 운영하는 소전투로서 일정한 목표를 달성하기 위해 일정한 시기를 정해 대중투쟁을 전개하는 것을 말한다.

54) 무주군 설천면 전투는 이용하(앞의 책, 245~246쪽; 경찰종합학교, 『살아있는 한국 경찰의 혼 : 차일혁 총경 일대기』, 2008, 195~196쪽)에서 정리했다.

장의 편지가 있었다.

토벌대장에게
우리의 인민을 함부러 해치지 않는 귀관의 전사정신을 높이 사는 바이다.
그러나 귀관은 우리 해방군 전사들을 수없이 죽인 우리의 원수이다. 이번
전투에서 귀관의 부대를 전멸시키지 못한 것이 유감이다. 허나 귀관 부대의
유격전투 능력을 높이 산다. 우리가 이처럼 당신 부하들을 석방하는 것처럼
당신도 우리 동무들을 산으로 돌려보내기 바란다. 꼭 한 번 다시 만나기를
기약하며.
불꽃사단 사단장

  이영회는 포로 교환을 제안하였으나 이루어지지 않았다. 이영회는 군
인보다는 경찰에게 적대적 감정을 가졌다고 한다. 『여순병란』에서는 "이
영회는 직업경찰관에게는 무자비한 보복을 하면서도 징집 군인에게는 지
극히 관용적이었다"고 기록하고 있다. 『섬진강 별곡』, 『지리산의 포성』에
서도 이와 유사하게 경찰에 대한 잔악성이 남달랐다고 기록하고 있다. 그
러나 꼭 경찰에만 잔악성을 드러냈다고 보는 것은 무리일 것이다. 위의
인용문처럼 인민을 해치지 않는 경찰에 대해 정중한 예의를 표시했다. 이
외에도 체포된 경찰에 대해서도 빨치산에게 총을 겨누지 말라는 각오를
받고 돌려보낸 일도 있다.[55]

  이영회뿐만 아니라 빨치산은 포로가 된 군인이나 경찰을 정치 간부가
나서서 빨치산에 대해 선전을 한 후 돌려보낸 일이 허다했다. 남부군의
지침에는 "첫째 인민성 존중을 위해 절대 부락에 들어가 식량을 탈취하지
않는다. 둘째, 公敵으로 인정된 일급 반동 외엔 처벌하지 않는다. 셋째,
포로는 교양시킨 후 반드시 석방한다"[56]는 것을 하달했다.

---

55) 이용하, 앞의 책, 173쪽.
56) 김영, 『총과 백합꽃』, 좋은책, 1989, 234쪽.

1951년 겨울철에 접어들면서 육군본부는 지리산 주변에서 준동하는 빨치산을 섬멸할 목적으로 백야전 전투사령부(Task Force Baik, 사령관 백선엽 소장)를 11월 25일 설치하였다.[57] 작전명은 '쥐잡이(Operation Rat Killer)'로 명명되었다.[58] 백야전 전투사령부(아래 백야사령부)의 수도사단(사단장 송요찬 준장)은 순천에 본부를 두고 전술지휘소는 구례에 설치하여 지리산 남쪽을 공격했다. 제8사단(사단장 최영희 준장)은 전주에 본부를 두고 남원에 전술지휘소를 설치하고 지리산 북쪽을 담당했다. 서남지구전투사령부(사령관 김용배 준장)는 남원에 지휘소를 두고 지리산 일대에서 작전을 수행하였다. 이외에도 4개 전투경찰연대가 포함되었다.

백야사령부가 4차례 공세기간(1951년 11월 30일-1952년 3월 15일) 중 빨치산에게 입힌 피해에 대해서는 군 공간사의 기록마다 차이가 있다.[59] 『공비토벌사』와 『섬진강 별곡』에 나타난 전과는 다음과 같다.[60]

<표 3> 백야사령부 전과 현황

구분	시기	『공비토벌사』		『섬진강별곡』	
		사살	생포	사살	생포
1기	51.12.01-51.12.15	7	133	49	778
2기	51.12.16-52.01.05	62	202	199	218
3기	52.01.06-52.01.31	1,648	1,411	1,801	1,341
4기	52.02.01-52.03.15	-	-	429	106
합계		1,717	1,746	2,256	2,407

---

57) 국방부전사편찬위원회, 『대비정규전사(1945-1960)』, 1988, 184-200쪽.
58) 백선엽, 『실록 지리산』, 고려원, 1992, 17쪽.
59) "제1기 작전 1,715명 생포 1,710명, 제2기 약 4천명 이상 사살하고 4천여 명 생포, 제3기 작전 핵심지도부 대부분 사살, 제4기 1기-4기 기간 중 사살·포로·투항 1만 6천여 명"(국방군사연구소, 『한국전쟁사』하권, 1997, 269~274쪽); "사살 5,009명, 생포 3,968명, 귀순 45명"(국방부전사편찬위원회, 『대비정규전사』).
60) 육군본부, 앞의 책, 84~119쪽을 정리함.

『공비토벌사』는 1기-3기까지 전투성과가 기록되었으며,『섬진강별곡』은[61] 백야사령부 작전 전 기간에 걸쳐 사살자와 생포자[62] 등을 일자별로 기록하였다. 이 시기에 항공기를 이용한 투항 권고 삐라가 1기 때 3백22만 장, 2기 때 5백37만 장, 3기 때 1백33만 장 등 무려 1천만 장이나 뿌려졌다. 〈표 3〉에서도 삐라 살포가 집중된 시기에 생포자가 많았다는 것을 알 수 있다. 백야사령부 작전 전과 후의 빨치산 분포는 다음과 같다.[63]

〈표 4〉 백야사령부 작전 전후의 빨치산 현황

	지리·덕유·백운	회문산	백아·화학	태백·일월	신불산	속리산	총계
작전 전	4,493명	2,226명	2,188명	155명	150명	35명	9,247명
작전 후	917명	447명	805명	101명	116명	35명	2,413명
생존율	20.4%	20.0%	36.8%	65.2%	77.3%	100%	26.1%

지리산·덕유산·백운산과 회문산의 경우 80%가 사살되거나 이탈되었고, 백아산·화학산의 경우는 65% 정도가 손실을 입었다. 백야사령부는 이영회부대가 활약했던 지리산·덕유산·백운산과 호남지역에 집중적으로 작전을 전개했다는 것을 알 수 있다.

한편, 백야사령부의 대대적인 토벌작전에 남부군단은 1952년 1월 24일 남부군 사단편제를 해소하면서 이현상은 '독립 제4지대'로 되돌아갔다. 이현상의 직속부대인 81사단은 '김지회부대(부대장 김홍복)'로, 92사단은 '박종하부대(부대장 김재연)'[64]로 개칭했다.[65] 이영회의 57사단은 제8지

---

61) 『섬진강 별곡』에는 1-5기까지로 나누어 일자별로 전투상황을 기록했으며, 생포되거나 사살된 빨치산 주요인물의 이름이 거명되어 있다는 점에서 의미가 있는 자료이다. 다만, 이름 등에 약간의 오류도 있다.

62) 『섬진강별곡』에 귀순자 또는 부상자로 기록되어 있다. 이를 생포자로 분류하여 현황을 작성했다.

63) 국방부전사편찬위원회, 앞의 책, 185, 218쪽.

64) 박종하부대는 3개월 만에 김지회부대로 편입되었다.

대로 독립적인 활동을 전개했다. 그리고 백야사령부 토벌이 완료되는 시점에 빨치산 70% 이상이 사살 또는 이탈하면서 또 다른 편제로 변화를 모색할 수밖에 없었다.

1952년 4월, 남한일대 빨치산은 5개 지구당으로 나누어 소부대 단위의 투쟁방식으로 전환했다. 제1지구당(위원장 김점권)은 경기도 일원이었으며, 제2지구당(위원장 윤오구)은 강원도 남부일대, 제3지구당(위원장 남충열)은 충청남·북도 일대, 제4지구당(위원장 박종근)은 경상북도 일대와 낙동강 동쪽의 경상남도 일대, 제5지구당은 전라남·북도 일대와 낙동강 서쪽의 경상남도 일대였다.[66] 제5지구당은 이른바 '중앙당 정치위원회 결정 94호'에 따른 조직개편이 늦게 도착하여 1952년 10월 조직되었다.[67]

남부군 빨치산의 80% 이상이[68] 존재한 제5지구당에는 4지대장 이현상, 전남도당 위원장 박영발, 전북도당 위원장 방준표, 경남도당 위원장 조병하, 전남 유격대장 김선우, 경남도당 부위원장 김삼홍, 전남유격지도부장 박찬봉 등 내로라하는 지도자들이 여전히 버티고 있었다. 논란 끝에 제5지구당 위원장에 이현상, 부위원장에 박영발을 추대했다.[69] 제5지구당의 휘하에는 송관일부대(부대장 송관일), 김지회부대(부대장 김홍복), 진남부대(부대장 김선우), 남태준부대(부대장 남태준), 경남부대(부대장 조병하), 전북부대(부대장 방준표) 등을 두었다.[70]

이때 이영회는 송관일부대(부대장 송관일)의 지도부장과 도당 군사책임지도원을 맡았다. 그러면서 큰 작전을 치를 때는 송관일 부대장과 함께

65) 이태, 하권, 194쪽; 이용하, 앞의 책, 324쪽.
66) 이태, 하권, 197~198쪽; 이용하, 앞의 책, 340쪽.
67) 김남식, 앞의 책, 465쪽.
68) 1952년 8월 4일 기준 총 1,828명의 빨치산 중 제5지구당에 1,494명이 있었다 (국방부전사편찬위원회, 앞의 책, 225쪽).
69) 이태, 하권, 198쪽.
70) 육군본부, 앞의 책, 190쪽.

지휘했다고 한다.[71] 그렇지만 그 시기는 길지 않았던 것으로 짐작된다. 국군의 토벌 기록에는 이영회가 예전에 지휘했던 8지대(경남도당), 57사단 등이 자주 등장한다. 예컨대 1952년 6월 7일 8지대가 지리산을 벗어나 응석봉으로 이동했다거나,[72] 7월 1일 57사단 소속 40여 명이 금서면 덕천마을에 나타났다거나,[73] 1952년 7월 6일 8지대 약 40명이 산청군 금서면 생초지서와 금서지서를 피습했다는[74] 등이 그렇다.

이로 미루어보아 이영회가 지휘했던 8지대가 57사단으로 그리고 사단 편제는 해소되었지만 57사단은 '이영회부대'로 존속하여 독립적으로 전투를 전개한 것으로 보인다. 제5지구당의 지리멸렬 속에서도 이영회부대는 기동투쟁에 나섰다. 1952년 9월 20일 거창경찰서 가조지서를 공격하여 가조마을을 이틀간이나 점령하는 등[75] 이영회부대는 경남 산청, 거창, 함양 등에서 크고 작은 전투에 나섰다.

1953년 4월 19일 경남도경에서는 산청경찰서에 이영회부대 섬멸을 위한 작전명령 제9호를 하달하였다. 산청경찰서는 경찰관 20명과 의용경찰 80명을 지리산 숙박재에서 3박 4일 동안 매복하면서까지 섬멸하고자 했으나, 오히려 경찰관 20명이 사살되었다.[76] 그러나 지속적인 토벌작전으로 제5지구당의 세력은 갈수록 약화하였다.

빨치산에 가장 위협적인 부대 중에 하나가 사찰유격대였다. 사찰유격대는 빨치산 전향자들로 조직된 유격대로서 길잡이 역할과 함께 역유격전을 펼쳤다.[77] 경남지역 사찰유격대로 가장 널리 이름을 알린 이는 산

---

71) 정충제, 중권, 39쪽.
72) 이용하, 앞의 책, 345쪽.
73) 이용하, 앞의 책, 346쪽.
74) 산청경찰서, 앞의 책, 93쪽.
75) 이용하, 앞의 책, 353쪽.
76) 이용하, 앞의 책, 375쪽.
77) 사찰유격대의 시초는 지리산지구 전투경찰사령부에서 1951년 10월 12일 창설

청군 금서면 화계리 출신의 강삼수였다. 6·25전쟁 전에 친구 따라 빨치산이 되었다가 자수한 강삼수의 전투일화는 산청지역 경찰에게 전설적으로 남아 있다.[78] 정순덕은 "강삼수라는 이름만 들어도 빨치산들이 줄행랑을 치는 '빨치산 잡는 귀신'이었다"고 회고했다.[79] 이영회부대가 산청군 금서면을 자주 습격했던 이유 중에 하나도 강삼수를 잡으려고 했던 것으로 짐작된다.

1953년 6월에 접어들면서 이영회부대의 전투력도 상당 부분 약화하였다. 토벌대와 전투를 치르고 날 때마다 전력손실이 눈에 띄게 나타났다. 중화기로 60mm 박격포가 있었지만, 탄약이 부족한 탓에 큰 전투 외에는 사용할 수 없었다. 1953년 7월 27일 정전협정이 체결되면서 군경 합동부대 중 경찰부대를 독립시켜 서남지구 전투경찰사령부를 설치하였다. 지리산 빨치산 토벌작전에만 전념하려는 조치였다.

이영회부대의 부대장이었던 송관일이 산청군 삼장면 대포리에 보급투쟁을 나갔다가 사살된 것은 1953년 8월 20일이었다.[80] 송관일은 온후하고 성실한 성품으로 1951년에 이현상의 호위대장으로 신임을 받았으며[81] '송관일부대'와 '전격필승부대' 등을 이끌었다.

이윽고 9월 18일 이현상이 지리산 빗점골에서 사살되었다. 이현상은 9월 5일 제5지구당이 해체되면서 평당원으로 강등되었고 신변의 위험을

한 '보아라부대'이다. 보아라부대는 사령관 신상묵의 직속부대로 대원들은 경찰관의 신분으로 빨치산 토벌에 나섰다. 보아라부대가 성과를 크게 올리자 예차 경찰대에서도 이를 모방하여 전향자로 토벌대를 조직하여 '사찰유격대'로 운영하였다(신기남, 「빨치산 토벌대 '지리산 보아라부대'」, 『역사비평』 1998 가을호, 390~395쪽).

78) 산청경찰서, 앞의 책, 97쪽.

79) 정충제, 중권, 41쪽.

80) 송관일에 대해 14연대 육군 소위라는 기록이 있으나, 송관일은 14연대 하사 출신이다.

81) 이용하, 앞의 책, 388쪽.

느끼고 있었다. 그는 시종일관 친밀한 관계였던 14연대 출신 이영회가 있는 경남도당으로 이동할 것이라는 첩보를 입수한 서남지구 전투경찰사령부 2연대에 의해 생을 마쳤다.[82] 이현상의 사살에는 그의 호위병 출신인 김은석과 김진영 등 사찰유격대의 역할이 컸다.[83]

제5지구당 해체와 송관일·이현상의 죽음으로 위기의식을 느낀 경남도당 간부들은 부대 재편성을 논의하는 경남도당 조직위원회 제39차 회의를 지리산 상봉골에서 열었다.[84] 이 회의를 통해 이영회부대는 소규모 4개의 직속부대로 개편했다. 부대장의 성씨를 따서 천소부대(부대장 천일제), 안소부대(부대장 안용인), 박소부대(부대장 박근실), 곽소부대(부대장 곽창학) 등에 12~14명 정도의 대원이 배치되었다.

11월 23일 이영회부대는 국군으로 가장하여 의령경찰서를 내습하고자 의령군 화정면 유수리 고개에 도착하여 잠복했다.[85] 진주에서 의령으로 향하고 있던 육군(소속 미상) GMC 한 대와 민간인 트럭 한 대를 탈취한 이영회부대는 의령경찰서를 습격하고 경찰서를 비롯한 주요 관공서를 방화했다. 이때 납치된 경찰관 2명, 군인 2명, 민간인 5명 전원을 살려 보냈다. 이영회가 위기에 몰리면서 악질적으로 생포자를 사살했다는 일부 기록이 있으나, 상황에 따라 달랐음을 알 수 있다. 의령읍을 빠져나온 이영회부대는 유곡면, 정곡면을 거쳐 11월 27일 산청군 신등면을 통해 지리산으로 입산 도중 서남지구 전투경찰사령부 5연대 매복조와 만났다. 극렬한 전투 끝에 이영회가 사살되었다.[86] 그의 나이 28살이었다.

---

[82] 이현상의 죽음에 대해서는 여러 설이 있다.

[83] 경찰종합학교, 앞의 책, 257~262쪽; 이용하, 앞의 책, 396~398쪽.

[84] 이용하, 앞의 책, 354쪽.

[85] 이영회의 최후는 정충제(중권, 223~229쪽; 이용하, 앞의 책, 415~418쪽; 산청경찰서, 앞의 책, 120~123쪽)를 참조했다.

[86] 이영회 등 사살, 의령에 내습한 공비 두목
三十일 치안국(治安局) 공식 발표에 의하면 앞서 경남 의령(宜寧) 경찰서를 습

이영회 사살 이후에도 김흥복부대 등 잔존부대가 있었다. 그런데도 토벌대에 참여한 군인은 이영회의 사살을 "마지막 발악을 하던 공비들의 준동에 종지부를 찍게 되는 쾌거를 이룩한 것이다"고 기록했다.

이영회는 1948년부터 1953년까지 5년간 지리산을 중심으로 빨치산 투쟁을 전개했다. 그의 빨치산 투쟁의 특징은 당의 간섭을 배제하고 독자적인 투쟁을 고집했다는 것이다. 상급부대로부터 당이 없는 부대가 있을 수 있느냐는 지적도 많이 따랐다. 당성(黨性)이 부족하며 독선적이라는 지적도 받았다. 이영회는 '반란군' 출신임을 강조하며 당과 무관함을 주장하고 있다.[87] 그런 이유에 대해 여순사건이 남로당이나 북로당에서 인정이나 동조받지 못하고 오히려 비판받았던 것을 요인으로 지목하고 있다. 이영회가 당과 밀접한 관계를 유지하지 않았던 이유를 다른 시각에서 찾아볼 필요가 있다.

김지회와 홍순석이 사살된 1949년 4월 이전까지 14연대 반군 빨치산들이 남로당 중앙이나 전남도당 등과 어떤 관계를 맺고 있었는지에 대한 해명이다. 즉, 이들의 빨치산 활동에 남로당에서 어떤 지령을 하달하였으며, 지도부를 파견하였느냐는 것이다. 남로당이 빨치산 활동에 개입했다는 정황이 처음 드러난 것은 전남도당이다. 1949년 6월, 전남도당 조직복구를 위해 최현(유격대사령관), 전인수(도당위원장), 김선우(도당부위원장), 박찬봉 등을 중앙당에서 투입한 것이다. 또한, 남한 빨치산 활동을 일원적으로 지휘·지원하는 조직으로 '조선인민유격대'가 창설된 시점도 1949년 7월이다. 그리고 1949년 하반기로 넘어가면서 남한지역 빨치산 활

격한 적 이(李永회)부대를 추격 중이던 경찰대는 지난 二十九일 상청문에서 지이산(智異山)으로 입산을 기도하는 소위 부대장 이(李)를 사살하였다 한다. 그런데 전과는 다음과 같다.
一, 射殺 五名(李 包含) 一, 生擒 二名 一, 권총 三정 노획(『자유신문』, 1953년 12월 2일).

[87] 정충제, 상권, 266쪽.

동은 이제까지와는 다른 면모를 보인다. 즉, 자생적·지역적 성격을 갖고 있던 빨치산 활동이 남로당 상층지도부에 의해 선도되기 시작한 것이다.[88]

지리산의 빨치산도 이현상이 등장하기 이전까지 14연대 반군 중심으로 자생적·독립적으로 활동했다. 경남도당 부위원장과 정치위원을 역임한 김삼홍은 "14연대 반군이 지리산에서 종횡무진 활약을 할 때, 남로당 중앙당에서 이들을 조직적으로 운영할 필요성을 느끼고 중앙위원회에서 지도자 이현상을 지리산으로 급파했다"는[89] 증언을 눈여겨볼 필요가 있다. 남로당과 14연대 반군 지도부의 관계는 향후 더 세밀한 연구가 필요한 부분이다.

이영회의 또 다른 특징은 기동투쟁을 전개했다는 것이다. 14연대 출신 빨치산이 여기에 모두 해당한다고 할 수는 없으나, 이영회의 빨치산 활동 중 큰 특징임에는 분명하다. 이영회의 마지막 전투였던 의령경찰서 습격이 대표적인 사례라고 할 수 있다. 군과 경찰의 토벌작전으로 세력이 약화되어 경남도당 조직위원회는 부대를 소부대 단위로 개편했다. 그런데도 이영회는 경남도당 부대 대부분을 소집하여 의령경찰서를 점령하기 위한 기동투쟁에 나섰다. 이 전투에서 이영회는 사살되었으며, 빨치산도 거의 전멸하고 잔존부대만 남게 되었다.

이영회의 왼쪽 얼굴은 칼로 깊게 팬 자국이 선명하게 드러났으며 눈빛이 날카로워 퍽 살벌하고 거칠게 느껴졌다.[90] 전투에서는 불호령을 치며 저돌적으로 싸웠다. 무서움과 강인함이 묻어난 그의 인상과는 달리 부대원의 사기를 위해서는 익살과 해학으로 대원들의 긴장을 풀어주고 사기를 북돋웠다. 부대장이란 체면쯤은 아무렇지 않았다. 대원들을 제 몸 아

---

88) 이선아, 「여순사건 이후 빨치산 활동과 그 영향」, 『역사연구』 20호, 2011, 188쪽.

89) 정충제, 하권, 250쪽.

90) 정충제, 상권, 197쪽.

끼듯 했다. 당연히 부대원의 사기는 높았으며, 부대원들의 신뢰는 절대적이었다. 특히 이영회는 여성부대원을 귀한 존재로 여겼다. 빨치산에 '여성근위대'[91]가 처음으로 조직된 것도 이영회부대였다.

이영회에게는 그림자처럼 따라다니는 비서 이옥순(李玉順)이 있었다. 그녀는 당시 19살로 이른바 '산중 처'였다. 이옥순은 1952년 1월 백야사령부의 총공세 때 생포되었다. 그녀의 생포는 이영회가 자수할 것을 간곡하게 권유했기 때문이다. 그녀는 자수 이후 빨치산들에게 자수를 권하는 선무방송을 하기도 했다. 이옥순은 부산에서 자식을 낳고 살았다.[92]

IV. 빨치산의 종막

> 내 나이 스물에 입산해서 풍찬노숙 사람답게 살아 본 적이 하루도 없소.
> 앞으로도 나는 이렇게 살다 죽을 것이 뻔하지 않소.
> 내게도 이 세상에 태어나 서로 사랑하는 여인 한 사람쯤 있어서 나쁠
> 것 있겠소?[93]

혁명전사로 살고 죽기를 맹세했기에 '사랑'은 혁명의 장애물이라며, 이현상의 '산중 처'에 대해 비판을 서슴지 않는 사람이 있었다. 이에 대해 이영회가 한 말이라고 전해지고 있다. 이영회, 그가 사랑한 '이옥순'은 1952년 1월 백야전 전투사령부의 총공세 때 생포되었다. 당시 19-20살로 알려졌다. 생포된 이후 토벌군의 선무공작에도 참여한 그녀는 부산 어느 곳에서 아들을 낳고 살고 있다. 그러나 이옥순과 그 아들의 흔적을 찾기란 쉽지 않다. 그의 아들도 어느덧 환갑을 넘었겠지만, 역사의 뒤편에 꼭

---

[91] 여성근위대는 간병부 요원 등 후방부대원의 역할을 담당했다.

[92] 이영회의 조카 이○○도 이옥순과 아들을 한 번 만났다고 했다.

[93] 장인성,『빨치산 이현상의 산중처 하수복 살아 있다』,『통일한국』8, 1990, 43쪽.

꼭 숨어서 드러내기를 꺼리고 있다.

　여순사건이 미친 파장은 매우 컸다. 또한, 남한지역 빨치산 '탄생'에 결정적인 역할을 하였으며, 14연대 출신 빨치산의 최후 종말은 남한지역의 빨치산 '소멸'로 이어졌다. 그런데도 14연대 출신 중에서 빨치산 활동으로 알려진 인물은 거의 없었다. 그나마 알려진 인물들은 여순사건 주모자 그룹이라고 할 수 있는 인물이 대부분이다. 14연대는 대략 2,000~2,500명 정도 규모의 부대였다. 이 중 '봉기'에 합세하여 입산한 병사는 대략 1,000명 안팎으로 보인다. 그렇다고 이들 모두가 '봉기'에 적극적으로 참여했다고 할 수는 없을 것이다. 이들 빨치산은 1948년에서부터 1955년까지 지리산·백운산·덕유산 등 전남·전북·경남 일대에서 주로 활동했다. 이 글에서는 57사단 사령관 또는 불꽃사단 사단장으로 널리 알려진 이영회의 빨치산 활동을 구체적으로 조망했다.

　이영회가 지휘한 부대는 대체로 독자적으로 활동한 특징이 있다. 이영회의 독자적 활동에 대해 당성이 약해서 또는 남·북로당이 '봉기'를 인정하지 않는 것에 대한 불만적 요소로만 간주하기에는 충분치 않다. 이현상이 지리산에 등장한 1949년 4월 이전까지 14연대 출신 빨치산의 투쟁에서 남로당 중앙당이나 전남도당으로부터 지령이나 합동으로 전투를 전개한 흔적이 없다. 이는 남로당의 지령을 받지 않았다는 것을 의미할 수 있다. 여순사건이 남로당의 지령으로 발발했다는 주장이 사실과 다르다는 것을 밝히는 또 하나의 단서이기도 하다. 또한, 이영회는 기동투쟁을 전개했다. 세력이 약화될수록 생존 전략에 맞추어 보급투쟁 등 소규모 전투로 생존 방법을 찾는 것이 게릴라전의 특성이지만 이영회는 기동투쟁을 고집했다.

　14연대 출신 이영회를 살펴보았지만, 그가 왜 그토록 격렬하게 마지막까지 투쟁했는지는 규명하지 못했다. 그리고 자료의 한계로 인하여 다소 무리한 주장도 있었다. 그런데도 여순사건으로 입산한 14연대 출신 중

'이영회'란 인물을 확인했다 것과, 14연대 출신 반군의 입산이 빨치산의 '탄생'이었으며, 이들의 소멸이 빨치산의 '종막'이었음을 알 수 있었다는데 그 의의를 두고자 한다.

이 글은 『남도문화연구』 제28집(순천대학교 남도문화연구소, 2015)에 수록된 「빨치산 사령관 '이영회'의 삶과 투쟁」을 그대로 실은 것이다.

지리산권 빨치산의 형성과 활동

6·25전쟁 직후부터 1951년 '남부군' 결성을 중심으로

이선아

—

I. 여순사건 이후 지리산권의 빨치산 활동

한국전쟁은 한국 사회와 현대사에 강력한 규정력을 행사해 왔다. 이 비극적 전쟁의 기저에는 수만의 빨치산들이 존재하고 있었다. 해방 후 미군정 3년 동안 일어났던 크고 작은 소요를 둘러싼 갈등과 억압이 치안문제 차원에서 전개되었다면, 1948년 하반기부터는 정부 수립과 여순사건을 계기로 국가에 대한 '반란'과 '토벌'이 첨예하게 펼쳐졌다.

1948년 10월 여순사건 직후 14연대 봉기 세력이 지리산으로 입산하면서 무장유격대 활동이 본격적으로 시작되었다. 1949년 말 동계토벌 이후 소멸 직전이었던 유격대 활동은 6·25전쟁 발발 직후 다시 점화했다가 1951년 말부터 이듬해 봄까지 이어진 '백야전' 토벌로 치명적 타격을 받고 약화되었다. 이와 같은 빨치산 활동은 여순사건 이후부터 1953년경까지 비교적 장기간에 걸쳐 펼쳐졌으며, 지역별로 활동 양태와 주체의 구성이 복잡 다양하다.

1948년 10월 이전에도 산악 지역에서 남로당의 '야산대'가 존재했었지만 빨치산 활동이 본격적으로 시작된 공간적 배경은 지리산 일대였다. 지리산은 한국인들과 오랜 시간을 함께 하며 역사의 굽이마다 수많은 사연을 품었던 공간이다. 지리산이 빨치산들의 유일한 활동 지역은 아니지만 매우 유력한 활동의 근거지였으므로 때로는 지리산이 빨치산 활동의 대명사처럼 여겨지기도 했다. 최종적으로 지리산은 모든 빨치산 활동이 종료된 곳이기도 하다.

논문은 6·25전쟁 발발을 전후해서 1951년 하반기까지 지리산권을 중심한 '빨치산' 활동의 전환 국면에 초점을 두어 경남 도당 유격대와 '남부군' 결성을 살펴본다. 경남 도당 유격대는 6·25전쟁 발발 후 조직된 6개 도 유격대 가운데 가장 이른 시기에 결성되어 지리산을 거점으로 활동했다. 경남 유격대의 활동은 1950년 10월부터 1951년 6월까지 당사자 기록이 남아 있어 자료 여건이 빈약한 다른 지역의 유격대 조직과 활동을 유추하는 근거가 될 수 있다. 경남 유격대는 '남부군' 결성 과정에서 이들과 인적·지역적 연계도 깊었다.

'남부군'은 전쟁 전 지리산 이현상유격대를 중심으로 하여 확대·재편된 유격대로서 1949년 4월 이후부터 1953년 하반기 이후 소멸될 때까지 중단 없는 유격활동을 전개하였다. '남부군'이 활동 전시기에 걸쳐 단일한 대열과 성격을 유지했다고 볼 수는 없으나 시기적 변화를 거치며 지리산권 일대 빨치산 활동의 시작과 종결을 아우른 집단으로서, 그 결성 과정을 중심으로 전체 유격대 활동에 미친 영향에 주목해 보고자 한다.

Ⅱ. 6·25전쟁 직후의 상황과 유격대의 변모

1. 6·25전쟁 이전 빨치산 형성과 소멸

1948년 10월 19일 발생한 여순사건은 대중운동과 야산대 활동을 무장 유격투쟁으로 고양시켰다.[1] 여수 14연대 봉기 병사들은 여수, 순천 장악 후 10월 22일 학구에서 정부 진압군에 패해 흩어졌다가 10월 26일경 두 부대로 나누어 화엄사골과 문수골을 통해 지리산에 입산했다.[2] 입산한 14연대 세력 일부는 백운산, 태석봉, 둔철산, 정수산, 감악산 일대와 달궁, 장안산, 덕유산, 천마산 등으로 병력을 분산해서 유격활동으로 방향을 전환했다. 14연대 봉기 세력은 정규군 출신으로 전투 능력을 갖추었으며, 제주도 파병 반대라는 봉기의 명분 또한 지역사회에서 호소력이 있었다. 여순 '병란' 자체는 실패했으나 지리산으로 입산한 봉기 세력 일부는 1949년 하반기에 결성된 제2병단과 전쟁 후 '남부군'의 핵심 구성원이 되어 빨치산 활동의 주요한 인적 기반을 제공했다. 여순사건의 경험은 이들이 전쟁 이후 유격투쟁을 지속하는 정신적 기반으로 작용했다.[3]

14연대 봉기 세력의 초기 지도부 가운데 주요한 인물인 홍순석, 지창

---

[1] 여순사건의 전개과정에 대해서는 김득중, 『'빨갱이'의 탄생: 여순사건과 반공국가의 형성』, 선인, 2009, 「제1부 여순사건의 발발과 대중봉기로의 전화」 참조. 여순사건 이후 빨치산 형성과 활동에 대해서는 이선아, 「여순사건 이후 빨치산 활동과 그 영향」(『역사연구』 20호, 2011) 참조.

[2] HQ, USMAGIK, G-2 Peoridic Report #968; 노영기, 「여순사건과 구례」, 『사회와 역사』 제68호, 2005, 42-43쪽.

[3] '려수병란 3주년 기념좌담회' 참조. 좌담회는 이동규의 사회로 열렸으며, '남부군' 사령관 이현상, 정치위원 남철이 배석하고, 간부 대원들이 다수 참석했다. 좌담회는 여순사건 당시 14연대 대원 유화열, 정현종, 고송균, 김환영과 구례군 여맹 일을 하던 이옥자 등 5명이 자신의 경험을 말하고 이현상이 '병란'의 의의를 정리하는 자리였다. 이 기사는 14연대 대원들의 당시 경험을 기록한 것으로는 현존하는 유일한 자료이다(『(조선인민유격대 남부군 기관지) 승리의 길』 제23호, 1951.11.3, 한림대 아시아문화연구소, 『빨치산자료집』 제7권, 1996, 40쪽).

수, 김지회는 1949년 4월까지 군의 토벌작전으로 사망하거나 체포되었다. 1949년 4월 9일, 김지회가 남원군 산내면 반선리에서 군의 기습으로 사망한 이후 반군 출신 유격대는 구례군당 유격대를 찾아갔다. 이즈음부터 이현상이 지리산유격대장으로 알려졌다. 이현상은 1948년 말에서 1949년 3월 사이, 남로당 서울지도부로부터 전남 여수, 순천, 구례, 광양, 곡성 5개 군의 당 사업 지도 권한을 위임받은 것으로 알려져 있었다.[4]

1949년 하반기부터 남한 지역 빨치산 활동의 성격은 이전과는 달라지기 시작했다. 1949년 6월 남북로동당이 조선로동당으로 합당하여 빨치산 활동의 지도 권한은 조선로동당으로 넘어갔으나 현실적으로는 남로당 계열에서 남한 유격투쟁을 전담했다.[5] 또한 1949년 6월 25일에서 28일까지 열린 남조선민주주의민족전선과 북조선민주주의민족전선의 '조국통일민주주의전선' 결성대회에서 통일정부 수립을 위한 평화통일선언서가 채택되었으며, 1949년 9월 남북한 입법기관 선거를 실시하자는 주장에서 '9월 공세'가 제기되어 빨치산 활동은 1949년 7월부터 9월 사이 한층 격렬해졌다.[6]

북한 낭국과 재북 남로당 지도부는 1948년 11월-1950년 3월까지 10차에 걸쳐 유격대를 남파했는데, 남한 출신 유격대원들이 침투해서 '인민유격대' 제1병단과 3병단을 구성했다. 지리산의 이현상부대는 제2병단으로 편성되었다.[7] 제2병단은 14연대의 잔여세력과 구례 출신 박종하의 백운산 특수지구당 유격대가 결합한 부대로 규모는 250명가량이며, 지리산, 백운산, 조계산, 덕유산에 근거를 두고 유격활동을 전개했다.[8]

---

4) 이선아, 앞의 논문, 2011, 188쪽.

5) 김남식, 『남로당연구』 I , 돌베개, 1984, 412쪽.

6) 이신철, 『북한 민족주의운동 연구』, 역사비평사, 2008, 140~141쪽.

7) HQ, USMAGIK, G-2 Peoridic Report #259.

8) 제2병단의 규모에 대해 이태는 250여 명으로(이태, 『여순병란(下)』, 청산, 1994, 127쪽), 군 공간사는 650명(국방부 전사편찬위원회, 『대비정규전사』, 1988, 102쪽)

북한의 무장유격대 남파는 별다른 군사적 성과 없이 대원 다수가 목숨을 잃는 결과를 낳았고, 생환한 인원도 많지 않았다. 지리산 일대의 빨치산들은 탈출할 공간조차 갖지 못했다. '9월 공세'는 유격대 전체의 역량을 급속하게 소모시켰다.

1949년 하반기 빨치산들의 유격활동이 격화되자 정부는 9월 22일 내무부에서 군경 수뇌회의를 열어 토벌을 결정했다. 1949년 동계토벌은 10월 30일부터 이듬해 2월 28일까지 '비민분리' 방식으로 이루어져 지리산지구는 고봉을 중심으로 8킬로미터 이내 산간부락이 군 당국에 의해 소개되었다.[9] 군경 공세가 집중된 지리산의 제2병단은 병력을 분산해서 세력 보존을 도모하고자 했지만 동계토벌은 유격대 전반에 복구할 수 없는 손실을 안겼다.[10] 지리산지구의 생존 빨치산은 100여 명, 호남지구 90여 명으로 추산되어 유격대의 숨이 멎은 듯 보였다.[11]

2. 6 · 25전쟁 직후 유격대의 변모

1950년 상반기까지 정지된 것이나 다름없던 빨치산 활동은 6 · 25전쟁 발발로 전환을 맞았다. 이 시기의 빨치산 활동은 북한 당국의 전쟁 정책에 의해 규정되었다. 빨치산 활동은 초기에 형성된 지역적 성격으로부터 1949년 하반기에 한 차례 변모했고, 전쟁 후에 다시 크게 바뀌었다. 1949년 6월 '조국전선' 결성과 남북로동당의 합당을 계기로 북한 당국이 유격부대를 내려 보내고, 유격대가 3개 병단으로 편성되어 활동하면서 자생적 성격이 약화된 바 있었다. 6 · 25전쟁 이후 남북로동당 합당의 공식화

까지 파악하고 있는데, 김지회 사망 후 수습된 병력이 130명 내외, 박종하의 유격대가 40여 명가량이었음을 감안할 때, 250여 명이 사실에 가까울 것이다.
9) 『자유신문』 1949.10.20.
10) 이태, 『여순병란(下)』, 청산, 1994, 127쪽.
11) 백선엽, 『(실록)지리산』, 고려원, 1992, 295쪽.

와 북한의 전쟁지도체계 수립으로 빨치산 조직과 활동은 동원의 측면이 강화되고 전쟁 수행 무력이라는 성격이 두드러지게 되었다.[12]

북한은 당 중앙위원회 정치위원회, 최고사령부, 군사위원회 3자 간에 역할을 분담하는 전쟁지도체계를 형성했다.[13] 최고사령부 예하에는 전선사령부와 군 집단지휘부 조직이 신설되고, 기존의 민족보위성과 군사관련 부서는 모두 최고사령부로 흡수되었다. 인민군 정규부대, 내무성 산하 경비부대, 내무서원, 당원, 민청원 등 일체의 무력이 최고사령관의 지휘권으로 일원화되는 형태였다. 남한 지역 빨치산들 또한 북한 당국의 전쟁 정책과 지시에 의거하게 되었다. 이는 앞으로 유격대 활동이 전쟁 정책의 전개에 좌우된다는 것을 의미했다.

6 · 25전쟁 발발 시점에서 우선적으로 나타나는 빨치산의 움직임은 북한에서 직접 남파한 유격부대의 활동이다. 북한은 전쟁 초기에 독립유격 부대를 후방으로 침투시켜 정규군 진격을 지원하고자 했다.[14] 한편으로 북한 전쟁지도부는 남침 직후인 6월 26일, 김일성 방송연설을 통해 승리 쟁취를 역설하며 유격투쟁의 활성화를 촉구했다.[15] 조선로동당 중앙위원회도 6월 27일, 빨치산 활동의 확대와 강화, 인민의 지원을 강조했다.[16] 서울이 점령당한 6월 28일, 김일성은 방송연설을 통해 빨치산들에게 후방 교란뿐 아니라 유격전을 통해 인민폭동을 일으켜야 한다고 주장했다.[17]

---

12) 이선아, 「한국전쟁기 강원 · 경북지역 빨치산 활동 연구노트」, 『역사연구』 23호, 2012, 185쪽.

13) 고재홍, 「북한군 최고사령관의 군사지휘체계」, 『북한의 군사』, 212쪽, 경인문화사, 2006.

14) 양영조, 「한국전쟁기 북한 게릴라의 운용과 성격」, 『북악사론』 10권, 2003, 451~453쪽.

15) 조선중앙통신사, 『조선중앙연감』(1951-1952년), 15쪽; 조선로동당출판사, 『김일성선집』 3권, 1954, 9~10쪽.

16) 국사편찬위원회, 「전체 당 단체들과 당원들에게 보내는 조선로동당 중앙위원회의 편지(1950년 6월 27일)」『북한관계사료집』 29, 1998, 136~147쪽.

박헌영은 7월 초 방송연설을 통해 개전 초 빨치산들의 군사 활동이 삼척, 울진, 영월, 봉화 점령에 큰 역할을 했다고 강조하면서, 1946년 '대구인민 항쟁'을 비롯한 각종 항쟁을 계승하여 빨치산은 공격전을 벌이고 민중들은 총파업과 대중적 폭동에 궐기하자고 했다.[18)

북한 전쟁지도부의 이러한 언명은 현실을 제대로 인식하지 못한 선동 차원에 그치는 것이었다. 남한 산악 지역에 생존했던 소수의 빨치산 세력은 1950년 6월 말까지 잠잠했다. 6월 25일에도 토벌로 인해 빨치산들은 산악에 갇혀 있었다. 지역의 유격대들은 7월에 들어서야 식량 보급이나 선전 활동을 시작하고, 7월 중순부터 소규모 전투와 동리 점거가 있었던 것으로 보인다.[19) 이러한 상황에서 개전 직후 북한 전쟁지도부가 빨치산 활동의 방향에 대해 공식적으로 언급한 내용은 이들을 동원의 대상으로 파악하고, 객관적 여건을 고려하지 않은 일방적 발상이었다.

북한 전쟁지도부의 기대와 달리 어떠한 '폭동'도 일어나지 않았지만 인민군은 빠르게 남진하여 서울이 6월 28일에 점령되었다. 7월 19일에는 인민군이 이리, 예천, 영덕까지 내려왔다. 인민군 제4사단이 7월 23일 광주를 점령했고, 제6사단은 7월 24일 여수로 진격해 갔다. 7월 27일, 인민군은 하동-함양 선까지 내려가 7월 31일 진주를 점령했으며, 8월 15일 의성을 점령했다.[20)

6·25전쟁 발발 전 제2병단으로 활동했던 이현상부대는 7월 중순 이후 무주 적상산에서 전쟁 발발 소식을 접했다. 이현상이 대전의 '전선지도부'

---

17) 조선로동당출판사, 『김일성선집』 3권, 1954, 14~15쪽.
18) 「남반부의 로동당 전체 상원들과 전체 인민들에게 호소한 박헌영 동지의 방송 연설」, 『조선인민보』 1950.7.5.
19) FEC, G-2, IR No.25(1950.7.210400-220400)[양영조, 앞의 논문, 459~460쪽, 표〈1〉] 참조; 『조선인민보』 1950.7.12; 『조선인민보』 1950.7.17; 『해방일보』 1950.7.23; 한림대아시아문화연구소, 「박태만 자서전」, 『빨치산자료집』 2권, 1996, 522쪽.
20) 국방부 전사편찬위원회, 『한국전쟁요약』 「연표」, 1986, 361~365쪽.

에서 지시를 받고 무주로 돌아온 직후 부대는 후방 교란을 목적으로 다시 남쪽으로 행군 방향을 바꾸었다.[21] 이들은 1949년 동계공세에서 생존한 인원에 전남 화순과 낙동강 부근에서 초모한 대원들을 합쳐 약 150명 규모의 부대를 이루었다. 신대원이 전체의 4분의 1가량을 차지했으니 전쟁 전에 살아남은 인원은 90-100여 명 정도로 추정된다.[22] 1950년 8월, 이현상부대 대원들 중 50여 명을 제외한 100여 명이 낙동강을 건너는 데 성공했다. 이들은 비슬산으로 진입하여 미군 부대를 기습하고 탄약과 식량을 획득했다. 이어 대구 주변 달성군 가창면 일대와 경남 창녕에서 미군 부대를 습격해 피해를 입혔다.[23] 이현상부대의 활동은 후방 교란이자 인민군의 낙동강 도하를 지원하려는 시도의 일환이었다.

유격대가 부분적으로 활동하는 동안 점령 지역에서는 이전 남로당 계열 활동가들이 모습을 드러냈으며, 서울시 임시인민위원회 위원장 이승엽의 지휘로 중앙, 도, 시, 군, 면의 순위로 당 위원회가 조직되어 당 재건이 시작되었다. 유격대로서 전투를 지속한 이현상부대를 제외한 지방당 조직의 빨치산들은 연고지로 돌아와 공개적으로 활동했다.[24] 이와 함께 점령 기간에는 다수의 인공 협력지(부역지)가 양산되었으며, 이들 일부가 후퇴 뒤 입산하여 재조직되는 빨치산 활동에 합류하였다.

6·25전쟁 시기에 빨치산 활동이 본격적으로 조직되는 것은 1950년 9월 말부터다. 인민군이 패퇴하던 시기부터 북한 전쟁지도부의 유격대 정책은 다음과 같이 요약될 수 있다.[25]

21) 정지아, 『빨치산의 딸』 2권, 필맥, 2005, 210쪽; 같은 책, 222쪽.
22) 하종구(1922-2006) 구술·기록(2003.5. 면담·정리: 필자).
23) 조선중앙통신사, 『조선중앙연감(1951-1952년)』, 411쪽.
24) 『해방일보』 1950.7.29; 『조선인민보』 1950.9.5; 『해방일보』 1950.7.29.
25) 이선아, 「한국전쟁전후 빨찌산의 형성과 활동」, 『역사연구』 제13호, 2003, 186쪽.

1) 1950년 9월 : 당 조직을 지하화하고, 유격대를 조직하여 인민군 후퇴를
    보장.
2) 1951년 1월 : 지방당을 유격지대로 재편하여 제2전선을 형성하고, 군사
    활동에 집중하여 인민군 재진격을 지원.
3) 1951년 8월 : 전선 교착 이후에는 당 사업 위주의 지구당체제로 전환.

  1951년 1월의 지대 개편 단계부터 유격대가 중앙당의 지시를 바로 수
용하고 실행하는 것은 사실상 불가능했다. 북한의 유격대 운용 정책은 현
실성이 떨어지는 일방적 입장 표명에 가까웠다.

  1950년 9월, 주 전선은 낙동강 전선에서 교착 상태에 빠졌다가 9월 15
일 인천상륙작전 성공으로 반전을 맞았다. 국군과 유엔군이 9월 19일부
터 낙동강 도하 작전을 개시했고, 인민군은 9월 23일에서 24일 사이, 전
전선에서 퇴각하기 시작했다.[26] 한반도의 허리를 가로질러 퇴로가 차단
되었으므로 인민군들은 산줄기를 타고 북상을 시도했다. 경남 방면으로
남하했던 인민군 제6사단과 같이 쫓겨 가면서도 안내자와 식량을 징발해
서 후퇴한 경우도 있었지만 더 많은 인민군들은 삼삼오오 짝을 지어 아
우성치듯 퇴각했다.[27] 각 지역별로 인민군 점령 기간에 복구했던 지방당
조직과 인민위원회, 사회단체 관련자, 점령 정책 협조자들도 후퇴 길에
올랐다. 질서 있게 움직이기는 어려웠다. 말 그대로 '피란'에 가까웠다. 후
퇴 과정이 혼란스럽고 통제되지 않았다는 점은 경험자들의 공통된 지적
이다.[28]

  그동안 북한의 조선로동당 중앙위원회가 인천상륙작전 직후 지방당 조

26) 국방부 전사편찬위원회, 『한국전쟁 요약』, 1986, 116쪽.
27) 김경현, 『민중과 전쟁기억』, 선인, 2007, 311쪽; 이인모·신준영, 『(전 인민군
    종군기자 수기)이인모』, (주)월간 말, 1992, 87쪽.
28) 김서령, 「고계연」, 『여자전: 한국 현대사를 온몸으로 헤쳐온 여덟 인생』, 푸른
    역사, 2007, 23~27쪽; 박현채, 『박현채전집』 제1권, 해밀, 2006, 24~28쪽 참조.

직에 후퇴 지시를 내렸다고 알려져 왔지만[29], 후퇴 지시가 실지로 9월 중순에 있었는지는 불명확하다. 경남도당이 진주를 빠져나온 날짜가 9월 24일, 전남도당이 당 조직을 지하당 기구로 개편하라는 특별지시를 받은 시점이 9월 25일임을 감안하면, 지시는 '인천상륙작전 직후' 보다는 늦게 전해졌을 것이다. 상부의 지시 없이도 각 도당이 전황과 지역 상황을 자체적으로 판단해서 행동에 옮겼을 여지도 충분하다.[30]

조선로동당 중앙위원회의 지시는 '후퇴'와 '입산'을 분리하고 있으므로 지방당 관계자 전원이 무조건 입산하라는 명령으로 볼 수는 없다. 그러나 점령당했다가 수복된 지역의 지방당 조직과 관련자 신상이 대부분 알려져 지하당 개편이 불가능했다. 활동 지역을 빠져나온 당 조직과 사회단체 구성원들, 점령 정책 협조자들은 국군·유엔군 진주와 경찰의 경찰서·지서 수복을 맞아 야산 지대의 부락으로 옮겨 갔다가 전황의 추이에 따라 더 깊은 산악으로 이동을 계속했다. 일단 중심지를 빠져 나와 안전한 지역으로 옮겨 간 후 지방당 조직의 인원 수습과 조직 개편이 이루어졌으나 이러한 양상은 지역적 차이를 보인다.

후퇴 시 지방당 조직이 자신들의 역할을 이렇게 인식했는지는 경남도당의 보고서를 통해 개략적으로 파악할 수 있다. 경남도당은 인민군의 후퇴 보장과 유격운동 강화라는 두 가지를 임무로 인식하고 있었다.[31] 유격투쟁은 지방당 조직이 생존하기 위해서도 필요한 요건이었을 것이다. 이 시기에 하급 단위인 면 당부에서 자체적으로 면 유격대를 결성하거나 후퇴하던 청년들이 유격대를 조직하는 경우를 볼 수 있는데, 이는 유격대 활동이 목적이었다기보다는 자위의 차원에서 결성했다고 보아야 할 것이다. 후퇴하려 했다가 퇴로가 막혀 되돌아온 다수의 민간인들은 결과적으

29) 김남식, 앞의 책, 1984, 455쪽.
30) 이선아, 앞의 논문, 2012, 191쪽.
31) 한림대학교 아시아문화연구소, 앞의 책, 2권, 42~43쪽.

로 산악 지역으로 흡수되었다.

전남, 전북, 경남, 경북의 도당 조직은 시기적 차이는 있지만 모두 산악에서 유격대를 편성했다. 경남도당은 9월 24일 진주를 빠져나와 9월 29일, 함양군 휴천면에서 '경상남도 인민유격대'를 조직했다. 경북 지역 유격대 활동은 두 방면으로서 경북도당은 태백산·일월산을 근거지로 유격활동을 전개했으며, 전투부대인 남도부부대는 동해안 지역과 신불산 방면에서 군사 활동에 치중했다. 전남도당 지도부는 9월 28일 광주를 빠져나와 10월 초 화순 백아산에서 '전남 인민유격대'를 조직하고, 도당 부위원장 김선우가 이를 지휘했다. 전북도당은 순창군 엽운산에서 도당 유격대를 편성한 후 회문산을 근거지로 삼았다.

지방당 조직이 산악 근거지에 자리를 잡게 되자 후퇴 직후 면 단위로부터 다양한 형태로 형성되었던 유격대는 도당의 통제 아래 차츰 정비되어 나갔다. 그러나 민간인들이 대부분을 차지하여 무장의 정도나 군사적 역량은 미약한 편이었다. 전쟁 이후 유격활동은 지역별로 이루어져 유격대는 소속된 지방당의 지시에 따르도록 되어 있었다. 이러한 일반적인 원칙은 1951년 하반기에 '조선인민유격대 독립제4지대('남부군')'가 남하해서 유격대 통합 작업을 진행할 때까지 일관되게 유지되었다고 볼 수 있다.

III. 경남 지역 유격대의 조직과 활동

경남도당은 상대적으로 이른 시기에 후퇴하여 유격대 편성을 단행했다. 경남도당은 지리적으로 주전선의 움직임에 즉각 대응해야 하는 위치에 놓여 있었다. 인민군은 7월 31일 진주 점령 이래 진양군, 사천군, 남해군, 함양군, 거창군, 합천군, 의령군을 점거하고 창녕, 함안, 통영 일부에 영향을 미쳤지만 경남 지역을 완전히 장악할 수 없었다. 약 2개월간의 점령 통치는 급박한 후퇴로 막을 내렸다. 경남도, 진주시, 진양군의 지방당 관계자들은 1950년 9월 24일 새벽, 임시 도기관 소재지 진주를 탈출해서 산청을 거쳐 함양에 도착했다. 경남 하동군당은 화개장과 화개굴, 세석을 거쳐 지리산으로 들어갔다.[32] 경상남도 인민유격대(이하 '경남 유격대') 사령부가 스스로 밝혔듯이, 후퇴 시 지하당 활동과 유격운동 전개를 준비할 시간적 여유는 갖지 못했으나 비교적 신속하게 유격대를 조직했다.

경남 유격대 조직과정은 유격대 사령부가 남긴 문건을 통해 파악할 수 있다. 경남도당은 후퇴 초기에 8가지 항목의 명령·훈령을 내려 유격대 활동의 원칙을 확정한 것으로 나타난다. '조직, 무장력 확대, 대세장성,[33] 당과의 관계, 인민공작, 식량 확보, 투쟁방향, 문화 선전사업' 등 8가지 항목이었다. 이를 통해 '조직' 면에서는 대원 확대와 생산유격대('들부대') 조직을 강조하고, '당과의 관계'는 당의 지도와 노선에 의거하고, '인민공작' 면에서는 '인민의 이익을 위'해 싸운다고 주장하였다.[34] 경남도 군사위원회는 이러한 유격대 조직과 활동 방향 수립의 중심 역할을 하였다. 군사위원회는 도당 조직위원회 소속의 유격대 지도 기구로서 도당위원장이 도당 군사위원장을 맡고, 도 유격대 사령관은 도 군사위원회 위원으로 참여하였다. 도 군사위원회 산하에는 군 군사위원회가 설치되어 군당위원장이 위원장이 되고, 대대장이 군 군사위원회의 위원이 되는 구조였다.[35]

경남도당은 1950년 9월 29일 경남 함양군 휴천면 문정리에서 당, 인민

---

32) 한국역사연구회 현대사증언반, 『끝나지 않은 여정』, 대동, 1996, 225쪽.

33) 유격대 대열의 세력을 확대·성장시킨다는 의미로 이해된다.

34) 「경상남도 인민유격대 사업보고서」, 한림대 아시아문화연구소, 앞의 책, 2권, 40~59쪽.

35) 경남도당 조직과 군사위원회 기구는 한림대 아시아문화연구소, 앞의 책, 2권, 110쪽의 '군사위원회 기구도' 메모와 이선아, 앞의 논문(2003), 175쪽을 참조.

위원회, 사회단체, 낙오 인민군, 기관원, 의용군, 지역민들로 최초의 유격대를 편성했다.[36] 경남도당 조직부장 안병화가 대원 선발 심사를 진행했는데, 경험자를 우선적으로 뽑아 건강상의 이유로 유격대 심사에서 탈락하는 경우도 발생했다. 초기 경남 유격대의 전체 인원은 사령부와 부대부를 합쳐 112명에 불과했다. 대원이 적은 이유는 아직 구성원 수습이 완료되지 않아서이기도 하지만 심사에서 지원자들을 탈락시켰던 것도 이에 영향을 미쳤을 것이다. 이러한 점이 유격대 조직 초기에 '소수 정수주의'로 흘러 유격대의 대중화를 저해했다고 비판되면서 이후에는 유격대원이 대규모로 조직되는 단초로 작용하기도 했다.

경남 유격대의 제반 활동은 경남도 군사위원회의 결정에 따라 이루어졌으므로 주요 사항을 간단히 살펴보기로 한다. 도 군사위원회는 1951년 6월 중순까지 14차의 위원회를 개최해서 안건을 논의하고 결정을 집행했다. 남아 있는 자료로 알 수 있는 최초의 결정은 유격대를 확대, 강화하자는 것이다. 중국군 참전으로 변모한 정세와 10월 11일 김일성 방송 연설은 유격대 강화를 자극했다. 그리하여 유격대원 확보에 나선 결과, 2차 편제(1950.10.28)를 마친 이후 1950년 11월 7일의 전체 규모는 1,051명으로 처음보다 10배 가까운 수적 성장을 보였다. 이와 같은 규모를 형성할 수

---

36) ['경상남도 인민유격대'의 5차에 걸친 부대 편제와 인원 증감]

편제	날짜	부대 수	전체 규모	구분	인원	편제 장소	거점
1차	1950.9.29	4개 중대	112명	도 사령부	20	함양군 휴천면 문정리	음천골
				부대	92		
2차	1950.10.28	4개 대대	1,051명	도 사령부	48	지리산 운암	덕유산
				부대	1,003		지리산
3차	1950.11.14	5개 대대	1,187명	도 사령부	79	덕유산 농골	지리산
				부대	1,108		덕유산
4차	1951.1.19	4개 병단	1,508명	도 사령부	105	지리산 삼장면	지리산
							덕유산
				부대	1,403		황매산
5차	1951.5.15	6개 대대	1,267명	도 사령부	140	지리산 중산리	지리산
							덕유산
				부대	1,127		중부, 동부

(「참모부 사업보고문」, 한림대 아시아문화연구소, 앞의 책, 2권, 61쪽, 112-122쪽 참조 재구성).

있었던 것은 입산 인구를 유격대 위주로 재편했기 때문으로 여겨진다. 인원 증가와 함께 비무장 대원들이 늘어난 측면은 선전, 교양, 문예 방면의 인원 확충으로 이해할 수 있을 것이다.

이듬해 1951년 1월 하순, 경남 유격대 편제는 제4차 개편을 거쳤다. 이 시기는 국군 제11사단이 벌인 총 4기의 토벌 기간(1950.10.7~1951.3.31) 중 3기(1951.1.1~1.31)에 해당되는 시점이다. 국군 제11사단은 빨치산 토벌을 목적으로 1950년 8월 27일 국방부 일반명령 제54호에 의거 창설되었으며, 9월 25일자로 최덕신 준장이 초대 사단장으로 취임하였다. 토벌에는 '堅壁淸野' 작전이 활용되었다.[37] 경남 유격대 사령부는 1951년 1월 유격대를 4차로 개편해서 집단작전 전개를 위해 4개 병단제를 설치했다. 각 병단에 2-3백 명이 편성되었으니 유격대로서는 대부대였다.[38] 유격대원 수는 4차 개편(1951.1.19) 때 전체 1,508명으로 정점에 달했다가 5차 개편이 완료된 그해 5월 중순에는 1,267명으로 감소했다. 군 토벌 작전의 영향을 받았을 것이다. 경남 유격대 사령부는 이 시기의 대원 수 감소와 관련하여 1950년 10월-12월에 130명, 1951년 1월-3월에 157명의 대원이 사망한 것으로 파악했다.[39]

국군 제11사단의 토벌작전 제4기(1951.2.1~3.31) 실시 기간에는 지리산 지구인 거창·함양·산청 지역에서 민간인들이 군에 의해 학살당하는 사건이 일어났다.[40] 이 시기 토벌의 영향으로 인해 경남 지역 유격대 활동은 미약했고 방어를 넘는 수준의 대응은 취할 수 없었다.

---

37) 진실화해를위한과거사정리위원회, 『2007년 상반기 조사보고서』, 2007, 522~523쪽.
38) 「유격투쟁 로선에 있어서」, 한림대 아시아문화연구소, 앞의 책, 2권, 52-53쪽.
39) 「세력통계표」, 한림대 아시아문화연구소, 앞의 책, 2권, 123쪽.
40) 이에 대해 경남 유격대는 2월 7일 산청군 금서면 방곡리와 2월 11일 거창군 신원면을 아울러 1,382명의 인민이 학살당하고, 가옥 소각이 729호에 달하여 '해방구'가 폐허가 되었다고 기록하고 있다(「유격투쟁 로선에 있어서」, 한림대 아시아문화연구소, 앞의 책, 2권, 53~54쪽).

1951년 2월과 3월, 군사위원회가 부대의 기동성 강화와 분산투쟁을 지시한 것은 토벌의 피해를 극복하려는 노력으로 볼 수 있다. 1951년 3월 31일자로 제11사단 토벌이 일단락되자 경남도 군사위원회는 5월, 병단제 해소를 결정하고, 남은 인원을 수습해 유격대 편제 5차 개편을 실시했다. 1950년 10월-1951년 6월 중순까지 경남 유격대는 군사위원회의 시기별 대책 수립을 통해 외부 환경과 정세 변화에 대응하여 유격대 편제를 운용할 수 있었던 것으로 보인다.

유격대 활동은 일정한 영역과 체계 안에서 이루어졌다. 토벌과 같은 긴급한 상황에서는 조직과 대열이 흩어져 나갔지만 1951년 상반기까지는 빨치산의 공간이 어느 정도는 확보되어 있었다고 볼 수 있다. 경남 유격대는 지리산과 덕유산, 가야산, 황매산을 산악 거점으로 하고, 진주, 구례, 남원, 김천, 사천에 이르는 지역을 활동 영역으로 삼았다. 지리산 자락에서는 함양군 휴천면, 함양군 마천면, 산청군 시천면, 산청군 삼장면, 산청군 오부면, 거창군 신원면이 주요 거점이 되었다.[41]

유격대 도 사령부는 지리산과 덕유산을 오가며 유격대 활동을 지도했는데, 지리산으로 사령부를 이동할 시에는 덕유산에 지구사령부(지구지도부)를 두어 운영했다. 도 사령부는 지구사령부와 분담해서 직속 기동부대와 지방당 유격대를 직접 지도하였다.[42] 사령부 기구는 사령부(지휘부), 연락과, 후방부, 총무과, 군의과로 구성했으며, 편제 개편을 거치며 문화부, 무기수리소, 정보과, 정치부 등을 시기적 필요에 따라 두었다. 유격대원을 양성하는 군정학교는 1950년 11월 이후 지리산과 덕유산에 설치하였다.

경남 유격대 사령부는 안병화, 배명훈, 노영호, 정용세, 조용구, 이영회

---

41) 한림대 아시아문화연구소, 앞의 책, 2권, 112~122쪽의 인민유격대 편제 도표 참조.
42) 한림대 아시아문화연구소, 앞의 책, 2권, 61~63쪽 참조.

등으로 구성되었다. 유격대 사령관은 초기부터 1951년 6월까지 안병화와 배명훈이 번갈아 맡았다. 사령관 이외에 유격대 지휘부에서 주목할 만한 인물은 여수 14연대 출신 이영회다. 그는 여순사건 때 지리산으로 입산해 이현상부대(지리산 제2병단)에서 활약했지만 전쟁 후 이현상부대가 낙동강을 건널 때 이에 합류하지 않았다. 후퇴 이후 이영회는 경남 유격대 조직에서 전투부 사령을 맡아 유격대 지휘부의 일원이 되었다. 그는 1951년 하반기부터 '남부군'에 경남 유격대가 편제된 57사단의 사단장으로 활동했으며, 휴전 이후 소규모의 경남부대를 이끌다가 1953년 12월 말 사망했다.[43]

경남 유격대는 1950년 10월 초부터 1951년 6월 말까지 공격전 217회, 기습전 278회, 복격[44] 410회, 파습[45] 154회 등 1천 회 이상의 전투행동을 했다고 주장했다. 이러한 전투행동은 1950년 10월-12월의 유격대 조직 초기에 집중되는 경향을 띤다. 경남 유격대가 조직된 이후 처음 감행한 전투는 10월 11일 인월, 수동, 거창, 산청, 단성, 안의에 들이닥쳐 지서를 소각한 것이었다. 특공대가 지서를 정면으로 공격하는 운동전[46]이었다. 10월 말에는 매복했다가 저녁에 지서에 돌격하기도 했다.[47] 그러나 1951년 1월 이후에는 토벌 작전의 여파와 혹한으로 인해 '보급'을 제외한 모든 유격활동이 감소했다.

---

[43] 1953년의 이영회 유격활동에 대해서는 「370.64 Guerrilla Warfare(1953)」(RG554, 국립중앙도서관 해외수집기록물); 한국역사연구회 현대사증언반, 앞의 책, 1996, 「(前 여성빨치산 박순자)노부부가 겪은 남한 현대사 2」 참조.

[44] 복격(伏擊)은 적이 지나갈 도로의 일방 또는 쌍방에 배치를 은폐시켜 놓고 통과할 때를 기다려 돌연히 이를 습격하는 유격전술이다(『빨치산 전투, 항일유격전쟁의 전술 문제』, 52쪽, NARA, RG242, Doc No. SA 2008, Series WAR200602111).

[45] 파습(破襲) : 습격을 뜻한다.

[46] 높은 기동력과 화력으로 先制를 획득하기 위해 빠르게 유리한 위치로 옮겨가며 벌이는 전투를 말한다.

[47] 「참모부 사업보고문」, 한림대 아시아문화연구소, 앞의 책, 2권, 64~67쪽.

'보급'은 빨치산들이 생존에 필요한 물자를 얻는 방식 중 민간인들에게 지속적으로 피해를 준 활동이다. 경남도당과 군당 등은 1951년 2월~3월까지는 지리산 인근 부락에 터를 잡고 있을 수 있었지만 토벌의 영향으로 산악 깊숙이 들어가게 되면서 '보급투쟁'도 장기화되었다. 주민들이 '보급' 요구에 순순히 응하지 않으면 식량과 물자를 강탈했다. 다른 대안을 찾을 길이 없었으므로 '보급투쟁'은 계속되었다. 이는 전쟁 이전에 그러했듯이, 경남뿐 아니라 유격대 전체의 문제이자 처음부터 끝까지 자력으로는 해결할 수 없는 문제였다.

경남 유격대는 백여 명으로 출발해 1951년 6월 말에는 천여 명이 넘는 규모의 부대를 갖추게 되었다.[48] 이들은 지리산과 덕유산을 주요한 근거지로 하여 당의 지시와 군사위원회의 결정에 따라 활동을 전개했다. 경남 지역 빨치산들이 당시에 남긴 기록은 1950년 6월 말까지다. 1951년 하반기, 경남 유격대 세력은 '남부군'의 '57사단'으로 편성되어 유격대 체계에 큰 변화를 가져왔다. 이후 1951년의 동계토벌을 겪으며, 경남 유격대의 간부와 대원들 대부분이 목숨을 잃어 경남 지역 빨치산들은 소수만 살아남았다.

Ⅳ. '남부군'의 결성과 활동

1950년 9월 말, 남한 지역의 각 지방당 조직이 입산해서 유격대로 편제를 바꾸고 있는 동안 지리산 이현상부대도 북상 후퇴했다. 이현상부대는 지방당 조직 체계에 속해 있지 않았기 때문에 후퇴는 중앙당의 지시가 아니라 자체적인 판단과 정보 수집에 따랐다. 이현상부대는 '비행기가 수

---

[48] 1951년 가을 무렵, 경남 유격대 세력을 약 2천 명가량으로 추정하는 증언도 있다(이인모·신준영, 앞의 책, 1992, 139쪽).

도 없이 날아서 북으로 들어가고, 자동차가 먼지를 일으키며 올라가는 것'을 보고 민가에서 정보를 수집했다. 이를 통해 인천상륙작전을 알게 되어 북쪽으로 후퇴를 결정한 것이다.[49]

이현상부대는 9월 30일 비슬산을 출발하여 경북 영천 보현산, 청송 황학산, 영양 일월산을 거쳐 태백산맥 능선을 타고 북상 길에 올랐다. 이들은 강원도 후평에 도착하여 11월 1일, 이승엽과 그가 이끄는 100여 명 규모의 대열과 만났다. 중국군 참전으로 전세가 뒤바뀌는 시점이었다. 이승엽은 그곳에서 후퇴해 오는 인민군과 당 관계자, 점령기간 협력자들을 유격부대로 편제하여 남하시키고 있었다.[50]

이현상부대는 후평에서 북상을 중단하고, 10여 일 정도 부락에서 머물며 대열을 정비했다. 그리하여 기존 부대원 이외에도 후퇴한 인원의 일부를 개별 심사를 거쳐 신입대원으로 받아들이고 부대를 재편해서 1950년 11월 14일, 다시 남쪽으로 행군하기 시작했다.[51]

후평에서 출발 당시 부대가 '조선인민유격대 독립제4지대(이하 '독립제4지대')'라는 명칭으로 남하했다는 증언이 있으나 즉각적으로 '독립제4지대'라는 명칭을 사용했다고 볼 수는 없다. 1950년 11월 말 '독립제4지대' 구성원들은 자신들을 '지리산빨지산당(빨치산당)'으로 칭하고 있었다.[52] 이들은 1950년 12월부터 '조선인민유격대 남부군'이라는 명칭을 사용하기 시작했다.[53] 부대 명칭 변경은 내부 논의에 따라 이루어졌을 것이다. '남부군'이라는 명칭의 유래가 구체적으로 밝혀져 있지는 않지만, 남한 지역의 유격투쟁 전반에 대한 지도를 염두에 두고 부대 이름을 바꾸었을 것

---

49) 하종구, 앞의 구술·기록.

50) 이현상부대의 反轉 지점을 강원도 평강군(현재의 '세포군') 유진면 후평리로 보는 것이 일반적이나 강원도 이천군 가려주에서 반전했다는 증언도 있다.

51) 하종구, 앞의 구술·기록.

52) 한림대 아시아문화연구소, 앞의 책, 1권, 2-23쪽 참조.

53) 「제1호 상무원회 회의록」, 한림대 아시아문화연구소, 앞의 책, 1권, 15쪽.

으로 추정된다.

'남부군'의 명칭은 1949년 상반기 '지리산 이현상부대'부터 '(지리산)제2병단'(1949년 하반기) → '지리산빨치산당'(1950년 11월) → '조선인민유격대 남부군'(1950년 12월-1951년 12월) → '조선인민유격대 독립제4지대'(1952년 1월-)로 변천해 왔다. 이러한 명칭 변경은 해당 시기의 상황을 반영하며, 조직 체계의 변모를 수반하였다.

강원도 후평에서 '독립제4지대'가 反轉한 직접적 이유는 1950년 11월 급속하게 변화하는 전세의 추이에 맞추어 남한 지역에서 유격운동을 재개하기 위해서였다. 이현상과 여운철(前 충청남도 인민위원장)은 새로 편제한 부대를 이끌고 8개월 간 유격활동을 진행하며 남쪽으로 행군했다. 강원도에서 남쪽으로 출발할 시점의 '독립제4지대' 지휘부는 지대장 이현상, 정치사령 여운철, 부사령 차일평·유주목, 참모장 박종하로 구성되었다가 출발한 지 1주일이 지나 조직을 아래와 같이 개편했다.[54]

사령부 - 승리사단 : 정치위원 정경, 사단장 이진범. 병력 400여 명.
　　　- 인민여단 : 정치위원 김삼홍, 여단장 김재연. 병력 170여 명.
　　　- 혁명지대 : 정치주임 마태식, 지대장 서흥석. 병력 60여 명.
　　　- 본부요원 : 병력 40여 명

독립제4지대'는 총 670여 명 규모의 조직을 이루며 승리사단, 혁명지대, 인민여단, 사령부 직속 부대로 구성되었다. 이 중에서 승리사단은 여순사건 이후 '구빨치산'을 중심으로 편성된 '독립제4지대'의 핵심적인 부대였다. 인민여단은 후퇴하던 의용군, 민간인들로 새로 조직한 부대였으며, 혁명지대는 충청 지역에 침투할 목적으로 경기·충청 출신자들이 구성했다.[55] '독립제4지대'의 행군은 유격활동의 연속을 의미했다. 이들은 양구,

---

54) 하종구, 앞의 구술·기록.

홍천, 강릉, 영월, 단양을 거치며, 1951년 1월 문경지서 점령과 10여 일간 죽령국도 차단 등을 감행하며 남쪽으로 내려왔다.

'독립제4지대'는 승리사단의 구빨치산 대원들을 제외한다면 단시일에 급조된 부대였으므로 조직 내부적으로는 취약점을 안고 있었다. 새로 편입된 대원은 단 한 번의 전투 훈련의 경험도 없이 소속 지휘자의 이름도 모르는데다가 집총과 사격술을 배우지 못한 경우가 많았다. 그럼에도 빨리 남하해야 한다는 지도부의 독촉에 서둘러 내려오게 되었다.[56] 이러한 상황은 유격투쟁을 맡고 있던 구 남로당 계열의 준비 부족과 성과주의에 따른 조급증을 드러내는 것이다. 부대 편제가 이렇듯 급박하게 이루어지고 신입 대원들의 증가로 부대의 내부적 결속력 강화가 우선적으로 요구되는 상황이었다.

먼저 부내 내 당원확장사업이 당면 과제로 대두했다. '독립제4지대' 인민여단 김재연지대의 경우 제1·2지대(구분대)와 지휘부 구성원 108명 중 당원은 24명에 그쳐 당원 비율이 매우 낮은 것으로 인식되었다. 그리하여 부대 당부 건설을 목표로 하여 김재연지대에 '독립제4지대'의 정치주임이 파견되었으며, 11월 말 양구-홍천-강릉을 경유하면서 지속적으로 당원 확장 방안을 논의하였다.[57]

당원을 확보하고 당의 지도를 강화하려는 것은 전쟁 발발 이후 남한 지역에 근거를 둔 빨치산 부대에서 공통적으로 나타나는 현상이다. 상층의 지도에 근거해 부대의 정치적 결속을 강화하려는 시도가 지속적으로 행해졌다.[58] 자발성에 의거하기보다는 당의 지시를 수행하는 조직으로서의 성격은 지방당 조직은 물론 군사적 목적을 위해 조직된 부대에서도

---

55) 정지아, 앞의 책 2권, 2005, 250쪽.

56) 하종구, 앞의 구술·기록.

57) 「김재연지대당회의록」, 한림대 아시아문화연구소, 앞의 책, 1권, 3~4쪽.

58) 「김재연지대당회의록」, 한림대 아시아문화연구소, 앞의 책, 1권, 1~17쪽 참조.

강화되었다. 유격대는 기본적으로 당의 지시에 따라 운용되며, 직속 당 조직이 없는 경우에도 부대 내 당 조직의 지도를 받는다는 원칙에 입각한 것이다.[59]

'독립제4지대'가 남하하던 당시 부대 실상의 전모를 파악하기는 어렵지만 현재 남아 있는 「제2지대 사업보고서(1950년 11월)」, 「제 1 · 2 구분대 일과 보고서철(1951년 1월)」, 「선전사업일과 보고서[(제2구분대) 1951.2.7]」[60]를 통해 김재연지대의 부대 관리와 대원들의 생활 모습 일부를 확인할 수 있다. 일과보고서는 부대 내의 '교도원'이 맡아서 매일 작성하였다. 선전사업일과 보고서는 선전원이 작성하며, 매월 계획을 세워 이를 집행하고 하루하루 기록을 남겼다.

1951년 1월 시점에 김재연지대 대원들은 충북 단양과 괴산 지역에서 유격활동을 전개하며 식량 '보급'을 위해 문경을 오가기도 했다. 일과 보고는 기본적으로 그날그날의 인원 통계와 임무를 중심으로 이루어졌다. 일과 보고에 따르면, 구분대 대원들은 매일 정해진 시간 동안 교양, 선전, 개인공작, 인민공작, 대내외 여론 수집, 토론, 담화 등을 진행했다. 집단교육이라 할 수 있는 '교양'의 내용은 정세 해설, 빨치산의 의의, 방송연설 해설, 전투 비판회 등으로 새 소식과 공유해야 하는 내용을 중심으로 이루어져 있었다. 선전은 벽보와 낙서를 이용했다. '인민공작'은 군중집회와 개별담화의 형태로 행해져 이들이 주민들과 접촉을 계속 시도하고 있음을 알 수 있다. 이밖에 환자 위문, 위생 지도, '빨치산 노래' 가창 연습 등도 일과의 한 부분을 차지했다.

하루의 임무와 일과를 정리하는 이외에도 교도원은 대내외의 여론을

59) 정관호(1925-) 구술(2012.6.15. 면담 필자).

60) [국립중앙도서관 해외수집기록물] RG242, SA 2009 II-#181 「제2지대 사업보고서」; SA 2009 II-#177 「제일구분대 일과 보고서철(1951.1)」; SA 2009 II-#178 「제이구분대 일과 보고서철(1951.1)」; SA 2009 II-#30 「선전사업일과 보고서(제2구분대), 1951.2.7」; 한림대 아시아문화연구소, 앞의 책, 1권, 487~618쪽.

수집하였다. 대내 여론은 유격대원들의 의견을 청취한 것이다. 대내 여론에서는 전투와 행군의 어려움, 휴식 부족, 식량 문제, 환자 수송처럼 부대 내부에서 겪은 직접적인 어려움이 고스란히 드러난다. 대외 여론은 유격대원들이 인근의 주민과 피난민들에게 수집한 내용과 정보를 기록한 것이다. 대원들과 만났던 주민들은 빨치산들에게 호의적인 태도를 보이거나 피난살이의 어려움을 토로하기도 했다. 당사자가 주민들과 접촉한 내용을 자신들에게 유리한 것들 위주로 적었을 가능성도 있지만 이들이 남긴 대외 여론 란에는 민중들이 전쟁으로 겪는 고통과 폭격에 대한 공포가 생생하게 기록되었다.

'독립제4지대'가 남쪽으로 내려오면서 지속적으로 겪은 어려움 중 하나는 환자 발생과 그로 인한 전력 약화였다. 부대 내의 환자 발생 기록은 꾸준히 나타나며 1951년 1월경에는 환자가 점점 많아졌다. 초기에는 과격한 행군 과정에서 발생하는 현상 정도로 인식되었지만 2월 하순부터는 부대 내 전염을 우려할 정도로 열병이 퍼졌다. 추후에 '재귀열'로 알려진 이 열병으로 인해 1951년 2월에서 4월 사이 인민여단 내에서만 40여 명이 사망하였으므로 부대 전체에서는 200여 명 이상의 손실이 있었을 것으로 추정된다.[61] '재귀열'은 이들뿐만 아니라 이후에는 전북, 전남 지역의 빨치산들에게도 퍼져 나갔다. 이에 대해 미국의 세균전 의혹이 일기도 했으나 현재까지 분명히 밝혀진 사실은 없다.

'독립제4지대'는 소백산맥을 따라 내려오면서 전투행동을 지속했다. 이 가운데 비교적 알려진 사건이 1951년 5월 26일 새벽 충북 도청소재지인 청주 습격이다. 청주 습격은 환자를 제외한 부대 전원이 주요 공격부대와 퇴각로 보장 부대로 나뉘어 동원된 전투였는데, 주요 공격은 여수 14연대 출신 김흥복이 지휘하는 승리사단의 결사대 40여 명이 감행했다.[62]

---

[61] 하종구, 앞의 구술·기록.
[62] 정지아, 앞의 책, 2005, 267쪽.

승리사단 결사대는 충북도당의 지원을 받고 사전에 정보를 수집해서 기습을 시도했다. 이들은 청주 부근 야산에 잠복해 있다가 26일 새벽, 도청과 경찰청, 충북 방위군 사령부 등을 습격하고, 청주형무소를 파옥하여 수감자 129명을 석방한 후 속리산으로 퇴각했다. 이때 탈옥한 수감자들 가운데 40여 명은 '독립제4지대'에 합류했으나 산악 행군과 추위를 이겨내지 못해 끝까지 부대와 함께 행동한 인원은 12명이었다.[63]

경찰 기록은 청주 습격에 대해 180여 명의 빨치산들이 내습해 왔으며, 그 중에서 주력은 약 80명이 되는 것으로 파악했다. 이 습격으로 경찰은 5명이 사망하고 3명이 부상했으며, 군 헌병 1명이 실종되고 농부 2명이 사망했다. 빨치산은 2명이 사살되고, 1명이 생포되었다. 기습 대상이 된 충북도청, 경찰청의 부서 일부가 파괴되고, 중화기 18정과 소총 250점, 탄환 약 10만 발을 빨치산들에게 빼앗겼다. 청주형무소 탈옥수 129명 가운데 38명은 경찰이 다시 체포했다.[64]

10만의 인구가 살고 있는 도청소재지가 기습당한 사건은 사회적으로 큰 파장을 일으켰다.[65] 당장 충북 출신 성득환 의원을 비롯한 국회의원 13명이 청주 습격사건의 진상을 제대로 보고하도록 하겠다며 국회에 긴급동의를 상정하였다. 제안 이유는 내무부에 보고된 내용은 충북지사가 충북 출신 의원 9명에게 보고한 내용보다 기습자의 수와 피해 규모가 축소되었다는 것이었다.[66] 그리하여 국회는 6월 7일, 국회 본회의에서 청주 피습사건의 책임자인 도지사를 비롯해 경찰과 각 책임자의 책임을 묻고,

---

63) 『한국경찰대일일보고서(Ⅱ)』, 한림대 아시아문화연구소, 앞의 책 4권, 132~133쪽; 하종구, 앞의 구술·기록.

64) 『한국경찰대일일보고서(Ⅱ)』, 한림대 아시아문화연구소, 앞의 책 4권, 132~133쪽; 『(조선인민유격대 남부군 기관지) 승리의 길』 제11호, 1951.6.10, 한림대 아시아문화연구소, 앞의 책, 7권, 14~16쪽; 「전남빨찌산」 제32호(1951.6.15.), 한림대 아시아문화연구소, 앞의 책 7권, 316쪽.

65) 『경향신문』 1951.6.3.

66) 『동아일보』 1951.6.5.

경찰 정실인사를 배격할 것 등을 내무·국방장관과 합의했다.[67]

한국전쟁을 전후한 시기 유격활동으로 청주습격과 같은 사례는 유일무이하다. 지방당 유격대가 부락을 잠시 점거하거나 시내에 출현해서 혼란을 주는 경우는 적지 않았으나 도청소재지를 공격한 경우는 찾아보기 어렵다. 전투 자체만을 놓고 볼 때, 유격대 세력의 큰 손실 없이 경찰과 국회의원들을 비롯한 사회 일반에 심리적 타격과 혼란을 주었으므로 후방교란이라는 효과는 거둔 셈이다. '독립제4지대'는 지역 도당 조직의 협조를 얻어 이와 같은 기습을 할 수 있었으며, 주요 공격을 맡았던 승리사단은 옛 14연대 출신의 '구빨치산'들이 핵심 구성원인 부대였기 때문에 기존의 군사적 경험이 반영되었을 것이다. 그러나 이러한 '효과'는 일시적이며, 지속되지는 않았다.

청주습격사건 뒤 '독립제4지대'는 6월에 속리산에서 이를 축하하는 경축대회를 개최했다.[68] 이 시기 주 전선은 더 내려오지 않고 교착되는 상황이었으므로 '독립제4지대'는 남하를 늦추고, 충북과 경북으로 분산해서 후방 교란에 치중했다. 그러나 군과 경찰에게 추격당하는데다가 미군의 공중 폭격으로 인해 속리산에 더 머물 수 없게 되자 부대는 남하를 재개했다. 이현상과 여운철은 이로부터 약 2개월 후 덕유산으로 들어가 6개 도당 수뇌부 회의를 개최하여 남한 지역의 유격대를 이현상의 통일적 지도하에 일원적으로 개편할 것을 논의하였다.[69]

남한 지역의 유격대 통합 논의가 수면 위로 떠오른 시기에 주 전선은 교착 상태에 있었으며, 1951년 7일 10일부터 개성에서 열리기 시작한 휴전회담 본회담이 진행 중인 상황이었다. 이현상과 여운철은 이승엽으로

---

67) 『경향신문』 1951.6.9.
68) 「청주해방투쟁 기념 경축, 속리산에서 성대히 개최」, 『(조선인민유격대 남부군 기관지)승리의 길』 제11호, 1951.6.10.
69) 김남식, 앞의 책, 1984, 458쪽.

부터 각각 남한 지역의 6개 도 유격대를 지도할 권한과 6개 도당에 대한 지도권을 위임받고 남하했다고 주장했다. 이들의 주장은 1951년 하반기 남한 지역 유격대 세력의 통합을 시도하는 근거로 작용하게 되었다.

유격대 통합 문제를 둘러싼 내부적 논란은 치열하게 전개되었다. 논점은 정치와 군사 부문을 분리하여, 군사적으로 '남부군'을 중심으로 각 지방당 유격대를 사단제로 개편하고 군사적으로 단일화시킨다는 데 있었다.[70] 각 도당 지도부는 자체적으로도 논의를 진행했는데, 이현상의 6개 도 유격대 지도 권한에 대해 모든 도당 지도부가 찬성하지는 않았다. 당과 유격대의 관계에서 당 우위 기조를 원칙으로 삼는 입장에서 도당이 지도하던 유격대를 당적 기반이 없는 군사간부인 이현상의 지도하에 둔다는 점을 수용하기 어려웠기 때문이다. 경남도당의 경우, 찬반토론을 거쳐 합류를 결정하지만 전남도당은 6개 도 유격투쟁을 통합적으로 전개하라는 이승엽의 지시를 비판적으로 접근했다. 전남도당은 결국 새로운 '남부군' 유격대 편제에 참여하지 않았다. 경북 지역은 지리적 여건상 '남부군'과 직접적 연계 없이 활동했다.

1951년 9월 하순, '남부군'의 기관지『승리의 길』에는 '남부군' 핵심 구성원으로 추정되는 이들이 '남부지방 ○○○ 일동'이라는 익명으로 「남부지방 6개 도 남녀 빨찌산들에게 주는 호소문」을 실었다.[71] 호소문은 휴전회담이 진행되는 정세 속에서 유격대 통합의 의의와 임무를 강조한 것이다. 남부지방 유격대 통일 문제가 갖는 군사 정치적 중요성을 인식하고, 새로운 조직체가 강력한 투쟁조직이 되기 위해서는 명령 준수, 규율 강화, 군사기술 제고, 인민의 이익 수호가 행해져야 한다는 주장이다. 호소문은 유격대 통합 과정의 어려움을 간접적으로 드러내는 한편 통합 과

---

[70] 육군본부 정보참모부,『공비연혁』, 1971, 339쪽 참조.

[71] 「(조선인민유격대 남부군 기관지)승리의 길」제18호, 1951.9.26, 한림대 아시아 문화연구소, 앞의 책, 7권, 29쪽.

정의 갈등을 극복하고 새로운 조직의 결속을 꾀하려는 내부적 노력을 배경으로 하여 게재되었을 것으로 여겨진다.

기존의 견해에서 유격대 통합방안을 둘러싼 이현상과 박영발, 방준표의 갈등을 개인적 관계 속에서 이해하는 경우가 없지 않았으나 이를 사적 다툼으로 해석하는 것은 적절하지 않다. 이현상은 박영발과 방준표에게 사회주의운동의 선배였으며, 이현상과 박영발은 개별적으로는 친밀한 관계를 유지한 것으로 보인다. 전남도당이 '남부군'과 이현상을 배척했다고 볼 근거는 미약하다. '남부군'의 기존 유격활동은 지방당 조직의 환영을 받았으며, 전남 유격대와 '남부군'이 합동으로 유격활동을 벌인 사례도 있기 때문이다. 논의의 쟁점은 유격대와 당이 어떤 관계를 맺어야 하는가에 있었다. 그러므로 '남부군' 중심의 유격대 개편 논쟁은 유격대 활동의 지도 권한과 책임 소재를 둘러싼 정치적 갈등으로 파악해야 할 것이다.

'남부군'은 논란 끝에 전남을 제외한 경남, 충남, 충북, 전북도당을 사단제로 개편하여 결성되었다. 그리하여 전북 북부 및 충남, 전북 남부지구 등 2개의 '전구'를 설정하고 도당 군사부를 사단 체제로 개편해서 배치했다. 이에 따라 충남 빨치산은 68사단, 전북 북부 빨치산은 45사단, 전북 남부는 46사단과 53사단, 경남 지역은 유격대를 통합해서 '남부군'의 57사단이 되었다. 경남도당은 이전 지리산 이현상부대 소속이었던 이영회가 유격대 지휘부로 활동하고 있었으며, '독립제4지대' 인민여단 정치위원으로 남하한 김삼홍이 이후에 경남도당 부위원장을 맡는 등 '남부군'과 인적 연계가 깊었다. 지리산 일대라는 활동 구역도 겹쳐 있어 경남도당은 다른 지역에 비해 활동의 연관성도 컸다. '남부군'으로 개편을 거치면서 기존의 '독립제4지대' 부대는 '남부군' 직속 81사단, 92사단, 602사단으로 편제되었다.[72] '남부군'의 지휘부는 지리산 뱀사골에 근거지를 설정하고

---

[72] 육군본부, 『공비토벌사』, 1954, 부표 제2호 참조.

활동에 들어갔다.

1951년 8월 이후 '남부군'은 유격대를 통합·개편하면서 대외적으로 민심을 수습하기 위해 주의를 기울였다. 군 기록에 따르면, 이현상은 1951년 8월, 덕유산에서 투쟁과업을 제시하며 가급적 약탈과 방화를 금지하고 민심 수습에 노력할 것을 제기하였다.[73] 이현상은 1951년 『승리의 길』 제13호(1951.8.5)에 '남부군' 총사령관 '로명선' 명의로 '총사령관 명령 나003호'(1951.7.31)를 발표하여 인민의 이익 옹호를 역설한 바 있다. 그리하여 상부 명령 없이 인민의 물품, 가축, 가금을 강탈하거나 위협 공갈하는 자는 반역자로 선고하고, 군중 앞에서 총살하겠다고 경고했다.[74]

'남부군' 결성 이후 사단제 편제는 1951년 하반기부터 빨치산 활동의 방향을 결정짓는 중요 요인으로 작용했는데, 이는 일시적인 전투력 고양에는 효과가 있었지만 장기간 계속하기는 어려운 형태였다. 이러한 편제 하에서 전투행동은 대규모 인원 동원을 특징으로 하여 1951년 하반기부터 빨치산 활동은 1949년 '9월 공세'를 연상시키듯 공격적으로 일어났다. '남부군'의 주력은 전북, 경남, 지리산 일대의 동리와 인근 지서들에 대한 공격을 감행했다. 이와 같은 모습은 1951년 8월-9월에 뚜렷이 드러난다. '남부군'은 전북 장수 명덕리, 함양 마천 등지로 쳐들어가 '해방구'를 확보하려 하였다.[75] 지리산 일대의 구례 산동지서, 중동분서, 밤티분서에 대한 공격도 일어났다. 특기할 만한 점은 8월 20일 시천 지서에 '수천 명'이 나타나 동시에 기습하거나, 9월 13일 800여 명의 유격대가 생비량지서를 습격한 것처럼 대규모 유격부대가 동원되었다는 것이다.[76]

---

73) 육군본부 정보참모부, 앞의 책, 1971, 339쪽.

74) 『(조선인민유격대 남부군 기관지)승리의 길』 제13호(1951.8.5), 한림대 아시아 문화연구소, 앞의 책, 7권, 21쪽.

75) 『(조선인민유격대 남부군 기관지)승리의 길』 제13호(1951.8.5), 한림대 아시아 문화연구소, 앞의 책, 7권, 22쪽; 26쪽.

76) 산청경찰서, 『지리산의 포성(산청지역경찰전사)』, 1989, 66~67쪽; 69~71쪽.

1951년 하반기 유격대 활동의 격화는 정부와 미국 측에 심각한 문제로 인식되었다. 빨치산들의 격렬한 대규모 활동은 '준동'에서 '발악' 또는 '극성'으로 전화했다고 기록되었다. 1951년 9월, 지서와 도시 기습에서 '공비집단 활동'이 최고조에 이른 것으로 파악된다.[77] 미국 측은 1951년 9월을 전후해, 몇 달 간 소강상태를 보이던 빨치산 활동이 9월 말부터 새로이 제공된 '리더십'으로 인해 빠르게 진전했다고 파악했다. 특히 지리산 지역에 빨치산들이 집중되어 있고, 1951년 10월부터는 이들이 주로 지리산 북쪽의 철도를 대상으로 조직적인 공격을 많이 감행한다고 보았다.[78]

'남부군' 결성 이후 나타나는 이와 같은 활동 양상의 전환은 유격전술의 일반적인 원리에 부합하지 않고 오히려 정규전에 가까운 형태로 볼 수 있다. 대부대가 벌이는 유격투쟁은 군사적 효과를 일시적으로 얻을 수 있으나 오래 지속될 수 없으며 매우 소모적이기도 했다. 지리산 일대 유격대의 대규모 출현과 공격 태세 강화는 결과적으로 유격대 세력을 약화시켰으며, 이에 대한 토벌 여론을 더욱 강하게 불러 일으켰다.

국회는 1951년 10월 31일 비공개회의를 열어 '공비소탕'을 관계당국과 토의하여 후방치안을 결의했다.[79] 1951년 11월 25일부터 이듬해 3월 14일까지 대전 이남에 계엄령을 선포한 상태에서 동계토벌작전('백야전')이 전개되어 유격대에게 치명타를 가했다. 전쟁 전 토벌 경험과 미군의 지원에 힘입어 체계적인 준비와 작전을 거쳐 실시된 '백야전'으로 빨치산들은 돌이키기 어려운 손실을 입었다.[80] 경남 유격대의 경우, 전술했듯이 대부분

---

77) 육군본부 정보참모부, 앞의 책, 1971, 「월별 공비 현황 및 공비 주요 활동, 아군의 토벌작전 일람표」.

78) 「Intelligence Report, No 5750; The Communist Guerrilla Problem in South Korea」, NARA, RG226, Postwar Japan, Korea and Southeast Asia(5).

79) 국회사무처, 『(제11회 임시국회)비공개회의속기록』.

80) 군은 '백야전' 전과를 사망 5,009명, 생포 3,698명, 투항 45명으로 기록했다(국방부 전사편찬위원회, 앞의 책, 1988, 216쪽).

의 구성원들이 목숨을 잃었다. '남부군'도 주력을 상실하여 사단제 편제를 유지하지 못하게 되었다. '남부군' 직속사단은 축소되어 김지회부대, 박종하부대로 개칭했으며, 1952년 1월부터 부대 명칭은 '독립제4지대'로 복귀했다. 남한 지역 유격대 체계를 일원적으로 운용하고자 했던 '남부군' 체제는 이로써 사실상 종결되었다.

V. 한국전쟁기 빨치산 활동 연구의 향후 과제

한국전쟁 전후 시기의 빨치산 조직과 활동은 크게 세 국면의 극적 전환을 겪는다. 여순사건 이후 최초의 빨치산 활동은 지역적 요인에 의해 자생적으로 발생했다. 1949년 하반기부터 외부적 요인으로 일시적으로 고양되었다가 동계토벌로 소멸 직전에 이르렀다. 1950년 9월 인천상륙작전으로 인민군이 패퇴하면서 지역 유격대가 재정비되어 각 지방당 조직은 산악으로 들어가 거점을 구축했고, 지리산 일대에서 활동하던 이현상부대는 1950년 9월 말, 후퇴하던 중에 조직을 새로 편제하여 남하했다.

이현상부대는 '남부군'으로 이름을 바꾸고, 6개 도의 유격대 조직을 일원화하고자 했다. 전남과 경북을 제외하고 불완전하게 통합된 대규모 유격대는 일시적으로 격렬한 활동 양상을 보였다. '남부군'이 공식적으로 유격대 체제를 아우를 수 있었던 시점을 실질적으로 1951년 8월부터 12월 말까지로 보았을 때, 시간상으로는 길지 않은 기간이다. 그러나 1951년 하반기 유격대 활동의 변화는 그 이후 빨치산들의 운명을 결정짓는 계기로 작용했으며, 이들은 1951년의 동계토벌로 치명적 타격을 받고 급속하게 약화되었다.

6·25전쟁 이후 빨치산 활동은 북한의 전쟁동원정책에 규정되어 전황의 추이에 따라 급변침하듯 전술적 변화를 요구받았다. 1949년 하반기 공세에서도 그러했지만, 북한 전쟁지도부의 전쟁 정책의 목표와 공식 언명,

그리고 빨치산들의 객관적 상황과 실질적으로 가능했던 내용 사이의 괴리는 좁혀지지 않았다. 이로 인해 전쟁 이전과 이후 빨치산들이 겪은 문제는 현상은 달랐다 하더라도 구조적으로는 매우 유사했으며, 결과적으로 사회주의운동 세력의 정치적 실패와 기반 상실로 이어졌다.

'남부군'이 1951년 '백야전' 동계토벌 이후에 사단 편제를 해체하고, '독립제4지대'로 환원한 다음 각 지역의 유격대는 북한 전쟁지도부의 지시를 뒤늦게 수용하여 지대 개편, 지구당 체제로 변모했다가 1953년 하반기 이후로는 조직적 활동이 소멸하게 된다. 이러한 일련의 과정의 구체적 실상을 파악하기 위해서는 별도의 연구와 서술을 필요로 한다.

전반적으로는 한국전쟁 전후의 빨치산 활동과 관련된 상당한 부분이 미해명의 영역에 속해 있다. 학문적 성과가 1970년대부터 더디게 이어져 왔지만 통사적 접근은 여전히 미흡하다. 전체의 흐름을 살펴보려는 노력이 요구되는 한편 활동의 다양성과 지역적 고립성·분산성으로 인해 일괄적 서술에는 무리가 따르기 때문에 미시적 관찰이 동시에 요청된다.

본 논문을 포함하여 기존 연구는 빨치산 '집단'을 단일행위자로서 서술하고 있다. 이는 현재까지 관련 연구가 도달해 있는 지점이다. 그러나 빨치산들은 이질적이고 다양한 개인들의 집합이며 지역적 상황이 상이하여 단일한 서술 체계 안에서 담아낼 수 없는 점이 존재한다. 대부분의 일반 유격대원들과 입산 인구를 빨치산 지도부와 동일시할 수 없다는 점도 간과해서는 안 된다. 이와 같은 지점들이 후속 연구를 통해 보완됨으로써 빨치산 활동 전체의 흐름과 한국전쟁기 민중의 존재 양태를 입체적으로 살펴볼 수 있기를 기대한다.

이 글은 『남도문화연구』 제28집(순천대학교 남도문화연구소, 2015)에 수록된 「지리산권 빨치산의 형성과 활동 - 6·25전쟁 직후부터 1951년 '남부군' 결성을 중심으로」를 일부 수정·보완한 것이다.

—

지리산과 남부군, 그리고 그들의 죽음

문동규

—

Ⅰ. 시작하는 말

'한국의 명산 중의 하나', '우리나라 국립공원 제1호인 산', '은일의 장소이자 이상향인 청학동을 품고 있는 산', '빨치산이 자신의 신념을 관철하기 위해 투쟁하다 목숨이 사라진 산', '이념투쟁의 장소인 곳', '국가와 민간인들이 숭배하면서 제사 지내던 곳', '풍성한 불교문화와 다양한 불교문화재를 간직하고 있는 산', '조선시대 선비들이 선비의식을 고취하기 위해 오르고자 한 산', '한국풍수의 시원지로서 그 풍수에 따른 촌락경관을 드러내고 있는 산', '천왕봉(1,915m)을 비롯하여 30여 개의 고산준봉이 줄지어 있고 아름다운 계곡과 폭포를 간직하고 있는 산', '자연생태계가 잘 보전되어 있는 생태계의 보고' 등등 하면 우리에게 떠오르는 산은 어느 산일까? 바로 지리산이다.

그런데 우리에게 떠오르는 지리산에 대한 이러한 다양한 생각들 중 필자가 이 글에서 고려하고자 하는 것은 빨치산과 관련된 이야기이다. 그러니까 이 글에서 필자가 펼치고자 하는 주된 관심은 지리산 빨치산, 그것도 남부군과 관련된 이야기이다. 그러나 '남부군' 내지는 '지리산 빨치산' 하면 우리에게 떠오르는 것은 무얼까? '지리산에서 추위에 떨고 있는 자들', '굶주림에 지쳐 피골이 상접한 자들', '토벌대에 이리저리 쫓기면서 지리산 주능선을 헤매는 자들', '제대로 잠을 자지 못해 눈동자에 피 자국이 선명하게 든 자들', 이런 걸까? 그러니까 때로는 맞아죽고, 때로는 얼어죽고, 때로는 굶어 죽은 자들 아닐까? 그럴 수 있다. 사실 그들이 지리산에서 투쟁할 때의 상황이 그런 것이었기 때문이다.

물론 한국 사회에서 우리에게 익숙한 '빨치산'의 모습은 대부분 산에서 투쟁하던 시기의 모습으로서, 이는 크게 '비인간적인 빨치산', '역사의 패배자', '신념의 강자'로 나누어 볼 수 있다.[1] 이중 우선 '비인간적인 빨치산'은 반공정권과 토벌군경이 아주 오래전부터 한국인에게 각인시키고 싶어 했던 빨치산의 전형이다.[2] 그리고 역사의 패배자는 빨치산이 대개 남과 북 모두로부터 버림받은 자로서 양쪽 모두로부터 환대받지 못했던 것을 말한다.[3] 마지막으로 신념의 강자는 혁명적이고 신념에 가득 찬 빨치산의 모습으로서, 특히 정지아의 『빨치산의 딸』에 그려지고 있는 빨치산이 그러한데, 이 책 속에 등장하는 빨치산들은 대개 역사에 대한 투철한 사명감, 강인한 의지 등을 모두 보여주고 있기 때문에 그렇다.[4] 사실 지리산에서 활동했던 지리산 빨치산, 지리산 유격대, 남부군도 우리에게 익숙한 빨치산의 모습으로 그려지고 있다.

---

[1] 김진환, 「빨치산, 역사의 격랑에 선 사람」, 『역사비평』(통권94호), 역사비평사, 2011, 300쪽 참조.

[2] 김진환, 「빨치산, 역사의 격랑에 선 사람」, 『역사비평』(통권94호), 역사비평사, 2011, 300쪽 참조.

[3] 김진환, 「빨치산, 역사의 격랑에 선 사람」, 『역사비평』(통권94호), 역사비평사, 2011, 299쪽 참조.

[4] 김진환, 「빨치산, 역사의 격랑에 선 사람」, 『역사비평』(통권94호), 역사비평사, 2011, 305쪽, 306쪽, 307쪽 참조.

그러나 지리산 빨치산을 우리는 우리에게 익숙한 빨치산으로만 그릴 수는 없다. 물론 우리는 지리산 빨치산, 즉 남부군, 그들을 세상을 변혁시키겠다고, 조국과 인민을 해방시키겠다고 분연히 일어난 자들, 그리고 그것을 위해 자신의 운명을 지리산에 맡긴 자들로 생각할 수도 있다. 우리에게 익숙한 신념의 강자들로 말이다. 그러나 우리가 좀 더 생각해 보면, 우리는 그들에 대한 그런 모습과는 다른 모습을 그릴 수도 있다. 그들의 신념 이전의 그들의 '실존'을 통해서 말이다. 그러니까 신념 때문에 그들의 실존이 탄생한 것이 아니라 그들의 실존 때문에 그들의 신념이 탄생했다는 것 말이다. 그렇다면 우리는 그들이 왜 지리산으로 입산해서 자신의 운명을 지리산에 맡겼는지에 대해 다시 생각해 보아야 할 것이다. 더불어 그들은 지리산에서 어떻게 자신의 운명을 다했는지에 대해 다시 그려보아야 할 것이다. 그리고 이러한 것을 통해 그들의 실존을 다시 새겨보아야 할 것이다. 사실 자신의 실존 선택을 버리지 못해 끝까지 투쟁했던 이름 모를 빨치산들의 모습은 눈물겹도록 처절하고 슬프고 아름답기 때문이다.[5] 아니 웅장하기 때문이다.

II. 남부군의 탄생과 지리산 입산

우리에게 알려진 남한 빨치산의 대표적인 인물은 역시 이현상이다.[6] 그리고 지리산에서 유격대를 만든 자도 이현상이다. 이태에 따르면 이현상이 1948년 10월 19일 발생한 '여순사건' 잔여세력을 기반으로 야산대와 민간인을 규합하여 만든 것이 세칭 '지리산 유격대'이기 때문이다.[7] 물론

---

5) 강성률, 「〈피아골〉과 남부군〉, 빨치산에 대한 극단적인 두 시선」, 『내일을 여는 역사』 제26호, 2006, 219쪽 참조.

6) 이현상에 대한 다양한 이야기는 다음을 참고하기 바란다. 안재성, 『이현상 평전』, 실천문학사, 2014.

이현상이 지리산을 유격대의 근거지로 설정한 것은 숨기 좋은 골짜기가 많고, 수림이 울창해서 물이 많아서였으며, 수십 개의 골짜기마다 크고 작은 마을이 있어 물자 보급이 쉬웠기 때문이다.[8]

그런데 1949년 7월부터 '지리산 유격대'의 공식 명칭은 '제2병단'이 된다.[9] 그리고 남한 빨치산이 '인민유격대'라는 이름하에 체제를 정비하고 본격적인 유격투쟁 단계로 들어선 것은 1949년 8월부터였다.[10] 그래서 제2병단으로 명명된 지리산 유격대도 9·9투쟁에 총력을 기울였는데, 병단장인 이현상이 산하부대에 도로와 철도 몇 군데의 파괴, 전선과 전신주 절단 몇 개라는 식의 구체적인 목표를 제시하는 한편, 백운산의 특수지구 당에도 투쟁 목표를 내려 보냈고, 실전 경험이 풍부한 제2병단 소속 부대들은 9월 내내 연전연승을 거두었기 때문이다.[11] 그러나 이러한 승리도 오래가지 않았다. 겨울 들어 토벌대의 대규모 병력이 지리산과 백운산 일대에 집중되면서 지리산 유격대가 치명적인 타격을 입었기 때문이다. 피해가 심각해지자 이현상은 1950년 1월 들어 부대를 분산하기로 결정한다.[12] 그러나 야산지대로 노출된 박종하 부대와 이영회 부대는 치명적인

---

7) 이태, 『남부군』, 두레, 2003, 267쪽 참조. 이태에 따르면 이현상이 지리산으로 들어간 것은 1948년 11월이다(이태, 『남부군』, 두레, 2003, 290쪽 참조).

8) 안재성, 『이현상 평전』, 실천문학사, 2014, 282쪽 참조.

9) 이태, 『남부군』, 두레, 2003, 267쪽 참조. 1949년 6월 30일 남북 노동당이 합당해서 조선노동당이 되는데, 이때 박헌영, 이승엽 등 남로계가 대남 정치공작과 유격투쟁을 전담하게 된다. 이승엽은 지구를 오대산지구, 지리산 지구, 태백산 지구로 나누어 유격대를 3개 병단으로 통합 편성한다. 즉 오대산 지구는 인민 유격대 제1병단, 지리산 지구는 인민유격대 제2병단, 태백산 지구는 인민유격대 제3병단으로 통합하여 체계화한다(이태, 『남부군』, 두레, 2003, 269쪽 참조). 그런데 이승엽의 유격대 편성 당시 제2병단은 이현상이 병단장이었으며, 편제는 다음과 같다. 제5연대(연대장 이영회) 동부지리산, 제6연대(연대장 이현상) 중부지리산, 제7연대(연대장 박종하) 광양 백운산, 제8연대(연대장 맹모(?)) 조계산, 제9연대(연대장 장금모) 덕유산(이태, 『남부군』, 두레, 2003, 268쪽 참조).

10) 이태, 『남부군』, 두레, 2003, 269쪽 참조.

11) 안재성, 『이현상 평전』, 실천문학사, 2014, 321쪽.

타격을 입고 말았고, 그러한 타격을 입은 상태에서 맞이한 1950년 봄은 지리산 유격대에게 잔혹한 시간이었다. 천왕봉의 북동쪽 계곡인 조계골에 모여든 대원이 150여 명에 불과했는데, 그 중 50명은 거동조차 어려운 환자들이었기 때문이다.[13]

이러한 상황에서 이현상 부대는 지리산을 벗어나 북으로 향하기로 결정하고, 1950년 6월 중순 지리산을 떠난다. 그리고 지리산을 떠난 지 한 달이 지난 1950년 7월 중순 덕유산 자락에서 휴식을 취한다. 그 후 이현상 부대는 적성산 기슭에서 하루 밤을 야영하고, 그 다음날 정찰대를 통해 6·25전쟁이 일어난 것을 알게 된다. 그리고 1950년 7월 23일 무주에 입성하는데, 여기저기서 소리 높여 외치는 '지리산 (인민) 유격대 만세!' 소리가 무주읍에 울려 퍼진다.[14]

1950년 7월 24일 대전의 전선지도부에 갔던 이현상이 무주로 돌아온다.[15] 그리고 지리산 유격대인 제2병단은 낙동강 전선으로 투입된다. 그것도 낙동강전선 유엔군 후방으로 들어가 미군을 교란함으로써 인민군 진격의 지원 작전을 펼치는 것으로 말이다. 이 작전에서 지리산 유격대는 2개월여 동안 큰 성과를 올렸으나, 9·28의 전세 역전을 맞아 북행을 결정하고 북상의 길에 오른다. 10월 2일 지리산 유격대는 영천을 통과하고,[16] 10월 중순 양양에 도착했으며,[17] 10월 하순 북강원도 세포군 후평

---

12) 정지아, 『빨치산의 딸』 하, 실천문학사, 1990, 30쪽 참조. 당시 이현상 부대는 3연대, 5연대, 7연대의 3개 연대와 부대본부, 호위대로 편성되어 있었는데, 7연대는 지리산에 남고 박종하와 이영회가 각각 3연대와 5연대를 인솔하여 3연대의 박종하 부대는 백아산으로 가고, 5연대의 이영회 부대는 쌍치 가마골 쪽으로 갔다(정지아, 앞의 책, 30쪽, 51쪽 참조).

13) 안재성, 『이현상 평전』, 실천문학사, 2014, 325쪽.

14) 정지아, 『빨치산의 딸』 하, 실천문학사, 1990, 71쪽 참조; 안재성, 『이현상 평전』, 실천문학사, 2014, 333쪽 참조.

15) 정지아, 『빨치산의 딸』 하, 실천문학사, 1990, 76쪽 참조.

16) 정지아, 『빨치산의 딸』 하, 실천문학사, 1990, 96쪽 참조.

에 당도한다.[18] 여기에서 이승엽은 이현상에게 남한 6도 유격대를 군사
적으로 통괄할 책임을 주었고, 이현상은 1950년 11월 9일 다시 남하의 길
에 올랐는데, 이때 그 유격대의 공식명칭은 '조선인민유격대 독립 제4지
대'였고, 후평에서 출발할 당시의 통칭은 '남반부 인민유격대'였다.[19] 편
제는 '승리사단(약 300명)', '인민여단(약 150명)', '혁명지대(약 100명)'의 3
개 부대 외에 사령부 직속의 '당정대(약 100명)' 등으로서 약 650명의 세력
이었다.[20] 그런데 남하하던 '남반부 인민 유격대'는 스스로 '조선인민유격
대 남부군', 즉 '남부군'으로 불렀다.[21] 남부군이 탄생한 것이다.

남으로 내려오던 '남부군'은 1950년 마지막 날 소백산에 도착해 산정에
서 1951년 새해를 맞이했고, 2월초 속리산에 도착한다.[22] 그리고 이 시기

---

17) 정지아, 『빨치산의 딸, 하』, 실천문학사, 1990, 100쪽 참조.

18) 이태, 『남부군』, 두레, 2003, 279쪽 참조. 안재성, 『이현상 평전』, 실천문학사,
2014, 372쪽 참조.

19) 이태, 『남부군』, 두레, 2003, 279~280쪽 참조; 정지아, 『빨치산의 딸, 하』, 실천
문학사, 1990, 104쪽 참조. 그런데 안재성에 따르면 남부군은 1950년 11월 15
일 새벽에 출발하고(안재성, 『이현상 평전』, 실천문학사, 2014, 380쪽 참조),
정지아에 따르면 11월 14일이나 15일에 출발한다(정지아, 『빨치산의 딸』 하,
실천문학사, 1990, 109쪽 참조).

20) 이태, 『남부군』, 두레, 2003, 280쪽 참조. 여기서 '독립 제4지대'의 '독립'이라는
호칭은 노동당의 각 도당, 군당에 소속된 지역당 유격대와 구분하기 위한 이
름이다. 지역당 유격대는 당연히 그 지역당 위원장의 명령을 받으며 직접 당
위원장이나 부위원장이 유격대 사령관을 겸했다(이태, 『남부군』, 두레, 2003,
280~281쪽 참조) 정지아에 따르면 이 편제는 다음과 같다. '승리사단(약 5백 명)-
사단장 이진범, 정치위원 유주목', '인민여단(약 170명)-사단장 김재연, 정치위
원 김삼홍', '혁명지대(약 130명)-사단장 서홍석', '본부(약 60명)', '총참모장엔
박종하, 총정치위원은 차일평이었다.' 그리고 이중 '승리사단은 여순사건 이후
구빨치를 중심으로 한 중핵부대', '인민여단은 주로 후퇴 중인 기관원과 남조
선 의용군, 그리고 민간인 사이에서 지원자를 뽑아 새로 만든 부대', '혁명지
대는 경기, 충청 출신들로 편성한 충청지방에 침투할 예정인 부대', 혁명지대
와 인민여단은 승리사단과 별도의 행동을 할 경우가 많아 흔히 두 부대를 묶
어서 연합부대라고 부르기도 했다(정지아, 『빨치산의 딸』 하, 실천문학사, 1990,
103~104쪽 참조; 안재성, 『이현상 평전』, 실천문학사, 2014, 378~379쪽 참조).

21) 이태, 『남부군』, 두레, 2003, 282쪽 참조; 백선엽, 『실록 지리산』, 고려원, 1992,
338쪽 참조.

에 남부군은 5월 26일 새벽 청주시를 습격하고, 6월 중순엔 민주지산에 도착한다.[23] 여기서 연합부대(인민여단 + 혁명지대)는 가야산 방면으로 진출하여 후방교란투쟁을 전개하였고, 승리사단과 본부는 무주 덕유산으로 향했다. 그리고 승리사단은 덕유산에 이르러 '송치골'에 거점을 잡고, 1951년 6월 하순경 이곳에서 이현상 주재 하에 처음으로 '남한 6도 도당위원장 회의'를 열었다.[24] 이때 남한 전역에 대한 유기적인 빨치산 조직체계를 만들고 투쟁방안을 협의하였는데, 이 회의에서 이현상은 남한 빨치산의 공식적인 총수가 되었고, 남한 각도 유격부대는 이후에 사단편제로 개편되어 이현상이 사령관인 '남부군 사령부'의 지휘 하에 들게 되었으나, 박영발이 이끄는 전남도당만은 이현상의 견해에 반대하면서 끝내 사단 체제를 거부하고 이현상의 휘하에 들지 않고 당 우위 원칙을 고수했다.[25]

---

22) 정지아, 앞의 책, 113쪽 참조. 안재성, 앞의 책, 385쪽 참조. 그런데 이태에 따르면 남부군은 2월 중순에 속리산에 도착한다(이태, 『남부군』, 두레, 2003, 298쪽).

23) 안재성, 『이현상 평전』, 실천문학사, 2014, 413쪽 참조.

24) 6개 도당회의의 결정사항은 다음과 같다. 1, 당 과업 수행에 있어서 군사에 관한 제반 문제는 군사부장이 운영할 것이며, 당은 정치 사업에 치중하여 지방당 재건에 전념한다. 2. 군사부는 각 병단을 통합하여 '사단'으로 개편하며, 군사행동으로 남반부 장악에 주력한다. 3. 비합법투쟁이 계속되는 상황에서 이탈 배반자가 속출하고 있으므로 사상 교양에 더욱 힘쓴다. 3. 6개 도당은 군사적 유일체제를 보장하기 위해 지리산에 총 거점을 설치한다. 5. 비무장 인원을 모두 무장시킬 것이며, 그에 소요되는 무기는 승리사단이 보장한다. 6. 가급적 약탈(보급투쟁)을 삼가고 민심수습에 노력한다(이태, 『남부군』, 두레, 2003, 303~304쪽). 그런데 사실 이 회의는 원천적으로 문제가 있었다. 이 문제에 대해서는 다음을 참고하기 바란다. 안재성, 『이현상 평전』, 실천문학사, 2014, 415쪽 이하. 그리고 이태는 이 송치골 회의를 5월 하순경이라고 말한다(이태, 『남부군』, 두레, 2003, 301쪽 참조). 그러나 정지아는 6개도당 회의가 남부군이 달궁을 해방구로 장악하여 여순사건 이후 가장 편안한 시절을 맞이하고 있을 때, 본부가 있었던 뱀사골에서 처음 열린 것으로 이야기하고 있다. 이것에 대해서는 다음을 참고하기 바란다. 정지아, 『빨치산의 딸』 하, 실천문학사, 1990, 147~149쪽.

25) 백선엽, 『실록 지리산』, 고려원, 1992, 96~97쪽 참조.

한편 가야산으로 동진한 연합부대는 7월 11일 해인사를 습격해 보급물자를 확보했고,[26] 그리고 거창을 거쳐 소백산맥 본류인 기백산으로 돌아와 승리사단과 합류한다. 민주지산에서 갈라진 지 두 달 만인 1951년 7월말이었다.[27] 그러나 8월 10일경에는 가회지서를 습격해서 성공했으나 이전투에서 남부군의 기둥이었던 박종하를 잃은 슬픔을 맞게 된다.[28] 이때 이현상은 송치골 회의 결정에 따라 지리산에 거점을 마련하기 위해 이미 지리산의 맨 동쪽 끝 봉우리인 웅석봉에 가 있었다.[29] 8월 16일 남부군은 지리산 동쪽을 감아 흐르는 경호강에 이르렀고, 강 건너엔 웅석봉과 그 능선인 달뜨기가 녹음과 더불어 웅장하게 서 있었는데, 구빨치들에게는 꼭 1년 2개월 만에 돌아온 지리산, 즉 고향이었다.[30]

경호강을 건넌 남부군은 달뜨기 능선에서 그날 밤 노숙하고, 8월 17일 시천지서, 삼장지서, 덕산리 외곽에 있는 경찰초소를 동시에 공격했다. 작전 지휘는 속리산에서 합류한 충북부대 출신의 문춘이 맡았으며, 꽤 많은 피해를 보면서 세 곳 모두를 점령한 남부군은 보급품을 챙긴 후 중산리골 곡점으로 후퇴한다. 이로써 남부군은 완전히 지리산 품속으로 돌아온다.[31] 귀향 말이다.

---

26) 안재성, 『이현상 평전』, 실천문학사, 2014, 426쪽 참조.
27) 안재성, 『이현상 평전』, 실천문학사, 2014, 427쪽.
28) 정지아, 『빨치산의 딸』 하, 실천문학사, 1990, 131쪽 참조.
29) 안재성, 『이현상 평전』, 실천문학사, 2014, 433쪽 참조.
30) 정지아, 『빨치산의 딸』 하, 실천문학사, 1990, 136쪽 참조. 안재성, 『이현상 평전』, 실천문학사, 2014, 435쪽 참조.
31) 정지아, 『빨치산의 딸』 하, 실천문학사, 1990, 136쪽 참조.

III. 지리산과 남부군의 흥망성쇠

지리산으로 귀향한 남부군은 지리산 남쪽지역으로 진격한다. 그리고 남부군은 경남부대와 함께 화개면을 공격해서 승리하고, 다시 전남부대와 더불어 구례 면곡지구를 공격해서 막대한 타격을 입혔으며, 군경이 지리산 남부로 쏠리자 9월 3일에는 벽소령을 넘어 함양 마천을 공격했다.[32] 많은 희생을 치르면서 남부군은 9월 5일 마천 읍내를 점령하고 군중대회를 열었다.[33] 이후 9월 12일부터 14일까지는 전남부대와 연합해서 산동과 중동을 공격했고, 9월 15일과 17일에는 경남부대와 함께 각각 합천군 삼가면과 의성군 궁류면을 공격했으며, 19일에는 전북 51병단과 남원유격대와 함께 전북 운봉을 공격했다.[34] 운봉을 끝으로 8·15기념투쟁을 마무리한 남부군은 도당 유격대를 원대 복귀시키고 남부군 직할 사단들은 논골(남원시 산내면)로 집결해서 부대개편을 하고 전투대열을 재정비한다.[35] 남부군 사령부와 81, 92사단으로 말이다. 때는 9월 하순이었다.

부대개편을 한 남부군은 다시 능선을 넘어 피아골로 집결해서 화개장터를 급습해 승리를 쟁취했고, 피아골에서 며칠간 푹 쉬었다. 며칠 후 남부군은 빗점골로 이동했고, 여기에서 이현상은 두어 번 의신마을에 내려

---

32) 안재성, 『이현상 평전』, 실천문학사, 2014, 438쪽 참조.

33) 안재성, 『이현상 평전』, 실천문학사, 2014, 440~441쪽 참조.

34) 안재성, 『이현상 평전』, 실천문학사, 2014, 444~447쪽 참조.

35) 이태, 『남부군』, 두레, 2003, 385쪽 참조. "이때 비로소 박종하 참모장 중심의 부대를 개편, 참모장을 없애고 이진범을 제1부사령관, 문춘을 제2부사령관으로 하여 참모장 임현태, 차일평을 정치위원으로 두고 그 휘하에 81사단과 92사단 두 부대를 두었다. 81사단장은 김흥복, 동부대 참모장 김태규, 92사단장에는 김재연 등이 임명됐다."(정지아, 『빨치산의 딸』하, 실천문학사, 1990, 139쪽; 안재성, 『이현상 평전』, 실천문학사, 2014, 449쪽). "승리사단은 81사단으로 개칭되고 혁명지지대와 인민여단은 덕유산 이래 남부군과 행동을 같이 해온 315부대 및 그 본대인 102부대를 흡수해서 92사단이 되었다."(이태, 『남부군』, 두레, 2003, 385쪽).

갔으며, 9월 30일에는 전남도당 유격대와 남부군 기동사단이 '곡성해방전투'로 명명된 작전을 행했으나 승리도 아니고 패배라고 할 수도 없는 상황 속에서 남부군은 달궁으로 돌아왔다. 10월 7일 지리산 주변의 전 빨치산이 달궁골로 집결하여 남부군은 한 달여간 달궁을 해방구로 장악하고 여순사건 이래 가장 편안한 시절을 맞는다.[36] 이런 가운데 10월 19일 '여수병란 3주년 기념 좌담회'가 열렸고, 10월 혁명 기념식도 열렸다. 그러나 가을이 깊어지면서 평화스러운 날도 끝나가고 있었다.

지리산이 단풍으로 옷을 입은 11월 초 서남지구 경찰병력이 총동원되어 비행기까지 합세하여 달궁을 공격하자, 남부군은 한 달여의 천국과 같은 곳을 버리고 지리산 곳곳의 골짜기를 전전하다[37] 11월 하순에 학동골에 자리를 잡는다.[38] 그러는 사이 지리산엔 눈이 내리고 기온은 영하로 떨어졌다. 얼어 죽을 각오를 해야 할 시기가 찾아온 것이다. 그러나 그것이 전부는 아니었다. 깊어가는 겨울과 함께 지리산 빨치산을 거의 전멸시키다시피 한 '백 야전사' 작전, 아니 지리산을 에워싸고 빨치산을 토벌하기 위한 국군 '8사단'과 '수도사단'의 대규모의 공세가 남부군 앞에 서 있었던 것이다.

남부군이 처음으로 수도사단을 만난 곳은 경남 하동군 악양이었고, 때는 1951년 11월 말이었다. 그런데 악양을 점령한 저녁 무렵 화개 쪽에서 군복을 입은 군인들이 나타나 남부군에게 사격하기 시작했다. 힘에 부친

---

[36] 정지아, 『빨치산의 딸, 하』, 실천문학사, 1990, 147쪽 참조. "달궁골의 생활은 전 대원에게 있어 즐겁고 평안한 나날이었다."(이태, 『남부군』, 두레, 2003, 405쪽). 달궁에서의 생활은 "노획한 발전기로 전기까지 만들어 사용할 정도로 편한 시간이었다"(안재성, 『이현상 평전』, 실천문학사, 2014, 459쪽). 그리고 정지아에 따르면 이 시기에 본부는 뱀사골에 머물고 있었고, 덕유산 송치골에서 열린 것으로 알려진 남한 6개도당 회의가 이 뱀사골에서 열렸다고 한다 (정지아, 『빨치산의 딸』 하, 실천문학사, 1990, 147쪽 참조).

[37] 정지아, 『빨치산의 딸』 하, 실천문학사, 1990, 157쪽 참조.

[38] 이태, 『남부군』, 두레, 2003, 409쪽 참조.

남부군에게 후퇴 명령이 내려졌으나 하동 쪽에서도 군인들이 새까맣게 몰려오며 사격을 하자 남부군은 수많은 희생자를 낸 채 청학동 방향으로 달아났다. 12월 1일 아침 남부군은 청학동 뒷산인 삼신봉을 넘어 거림골로 이동하기로 했다. 남부군이 청학동 계곡을 빠져나가고 있을 때, 박격포탄이 하늘을 뒤덮었고 남부군은 하나 둘씩 쓰러져 갔다.[39] 국군과의 첫 전투에서 완전히 패배한 것이다.

알려져 있듯이 지리산 산세는 깊고 복잡하다. 알려져 있듯이 아흔 아홉 골이 있기에 말이다. 그러나 백선엽의 말대로 지리산이 대규모 포위공격을 견뎌낼 수 있는 철옹성은 분명히 아니었다. 그 당시의 지리산 숲은 울창한 숲도 아니었고, 대부분의 수종은 활엽수이자, 천오백미터 이상의 지대에는 큰 나무가 자라지 못했으므로, 낙엽이 지고 눈이 내리면 몸을 숨길만한 은신처가 없었기 때문이다.[40] 그래서 일명 토벌대의 화력과 수많은 병력에 이리저리로 내몰리던 지리산 빨치산들은 '때로는 맞아죽고, 때로는 얼어 죽고, 때로는 굶어죽었다'.[41] 그것도 12월 2일부터 시작된 토벌대의 공격에 의해서 말이다.[42]

전남북 빨치산 부대들을 토벌하던 '백 야전사' 토벌대의 2기 작전이 끝

---

[39] 정지아, 『빨치산의 딸, 하』, 실천문학사, 1990, 160~161쪽 참조.

[40] 백선엽, 『실록 지리산』, 고려원, 1992, 22쪽 참조.

[41] 백선엽, 『실록 지리산』, 고려원, 1992, 29쪽.

[42] 대개 제1기 토벌 작전을 1951년 12월 1일부터라고 하는데, 백선엽에 따르면 토벌대의 1기 공격 작전은 12월 2일부터 12월 15일까지였다(백선엽, 『실록 지리산』, 고려원, 1992, 40쪽 참조). 그리고 2기 작전은 12월 16일부터 1952년 1월 4일까지이다(백선엽, 『실록 지리산』, 고려원, 1992, 47쪽 참조). 이 중 2기 작전은 전남북 빨치산 부대를 분쇄하려는 시도 아래 시행됐는데, 대체로 전주-남원-구례-순천 선을 경계로 서쪽은 8사단이 맡았고 동쪽은 수도사단이 맡았다(백선엽, 『실록 지리산』, 고려원, 1992, 48쪽 참조). 이때 서남지구 사령부는 제101, 117예비연대와 제200경찰연대를 주력으로 지리산으로 잠입하려는 빨치산들을 막으면서 끊임없는 수색으로 지리산을 떠돌고 있는 남부군 직속 81사단과 97사단, 이영회의 57사단 소속 빨치산들에게 쉴 틈을 주지 않고 있었다(백선엽, 『실록 지리산』, 고려원, 1992, 63쪽 참조).

난 후, 1952년 토벌대 사령부는 다시 지리산으로 눈을 돌렸다. 지리산에는 남한 빨치산의 총수였던 이현상이 이끄는 남부군 직속 81사단과 92사단이 건재해 있었기 때문이다. '백 야전사' 3기 작전이 시작된 것이다. 1952년 1월 6일부터 포위망을 좁히기 시작한 토벌대 사단은 9일부터 본격적으로 지리산을 타고 올랐고, 22일까지 계속된 이 3기 작전은 지리산 빨치산 부대를 거의 전멸상태로 몰아넣었다. 이 작전에서 정치위원 여운철이 1월 15일에 죽게 된다.

당시의 토벌대 작전에선 '횃불작전'이 있었는데, 지리산 능선에 오른 각 토벌대 부대들이 밤이면 장작불을 피워 거대한 지리산을 온통 불야성으로 만들었다. 그래서 지리산의 모든 능선이 흡사 도시의 야경을 가져다 놓은 광경이었다고 한다. 이러한 상황에서 지리산 빨치산들은 움직일 수도 없었고, 추위, 동상, 잠, 굶주림과 싸움을 벌어야만 했다. 그러나 가만히 있을 수는 없었다. 죽음 앞에서는 행위할 수밖에 없기 때문이다. 그래서 토벌대의 포위망 속에서 토벌대의 틈과 틈을 비집으며 주능선 일대를 떠돌던 지리산 빨치산들은 흔히 '1월 18일 전투'로 불리는 대성골 전투에서 밀집된 상태로 3개 연대의 포위 공격을 받는다.[43] 이 날 전투에서 남부군 직속 81사단과 92사단, 그리고 경남도당의 57사단이 커다란 타격을 입었다.[44]

1952년 2월로 접어들면서 '백 야전사'의 빨치산 토벌 작전은 사실상 막을 내렸다. 8사단은 2월 8일로 토벌작전을 종료하고 전방으로 이동했으

---

[43] 백선엽, 『실록 지리산』, 고려원, 1992, 82쪽 참조.
[44] 백선엽, 『실록 지리산』, 고려원, 1992, 84쪽. 군 기록에 따르면 이때의 지리산 공격으로 남경우 경남도당 위원장을 비롯하여 14명의 수뇌부가 전멸했고, 57사단 정치위원 김의장, 9연대장 오재복, 전남 유격대의 지리산 파견대인 704의 1부대 오신태 대장, 구례군당 위원장 조용길 등이 사살됐다(백선엽, 『실록 지리산』, 고려원, 1992, 85쪽 참조). 정지아에 따르면 4백 명에 가까웠던 남부군 중 150명 정도가 대성골을 빠져나왔으며, 57사단은 60명 정도가 그곳을 탈출했다고 한다(정지아, 『빨치산의 딸』 하, 실천문학사, 1990, 180쪽 참조).

며, 수도사단과 서전사, 경찰대가 흩어진 빨치산들을 추적했다. 그리고 3월 14일을 기해 수도사단이 작전권을 서전사에 인계하고 전방으로 이동함으로써 백여일 만에 '백 야전사' 작전은 완전히 막을 내렸다.[45] 그렇다고 토벌대가 완전히 사라진 것은 아니었다. 여전히 군경합동부대인 서남지구 전투사령부 1개 사단 병력과 전투경찰대 등 2만여 병력을 지리산 일대에 상주시켜 지리산 빨치산을 고사시키려 했기 때문이다.[46]

남부군은 대성골 전투 후 150여 명 정도만이 간신히 살아남는다. 남부군의 사실상의 유격투쟁은 막을 내리고 있었던 것이다. 물론 남부군이 완전히 전멸하기까지는 아직도 2년이 더 남았지만 말이다. 그 후 81사단은 박종하부대, 92사단은 김지회부대로 개편된다.[47] '독립 제4지대'로 돌아간 것이다. 대성골 전투 후 남부군은 거림골에 모두 모였다. 살아남은 자들은 서로 얼싸안고 피눈물을 흘린다. 거림골에서 남부군은 다시 피아골로 가고, 2월 8일에는 인민군 창설 4주년 기념일을 맞아 독립 제4지대와 독립 제8지대 잔여병력이 청내골에 모여 보고대회를 가진다.[48] 그 후 남부군은 보급투쟁을 하면서 보낸다.

1953년 4월 18일 이승만의 특명으로 서남지구 전투경찰대가 설치되어 기존의 국군토벌대인 남경사의 지휘를 받지 않고 독자적으로 작전을 전개할 수 있는 권한을 부여받는다. 6천여 직할 병력과 의경 및 향방대원을 포함한 1만 2천의 지역 경찰 병력을 합해 1만 8천 명으로 이루어진 서전사는 곧장 지리산에 투입되었다. 이러한 상황에서도 여전히 남부군으로 불리는 제5지구당 직할 유격대는 5월 초 하동읍을 기습해서 보급품을 확보한다. 그러나 이후의 싸움은 굶어죽지 않으려고 산에서 내려왔다가 어

45) 백선엽,『실록 지리산』, 고려원, 1992, 92쪽 참조.
46) 안재성,『이현상 평전』, 실천문학사, 2014, 505쪽 참조.
47) 이태에 따르면 이때는 1952년 1월 28일이다(이태,『남부군』, 두레, 2003, 502쪽).
48) 안재성,『이현상 평전』, 실천문학사, 2014, 498쪽 참조.

쩔 수 없이 싸운 것에 불과했다.[49] 그리고 9월 초 전남, 전북, 경남, 남부
군 등 지리산 주변의 당활동과 유격활동을 통일적으로 지도하기 위한 제
5지구당 조직위원회가 뱀사골에서 결성되었다.[50] 그래서 이때 '독립 제4
지대'의 이름도 사라진다.

　1953년 휴전소식과 비슷한 시기에 남로당 고위 간부들의 간첩행위와
종파주의에 대한 소식이 전해진다. 지리산에서도 8월 26일 제5지구당 조
직위원회가 개최되었다.[51] 이 자리에서 이현상은 박영발과 방준표에게
그 동안의 사업에 대해 철저하게 비판당했다.[52] 그리고 박영발은 자신의
과오를 비판하고 전남도당 위원장직을 사임하겠다고 하면서 이현상에게
도 마땅한 자기비판을 요구했다. 이현상은 결국 자신에 대한 모든 비판을
받아들이겠다고 했다. 그리고 제5지구당 위원장직을 사임하고 평당원으
로 돌아가 하산해서 지하 활동을 하겠다고 발표했다. 이로써 제5지구당
이 해체되고 여순사건 이후 남한 유격투쟁을 이끌어오던 남부군의 역사
도 막을 내렸다.[53] 그리고 제2병단장, 남부군 사령관, 제5지구당 위원장

---

49) 안재성, 『이현상 평전』, 실천문학사, 2014, 533쪽 참조.

50) 정지아, 『빨치산의 딸』 하, 실천문학사, 1990, 202쪽. 김영승 구술·감수, 박찬
　　모·한정훈 편저, 『백발의 '소년빨치산' 김영승』, 디자인 흐름, 2010, 110, 117,
　　125쪽 참조.

51) 안재성, 『이현상 평전』, 실천문학사, 2014, 539쪽. "위원장 이현상과 부위원장
　　박영발, 방준표, 조직부장 조병하, 전남도당 위원장 김선우, 경남도당 위원장
　　김삼홍, 유격지도부장 박찬봉 등 7인의 회의였다."(안재성, 『이현상 평전』, 실
　　천문학사, 2014, 539쪽).

52) 비판의 요점은 다음과 같다. 1952년 남부군 지도부 결성시 이승엽이 중앙당
　　의 허가도 없이 개인적으로 결정했다는 것, 시설물 파괴 및 요인 암살 등의
　　소규모 활동으로 후방을 교란해야 할 유격대를 정규군처럼 운용함으로써 괴
　　멸시켜 버렸다는 것, 당 간부로서 모범을 보이지 않고 하수복과 연애를 했다
　　는 것 등이다(안재성, 『이현상 평전』, 실천문학사, 2014, 540쪽 참조).

53) 정지아, 『빨치산의 딸』 하, 실천문학사, 1990, 223쪽. 제5지구당의 해체로 김지
　　회 부대와 박종하 부대도 해산되었고, 두 부대의 생존 전투요원 23명은 구례
　　군당 유격대로 보내졌으며, 호위대로 불리던 본부대원들도 각 도당으로 분산
　　배치되었다. 이로써 지리산유격대, 제2병단, 남부군, 독립제4지대, 제5지구당

등을 지내면서 남한 내 빨치산의 최고지도자였던 이현상은 1953년 9월 18일 '공식적으로' 지리산 '빗점골'에서 죽었다.[54)]

이상과 같은 이야기에 따르면 지리산을 떠나 다시 지리산 품속으로 돌아온 '독립 제4지대'의 남부군은 생과 사를 오가면서 그들의 삶을 지탱할 수밖에 없었다. 물론 현재의 지리산은 국립공원 제1호로 해마다 수만 명의 사람들이 찾는 곳이자, 그 능선엔 수많은 젊은이들이 누비고 다니지만 말이다. 그러나 자신의 청춘 내지는 삶을 지리산에 맡긴 지리산 빨치산들의 삶은 어떠한 것이었는가? 죽음을 앞에 두고 있었던 것이다. 이태의 말대로 지리산의 산세가 아무리 복잡할지라도, 빨치산에게 지리산은 금성철벽일 수는 없었다. 게릴라투쟁이 성립되기 위해서는 몇 가지 필수요건이 있는데, 그 필수 요건이 지리산과는 거리가 멀었기 때문이다.[55)] 그래

으로 이어져 온 이현단 유격대(부대)는 완전히 사라졌다(안재성, 『이현상 평전』, 실천문학사, 2014, 542쪽 참조)

[54)] 김영승의 회고에 따르면, 김영승은 박영발과 9월 16일 빗점골에서 이현상을 만나 하루 밤을 그곳에서 자고, 9월 17일 빗점골에서 나와 토끼봉 밑 임시 트에서 하루 저녁을 보낸 후, 9월 18일 새벽에 보위대 동지들과 꽃대봉 정찰을 갔는데 해 뜨려고 할 때 빗점골에서 총 소리가 바글바글 들렸다고 한다. 그래서 이때 이현상이 희생되었다고 한다(김영승 구술·감수, 박찬모·한정훈 편저, 『백발의 '소년빨치산' 김영승』, 디자인 흐름, 2010, 131~132쪽 참조). 그리고 차일혁에 따르면 이현상의 시신은 10월 8일 화개의 섬진강 백사장에서 화장되었으며, 그의 뼈는 빻아져 섬진강 물에 뿌려졌다(차길진, 『또 하나의 전쟁』, 후아이엠, 2014, 357~358쪽 참조). 이현상이 죽은 후에도 잔존 유격대에 대한 토벌은 계속되었다. 국군 제5사단은 1953년 12월 1일부터 1954년 2월까지 석 달 간 또 다시 대규모 동계작전을 벌여 남한 유격대의 씨를 말렸다(안재성, 『이현상 평전』, 실천문학사, 2014, 543쪽).

[55)] 이태, 『남부군』, 두레, 2003, 360~364쪽 참조. 첫째, 근거지가 될 공간이 있어야 한다. 그런데 지리산이 넓다고 해도 겨우 반경 15킬로미터의 원 속에 갇혀 있으며 동서남북 어느 방향이나 반나절만 걸으면 인간가 계속되는 야지로 나가게 된다. 그래서 근거지를 확보할 공간이 없다는 것이다. 둘째, 보급수단이다. 북한과의 왕래가 단절된 상태에서 남한 빨치산 내지는 지리산 빨치산의 보급수단은 전투에서의 노획이나 산악지대 주민으로부터 약탈하는 것에 의존할 수밖에 없었기 때문에 세력이 약화되면 보급의 길이 막히고 보급이 어려우니까 더욱 약화되는 악순환을 거듭하면서 가속적으로 소멸되어 갈 수

서 지리산으로 귀향한 남부군은 그러한 상황과 더불어 지리산에서 생물학적인 죽음을 당하고 말았던 것이다. 그들의 삶은 끝장난 것이었다.

Ⅳ. 지리산과 남부군 : 실존과 죽음[56]

다시 지리산으로 돌아온 지리산 유격대, 즉 남부군은 지리산에서 자신의 목숨을 건 투쟁을 하다 사라져 갔다. 물론 살아남은 자들이 없다는 것은 아니다. 그러나 어쨌든 죽음과 더불어 살아가던 남부군, 그들은 지리산에서 생물학적인 삶을 다했다. 그들의 삶은 끝장났다. 토벌대들의 총칼에 의해, 동장군에 의해, 게릴라 투쟁을 위한 열악한 조건에서 그들의 목숨은 끊어졌다. 물론 평등한 세상을 만들기 위한 희망을 품고 '다시' 지리산으로 돌아온 남부군, 그들은 그 희망을 지리산에게 청했다. 그러나 그들은 '추위, 굶주림, 토벌대의 화력, 해방지구를 갖지 못한 열악한 조건'에 의해 희망을 포기하고 만다. 그들의 3대 각오인 "얼어 죽을 각오, 맞아 죽을 각오, 굶어죽을 각오"[57]에도 불구하고 말이다.

밖에 없었던 것이다. 특히 의약품은 약탈대상조차 없어 대수롭지 않은 부상자가 죽어갔고, 동상환자들이 폐인이 되어갔다. 한편으로 보급투쟁이라는 식량약탈은 산악지대 주민의 원망의 표적이 되어 급기야 자신들의 생존기반을 잃어 그 운명을 재촉하는 결과가 되었다. 셋째, 주민들의 지지협력이다. 빨치산과 주민은 물과 고기의 관계이어야 한다는 말이 있듯이 주민의 지지와 협력은 빨치산 존립의 필수요건으로 뽑힌다. 당시 남부군 부대는 보급투쟁 등으로 마을에 내려갈 때 '인민성을 제고하라'는 훈시를 했다. 인민은 우리의 주인이니 안방에는 들어가지 마라, 식량은 빼앗지 말고 설득해서 얻어라, 꼭 필요한 물건 아니면 손을 대지 말고 불필요한 폐를 끼치지 말라는 것이다. 그러나 '해방지구'를 갖지 못한 지리산 빨치산은 언제나 추위와 굶주림에 허덕였으므로 '인민성'을 발휘하기가 어려웠다.

56) 이 부분은 문동규, 「삶과 죽음의 사이에서: 지리산 빨치산의 죽음에 대한 하나의 고찰」, 『인문과학연구논총』 제36권 3호, 명지대학교 인문과학연구소, 2015, 341~348쪽의 내용을 그대로 싣거나 또는 수정한 것이다.

57) 정지아, 『빨치산의 딸』 하, 실천문학사, 1990, 22쪽.

희망을 포기하는 것은 '체념'한다는 것을 말한다. 체념은 어떤 희망에 대한 단념이자, 거절이기 때문이다. 그런데 하이데거라는 철학자에 따르면 '체념'에는 우리가 '거절할 수 없는' 어떤 명령이 말 걸어오고 있다고 한다.[58] 희망을 포기한 남부군에게 도대체 어떤 명령이 말 걸어오고 있었을까? 일단 체념에 처해있는 그들에겐 존재하는 모든 것이 다 무너져 내리는 '무'가 나타났을 것이다. 그런데 이때 그들에겐 슬며시 그 '무'를 통해 어떤 새로운 것이 드러났을 것이다. 도대체 무엇일까? 그것은 아마 '자기가 존재하고 있다'는 점이었을 것이다. 너무나 당연해서 지금까진 의식하고 있지 않았던 그것 말이다. 다양한 악조건 속에서 잊고 지낸 그것 말이다. 그래서 다시 지리산에 돌아온 남부군은 '체념'을 통해 사실 더 큰 기쁨인 '자신의 존재가능성'을 얻었을 것이다.

그런데 '자신의 존재가능성'에서 '존재가능성'은 '실존'을 뜻한다.[59] 그리고 이러한 존재가능성은 크게 둘로 나눌 수 있는데, 인간이 자신의 존재가능성을 자기 자신이 아닌 다른 것에서 선택할 수 있는 가능성과 자신의 존재가능성을 자기 자신에게서 선택할 가능성이 그것이다. 이때 이러한 선택 가능성에 따라 '비본래적 실존'과 '본래적 실존'이 나타나는데,

---

[58] Martin Heidegger, *Unterwegs zur Sprache*, Frankfurt a. M., Vittorio Klostermann, 1985; 마르틴 하이데거, 신상희 역, 『언어로의 도상에서』, 나남, 2012, 223쪽 참조.

[59] 보통 '실존(Existenz)'이라는 낱말은 말 그대로 '실재적 존재'나 '사실적 존재'를 뜻하는 말이다. 그래서 '실존'은 '관념적 존재'나 '이념적 존재' 또는 '본질적 존재'에 대비되는 낱말로 이해되어 왔다. 그런데 이것은 '실존'이 현실 속에서 변화하는 '구체적 존재'를 지칭하는 것으로 이해되어 왔음을 말한다. 그러나 '실존'은 사실 완전자로서의 '신' '밖에(Ex-)' '서 있음(sistere)'을 뜻한다. 그래서 이 '실존'은 하이데거의 말대로 신으로부터 떨어져 나와 자신의 존재를 자신이 이루어갈 수 있는 '존재방식'을 뜻하기 위해 사용될 수 있다. 물론 이때 이 '실존'은 사물과 같이 그 본질이 한번 정해지면 더 이상 변할 수 없는 '존재방식'을 뜻하는 것이 아니라, 자신의 존재를 자기 스스로 이루어갈 수 있는 '존재가능(Seinskönnen, 존재할 수 있음)'을 뜻하는 용어이다(이기상·구연상, 『「존재와 시간」 용어해설』, 까치, 서울, 1998, 163~164쪽 참조).

전자의 가능성이 '비본래적 실존'이고, 후자의 가능성이 '본래적 실존'이다. 그렇다고 이러한 가능성들이 우열이 있는 것은 아니다. 그것들은 다 실존이기 때문이다. 그러나 이러한 가능성들 중 남부군은 과연 어느 것을 선택했을까? 아마 후자를 선택했을 것이다. 왜 그럴까?

> "죽음이 그렇게 두려운 것일까?....이현상 부대의 누구도 그렇게 죽음을 두려워해본 적이 없었다. 어쩌면 그들에게 죽음이란 살아있다는 것만큼 친숙한 것이기도 했다. 사람은 누구나 죽음의 의미를 모를 때 엄청난 공포를 느낀다. 그러나 죽음의 의미를 아는 순간 죽음은 또 다른 삶인 것이다."[60]

이 인용문은 정지아가 죽음을 두려워하는 미군 포로들의 모습을 보고 한 말이다. 그런데 이 인용문은 미군 포로들과는 달리 '이현상 부대의 어느 누구도' 죽음을 두려워하지 않고, 그들에게 죽음이란 살아있다는 것만큼 친숙한 것이라고 말하고 있다. 도대체 죽음이 무엇이었기에 이현상 부대의 누구에게도 죽음은 살아있다는 것만큼 친숙했을까? 아마 그것은 이미 그들이 죽음을 각오하고 있었다는 것, 그래서 그들에게 죽음은 서 멀리 있는 어떤 것이 아니라는 것, 이미 죽음(실존)을 회피하지 않고 즐기고 있다는 것(?)을 말하고 있는 것이리라. 사실 죽음을 두려워하지 않는 자는 없을 것이다. 그러나 '조국과 인민의 해방에 대한 약속'[61]이라는 커다란 목표를 가슴에 새기면서 투쟁을 하고 있는 그들에게 이미 죽음 같은 것은 두려운 대상이 아니었을 것이다. 그러니까 이미 자신의 '죽음의 의미'가 확고하게 서 있는 그들에게 있어 죽음은 두려움과 공포의 대상도 아니고, 차라리 죽음이야말로 조국과 인민의 해방에 대한 약속을 지키기 위한 '또 다른 삶'이었을 것이다.

---

[60] 정지아, 『빨치산의 딸』 하, 실천문학사, 1990, 91쪽.
[61] 정지아, 『빨치산의 딸』 하, 실천문학사, 1990, 91쪽 참조.

이러한 상황에 내던져져 있던 빨치산이 강원도 후평에서 '다시' 지리산으로 입산한다. 이들에게 이미 마음속에 새겨진 것은 '두렵지 않은 죽음', 그리고 '죽음의 의미' 등이다. 그런데 다시 지리산으로 입산한 빨치산, 즉 남부군은 토벌대에게 쫓기고 있는, 동장군에 떨고 있는, 굶주림 앞에 서 있는 자들이 된다. 이때 아마 그들은 죽음이 두려워 '자수'할 수도 있었을 것이다. 그러나 '두렵지 않은 죽음', 그리고 '죽음의 의미' 등에 처해있는 그들은, 비록 그들이 생물학적인 죽음 앞에 서 있었을지라도, '우선' 자신의 가장 극단적이고 고유한 존재 가능성, 즉 불가능성의 가능성인 죽음으로 미리 달려가 보았을 것이다.[62] 왜냐하면 '체념' 하에 있던 그들이 얻었던 것은 그가 존재하고 있다는 것, 자신의 존재가능성이었기 때문이다. 그런데 그들이 죽음으로 미리 달려가 보았을 때, 그들에게 열어 밝혀지는 것은 도대체 무엇이었을까? 그것은 바로 자신이 '세인'[63]으로부터 분리된 채로 남아 있다는 것이었을 것이다.[64] 특히 주류라고 불리는 '그들(?)'로

---

[62] 토벌대에 쫓기던 이태는 죽음이라는 것을 생각하는데, 신이 자신의 죽음을 해결해 주는 것이 아니라 스스로 할 수 있는 최선을 다해야 함을 말하고 있다(이태, 『남부군』, 두레, 2003, 474~478쪽). 그래서 죽음으로 달려가 본 그의 모습 속에서 우리는 그의 삶이란 그 누군가가 아니라 자기 자신이 해결해야 하는 상황을 볼 수 있다. 물론 그가 자신의 노력 이외의 나머지 일은 '우연'의 영역으로 넘기고 있지만 말이다.

[63] 하이데거의 사유에서 '세인'은 '불특정 다수', '아무도 아닌 사람'인 '익명의 사람들'을 가리키는 낱말이다. 그래서 하이데거는 '세인'에 대해 다음과 같이 말하고 있다. "일상적인 서로 함께 있음(Miteinandersein)에 우선 대개 ≫거기에 있는(da sind)≪.......그 누구(Wer)는 이 사람도 저 사람도 아니고, 사람들 자신도 아니며, 몇몇 사람들도 아니고, 모든 사람의 총계도 아니다. 그 ≫누구≪는 중성자(das Neutrum, 불특정 다수)로서 세인이다."(『존재와 시간』, 168~169쪽). '불특정한 사람'을 뜻하는 독일어 'man'이라는 이 낱말은 '세상 사람들은 흔히들 ― 이라고 말한다(man sagt daβ ―)', '세상 사람은 그렇게 해야 한다(man muβ es tun)', '세상 사람은 바로 그렇게 해야 하는 법이다(man macht das eben so)' 등과 같은 표현들에서 사용된다(마크 A. 래톨 지음, 권순홍 옮김, 『How to Read 하이데거』, 웅진 지식하우스, 서울, 2008, 97쪽 참조. 이하에서는 『How to Read 하이데거』로 표기함). '세인'에 대한 더 자세한 것은, 이기상·구연상, 앞의 책, 40~42쪽을 참고하기 바란다.

부터 말이다. 그리고 그들에게 자신의 삶은 '그들' 또는 '세인'들에게서가 아니라 자신에게서 선택해야 한다는 것이 열어 밝혀졌을 것이다. 따라서 죽음으로 '미리 달려가 봄'을 통해 그들은 자신의 실존가능성을 자기 자신으로부터 결단(선택)할 수밖에 없었을 것이다. 사실 죽음으로 미리 앞서 달려가 봄은 인간으로 하여금 단적으로 그의 가장 고유한 존재가 문제가 되고 있는 바로 그 존재가능을 유일하게 그 자신으로부터 떠맡지 않으면 안 된다는 것을 이해하게 해주기 때문이다.[65] 다시 말해 자신의 실존가능성을 자기 자신으로부터 떠맡아야 함을 이해하게 해주기 때문이다.[66] 그렇다면 죽음 앞에 서 있었던, 아니 죽음으로 미리 앞서 달려가 본 지리산 빨치산, 즉 남부군에게 그들의 존재가능성에 대한 선택은 그들 자신으로부터 나올 수밖에 없었을 것이다. 그래서 필자는 남부군이 본래적인 실존가능성을 선택했다고 생각하는 것이다.

물론 이러한 선택에 있어 중요한 것은 죽음 앞에서의 불안이다. 죽음으로부터 회피하지 않고 죽음을 향해 다가서는 용기 말이다. 그런데 앞의 이야기에 따르면 남부군은 죽음 앞에서의 불안을 통해 본래적인 실존 가능성을 선택했다. 왜냐하면 그들에게 있어 죽음은 더 이상 공포나 두려움의 대상이 아니라 또 다른 삶(실존)이었기 때문이다. 물론 그것이 생물학적인 죽음과 연관되어 있었을지라도 말이다. 그렇다면 그들에게 일상적인 사람들이 말하는 '인간은 다 한번 죽는다. 그러나 우선 이것이 나 자신에게는 해당되지 않은 남의 일일뿐이다' 라는 생각은 사라지고 없었을 것

---

[64] 하이데거에 따르면, 인간 현 존재의 가장 고유한 가능성인 죽음으로 우리가 미리 달려가 보았을 때 우리에게 드러나는 것은 "'세인'들로부터 분리된 채로 남아 있다는 것, 다시 말해……각기 그때그때마다 이미 '세인'들로부터 분리될 수 있다는 것"(마르틴 하이데거, 이기상 옮김, 『존재와 시간』, 까치, 1998, 349쪽)이다.

[65] 마르틴 하이데거, 이기상 옮김, 『존재와 시간』, 까치, 349쪽 참조.

[66] 마르틴 하이데거, 이기상 옮김, 『존재와 시간』, 까치, 350쪽 참조.

이다. 사실 그들은 이미 사회로부터 버림받은(?) 자들이었을 뿐만 아니라, 현실적으로도 죽어가고 있었으며, 실존론적으로도 죽음을 향해 있었기 때문이다.

그렇다면 지리산에서 죽은 남부군은 '죽은(사망한) 것인가?' 아니면 '삶을 다한 것인가?' 여기에서 '죽은 것인가'는 '죽을 능력이 있다'는 것을 말하고,[67] '삶을 다한 것인가'는 '죽을 능력이 없다'는 것을 말한다. 무슨 말인가? 사실 모든 인간은 다 죽을 능력이 있는 것 아닌가? 그러나 여기서 '죽을 능력이 있다'는 것은 '죽음을 죽음으로 받아들일 수 있음'을 말하고,[68] '죽을 능력이 없다'는 것은 '죽음을 죽음으로 받아들일 수 없음'을 말한다. 다시 말해 '죽을 능력이 있다'는 것은 죽음으로부터 자신을 등 돌리지 않음, 죽음을 회피하지 않음을 말하고, '죽을 능력이 없다'는 것은 죽음으로부터 달아나면서 죽음을 공포 내지는 두려움의 대상으로 여기는 것을 말한다. 그렇다면 지리산에서 죽은 남부군은 '죽은 것인가?' 아니면 '삶을 다한 것인가?' 그들은 '죽은 것이다'. 그들은 죽음으로 미리 앞서 달려가 죽음의 의미를 이해하고 죽음을 죽음으로 받아들였다는 것이다. 그리고 자신의 삶을 산 것이다. 사실 그들에게 죽음은 살아있다는 것만큼 너무나 친숙한 것이고, 그들은 죽을 수 밖에 없는 죽음의 의미를 이미 이해하고 있었던 자들이었기 때문이다.

물론 우리는 보통 지리산 빨치산들, 즉 남부군이 조국과 인민의 해방에 대한 약속을 위해 죽었다고 생각할 수 있다.[69] 그리고 지리산에서 죽은

---

67) Martin. Heidegger, *Vorträge und Aufsätze*, Vierte Auflage, Pfullingen, Günter Neske, 1978, 144쪽 참조; 마르틴 하이데거 지음, 이기상 · 신상희 · 박찬국 옮김, 『강연과 논문』, 이학사, 2008, 191쪽 참조; 이왕주, 「어느 개죽음에 대한 성찰」, 『철학논총』 제65집, 2011, 289쪽 참조.

68) 마르틴 하이데거 지음, 이기상 · 신상희 · 박찬국 옮김, 『강연과 논문』, 이학사, 2008, 191, 230쪽 참조.

69) 정지아, 『빨치산의 딸』 하, 실천문학사, 1990, 91쪽 참조.

남부군을 우리는 조국과 인민을 위해 싸우다 혼자 살아남는 것이 아니라 동지들 곁에서 죽어가는 것을 맹세한 자로 생각할 수도 있다.[70] 맞는 말이다. 사실 그들에게서 보이는 것이 그것들이기 때문이다. 그러나 필자는 지리산에서 죽은 남부군의 본래적인 죽음 이해를 통해 그들이 조국과 인민의 해방에 대한 약속을 위해 죽었다는 것 또한 이해 가능한 것으로 여긴다. 그들에게 있어 우선적인 문제는 그들의 실존가능성, 존재가능성, 아니 본래적인 삶이었다. 세인들의 '세론'에 휩싸여 흔들리지 않고, 세인들의 무지를 벗어나 그들의 본래적인 실존을 사는 삶 말이다. 그렇지 않다면 그들이 죽음까지 각오하고 싸울 일은 없기 때문이다. 그런데 이러한 실존적인 삶은 그냥 이루어지는 것이 아니다. 그것은 죽음으로 미리 앞서 달려가 죽음을 인수하면서 자신의 삶을 살아갈 때 이루어진다. 그래서 지리산에서 투쟁하다 죽은 남부군이 표방한 조국과 인민의 해방에 대한 약속과 그들의 죽음 또한 이러한 기반에서나 이해될 수 있을 것이다. 그렇지 않다면 그들이 표방한 것은 단지 이데올로기의 대립 내지는 선호의 대상에 불과할 것이고, 그들의 죽음은 단지 일상인들의 죽음과 다를 바 없을 것이기 때문이다. 물론 혹자는 죽지 않고도 그들이 표방한 것을 이룩할 수 있다고 말할지도 모른다. 그러나 그 말은 그들의 생물학적인 상황에 대한 이해를 통해서는 이루어지기 힘든 말이다. 그렇다면 그들이 표방한 것은 그들이 그들의 본래적인 실존을 위해 죽음으로 미리 앞서 달려가 죽음을 받아들이면서 살자, 아니 죽자, 빛을 발하면서 드러난 것으로 이해될 수 있을 것이다. 그러니까 그들이 자신의 실존가능성을 위해 죽자 그들이 표방한 조국과 인민의 해방에 대한 약속을 위해 죽었다는 것 또한 이해된다는 것이다. 사실 이럴 때 또한 그들은 그들의 죽음을 통

---

[70] "조국을 위해 싸우다 동지들 곁에서 죽는 것-이것이 그들의 유일한 목표이자 유일한 꿈이었다."(정지아, 『빨치산의 딸』 하, 실천문학사, 1990, 108쪽) "우리는 조국과 인민 앞에 최후의 피 한 방울까지 바칠 것을 맹세한다."(정지아, 『빨치산의 딸』 하, 실천문학사, 1990, 183쪽).

해 자신들의 삶을 완성한 자, 아니 또 다른 삶을 산 자가 될 것이다.

이상과 같은 이야기에 따르면 지리산에서의 남부군의 죽음은 단순한 생물학적인 죽음, 일상적인 삶, 즉 비본래적인 실존으로 살아가는 자의 죽음이 아니다. 모든 사람은 죽지만, 자신의 죽음은 아직은 먼 훗날의 일로 여기면서 살아가는 자, 아니 죽음을 회피하면서 살아가는 자의 죽음은 아니라는 말이다. 그들의 죽음은 죽음을 죽음으로 인수한 자들의 죽음이기 때문이다. 그런데 이러한 죽음은 바로 '본래적으로 죽음으로 향해 있음'이다. 그래서 지리산에서 죽은 남부군의 죽음은 한갓된 죽음, 즉 '삶을 다함'이 아니라 진정한 본래적인 죽음이다. 그리고 이러한 죽음은 바로 본래적인 실존에 속한다. 따라서 지리산에서 죽은 남부군, 그들은 비록 죽었지만 본래적인 삶을 산 자들이다. 그들은 자기의 삶을, 자기의 존재 가능성을 자기 자신이 아닌 다른 것에서가 아니라 바로 자기 자신에게서 선택한 자들이었기 때문이다.

V. 맺는 말

'지리산' 하면 우리에게 떠오르는 것은 다양할 것이다. '시작하는 말'에서 보았듯이 '명산', '국립공원', '청학동과 관련된 산', '다양한 문화를 간직하고 있는 산', '한국풍수의 시원지', '우리나라에서 두 번째로 높은 봉우리가 있는 산', '생태계의 보고', '이념투쟁의 산실' 등등 말이다. 그런데 이 글에서 필자가 살펴본 것은 우리에게 떠오르는 지리산에 관한 다양한 것들 중 가슴 아픈 사연을 담고 있는, 아니 우리가 눈여겨보아야 할 지리산 빨치산, 즉 남부군에 관한 이야기, 지리산을 떠났던 지리산 유격대가 남부군으로 다시 지리산으로 입산한 상황, 지리산에서의 남부군의 흥망성쇠, 그리고 남부군의 죽음과 실존에 대한 이야기였다.

모든 사람이 죽는다는 것에 이의를 제기할 사람은 없을 것이다. 사람

중 한 사람인 지리산 빨치산들, 남부군도 당연히 죽게 마련이다. 지리산을 떠나 지리산에 다시 입산한 그들은 사실 지리산에서 죽을 운명 앞에, 아니 생물학적인 죽음 앞에 서 있었다. 왜냐하면 그들은 토벌대의 화력에 의한, 먹을 것이 없는 굶주림에 의한, 추위의 고난을 이겨낼 수 없는 동장군에 의한, 지속적인 투쟁을 할 수 없는 열악한 조건에 의한 죽음 앞에 서 있었기 때문이다. 그런데 그들의 죽음은 우리 일상인의 죽음과는 다르다. 사실 그들은 조국과 인민의 해방에 대한 약속을 지키기 위해 죽음을 두려워하지 않고 자신들의 죽음의 의미를 이해하고 있었다. 그래서 정지아의 말처럼 그들에게 죽음은 살아있다는 것만큼 친숙했고, 죽음의 의미를 넘어 또 다른 삶을 보여주었다. 그러나 이들의 죽음은 그들의 실존과 긴밀히 연관되어 있다. 지리산에서 죽은 남부군은 죽음 앞으로 달려가 죽음을 인수하는데, 이때 그들에게 드러난 것은 바로 본래적인 실존가능성이었기 때문이다. 따라서 그들이 비록 지리산에서 죽었을지라도, 그들의 죽음은 한갓된 죽음이 아니라 실존적 결단을 통한 본래적인 죽음으로 향해 있음이었다. 그런데 우리가 주목해야 하는 것은, 죽음이 실존에 속해 있다면, 그들이 본래적인 실존 방식으로 산 자들이었을 것이라는 점이다. 사실 그들은 자신의 존재가능성을 자기 자신이 아니 다른 것에게서가 아니라 바로 자기 자신에게서 선택한 자들었기 때문이다.

이태의 『남부군』에 있는 81사단 청년 시인 이명재의 「굴복할 줄 모르는 사람들」이라는 시와 빨치산들이 부른 「조선 의용군의 노래」 일부를 들으면서 이 글을 맺기로 한다. 이태에 따르면 이명재의 시가 낭독된 날은 대성골 전투가 끝난 10일 후인 1952년 1월 28일이었다. 생물학적인 생과 사를 오가던 후의 일이었다.

「굴복할 줄 모르는 사람들」

"피로 얼룩진 산마루에 잎이 피고
초연히 흐르던 골짝에 눈이 내리고
그렇게 천백 해를 거듭할 때까지
지리산아 다시금 새겨라.
천백 배의 적과 맞서 굴복할 줄 모르던
용사들의 이름을"71)

「조선 의용군의 노래」

"날아가는 까마귀야 시체보고 울지 마라
몸은 비록 죽었으나 혁명 정신 살아 있다.
만리장성 무주고혼 홀로 섰는 나무 밑에....."72)

---

71) 이태, 『남부군』, 두레, 2003, 502쪽.
72) 이태, 『남부군』, 두레, 2003, 509쪽.

저자 약력

김준형(金俊亨)

국립경상대학교 사범대학 역사교육과 교수. 조선후기사 전공. 서울대학교 국사학과 문학박사. 저서로는 『조선후기 단성 사족층 연구』(아세아문화사, 2000), 『1862년 진주농민항쟁』(지식산업사, 2001), 『지리산과 인문학』(커뮤니케이션브레인, 2010), 『기록유산으로 되살린 진주성 이야기』(알마, 2015) 등이 있으며, 논문으로는 「조선시대 지리산에 대한 다양한 인식과 이용」, 「조선시대 진주성의 규모와 모양의 변화」, 「조선후기 진주에서 실시된 洞約의 분석」 등 다수 있음.

김양식(金洋植)

충북발전연구원 수석연구위원. 한국근대사 전공. 단국대학교 사학과 문학박사. 저서로는 『근대한국의 사회변동과 농민전쟁』(신서원, 1996), 『지리산에 가련다』(한울, 1998), 『새야새야파랑새야_동학농민전쟁사』(서해문집, 2005) 등이 있으며, 논문으로는 「대한제국기 덕대 광부들의 동향과 노동운동」, 「한말 일제 초 청주지역 개화지식인들의 외부세계 소통과 지역활동」 등 다수 있음.

김봉곤(金鑵坤)

국립순천대학교 지리산권문화연구원 인문한국(HK) 연구교수 및 전남대 사학과 시간강사 역임. 조선후기 유학사상사 전공. 한국학중앙연구원에서 「노사학파의 형성과 활동」(2007)으로 박사학위 취득. 주요 저역서로 『국역 비변사등록』, 『섬진강 누정 산책』, 『고봉(高峰)과 현대(現代)의 대화(對話)』, 『조선사회 이렇게 본다』 등의 공저가 있으며, 논문으로는 「최부(崔溥)의 중국 표해(漂海)와 유학사상」, 「19세기 기호학계의 학설분화와 논쟁」, 「서부경남지역의 동학농민혁명과 향촌사회의 대응」, 「호남지역의 파리장서운동」 등 다수 있음.

박맹수(朴孟洙)

원광대학교 원불교학과 교수. 한국근현대사 · 일본근대사 전공. 한국학중앙연구원 · 北海島大學 문학박사. 저서로는 『1894년, 경복궁을 점령하라』(푸른역사, 2002), 『(사료로 보는) 동학과 동학농민혁명』(모시는사람들, 2009), 『일본의 양심이 보는 현대일본의 역사인식』(모시는사람들, 2014) 등이 있으며, 논문으로는 「동학농민전쟁기 일본군의 정보수집활동」, 「동학농민운동과 향촌사회의 동향」, 「동학계 종교운동의 역사적 전개와 사상의 시대적 변화」 등 다수 있음.

홍영기(洪英基)

국립순천대학교 인문대학 사학전공 교수. 한국근대사 전공. 서강대 사학과 문학박사. 저서로는 『여순사건자료집』 I (편저, 선인, 2001), 『한말 후기의병』(독립기념관, 2009), 『지리산과 인문학』(공저, 커뮤니케이션브레인, 2010), 『전라도 역사이야기』(공저, 선인, 2013) 등이 있으며, 논문으로는 「채응언 의병장의 생애와 활동」, 「후석 오준선의 의병전 저술과 후학 양성」, 「강원도 후기의병의 특성」, 「한말 후기의병의 장기항전 전략과 전술」 등 다수 있음.

강성호(姜聲湖)

국립순천대학교 지리산권문화연구원장 및 인문한국(HK) 사업단 단장. 서양근현대사 전공. 고려대 사학과 문학박사. 저서로는 『맑스주의와 정치』(문화과학사, 2009), 『Geopolitics and Trajectories of Development: The Case of Korea, Japan, Taiwan, Germany, and, Puerto Rico』(Institutue of East Asian Studies, University of California at Berkely, 2010) 등이 있으며, 논문으로는 「유럽중심주의 세계사에 대한 비판과 반비판을 넘어」, 「유럽중심주의 세계사와 한국서양사」, 「식민지배를 넘어 평화적 공존으로」 등 다수 있음.

최선웅(崔善雄)

중앙선거관리위원회 선거기록보존소 전문경력관. 한국근현대사 전공. 고려대 한국사학과 문학박사. 국립순천대학교 지리산권문화연구원 인문한국(HK) 연구교수 역임. 공저로는 『식민지라는 물음』(소명출판, 2014) 등이 있으며, 논문으로는 「일제시기 사회주의 진영의 동학농민전쟁 인식」, 「정인보와 동아일보」, 「한국민주당의 미소공동위원회 대응방안과 활동」, 「제1차 당대회시기 조선공산당의 전남 동부지역 조직과 활동」 등 다수 있음.

손태희(孫胎姬)

광양교육청 방과후학교 순회강사. 독서토론논술방과후 강사. 순천대 역사교육석사. 석사논문 제목은 「여순사건 참가계층의 제유형」(2003)이다.

주철희(朱哲希)

국립순천대학교 지리산권문화연구원 여순연구센터 연구원. 한국근현대사 전공. 전북대학교 사학과 문학박사. 여수지역사회연구소 소장 역임. 저서로는 『불량 국민들: 여순사건의 왜곡된 19가지 시선』(북랩, 2013), 『일제강점기 여수를 말한다』(흐름, 2015) 등이 있고, 논문으로는 「고초도 위치 비정에 대한 재검토」, 「여순사건 주도인물에 관한 연구」, 「여순사건과 지역의 기억」, 「빨치산 사령관 '이영회'의 삶과 투쟁」 등 다수 있음.

이선아(李宣雅)

성균관대학교 사학과 박사과정 수료. 한국현대사 전공. 논문으로 「한국전쟁전후 빨찌산의 형성과 활동」, 「여순사건 이후 빨치산 활동과 그 영향」, 「한국전쟁기 강원·경북지역 빨치산 활동 연구노트」, 「지리산권 빨치산의 형성과 활동 – 625전쟁 직후부터 1951년 '남부군' 결성을 중심으로 –」 등이 있음.

문동규(文銅桂)

국립순천대학교 지리산권문화연구원 인문한국(HK) 연구교수. 서양철학 전공. 건국대학교 철학과 철학박사. 저역서로는 『지리산의 종교와 문화』(공저), 『사유의 사태로』(공역) 등이 있으며, 연구논문으로는 「형이상학의 종말과 사유의 문제」, 「깨달음과 초연함. 지리산 화엄사의 사사자삼층석탑: 진리의 현현」 등이 있음.

지리산인문학대전16 토대연구06
지리산의 저항운동

초판 1쇄 발행   2015년 10월 31일
      2쇄 발행   2016년 9월 30일

엮은이 | 국립순천대 · 국립경상대 인문한국(HK) 지리산권문화연구단
펴낸이 | 윤관백
펴낸곳 | 도서출판 선인

등록 | 제5-77호(1998.11.4)
주소 | 서울시 마포구 마포대로 4다길 4(마포동 324-1) 곳마루빌딩 1층
전화 | 02)718-6252 / 6257
팩스 | 02)718-6253
E-mail | sunin72@chol.com
Homepage | www.suninbook.com

정가   32,000원
ISBN   978-89-5933-933-4   94910
      978-89-5933-920-4   (세트)

·이 책은 2007년 정부(교육과학기술부)의 재원으로 한국연구재단의 지원을 받
  아 수행된 연구임(KRF-2007-361-AM0015)

·잘못된 책은 바꾸어 드립니다.